2012年度浙江省社科联省级社会科学学术著作
出版资金全额资助出版

浙江省社科规划一般课题（课题编号：12CBZZ05）主要成果

当代浙江学术文库

DANGDAI ZHEJIANG XUESHU WENKU

生命与道德

——尼采的生命道德价值论

何仁富 著

中国社会科学出版社

图书在版编目（CIP）数据

生命与道德：尼采的生命道德价值论／何仁富等著 . —北京：
中国社会科学出版社，2013.9
ISBN 978 - 7 - 5161 - 3023 - 0

Ⅰ. ①生… Ⅱ. ①何… Ⅲ. ①尼采，F. W. (1844 ~ 1900)—生命
伦理学—研究 Ⅳ. ①B516. 47

中国版本图书馆 CIP 数据核字（2013）第 170690 号

出 版 人	赵剑英	
责任编辑	田　文	
特约编辑	高健龙	
责任校对	韩海超	
责任印制	王　超	

出　　版	中国社会科学出版社	
社　　址	北京鼓楼西大街甲 158 号（邮编 100720）	
网　　址	http://www.csspw.cn	
	中文域名:中国社科网　　010 - 64070619	
发 行 部	010 - 84083685	
门 市 部	010 - 84029450	
经　　销	新华书店及其他书店	

印　　刷	北京君升印刷有限公司	
装　　订	廊坊市广阳区广增装订厂	
版　　次	2013 年 9 月第 1 版	
印　　次	2013 年 9 月第 1 次印刷	

开　　本	710 × 1000　1/16	
印　　张	23. 25	
插　　页	2	
字　　数	389 千字	
定　　价	66. 00 元	

总　序

浙江省社会科学界联合会党组书记　陈　荣

有人说，谁能将中国新时期三十多年的发展奇迹阐释清楚，谁就能荣膺诺贝尔奖。改革开放以来，在中国特色社会主义理论的引领之下，浙江人民发扬与时俱进的"浙江精神"，在经济社会发展各方面创造了历史性的辉煌，走出了一条富有时代特征、中国特色、浙江特点的发展道路，使浙江成为中国市场经济、县域经济都十分发达的省份。当前在省委省政府的领导下，浙江社会各界高举中国特色社会主义伟大旗帜，以邓小平理论和"三个代表"重要思想为指导，深入贯彻落实科学发展观，全面实施"八八战略"和"创业富民、创新强省"总战略，继续解放思想，深化改革开放，加快全面建设惠及全省人民的小康社会，为建设"物质富裕、精神富有"的现代化浙江而奋斗。浙江改革开放和经济社会发展的生动实践，是一个理论研究和理论创新的"富矿"，也是浙江人文社会科学研究的宝贵财富。

经济社会的发展，与特定地区的精神文化传统相关，因此，对引领浙江市场经济大潮的"浙江精神"的研究、对浙江传统历史人文的研究，也构成了一个古典与现代相结合的富有深刻内容的研究领域。此外，浙江乃至中国的改革开放历程，也大大拓展了马克思主义的研究视野，因此对马列理论进行现代阐释也是一项重要工作。另外，人文社会科学的研究最终是为时代所用，指导社会经济和生活实践，并提高国民的文化素质。因此，将当代社会科学研究的成果转化成可操作的政策建议，以及人民群众喜闻乐见的表述，既是学术研究工作的延续，也是时代赋予我们人文社会科学研究人员的一项历史使命。

正是在这样的理论背景与现实需求下，浙江省社会科学界联合会作为省委省政府联系人文社会科学工作者的桥梁纽带，作为全省人文社会科学领域的组织协调机构，围绕理论研究、社科普及、成果转化、机制建设、队伍建设五大重点工作，有针对性地进行了组织、协调、管理、推动工作。繁荣和发展人文社会科学，打造当代浙江学术品牌，突出重点，进一步创新工作机制，努力创建科学发展的新格局，推进社科事业新发展。我们积极培育和提升了浙江文化研究工程、学术年会、重点基地建设、策论研讨、浙江人文大讲堂、科普周等工作品牌，组织和动员了各教学科研单位与学术团体以及广大社会科学工作者，为浙江的经济社会发展和文化大省建设服务，为繁荣发展浙江的人文社会科学事业服务，为建设"物质富裕、精神富有"的现代化浙江服务。在各方面的共同努力下，浙江的人文社会科学研究继承和发扬了自古以来的优秀学术传统，呈现出成果较多、质量较好、气氛活跃、前景喜人的特点。

人文社会科学研究成果要获得社会承认，为社会所用，将学术成果出版是首要环节。但是由于学术作品具有很强的外部性，往往存在出版难的问题。因此，资助浙江省学者的优秀学术著作出版，是浙江省社会科学界联合会的一项重要工作。自 2000 年以来，在省委省政府的支持下，浙江省设立了"浙江省省级社会科学学术著作出版资金"，截至 2012 年，已资助了 524 部学术著作出版，有效地缓解了学术著作出版难的问题。

为了集中展示当代浙江学者的学术研究成果，从 2006 年起，我们在获得资助的书稿中，由出版资助评审委员会遴选部分书稿，给予全额资助，以"当代浙江学术文丛"（《光明文库》）系列丛书的方式，分期分批出版。从 2011 年开始，我们将获得全额资助和部分资助的书稿，统一纳入《当代浙江学术文库》系列，并得到了中国社会科学出版社的全力支持。全额资助的《当代浙江学术文库》系列丛书编委会成员，由当年的出版资助评审委员会成员组成。

　　《当代浙江学术文库》的出版,是浙江省社会科学界联合会集中推出学术精品,集中展示学术成果的重要探索,其学术质量,有赖于浙江省学人的创造性研究。事实上,当代浙江的人文社科学者,既要深入研究、努力传承和弘扬学术思想的优秀传统,又要立足于浙江经济社会发展的生动实践,力创学术精品,力促学术创新和学术繁荣,自觉服务浙江的改革发展大局。我深信,《当代浙江学术文库》的出版,对于我们坚持学术标准,扶持学术精品,推进学术创新,打造当代浙江学术品牌,一定会产生积极的影响;对于我们研究、阐释改革开放三十多年来的发展奇迹,总结、探索科学发展的路径,深入贯彻落实科学发展观,着力推进建设"物质富裕、精神富有"的现代化浙江,一定会产生积极的作用。

2012 年 8 月

《查拉图斯特拉如是说》：《瞧，这个人!》，他所作的这些《不合时宜的考察》，只在于在《上帝死了》这一《悲剧的诞生》之后，以《强力意志——重估一切价值的尝试》，去《反基督徒》，揭露一切《人性的，太人性的》东西，宣布《偶像的黄昏》，并迎接新世纪的《曙光》——那以《快乐的科学》存在于《善恶之彼岸》的《道德的谱系》。

上帝死了！上帝真的死了！是我们杀害了。
我们将何以自解，最残忍的凶手？
——尼采：《快乐的科学》第 126 节

你的良知在说什么？
"你要成为你自己"。
——尼采：《快乐的科学》第 270 节

目　录

导　论
对尼采一个道德哲学提纲的解读

"我们必须摆脱道德，以便能够道德地生活。"①

——尼采

道德问题是尼采哲学关注的核心问题。即使在其第一部讨论悲剧起源的哲学著作《悲剧的诞生》中，所隐含的主题也是他对希腊人生活价值观的改变的关注②。尼采对道德问题的关注，促使他对传统道德进行彻底的批判，对已有的一切价值进行重新估订，即用"锤子"击打过去的价值表。

在《快乐的科学》"道德问题"一节中，尼采写道："到目前为止，道德根本就不会被视为一种问题；它一直被视为人类在猜疑、不和以及冲突之后所达到的基点，是思想家甚而可以自本身获得歇息，可以恢复其呼吸而苏醒的安宁且神圣之地。"③"迄今还没有人查验过最著名的药方（称之为道德）之价值究竟如何，为了达成这个目的，最重要的便是要先对其存疑才行，而这正是我们的工作。"④尼采的所有哲学著作都在从事这一工作，而且卓有成效。在此基础上，尼采又试图为未来世界提供一张新的价值表，它悬挂于善恶之彼岸，生根于生命本身。

在《权力意志》一书的第266节，尼采拟定了一个层次清楚、逻辑

---

① 《尼采全集》卷13，莱比锡1894—1926年版，引文转自周国平《尼采：在世纪的转折点上》，上海人民出版社1986年版，第176页。

② 尼采在1886年为《悲剧的诞生》所写的序"自我批判的尝试"中，明确指出他讨论的主题是"关于生存价值"的问题，是"用艺术家的眼光考察科学，又用人生的眼光考察艺术"，"用人生的眼光来看，道德意味着什么？"参"自我批判的尝试"第1—4节，《尼采文集·悲剧的诞生卷》，青海人民出版社1995年版，第187—192页。

③ 尼采：《快乐的科学》第345节，余鸿荣译，中国和平出版社1986年版，中文版，第239页。

④ 尼采：《快乐的科学》，余鸿荣译，中国和平出版社1986年版，第140页。

清晰、内容丰富的关于道德哲学的提纲：

A 道德乃是非道德性的结果。

  1. 为了让道德价值取得统治，一定要有纯非道德的力和欲望的帮助。

  2. 道德价值的形成乃是非道德的欲望和考虑的结果。

B 道德乃是谬误的结果。

C 道德逐渐陷入自相矛盾。

报复。——真实性、怀疑、克制、裁决。

道德信仰的"非道德性"。

步骤：

  1. 道德的绝对统治：一切生物学现象都要按照道德来衡量和裁决。

  2. 试图鉴定生命与道德（这是成熟的怀疑论标准。因为，道德不应被认为是生命的对立面）：多种手段甚至是一种超验的途径。

  3. 生命和道德的对立：道德受到生命的审判。

D 道德会危害生命；

  危害对生命的享受，危害对生命的感激，等等；

  危害对生命的美化和崇敬；

  危害对生命的认识；

  危害生命的发展，因为生命试图使自身的最高现象同自身分裂。

E 相反的估计：道德对生命的功利性。

  1. 道德是更大整体的保存原则，是对成员的限制。因为，对"工具"有利。

  2. 与人受激情内在危害相比，道德乃是保存原则。因为，对"平庸者"有利。

  3. 与深刻的苦难和萎靡所起的毁灭生命的作用相比，道德乃是保存原则。因为，对"受苦人"有利。

4. 道德乃是防止强者大爆发的原则，因为，有利于"低残者"。①

尼采这一个"纲要性"的说明，将生命与道德的内在张力直接呈现出来，也将尼采道德哲学的主题和基本思想以提纲方式呈现出来了。

一　道德乃是非道德性的结果

提纲的 A 和 B 是讨论道德的起源问题。在这里，尼采有两个说法，即"道德乃是非道德性的结果"和"道德乃是谬误的结果"。其实，这两种说法是一致的，前者从产生言之，后者从效用言之。因此，只要能解读前者也就能解读后者。

尼采强调，应该把道德看成结果，以便去寻找产生它的土壤，而不是把道德本身看做其他事件的原因。他明确地说："从前人们谈论过道德的一切形式。'你们应当从道德产生的结果来辨认道德'。我谈论道德的一切形式说：'道德是结果，由此我认出了生长它的土壤'。"② 这是一种尼采善用的"谱系学"的方法。对于这"土壤"的认识，尼采分两个层次进行。

首先，尼采强调，"道德价值的形成乃是非道德的欲望和考虑的结果"（提纲 A.2）。

作为一个心理学家和道德史家，尼采对道德价值的形成有很多十分精辟的论述。他对道德价值形成的分析，着重从人的社会地位的变化和个人的生存状况这两方面入手，从社会历史和生理学、心理学方面去寻挖道德价值产生的根源。在《道德的谱系》中，尼采依此对基督教道德的几个重要范畴进行了这种寻根挖底。

基督教道德的一个重要概念是"良心谴责"，它以人面对上帝的"原罪"为支撑点。而"良心谴责"又是和"负罪"紧密联系在一起的。通过分析，尼采认为："'负罪'这个主要的道德概念来源于'欠债'这个

---

① 尼采：《权力意志》，张念东、凌素心译，商务印书馆 1991 年版，第 638—639 页。（出自该书的引文，个别译文有改动，且"权力意志"都译为"强力意志"）

② 尼采：《权力意志》，张念东、凌素心译，商务印书馆 1991 年版，第 538 页。

非常物质化的概念"①，"它产生于债权人和债务人之间的契约关系中"②。债务人为了显示他还债许诺的真诚，同时也为了牢记还债的义务，便通过契约授权债权人，在债务人还不清债务时可以享有他尚且"拥有的"其他东西，诸如身体、妻子，或者他的自由，甚至他的生命，等等。而债权人在债务人无力还债时就通过以债权人得到某种快感来作为回报或者相应的补偿，这种快感来自于能够放肆地向没有权力的人行使权力。因此，这种补偿便包含了人对他人实施残酷折磨的权利。尼采认为："在这个义务与权利的领域里开始出现了一批道德概念，如'负罪'、'良心'、'义务'、'义务的神圣'，等等，它们的萌发就像地球上所有伟大事物的萌发一样，基本上是长期用血浇灌的。"③

由此可见，罪恶感、个人责任感这些最基本的道德价值是起源于完全非道德性的买主和卖主、债权人和债务人的关系中，它的进一步结果便是："任何事物都有它的价格"，"所有的东西部是可以清偿的"，这是正义的最古老最天真的道德戒律，"是地球上一切'善行'、'公允'、'好意'，以及'客观性'的开端"④。

尼采进一步分析到，由于弱者的怨恨和惩罚的存在，个人的本能生命欲望不能完全正常地向外实现，于是便转而向内形成"人的内向化"趋势。"那个被国家组织用来保护自己免受古老的自由本能侵害的可怕的屏障（惩罚是这个屏障中最主要的部分），使得野蛮的、自由的、漫游着的人的所有那些本能都转而反对债务人自己。仇恨、残暴、迫害欲、突袭欲、猎奇欲、破坏欲，所有这一切都反过来对准这些本能的拥有者自己：这就是'良心谴责'的起源。"⑤尼采认为，"良心谴责"的这种起源不是渐进、自愿的，而是一种断裂、跳跃，是一种强制和不可抗拒的灾难。那些"国家"的暴群以其"铁锤的打击"和"艺术家的残暴"把大批量的自由挤压出了世界而导致了良心谴责这一"可憎恶的生长物"。只有这残暴地迫使潜匿的自由之本能，只有这被压退回去的、锁入内心的、最后

---

① 尼采：《道德的谱系》，周红译，三联书店 1992 年版，第 43 页。
② 同上书，第 44 页。
③ 同上书，第 45 页。
④ 同上书，第 50 页。
⑤ 同上书，第 63 页。

只能向着自己发泄和施放的自由之本能才是良心谴责的萌发地①，而"正是良心谴责，正是自我折磨的意志为所有非个人主义的价值提供了前提"②。

当基督教僧侣将个人怨恨由向外引导到向内时，便有了基督教道德的基本价值——禁欲主义理想。因为在生活中，个人总是试图以怨恨、报复等方式"用情感麻醉痛苦"，僧侣则将这冲怨恨引向怨恨者自身，由此而把个人欲望当作痛苦之源、罪恶之源。尼采以嘲讽的笔调写道："我在受苦，这一定是什么人的罪过——每只病羊都会这么想。可是他的牧羊人，那禁欲主义僧侣，却对他说：'你完全正确，我的羊儿！这肯定是什么人的罪过，不过这个人正是你自己，这只是你自己的罪过——你只能责备你自己！'"③ 这种对自己的责备就是禁欲主义理想泛化的温床。

其次，尼采认为，不仅道德价值的形成是非道德性的结果，而且，"为了让道德价值取得统治，一定要有纯非道德的力和欲望的帮助"（提纲 A.1）。

在尼采看来，自柏拉图以来，哲学一直处在道德的统治下。即使在柏拉图的先行者那里，道德解释也扮演了主角④。而当基督教和柏拉图主义勾结以后，基督教的道德价值就成了两千年来西方人的命根子。那么，基督教道德的这一"伟大胜利"是如何取得的呢？尼采的回答是非常明确的："道德理想的胜利就象任何胜利一样。乃是通过非道德手段取得的：诸如暴力、谎言、诽谤和非正义性，等等。"⑤

概而言之，尼采认为，道德价值取得统治地位的"非道德性"手段主要有这样几种：

一是"道德的伪造"。"道德佯称知道某些事情，即知道'善与恶'。这就是想知道，人生于世乃是为了认识自己的目的和使命，即想知道，人

---

① 尼采：《道德的谱系》，周红译，三联书店 1992 年版，第 63 页。

② 同上书，第 66 页。

③ 同上书，第 104 页。

④ 尼采：《权力意志》，另参阅尼采《希腊悲剧时代的哲学》对阿拉克西曼德和赫拉克利特的讨论。译文见《尼采文集·权力意志卷》，青海人民出版社 1995 年版，第 329—342、412、683 页。

⑤ 尼采：《权力意志》，张念东、凌素心译，商务印书馆 1991 年版，第 664 页。

是有某种目的，某种使命的……"① 道德的这种虚妄的许诺，以一种非道德的方式把"民众"集合在"目的"、"使命"之下，使他们在这种伪造的"真实"面前不得不带上道德的紧箍咒。在这一伪造行为中，诸如"主体"、"灵魂"、"自由意志"等都被捏造出来。

二是"非道德的暴力"。尼采在《道德的谱系》中详细分析了"惩罚"的效用问题，使我们清楚地看到，道德在其"伪造"不能达到目的时，便会借助暴力这种残酷的手段强行达到自己的目的。正因为有惩罚，人们才把那指向外部的本能调转枪口对准自己，从而形成良心、负罪、义务等道德感。基督教道德价值在历史上对"异教徒"的各种残暴惩罚，更说明了基督教道德获得统治地位的非道德性。所以尼采说："为了通过行为制造道德，人们就应该十分非道德……道德家的手段是以往使用过的最吓人的手段；没有勇气去干非道德行为的人，干什么都行，就是不适合当道德家。"②

三是"诽谤和谎言"。在说明禁欲主义理想的产生时，尼采强调，正是那些弱者以他们的"叹息"和对生命的销蚀，贩卖着道德的箴言。"在这里不停地编织着无比丑恶的阴谋之网——受难者在阴谋反对幸福者和成功者；在这里成功的观念遭到痛恨。为了不暴露这是仇恨而编织了何等样的谎言！滥用了多少华丽辞章和漂亮姿态！……他们用这种技术竟仿造出了德性的印纹，甚至伪造出了德性的声响，德性的金子声响。无疑，他们这些弱者，这些病入膏肓的病人现在已经完全控制了德性。"③ 他们通过自身"哀叹"的谎言和对强者的诽谤而让"群畜道德"成为了居于主导地位的道德，成为了生命世界的统治者。

通过对道德价值的形成和取得统治地位的生理学、心理学和社会历史分析，尼采获得了他的结论，即"道德乃是非道德性的结果"。这种作为非道德性结果的道德，"经过长期经验和考察的道德，被证明是有效的生活方式，最后作为规律进入意识，成了主导……这是道德成为主宰的标志"④。

①　尼采：《权力意志》，张念东、凌素心译，商务印书馆 1991 年版，第 579 页。
②　同上书，第 570 页。
③　尼采：《道德的谱系》，周红译，三联书店 1992 年版，第 65 页。
④　尼采：《权力意志》，张念东、凌素心译，商务印书馆 1991 年版，第 518 页。

由于道德本身形成的非道德性，它不可避免地只是各种谬误的结果，而且它本身只不过是一种"错误"，一种有用处的错误而已。尼采说："道德是一种有用处的错误，更确切地说，就其最伟大和最无偏见的支持者而言，也是一种被认为是必然的谎话。"①

二　道德会危害生命

通过对道德起源的考察，尼采已揭示出了道德的非道德性。但是，尼采认为："道德的起源只不过是通向一个目标的许多手段之一，对于我来说，问题在于道德价值。"②"我们要批判道德的价值，首先必须对道德价值本身的价值提出疑问。"③所以，在提纲的 C 和 D 部分，尼采便立足于道德和生命的内在关联，对道德价值自身的价值进行了反省，指出在道德的统治下，生命是如何被征服、被弱化的。

尼采认为，道德对生命的弱化是通过两个环节来实现的，第一步是道德的非自然化导致道德敌视生命；第二步是非自然的道德反过来全方位地危害生命。

在尼采看来，道德本身就是对人的自然或自然的人的一种阉割。当这种道德成为人类占统治地位的价值时，也就达到了其非自然化（即理想化）的地步，而这个过程和最终目的都是对生命自身的否定。

在《权力意志》第 299 节，尼采列了一个简洁的道德非自然化进程的清单：

> 道德的非自然化步骤（即所谓"理想化"）：
> 是通向个人幸福之路，
> 是认识的后果，
> 是绝对的命令，
> 是通向尊崇之路，
> 是对生命意志的否定。

---

① 尼采：《权力意志》，张念东、凌素心译，商务印书馆 1991 年版，第 573 页。
② 尼采：《道德的谱系》序，周红译，三联书店 1992 年版，第 5 页。
③ 同上书，第 6 页。

（道德逐步敌视生命）①

　　这就是说，道德发展史实际上就是一个道德逐步敌视生命的历史。

　　道德价值首先把自己说成是对于个人幸福是必要的，因为人必须有一个"目标"，而要达到这个"目标"，获得"意义"，就必须克制自己那有罪的欲望。人只有在"良心"的驱使下才能达到幸福。进而，这样一种"非道德性"强制接受的道德信念，逐步内化为个人的意识，而个人也在这一过程中逐步变为了"群体本能"。于是，道德就不仅仅是某种他者或者外在的赋予，更是一种自我认识的产物，道德成了一种"自觉"。

　　这种"自觉"的道德进而变为一种人自己内在的声音。这声音似乎是来自"彼岸"的"绝对命令"，它强迫人必须遵循那些社会公认的道德原则，而且确认，遵从了这些普遍原则就是一种美德，就是"崇高"。而此时，人的生命意志本身就在这强大的道德声音面前萎缩了。道德由此从"此岸"世界走向了"彼岸"，并由"彼岸"来统辖"此岸"，完成了逐步敌视生命的"使命"。当此之时，人开始以否定自己的生命为己任："他对一切都掷以否定：他否定自我，否定自然，否定他自身的自然性和真实性；他把从自身挖出来的东西当作一种肯定，一种可能的、真实的、生动的东西，当作上帝，当作上帝的审判，上帝的刑罚，当作彼岸世界，当作永恒、永久的折磨，当作地狱，当作永无止境的惩罚和无法后算的债务。这种心灵残酷是一种前所未有的意志错乱：人情愿认自己是负债的，是卑鄙的，是无可救赎的；他情愿想象自己受罚，而且惩罚也不能抵消他负的债；他情愿用负债和惩罚的难题来污染和毒化事物的根基，从而永远地割断他走出这座'偏执观念'的迷宫的退路；他情愿建立一种理想，一种'神圣上帝'的理想，以此为依据证明他自己是毫无价值的。"② 总之，"道德价值的非自然化，得出了要创造一个蜕化变质的人种的结论——创造'善良的'、'幸福的'、'智慧的'人"③。生命在这种"善良"、"幸福"、"智慧"的口号和皮鞭下，变得越来越虚弱无力，变得越来越苍白无颜。

---

① 尼采：《权力意志》，张念东、凌素心译，商务印书馆1991年版，第263—264页。
② 尼采：《道德的谱系》，周红译，三联书店1992年版，第71页。
③ 尼采：《权力意志》，张念东、凌素心译，商务印书馆1991年版，第513—514页。

　　道德的知识化、统治化、普遍化的过程，同时就是非自然的过程，也就是逐步敌视生命的过程。这一过程通过柏拉图到基督教那里，达到了登峰造极的地步，道德成为了彻底的"反自然的道德"。这种"反自然的道德"，也就是几乎每一种迄今为止被倡导、推崇、鼓动的道德，都是反对生命本能的。它们是对生命本能的隐蔽的或公开的、肆无忌惮的谴责"①。道德成了这种东西以后，又反过来危害生命。这就是尼采在提纲中所说的，当道德处于绝对统治地位即"一切生物学现象都要按照道德来衡量和裁决"时，"道德就会危害生命"。

　　道德对生命的危害是全方位的。尼采在提纲中列举了四个方面。

　　道德"危害对生命的享受，危害对生命的感激"。生命本是自然给予人的一首欢悦的歌，可道德却将其中美好的音符给消解掉，而只留下干枯的数字符号。在道德的统治下，生命的欢悦本身成了恶。人们不仅不能享受生命、感激生命，反而厌恶生命、仇恨生命，甚至逃避生命。为了做一个"好人"，一个"善良的人"，恨不得将自己变为无欲无能无生命的人。尼采甚至将这种情况称为人的"普遍化的零本能"，因为每个人都以为，"甘心为零即美德"②。

　　道德也危害对生命的美化和崇敬。生命本是人生之源。生命的崇高性表现在，它是我们一切生存活动和创造活动之源泉和动力，我们理当在享受、感激生命之时崇敬它、美化它。可是，在道德面前，生命本身却变成了邪恶和丑陋。道德是一切行为和现象的最高标准，这一非自然化标准使人对待自然的生命不仅不崇敬、不美化，反而蔑视、丑化生命。我们不仅轻贱别人的生命甚至轻贱自己的生命。

　　由于道德使生命显现为"丑"和"恶"，也就遮蔽了生命的本来面目。人们看到的就只是具有"邪恶本能"和"丑陋面目"且张牙舞爪想吞噬世界的生命的假象，生命本身的欢悦性、创造性在这种遮蔽中隐退了，人们已无法认识或者说无法看见生命的本来面目了。

　　更为严重的是，"因为生命试图使自身的最高现象同自身分裂"（提纲 D.d），即道德同生命相分裂，道德会危害生命的发展。自然生命的喷

---

　　① 尼采：《偶像的黄昏》，"作为反自然的道德"，《尼采文集·查拉图斯特拉卷》，青海人民出版社 1995 年版，第 323 页。

　　② 尼采：《权力意志》，张念东、凌素心译，商务印书馆 1991 年版，第 546 页。

薄，在道德的严重阻压下，只能形成柏格森所说的"下降运动"了。当生命的本能无法施放其力量，而道德又把枪口对准这些本能时，生命的各种功能就会慢慢钝化。眼耳不再明聪，身体不再康健，力量不再强大。人成了有病的人，这种病就是道德，它的功能就是扼杀生命。尼采说："我们听见的道德：a毒害了整个世界现；b切断了认识和科学之路；c瓦解和埋葬了一切现实的本能（因为道德说教认为，该本能的来源是非道德的）。"①

由于道德的危害，生命萎缩了。尼采对此极而言之："道德就是兽栏。"②人被禁闭在道德的铁笼里，变成了病态的、萎靡不振的，对自己心怀恶意的，对生命原动力充满仇恨的，对生命中美好的和幸运的一切充满猜疑的怪种。面对此情此景，尼采惊呼："道德是一种反对自然，谋求达到更高的种类的反动。因为，它怀疑整个生命（因为生命的倾向被认为是非道德的）——敌视感性（因为最高等的价值被认为是与最高本能敌对的）——'高等天性'的退化和自我毁灭，因为他们会意识到冲突。"③而且事实上，在某种意义上说，"迄今为止，道德的发展是以牺牲下列人的利益为代价的：统治者及其特殊的本能，成功者和美丽的天性们，放荡不羁者和特权者"④。

三　道德保护弱者

尼采在把道德危害生命这一道德价值自身的"价值"揭示出来以后，并未就此为止。他还试图说明道德在两千多年来居于统治地位的"客观"根据。这就是提纲 E 中所说的"道德对生命的功利性"。道德对生命的功利性在实际生活中表现为一种"保存原则"，它保护"工具"，保护"平庸者"，保护"受苦人"，保护"低贱者"。一句话，道德作为保存原则是保护弱者的。

在尼采看来，自然的、自由的生命本能总是要向外释放，而以强力意志为本质的个体生命也总是要把获得更强大的力作为自己行为的基本动

---

① 尼采：《权力意志》，张念东、凌素心译，商务印书馆 1991 年版，第 480 页。
② 同上书，第 570 页。
③ 同上书，第 686 页。
④ 同上。

力。于是，单个的生命在自己的生存活动中就会表现出"征服"、"野心"，而个体生命之间也就会由此而发生强力意志的相互冲突并由此而削弱和危害类的存在和发展。正是为了保存类的存在和发展，才在非道德性的手段下形成了道德。

道德将个人的自由本能的"野心"转向个人自己，使个体生命在"良心谴责"和"禁欲主义理想"的道德监护下，依"类的"普遍道德原则行事。这样，虽然一方面危害着生命，但与此同时，在个体生命弱化的情况下，类作为个人生存的"工具"得到了保存。

尼采在讨论"基督教假说提供了哪些有益的东西"时写道："它告诫人不要自相作践，不要与生命为敌，不要对认识绝望。因为它是一种保存手段。"[①] 在另一地方，尼采更明确地说，道德是"手段，借助于它来保持一种强大的类"[②]。道德作为"更大整体的保存原则，是对成员的限制"（提纲 E.1），通过这种限制，防止了个体生命之间的"相互作践"。尼采将道德的这一"功利性"称为"人发育完成的标志"："道德的本质乃是防止，是防御手段；在这个意义上说，这乃是人发育完成的标志（披上了甲胄；斯多噶式的）。拥有武器，这是人发育完成的主要标志，因为他具有进攻的能力了。战争工具转化为和平的工具（由鳞片、甲叶和毛发构成的工具）。"[③] 当类拥有了道德这一"武器"后，它便进可以攻那些"出类拔萃"者，退可以守那些"平庸无能"者。

在强力意志的支配下，生命总是表现为欢悦、生动、富于激情。一个生命力强大的人，总是时刻受着自己内在的、"主观"的激情的支配，在激情下生活、创造。他就像酒神祭礼上的舞者，跳舞于一切陈旧的戒律之上，超越于善恶之外，用自由的舞蹈跳碎一切伦理。但是，在这种激情之下，个体生命可能会因此而"违背"戒律受到惩罚，也可能因被充溢的激情吞没而自我毁灭。个体为了避免这种内在激情的危害，使用道德来约束这澎湃的内在激情。为了保存自己不致在激情的狂舞下毁灭，我们总是"等同划一，试图使感觉一致，试图接受一种现存的感觉，这乃是一种宽

---

① 尼采：《权力意志》，张念东、凌素心译，商务印书馆 1991 年版，第 621 页。
② 同上书，第 413 页。
③ 同上书，第 241 页。

慰"①。同时"判断不偏不倚，冷静，因为，人们害怕激情的暴满状态，宁可置身事外，'客观'"②。这样，人开始平淡化、"客观"化。生命的激情在道德的绳索下变得温驯服帖了，人没了"脾气"，也变得平庸了。道德恰恰是通过把人变成这钟"平庸者"而又在保护这种"平庸者"中避免着生命激情可能带给人的"危害"。

生命不仅是激情的欢悦，也是生存的痛苦。强力意志的永恒轮回把个体生命置入了痛苦和欢悦的经纬网中，由此，痛苦和欢悦一样成了生命这条毯子不可或缺的经纬线。正是痛苦，才磨炼了生命的意志，激发了生机。生命力强盛的人，正是在大痛苦袭来之时格外振作和欢快，而生命力弱小的人则在痛苦面前显得萎靡不振。承担起了生命痛苦的人就能体验到生命的欢悦，而无力承担生命痛苦的人就会把生命本身当作负担。正因为此，人们发明了道德，试图用道德这一药方来医治人生的痛苦，安慰"受伤的灵魂"。

面对生命痛苦的萎靡者，或者将这种痛苦文饰、投射到"他物"，幻想着以此可以"换回"某种幸福，并由此导出"禁欲主义理想"；或者在自己的哀叹中也对他人的痛苦报以"怜惜"和"同情"，而与此同时也"换回"他人对自己痛苦的"怜惜"和"同情"，并由此消解或减轻各自承担的痛苦。道德就这样帮助"受苦人"摆脱了生命痛苦可能带给生命本身的毁灭而保存了"萎靡者"。"萎靡者"把自己打扮成"受苦人"的样子，企求着"别人"的帮助和怜悯。这"别人"也可能是某个抽象的"群体"或天国，在这种企求中，他获得了安慰和平衡，也得到了"保存"。

在尼采看来，生命本身只不过是强力意志，而力的分配是绝对不会平等的。因此，作为个体，生命力就必有强弱之分。那些能依自己激情生活，并能承担起生命之痛苦的人，就是生命力强大的人，就是强者；而那些只能在平淡中生活，在生命的痛苦面前萎靡不振的人，就是生命力弱小的人，就是弱者。强者敢于直面人生的悲剧，是价值的估订者，他热爱战斗，在"生活的战争学校"里磨炼。他不畏挫折，未能杀死他的，使他变得更强。他要求的是一种富于力感的人生，因为有力感才

① 尼采：《权力意志》，张念东、凌素心译，商务印书馆1991年版，第664—665页。
② 同上。

有生命感，才能充分感受和享受生命。相反，生命力弱小的人却害怕痛苦，他谦虚，富于同情感，冷静、诚实、宽容、机智。并且，他还把这些东西上升为普遍的道德原则，并用它们去要求强者，阻止强者、打击强者。

人类几千年的文明发展史表明，弱者成功了。弱者的成功就是靠了道德。尼采在总结"弱者取胜的原因"时写道："病夫和弱者都含有更多的同情感，因而都更有'人情味'——病夫和弱者都含有更多的精神，因此，就更易变幻无常，更花样翻新、更轻松愉快——更加阴险。"① 弱者正是在道德的旗帜下统治强者的。所以尼采说："道德乃是防止强者大爆发的原则，因为，有利于'低贱者'。"（提纲 E.4）道德在防止强者时，也使人低贱化了。

道德对生命的功利性，是道德价值的强力意志的根本表现。道德在否定、危害生命的同时，作为保存原则，保护了类和弱者。尼采在讨论"道德价值的强力意味着什么"时作了这样的回答："它背后藏着三种权力：1. 群畜反对强者和独立者的本能；2. 受难者和败类反对成功者的本能；3. 平庸者反对杰出者的本能。——这个运动无比优越，因为其中夹杂着无数残暴、欺诈、偏颇、推波助澜（因为，道德同生命基本本能斗争的历史本身就是迄今为止世界上最大的非道德……）。"② 道德正是在这一非道德的进程中完成着它保护弱者和危害生命的双重功能的。

四　善恶彼岸的道德

对于尼采关于生命与道德的"提纲"，如果我们的解读仅此为止，那么我们也就会流于俗见，即认为尼采只是一个道德的破坏者，是一个"非道德主义者"。

尼采的确是一个道德的破坏者，是传统道德的破坏者。而且，在其著述中（不仅是在这个提纲中），"破坏性"的语言也远远多于"建设性"的语言。但尼采的破坏绝不仅仅是为了破坏而破坏，他也不是一个非道德主义者。实际上，尼采非常清楚，道德是人的生活不可缺少的坐标系，人

---

① 尼采：《权力意志》，张念东、凌素心译，商务印书馆1991年版，第458页。

② 同上书，第232页。

不能不对自己的行为作出道德评价和道德批判。这样，人才能对自己怀有一种信心。这种信心是人作为人而不是像动物那样生活所必需的。因此，尼采的反道德是站在道德立场上的反道德，是站在真道德的立场上反对假道德，是站在生命道德立场上反对非生命的道德。他是先站在自然、生命、生成变化的立场上看穿人间之善恶的虚假，进而，又从自然、生命、生成变化的立场出发给人间制定一种新的善恶评价。在否定了迄今为止的一切道德之后，他的目的是要建立新的道德。

这新的道德是什么呢？其实，在提纲中已经潜藏着新道德的基本精神，那就是：以生命为基础的善恶彼岸的道德。

尼采专门讨论道德问题的著作《道德的谱系》的第一章标题为"'善与恶'、'好与坏'"，这是别具匠心的。因为尼采是把"善与恶"和"好与坏"当作两种对立的价值观看待的。他不无自豪地写道："'好与坏'和'善与恶'这两种对立的价值观在这个地球上进行了一场旷日持久的恶战，虽然第二种价值观长期以来一直稳居上风，但是只要战争仍在继续，胜负的问题就悬而未决。"① 如果说尼采对传统道德的批判就是要克服"善与恶"的价值观，阻止由善恶价值观所导致的"生命道德化"所引起的颓废；那么，在肯定意义上，尼采就是要超越善恶价值观而将道德价值置于"善恶之彼岸"的生命的"好与坏"上。

在早期希腊哲学中，作为西方道德哲学核心概念的"善"，本就有生活和道德二重价值，只不过后来道德哲学的"发展"，使得其生活（生命）价值被道德价值遮蔽了②。尼采就是要将这遮蔽揭开，将被道德化了的生命敞亮，而且要让"道德生命化"。因为在他看来，生命大于道德，生命先于道德。相对于道德来说，生命具有本体论的优先性。所以尼采说："在很早以前我就很清楚我想要什么，我提出那句危险的口号是为了什么，那句口号写在我上一本书扉页上：'善恶的彼岸'，至少我没有写上'好坏的彼岸'。"③

依据尼采在提纲中所显现出来的"破坏性"语言后面的建设性，以

---

① 尼采：《道德的谱系》，周红译，三联书店 1992 年版，第 34 页。
② 参见包利民《生命与逻各斯——希腊伦理思想史》，东方出版社 1996 年版，第 9—13 页。
③ 尼采：《道德的谱系》，周红译，三联书店 1992 年版，第 36 页。

及其他地方尼采的相关阐释，我们可以把尼采的这种善恶之彼岸的新道德概括为如下几条基本原则：生命原则、强力原则、个人原则。

第一，生命原则。尼采在提纲的"C. 道德逐渐陷入自相矛盾"、"道德会危害生命"、"E. 相反的估计"、"道德对生命的功利性"中，都是将道德和生命并列起来说的。旧道德之所以应该被抛弃，是因为它否定生命、敌视生命、危害生命。相应地，新道德不是把生命看做敌人，而恰恰是把生命作为新道德的第一原则。尼采把旧的基督教道德称为"反自然的道德"，而将新道德称为"自然的道德"。他说："我制定一个原则。道德中的每一种自然主义，也就是每一种健康的道德，都是受生命本能支配的。"① 在提纲中，尼采明确提出了对传统道德进行"报复"的步骤：第一步是"道德的绝对统治"，在此，生命被道德衡量和裁决（这是老子的"将欲取之，必先予之"原则）；第二步是"试图鉴定生命与道德"，道德的绝对统治开始受到动摇，在此，作为一个"成熟的怀疑标准"，人已认识到"道德不应被认为是生命的对立面"；第三步则是"生命和道德的对立"，生命成了对立的主体，此时，"道德受到生命的审判"。道德在生命的审判下，一方面暴露出了自己的"非道德性"，另一方面又深刻地感悟到，道德本身必须基于生命，只有这样，人在道德地生活时才能享受生命、崇敬生命、认识生命、发展生命。

新的善恶彼岸的道德以生命作为道德的基础和前提，生命原则成为新道德的第一原则。与生命原则相伴，还有三个附带原则，即肉体、本能和大地。

肉体原则是相对于基督教道德的灵魂原则而言的。在基督教道德那里，肉体受到蔑视，灵魂受到推崇，灵魂之善美与肉体之恶丑形成对照。"'灵魂'、'精神'，最后还有不死的'灵魂'，这些都是发明来蔑视肉体的，使肉体患病——'成仙'。"② 而在新道德看来，"肉体这个现象乃是更丰富、更明晰、更确切的现象。因为它按部就班，依次向前发展而不追究其最终的意义"③。美丽的肉体，自由但不放荡，向外扩张着自己却怀

---

① 尼采：《偶像的黄昏》，"作为反自然的道德"，《尼采文集·查拉图斯特拉卷》，青海人民出版社 1995 年版，第 323 页。

② 尼采：《瞧！这个人》，《权力意志》，张念东、凌素心译，商务印书馆 1991 年版，第 106 页。

③ 尼采：《权力意志》，张念东、凌素心译，商务印书馆 1991 年版，第 631 页。

抱责任与承诺。

本能原则是相对于旧道德的理性原则而言的。旧道德把道德概念化、知识化、非自然化，也即理性化、理想化，然后又反过来以抽象而普遍的理性原则指导人的生活。个人的本能欲望被认为是邪恶而不道德的。新道德基于生命原则，认为本能是比理性更本真的东西，理性只不过是本能实现自己的一种工具。生命之实现恰是依赖着本能而非理性。

大地原则是相对于基督教道德的天堂原则而言的。基督教道德把美好的东西都置于天堂里，人必须在此岸世界克制自己以赎罪，力争做一个"善良的人"，以便他日进入"天堂"。新道德基于生命原则，在宣布"上帝死了"的同时也就将彼岸的天堂宣布为虚幻了。人必须立足于此岸，立足于大地，立足于当下此刻的现实生活，在现实生活中磨炼自己，成长自己。

第二，强力原则。尼采把强力意志看做世界和生命的本质，因此，由生命原则必然导出强力原则。周国平先生谈到这一点时很有见地地指出："这里涉及尼采提出强力意志的两个主要根据，其一，对生命性质的估计：生命的总体方面究竟是匮乏还是丰富？强力意志是以自然界中生命的丰富为前提的。其二，对生命意义的认识：生命的意义是在于自我保存，还是在于力量的增强和扩展？在尼采看来，真正的强者不求自我保存，而求强力，为强力而不惜将生命孤注一掷，恰恰体现了生命意义之所在。"①

依据强力原则，真、善、美等观念将彻底改头换面。"什么是善？凡是增强我们人类力量感的东西力量意志、力量本身，都是善。什么是恶？凡是来自柔弱的东西都是恶。什么是幸福？幸福是力量增强、阻力被克服时的感觉。"② 这一点，我们在提纲 E 部分也可以看到，旧道德作为保存原则有利于"平庸者"、"受苦人"、"低贱者"；相应地，新道德作为强力原则，则有利于"强者"、"成功者"、"高贵者"。

---

① 周国平：《尼采：在世纪的转折点上》，上海人民出版社 1986 年版，第 73 页。
② 尼采：《反基督徒》第 2 节，《尼采文集·权力意志卷》，青海人民出版社 1995 年版，第 202 页。

　　新道德将强力作为价值的基本标准，以力量标准来衡量不同价值体系，这便是价值标准上的强力原则。由强力原则也派生出两个附加原则，即悲剧原则和艺术原则。

　　尼采把世界和生命归为强力意志的永恒轮回。这就必然导致两重"恶果"：一方面是强力意志的生命形式之间的相互冲突所造成的生命的痛苦，另一方面是永恒轮回所显现的人生和世界意义的虚无。虽然，永恒轮回的强力意志恰恰证明了力的丰盈和生命的不可摧毁性，但也确实让生命本身披上了悲剧的外衣。于是，能否原本地接受下来这无意义的生命，就成为新道德的一个重要标准。如果一个人在清醒地看到生命无意义的真相之后，仍然不厌倦它，不否弃它，而是依然热爱它、祝福它，到了这一步，他便显现出他的悲剧英雄的本色，达到了肯定人生的极限。这就是面对生命的悲剧原则。

　　出于对人生悲剧性的现实肯定，人就必须以艺术审美的态度对待人生。尼采在其《悲剧的诞生》中就已显现出新道德的这一重要原则。如果说在旧道德下，人过的是一种伦理生活的话，那么在新道德下，人将过一种审美的、艺术的生活。以这种态度面对生活的人，他直面人生的悲剧性真相，怀着一颗强健勇敢的心，欢快而坚定地走在人生之路上；他逍遥于自然中、人群中，不用道德的眼光而用审美的眼光看人和事；他能把恶人当荒野的风景欣赏，能把痛苦当空中的彩霞欣赏；他在美中度过一生，而一切痛苦又都在美中得到抚慰。尼采说："我们相对来说都是有病的，而艺术家则属于极健壮的种族。"①

　　第三，个人原则。以强力意志为本质的生命的现实表现，就是单个人的个体生命。因此，生命原则和强力原则便逻辑地导出个人原则。个人原则的基本要求就是："成为你自己！"

　　在伦理生活中，每个人以伦理理念为自己生活的基本原则。结果是，生命枯萎了，自我迷失了。因此，尼采惊世骇俗地吼道："成为你自己！你现在所做的一切，所想的一切，所追求的一切，都不是你自己。"② 依据"成为你自己"的个人原则，每一个人必须忠实于自己，对自己的生存负责，真诚地寻求人生之意义。尼采说："我们必须在自己面前对我们

---

① 尼采：《权力意志》，张念东、凌素心译，商务印书馆1991年版，第509页。
② 转自周国平《尼采：在世纪的转折点上》，上海人民出版社1986年版，第117页。

的生存负责。因此我们要做这生存的真正的舵手，不容许我们的存在类似一个盲目的偶然。对待生命不妨大胆冒险一些，特别是因为好歹总得失去它，何必死守这一片泥土，这一种行业，何必留意邻人的流言？"①

个人原则是新道德在价值理想上的基本原则。由个人原则派生出的两个附带原则是超越原则和自由原则。

个人在"成为你自己"的过程中，面对现实的苦痛和生命的无意义，必须以超越精神提拎自己。尼采一再强调，人是要超越自己的。整个《查拉图斯特拉如是说》，其实就是一部"超人"的宣言书，而"超人"作为一种象征，所强调的就是人的自我超越精神。"人是应被超越的"，"超人是大地的意义"、"是纳污的大海"②。人正是以这样一种立足于大地的大蔑视的超越态度"成为你自己"的。

当你"成为你自己"时，你也便自由了。自由原则是尼采新道德的必然结论。一个直面人生惨淡，肩挑生命之苦痛，以强大的生命力和悲剧性、艺术的态度享受生活的人，必是一个自由的人。在尼采这里，自由是人生的最高境界，它内含着力量、估价和创造。《查拉图斯特拉如是说》的首篇讲精神的三种变形就是讲自由的："我告诉你们精神的三种变形：精神如何变成骆驼，骆驼如何变成狮子，最后狮子如何变成小孩。"③ 骆驼的力量承担着人生的苦痛，狮子的勇敢估价和创新着价值，而小孩的创造和游戏则使人在创造活力中审美地观照、享受人生。这既是自由的三个层次，又是自由的三种状态。自由在自我支配、自我负责和抗拒阻力的过程中，将人生的意义全部凸显出来，而人的生命也便在这自由的欢悦中得到真正实现。

通过对基督教道德危害、否定生命的批判和对善恶彼岸的新道德的基本原则的设定，尼采实现了揭露"生命道德化"的颓废和建构"道德生命化"的"破坏"和"建设"的双重目标。尼采的这个"道德哲学提纲"在相当程度上是尼采整个道德哲学的浓缩，通过对这个道德哲学提纲的解读，我们基本上可以抓住尼采道德哲学的基本脉络：一方面，他以

---

① 转自周国平《尼采：在世纪的转折点上》，上海人民出版社1986年版，第118页。
② 尼采：《查拉图斯特拉如是说·序》，尹溟译，文化艺术出版社1987年版，第6—7页。
③ 尼采：《查拉图斯特拉如是说》，"三种变形"，尹溟译，文化艺术出版社1987年版，第21页。

生命的视野对传统基督教旧道德给予了"破坏性"的重估；另一方面，他以生命为基础对善恶彼岸的新道德进行了"建设性"的重构。他是一位旧道德的破坏者，更是一位新道德的建设者。

第 一 章
上帝观念的文化价值

"上帝死了！"这是尼采面对他那个时代和两千年的欧洲文化而喊出的激心荡肺的口号。尼采并不是一个彻底的唯物主义者，因此他也并不是直接否认有上帝（神）的存在。尼采只是说上帝"死了"。可是，既然"死了"就意味着上帝曾经是有的，曾经生过，曾经是未死的。也就是说，上帝曾经是有生的，也是"在"起来过的。上帝是有生命的。既然尼采"上帝死了"的口号已内含着上帝之生和上帝之在，那么，要真正领会"上帝之死"这一悲剧之诞生的时代意义及其自身的生命意蕴，就必须明白"上帝之生"和"上帝之在"的价值①。

第一节　不朽渴望与上帝之生

如果说"神"的观念为世界各民族所共有的话，那么，基督教"上帝"的观念在相当意义上则是西方文化的特产。上帝并不是"横空出世"的，在上帝未生之前，西方文化已有了它诞生的土壤，这土壤就是希腊理性主义哲学。在相当意义上，我们甚至可以在早期希腊的"始基"或者"本源"概念，在泰勒斯的"水"、毕达哥拉斯的"数"、赫拉克利特的"逻各斯"、阿那克萨哥拉的"努斯"、德谟克利特的"原子"等中看到未成形的上帝的影子。但真正构成上帝之胚胎的，则是柏拉图的"理念"和亚里士多德的"纯形式"。当这些胚胎同犹太——基督的人格上帝"碰撞""融会"发生化学反应后，影响欧洲文化和欧洲人的价值理想两千年的上帝就诞生了。

---

① 本章第一、二节的讨论参考了赵敦华《基督教哲学 1500 年》一书中的有关讨论，特别致谢。

一　希腊哲学的理性神

作为希腊启蒙运动的直接产物，柏拉图一方面继承了希腊启蒙运动由阿那克萨哥拉肇始而为苏格拉底强化的心灵（理性）原则，并关注着时代赋予他的德性课题；另一方面又在新原则下反省和审视早期希腊自然哲学提出的"始基"或者"本源"问题。

柏拉图把苏格拉底追求的心灵内在原则和德性的一般定义客观化，使之成为独立于人的心灵，并与人的知识相对应的实在对象。这种"实在"被称作"理念"，希腊文为 idea。在《斐多篇》中，柏拉图又开始用 eidos 这个词。idea 和 eidos 均出自动词 idein（看），意为"看到的东西"。柏拉图设定理念的主要原因在于，不同的认识能力有不同的认识对象；而人有感觉和理智两种认识能力。与感觉相应的对象是变动不居的、暂时的、个别的，因而是相对的现象，它介于"在"与"不在"之间；而与理智相应的对象是不变的、永恒的、普遍的，因而是绝对的本质，它是绝对的存在。换言之，感觉认识的是可见的物质世界，而理智认识的则是可知的理念世界。现象的物质世界是可用肉眼看的，而理念世界却只能用心灵的眼睛去"看"，这种"看"，就是知，而且是"真知"。柏拉图认为，理念世界是有等级的，而善则是最高理念。柏拉图甚至说，就实在等级而言，善之于理念，犹如太阳之于万物。柏拉图把理念与现象分离开后，又用"分有"和"摹仿"说解释它们之间的联系，说明理念与个别事物之间是本原与派生、原型与摹本、绝对与相对、普遍与特殊的关系。

当柏拉图将这一理论应用于人自身时，便有了灵魂和肉体的二分说。在柏拉图看来，人的肉体属于感性世界，灵魂则属于理念世界。灵魂和肉体的关系之不同于理念和个体之关系的地方，在于灵魂和肉体可以相互作用。人的灵魂有理性、激情和欲望三个部分，相应于智慧、勇敢和节制三种德行。欲望是一匹桀骜的马，它居于腹部，激情是一匹驯服的马，居于胸部；理性则是驭马者，存于人的头部。理性在灵魂中居于支配地位。柏拉图认为，相对于肉体来说，灵魂才是人的本质。灵魂不但赋予肉体生命力，而且犹如船长掌舵那样指挥身体活动，利用身体达到自己的目的。不过，身体对灵魂也有反作用，如不好的体育以及身体的坏习惯，是会败坏灵魂的，并有可能使之成为身体的奴隶。

柏拉图认为，灵魂原先生活在理念世界，只是由于有些灵魂活力不强，或未能用理性控制欲望，才从理念世界跃入尘世，附着于身体，这样才开始了人的生命。灵魂生前对理念有所观照，具有先天的知识，只是由于肉体的污染与干扰，才使灵魂忘却了这种与生俱来的知识。经过合适的训练，可以使灵魂回忆起见过的理念而产生知识。当灵魂在人回忆过程中越来越清晰地观照到理念，最后进入惊喜交加，不能自已的迷狂境界时，灵魂就摆脱了肉体的束缚而和理念重新融合了。

在晚期对话《蒂迈欧篇》中，柏拉图还用他的这套理论讨论了创世问题，描述了宇宙生成之全景。蒂迈欧是来自意大利的一个毕达哥拉斯主义者。柏拉图借他之口说，可感的世界是生成的世界，而任何生成的东西皆有原因。世界的原因是一个造物主。正如工匠按照模型制作产品一样，造物主按照一个精美、永恒的原型创造世界。这一原型只有数学和哲学才能确定。造物主创世的目的是善。造物主本身是至善，他不愿仅仅维持自身的善，而且要使一切不完善的东西接近自身，成为善。在创世之前，已有混沌的物质存在。由于秩序比混乱完善，心灵比物质完善，造物主就以秩序整治混沌，将心灵置于物质之中。由于心灵只能存在于灵魂之中，他于是又创造出灵魂。世界灵魂有两个成分：一是不可分割的，不变的存在——"同"；一是可分割的，生成性的存在——"异"。"同"和"异"的运动轨道是圆，两者直径以90度角相交。"同"位于外圈，向右旋转；"异"位于内圈，被分割为六个同心圆，向左旋。这两个圆在运动中相交的角度发生倾斜，它们实际上分别代表着恒星赤道与黄道，它们的运动分别代表着星空的周日运动和太阳与黄道带的轨道运动。

造物主在创造世界的同时创造了时间。被造世界虽不是永恒的，但必须尽量与永恒的原型相似。时间是永恒的运动的影像，可感世界的一切都在时间中延续。

造物主接着创造了各种动物，它们按居住领域分为四类：天上的神，空气中有翼动物，水栖动物与陆地动物。造物主最后创造出人的灵魂，这些灵魂的数目与星球一样多，并陪伴着星球。在适当的时候，灵魂降生为人。如果灵魂在身体里活得好，它们将返回所属的星球；如果生活得不好，将按下降顺序，转生为妇女和各种动物。

人的身体是由造物主委托被造的神创造的。神造出圆形的头颅作为灵魂的寓所，而躯干和四肢则是为保护头颅的目的而造出的。灵魂和身体的运动方式不同：灵魂做圆周运动；身体则作吐故纳新的直线运动。开始这两种运动不协调，灵魂处于混乱状态，这就是人为什么在儿童时代知觉不成熟的原因。经过一段时间的适应，灵魂恢复正常运转但只有通过正确的教育，灵魂的运转才能进入完全自主的完好状态。

柏拉图思想中的理念论、灵魂说和创世说，都对中世纪及近代思想产生了重大影响。在至善的理念生出灵魂进而创造出世界的运转中，我们已不难看出那万能的、至善的上帝的雏形。只不过，在这里，他还只是存在于"理念"的胚胎中，还不具"人形"，是披着理念外衣的神。

如果说柏拉图具有"神性"的理念的设定还只是基于直觉的体验，那么，亚里士多德所设定的理性神则完全是依于逻辑的分析。

作为希腊哲学之集大成者，亚里士多德在总结先前各种哲学思想的基础上，对一与多，动变与静止，现象与本质等基本哲学问题试图作出"科学"的回答。亚里士多德用理性（神）来统领这一切的对立。

亚里士多德承认我们感觉到的现象世界是动变的，但他又认为，运动着的事物必然有某种最终的载体，它不靠其他事物来说明，而且它是具有独立自主性的"这一个"在运动。换言之，运动总是某个"这一个"在运动。亚里士多德把这作为运动之载体的"这一个"称为"本体"。本体有三类，即"永恒的感性本体"（如天体），"可灭的感性本体"（如世界）和"不动的本体"（如形式，数目等）①。对于后一类本体，我们必须通过分析说明它存在的必然性。亚里士多德从四个方面进行了分析。首先，从本体与运动、时间的关系看，运动和时间都是不生不灭、永远存在的，因为如果有生、有来，就会出现生来之前、后又如何的问题。既然运动和时间就整体而言是不可毁灭的，便必然存在有不可毁灭的本体。其次，从潜能与现实的关系看，由于潜能的东西可能是也可能不是，它不能保证运动本身的永恒性，所以，必然有一种不带任何质料的纯粹现实性的本体成为永恒运动的原因。再次，从反面看，任何东西都不是胡乱运动的，必有某东西使得它运动，这东西就是阿拉克萨哥拉的"努斯"。最后，从现实存在的圆周运动看，必然有一主动而不被动的"不动的动者"使得它进行永恒的圆周运动。通过这些分析，亚里士多德得出结论，永恒的现实的存在的本体，是事物运动的最后的原因，是第一动者，而这本体不是别的，就是"理性"，是"努斯"。

---

① 《形而上学》1069a32—35。

"不动的动者"如何使万物运动起来并保持其永恒性呢？亚里士多德认为，永恒的运动方式是被欲望和被向往，因为它本身是最初的和最好的。由于欲望低于理性，理性作为"不动的动者"，作为至善，正是欲望的对象。作为理性对象和原则的善，不仅是万物运动的原因，也是万物运动的目的，是宇宙间万物和人类生存的最高标准和最高境界。亚里士多德又将这种统领万物的理性、善称为"神"。

亚里士多德在得出"善"是理性的对象和原则这一结论后作了一重要推论：理性所对应的对象，就是它本身是最好的东西即"善"；完全意义的理性也就是完全意义的"善"。理性分有了它的对象的性质即善，它思想，就是想它自己；当它和它的对象相接触，并且想到它时，理性也就变成为理性的对象。所以，"理性和理性的对象是同一的"。因为那个能够接受理性的对象的东西本身就是理性。当理性持有对象时，它是主动的。这就是理性所包含的神圣因素。亚里士多德将这种理性思想其对象（即思想其自身）的静观称为"神思"，而且说，"其为乐为善，达到了最高境界"。①

亚里士多德将善作为理性和理性的对象的中介，从而把二者统一了起来。这种以善为内容的理性和对象的统一，就是"神"。神总是在善的状态中存在，而我们只能有时候做到这一点。所以我们只能敬佩神、赞美神。神越好，我们就越敬佩和赞美它。作为神的理性的现实性，就是生命。因此，生命也是属于神的。神的自我依存的现实性，就是最善的、永恒的生命。"因此，我们说神是一个至善而永生的实是，所以生命与无尽延续以至于永恒的时空悉属于神。"②

既然理性被当作"不动的动者"，那么，理性必然思想于最神圣宝贵的事物，即只想它自身。亚里士多德说："若以理性为至善，理性（神心）就只能致想于神圣的自身，而思想就成为思想于思想的一种思想③。"作为"神思"的理性，思想自身；而作为"人思"的理性，当它以感觉、意见、理性等方式认识对象时，也会偶尔思想自身。"人心只是偶一返求诸己而已（人心之为善既有异乎全善，故不能不有时而致想于不善，唯

---

①　《形而上学》1072b24—25。

②　《形而上学》1072b29—30。

③　《形而上学》1074b34—35。

在全人生中企求其达于至善），唯全善的神心历万法而常单纯地以大自我为思想。"① 正因此，人是有可能为恶也可能为善的，而神则是至善、恒善的。

亚里士多德以一种新的言说方式将理性分析出神性。它永恒、不动而至善；它既推动万物之运动又统领万物之秩序，是万物的原因也是万物的目的。万物始于它而又归于它。可以说，在亚里士多德这里，穿着理性外衣的"上帝"已呼之欲出了。

二　希伯来宗教的人格神

如果只有柏拉图的"理念神"和亚里士多德的"理性神"，那个统治西方文化的至高无上的上帝永远都只是一个没有人形和人性的虚有的设定。可是，恰在这时，犹太——基督教传到了希腊，《圣经》提供了一个有形有格、有血有肉的上帝形象。

《圣经·旧约》首篇《创世纪》便用上帝六天创世，人类祖先亚当和夏娃的原罪，毁灭人类的洪水与诺亚方舟等传说开端，树立了一个创造一切、统治一切、至高无上的上帝的形象，这就是希伯来人信仰的耶和华。

耶和华并不似理念、理性这般无形而虚有，而是实在而有人格的。耶和华的人格表现于他的意志、情感和欲望，他的人格足以使他可以与人交流。他不需要人的形象，也没有露出任何具体形象，他始终在隐蔽处与人交谈。当摩西问及耶和华的名称时，他以一句极其简练而富有哲理的话作答："我是我所是。"② 摩西恳求他显出真相，他说："你不能看见我的面，因为人见我的面不能存活。"③ 据说，自摩西之后，再没有人能与耶和华直接对话，以后的先知或通过灵感，或通过神的使者的传迹，或在虚无缥缈之处听到耶和华的声音。犹太教反对偶像崇拜的诫令，不仅针对外邦神祇，而且也禁止把耶和华作为偶像。这样不仅维护了耶和华至高无上、令人敬畏、不可窥测的形象，而且有效地防范了多神论的影响。与其他宗教相比，犹太教虽然承认上帝的人格，但使他的意志与情感超越人性，又使他避免人的形象。这样的神更接近于抽象的力量和原则，而易于成为哲学

---

① 《形而上学》1075a—12。
② 《圣经·出埃及记》第3章第14节。
③ 《圣经·出埃及记》第33章第20节。

思辨的对象。

　　据《旧约》记载，上帝与人订约的事发生了三次。第一次是在洪水之后，上帝与挪亚立约，保证不再以洪水灭绝地上生物。第二次耶和华与亚伯拉罕立约，保证他的后裔繁荣。第三次耶和华以十诫与以色列人立约，保证他们有自己的国土。这三次合约有不同的意义。第一次合约说明上帝是全人类的主宰，人类支配其他生物的权利由上帝赋予；第二次合约确立了希伯来人的"誓约民"的身份，说明上帝与这个民族有特别密切的关系；第三次合约规定了以色列人必须遵守的戒律和礼仪，奠定了犹太教的基础。从十诫的内容看，前四条（不可崇拜偶像与妄称耶和华的名字，以安息日为圣日）是规定人与上帝关系的戒律，后六条（孝敬父母，不可杀人、奸淫、偷盗、作假证、贪恋他人所有）是规定人与人关系的道德律①。显然犹太教一开始就把道德准则当作了与宗教并列的神圣义务。宗教和道德的内在联姻具有普遍性。黑格尔就曾说过：宗教"乃是一种令我们的心灵感兴趣，和决定我们意志的东西。一方面因为我们的道德义务和规律从宗教那里获得一种强有力的敬畏之情，从而被我们看做神圣的义务和规律；另一方面上帝的崇高性和至善的观念使我们内心充满仰慕之意以及卑谦和感恩的情感"。他还断言："从宗教中取走了道德的动因，则宗教就成了迷信。"② 注意到这一点，对于我们理解尼采"上帝死了"的道德意义和生命意蕴是尤为重要的。

　　到了《以赛亚书》之后的晚期先知著作，对犹太民族的危难之原因

---

　　①　"摩西十诫"在《圣经》出现了两次，一次是在《出埃及记》（Exodus），另一次是在《申命记》（Deuteronomy）。两次语句有差异，但是基本内容是一致的。第一条："我是耶和华——你的上帝，曾将你从埃及地为奴之家领出来，除了我之外，你不可有别的神。"第二条："不可为自己雕刻偶像，也不可做什么形象仿佛上天、下地，和地底下、水中的百物。不可跪拜那些像，也不可侍奉它，因为我耶和华——你的上帝是忌邪的上帝。恨我的，我必追讨他的罪，自父及子，直到三四代；爱我、守我诫命的，我必向他们发慈爱，直到千代。"第三条："不可妄称耶和华——你上帝的名；因为妄称耶和华名的，耶和华必不以他为无罪。"第四条："当记念安息日，守为圣日。六日要劳碌做你的工，但第七日是向耶和华——你上帝当守的安息日。这一日你和你的儿女、仆婢、牲畜，并你城里寄居的客旅，无论何工都不可做；因为六日之内，耶和华造天、地、海，和其中的万物，第七日便安息，所以耶和华赐福与安息日，定为圣日。"第五条："当孝敬父母，使你的日子在耶和华——你上帝所赐你的土地上得以长久。"第六条："不可杀人。"第七条："不可奸淫。"第八条："不可偷盗。"第九条："不可做假见证陷害人。"第十条："不可贪恋他人的房屋；也不可贪恋他人的妻子、仆婢、牛驴，并他一切所有的。"

　　②　黑格尔：《黑格尔早期神学著作》，商务印书馆1988年版，第3、10页。

作了新的反思。犹太民族的灾难仍然看做耶和华的惩罚，但他们传出了与以前先知认识论不同的信息，耶和华并不在乎外在的仪式与表面的恭谦，他要求人心的正直和纯洁。耶和华对先知何西阿说："我喜爱善良，不喜爱祭祀；喜爱认识神，胜于燔祭。"① 先知们要求的实质，是把道德实践作为宗教信仰的真谛，把以取悦耶和华为目的之一的神教崇拜，转变为实现民族的自我改善的伦理化宗教。伦理化宗教的特征，是以神的名义推动社会的教化。先知们肯定耶和华的公正在于惩恶扬善，犹太民族的解放与复兴的前提是自身的道德净化。先知们虽然没有实现对宗教和社会改革的影响，但却对犹太教的发展方向产生了深远影响。犹太教不得不正视他们提出的问题，努力把宗教戒律与伦理规范紧密结合起来。

但是，祭司们制定的律法，与其说是宗教的伦理化，不如说是伦理的宗教化。负责律法的法利赛派把日常生活也变成宗教仪式，把遵守戒律作为虔诚的标准，从而取消了生活的道德内涵和信仰的善恶是非标准。在这里，注重道德、崇拜上帝，是受一套死板公式支配的强迫性生活。正是在这样的环境里，耶稣降生了。

三　基督教的三位一体神

基督教的创始人耶稣本人并没有要创立一个独立于犹太教的新宗教的意向。他既是与以前的先知一样的宗教改革者，又有先知们从未有过的作为弥赛亚的神圣使命感。作为宗教改革者的耶稣，抨击律法的条分缕析与法师的玄虚议论，多次与法利赛人发生冲突。耶稣说，他不是要废除律法，而是要成全律法。他要人们认识到，律法的内在价值在内心的纯洁与善良。他谴责置献祭于道德之上的伪善做法。这一切表明，他与以前的先知一样，把道德修养和实践置于宗教的核心地位。

犹太教有把上帝当作父亲的传统。犹太人心目中耶和华是威严、有绝对控制权的父亲。耶稣突出地宣扬了上帝作为慈爱的、广施恩惠与庇护的父亲的形象。如果说普通民众是不知感恩的孩子，上帝就是充满爱心、宽宥他们过错的父亲。耶稣传播的，是上帝将给人们带来福分的福音，他的举手投足体现了上帝对人的慈爱。在耶稣看来，只有爱才是连接人与上帝的纽带。耶稣以"爱"为戒律的核心，协调了困扰犹太教的宗教崇拜与

---

① 《圣经·何西阿书》第6章第6节。

道德实践的关系。耶稣还提出了一些道德准则，把爱的戒律具体化，基督教把这些道德准则归结为恭谦、宽恕、仁慈、信仰和忍受。

耶稣强调，天国将至。但"天国来临"与其说是外在的事件，不如说是内心世界的改变。因为内心精神才有永恒的价值，而现实中的一切被当作最有价值的东西，都只是暂时的、行将消失的。财富是累赘，名誉也不值得追求，不要与人争勇斗胜，不为家庭义务所累。耶稣的意思无非是教导人们轻视乃至扬弃现世生活的外在价值，转而追求伦理化宗教的内在价值，实现人生观的根本转变。

耶稣的信徒和门徒们并没有真正理解耶稣所承诺的天国的内在性。因此，当他们看到耶稣束手就擒，轻而易举地被处死时，便惊慌失措地离散了。而当他们听到耶稣复活升天的消息后，又恢复了对耶稣的信仰而重新聚集起来。但他们信仰耶稣的主要原因是相信他的超自然力量，他们把希望寄托于耶稣重返人间进行最后审判。而在基督教和犹太教分离，成为独立自主的宗教这一进程中，起决定作用的人则是保罗。保罗有纯犹太血统，又在希腊地区受过教育，兼有犹太教徒和罗马公民双重身份。保罗的特殊身份和经历使他抓住了耶稣教导的核心——灵魂的拯救，从而把"最后审判"的承诺转变为"灵魂不朽"的承诺；把进入基督天国的意义理解为达到人神一致的精神境界。保罗以灵魂与肉体的二元对立为前提，谴责肉体情欲。其上帝观念也受此影响，而着力宣扬被钉在十字架上的基督。

上帝的观念在最后一部福音书《约翰福音》中又有了极大的变化。《约翰福音》抛开历史记叙与常识观念，对耶稣与上帝关系进行理论阐释，这就是著名的"道成肉身"学说。"道"是希腊文 logos 的意译。在这里，"道"既是上帝的精神力量，又是神圣的实体。它把圣父与圣子连为一体。上帝与道不是两个神，"神与道同在"。道与基督耶稣也不是两个神，圣子是道的肉身化。上帝以基督的肉身显示自己。上帝与基督不是两个神，而是同一个神的不同显现。道是上帝的存在、真理与恩典的显现，道之所以要肉身化为基督，目的是要以人所能看见的方式，将神"表明出来"。道的肉身化使上帝具有了耶稣的人格和人形，使人们可以通过耶稣的言行事迹认识上帝。而基督之所以要降临人间，完全是为了拯救世人。

从《旧约》里的耶和华的形象到《约翰福音》成书时的上帝，已发生了很大变化。耶稣向人们显现了与人朝夕相处充满爱心的亲切形象，他与陌生、威严、满怀报复心的耶和华形象大相径庭。两者与人的关系也不一样。联系人与耶和华的关系是誓约，誓约使人承担义务，产生敬畏之心，但却产生不了爱。而基督耶稣却说："我赐给你们一条新命令，乃是叫你们彼此相爱；我怎样爱你们，你们也要怎样相爱。"① 爱不仅是联系人与基督的关系，而且把基督徒联结为一个和睦的大家庭，成为伦理化宗教的基本要求。这时，上帝既有超越万物的神秘性，又有了亲近人类的可感性。一个具有人格人形的，满足信仰与道德两方面要求的上帝，就这样诞生了。

当希伯来的宗教上帝观念和希腊的哲学理性神发生碰撞后，一个完整的、作为一种文化象征的上帝就产生了。它既是一种抽象的理性原则，又是一种神秘的力量，同时还是有道德感召力的律令，而且，他还具有了"道成肉身"的人格形象。可以说，这个上帝，是希腊哲学理性，犹太教的宗教崇拜和基督教的道德实践的"三位一体"。这种结合从新柏拉图主义时期就开始了。

新柏拉图主义形成于基督教传播时期。虽然由于对基督教态度的差异而导致对基督教的影响复杂多样，但"理性"和"上帝"的碰撞和融合却是不争的事实。新柏拉图主义的创始人普罗提诺（205—270 年）认为，世界最高的本原是"太一"，太一超越一切本体，不能为范畴限定，其内涵是绝对的完满性。一切完满的东西不仅自足，而且必然外露。太一的绝对完满性的"流溢"创造了世界而无损自身的至善，正如太阳放射光芒而无损自身一样。流溢的阶段构成了世界的等级。太一首先流溢出的存在是"理智"，从理智再流溢出灵魂。理智和灵魂的区别在于，理智是纯粹的，与可感事物相分离的本体，灵魂则是可以与肉体结合，可被物质分割的本体。灵魂充当着联结理智世界与可感世界的中介作用，它分为两部分，高级部分叫"自然"，以理智为追求目标，低级部分叫"秩序"，与质料相结合产生可感世界。但原初质料不是流溢的产物，它是与太一的透明透亮相反的黑暗混沌。灵魂堕落在原初质料之中才产生出有规定性的形体。与太一流溢相反的过程是灵魂归复。灵魂的中介性就意味着它的善恶双重性，善在于归复高于灵魂的理智，乃至于太一；恶在于留恋低于它的

---

① 《圣经·约翰福音》第 13 章第 34 节。

肉体，物质。灵魂归复的最高境界是"狂迷"与"解脱"。在普诺提诺这里，我们已经可以看到希腊哲学中的"理智"同犹太—基督教中的"上帝"融合的一些端倪了。

我们知道，对于古代哲学和宗教说，区别并不在于是否相信神的存在，而在于两者赋予神以不同的意义。希腊哲学家们所说的神是非人格化的、理性化的神，神的存在由理性设定，是理论的起点或归宿。神或者被等同于纯粹的精神（如亚里士多德所说的"纯形式"，"思想的思想"）、最高的理念、原则（如柏拉图所说的"善"），或者被看做自然的本原和运动的终极原因（如"逻各斯"，"第一推动者"），或者是高居天上，与自然和人事无关的虚设（如伊壁鸠鲁所说的"神"）。对于希腊哲学来说，自然和人的存在与本质总是需要一个最高的超越原则来解释的，这个超越原则具有最高的完满性，包括存在的完满性。但是，它的存在又是不可感知的，只能用理智去认识它、理解它。"神"就是这个最高原则的代名词。就其内涵而言，神必然是非人格的。然而，希腊哲学一方面在强调神超越于人形、人性等感性时，另一方面又强调，能够解释一切的神应有显而易见的合理性，应是人所熟悉的存在者。因此，无论哲学思辨构造出来的神的观念何等高深神秘，这一观念却往往不得不借助想象、比喻、类比等感性方式被表达出来。柏拉图在《斐德罗篇》中使用宙斯率领尊神乘马赴酒宴的神话，惟妙惟肖地描写理念世界。普罗提诺虽说"太一"是不可言说的超越理念，但同时也用处女对父亲的爱形容人与太一的关系。这些想象、比喻、类比，并不是神的观念的内涵的外在装饰，它们是构成神的观念的一个要素。希腊哲学中的"神"与"人"的观念构成一种"中心"与"边缘"的怪圈。哲学家们一方面树立了超越的、理性的、非人格的神，将它置于哲学的"中心"；另一方面又不得不用人的语言这一"边缘"去描述它，比附它，使"中心"边缘化。在这一中心边缘化的过程中，最高原则（神）被等同于人的理性，而超越的神又被还原为世俗的人。

在希伯来宗教传统里，"神"的观念也包含有类似矛盾。耶和华是人格神，但只是《创世纪》里说他"照着自己的形象造人"[①]的提法才暗示耶和华有人形。《旧约》里始终没有描述他的具体形象，并极力打消人

①　《圣经·创世纪》第1章第27节。

们眼见耶和华的愿望。这样做的目的，无非是维护上帝至高无上的超越性。在《新约》里，耶和华的超越形象被耶稣活生生的形象所代替了。如果说，耶和华体现的是超越人类的威严与公正，耶稣则体现了人类之爱。这两种形象是互补的，否则，不管是作为超越之神的耶和华还是作为历史人物的耶稣，都不足以唤起人们对他的神圣感。

希腊哲学里的非人格的、理性化的神，和希伯来宗教信仰的人格化的、道德化的神，形成了一种碰撞后的互补。保罗就对雅典人说："你们崇拜但又不认识的，正是我现在要宣扬的。"① 这就表明，宗教的人格神恰可填补非人格神所缺乏而人们又需要的感性特征。当这种互补得以实现时，一种新的文化就产生了，即基督教文化。这种文化以"上帝"为其根基，而上帝则是理性、信仰、道德的"三位一体"。换言之，这种"新文化"的基础是理性化、信仰化和道德化了的上帝。这一"上帝"既具有理性化的秩序性，又具有信仰化的神圣性，还具有道德化的生命形象。正是上帝所具有的这些文化特征，使得上帝既可畏又可信、可亲，如此才可能成为人们的真正精神依托和社会存在的黏合剂。

第二节　上帝之在的生命光辉

上帝的诞生无疑是人类生活的"福音"，这种福音便体现在上帝之存在对于人类生活各方面的价值上。作为理性、信仰、道德三位一体之存在的上帝，其存在便具有了三方面的根本价值：从宗教信仰言之，上帝是人类的创造者，人因了上帝而存在，并蒙上帝之恩典有望走进天国，这就给人的生命一个支撑点；就哲学认识言之，上帝是普照人类灵魂之光，正是上帝之光照，人才可以认识真正的"理念"世界，获得真理，可以说，上帝是人类理性获得确定性知识的保证；就道德实践言之，上帝给人类生活拟定了基本的戒律和道德律，上帝教人以爱和德性，人正是靠这些才能维持为一"和睦之家庭"，可以说，上帝是人类道德生活的最高价值表，是一切道德价值的源泉。

上帝存在的这三方面意义，在中世纪神学居于统治地位（即上帝"真正存在"）的一千多年，尤为明确地显现出来。我们将通过对奥古斯

---

① 《圣经·使徒行传》第17章第23节。

丁和托马斯·阿奎那的分析来展示上帝之在的这些意义。由于我们的主题侧重于道德哲学，因而，我们此处的讨论也只限于二人的上帝观及道德哲学和相应的认识思想。

一 奥古斯丁的光照论

奥古斯丁（354—430 年）生活在古代社会向中世纪社会过渡的转折时期。他目睹了罗马帝国的分裂、衰落和异族入侵，经历了基督教取得统治地位的过程。在奥古斯丁生活的时代，哲学和宗教之间的区别并不像现代人所想象的那样明显。"哲学"一词在罗马后期已成为"幸福生活真理指南"的代名词。奥古斯丁根据这种流行理解，把基督教看做"真正的哲学"，因为在他看来，基督教所关心的正是人的生活之幸福这一问题，并且提供了达到幸福生活的唯一正确途径。

奥古斯丁认为，一般人所谓的哲学和作为真正哲学的基督教，虽然都以幸福为目标，但两者对于什么是幸福，如何达到幸福等问题有着不同的理解。哲学家视人类的智慧为幸福，以为依靠个人的思维能力，依靠前人和知识遗产，便可以获得最高的智慧。但是事实上，哲学家依靠辩理很难得到真理，他们的探索产生各派之间的意见分歧，这并非幸福的状态。而基督教则认为，人的幸福是上帝赐予的福分，只有认识或践履上帝智慧的人才能获得拯救。上帝的智慧和真理就被铭刻在《圣经》之中。奥古斯丁还强调，基督教认为永恒的幸福在来世，而哲学是只承认现世的幸福，把来世则看做不可知或不确定的命运。奥古斯丁认为，古代哲学与基督教之别，是"现世的哲学"和"真正的哲学"之别。

"真正的哲学"并不只强调信仰，而是"辩证地"看待思想和信仰。奥古斯丁认为，信仰就是以赞同的态度思想。信仰并非无思想的盲从，它是以相信权威为前提的思想。进而，奥古斯丁从信仰与理解的先后关系区分了三种不同的思想对象：第一种是只能相信，不能或不需要理解的东西，如历史事实；第二种是相信和理解同时起作用的对象，如相信数学公理或逻辑规则的同时也理解它们；第三种是只有先信仰然后才能够理解的对象，这些就是关于上帝的道理。要言之，在奥古斯丁看来，一方面，理性为信仰作准备，语言的意义、权威的地位都需要通过理性被接受；另一方面，信仰为理解开辟道路，信仰不是基督徒生活的终点，而是一个起点，他们从这里出发踏上智慧之旅途。换句话说，正是信仰为理性打开了理性凭自身无法进入的领域，帮助理性理解那些凭自身无法理解的对象。奥古斯丁就这样通过论证信仰和理性的关系，而将上帝作为了人的理性思考和现实生活的支撑。

借助柏拉图主义的知识论，奥古斯丁又以缜密的分析论证了人的认识依赖上帝的必要性。

奥古斯丁把人们获得知识的能力分为感觉和理性两种，感觉又分为以身体为器官的外感觉和以心灵为感官的内感觉。人凭着外感觉把握外界有形事物，凭内感觉把握外感觉，又凭着理性把握内、外感觉。因此，只有理性才拥有"严格意义上的知识"即确定的真理。真理是高于理性的，处于认识等级系列的最高层。奥古斯丁认为，真理有广义和狭义之分，广义的真理指确定知识表达的对象，它们相当于柏拉图所说的"理念"；狭义的真理指知识的最高对象和来源，相当于柏拉图所说的"太阳"的喻义。奥古斯丁用神学语言，把广义的真理说成是"光"，把狭义的真理等同于"上帝"，由此提出了对上帝存在的认识论证明的"光照论"。

奥古斯丁认为，一切真理都存在于上帝之中；并且，真理以光的形式照耀出来。而光的照耀就是人类获得真理的途径。真理是上帝之光在人心镌刻的痕迹。在这个意义上，光照就是上帝惠顾人心的恩典。因此，一切有理性的人都或多或少地拥有真理。但是，只有那些信仰上帝、热爱上帝的人才能把真理之光的印记集合起来，使这些最初只是模糊的印记凸显为清晰、完整的观念，形成对上帝的认识。

"光照"的概念本来自柏拉图所用的比喻。柏拉图所说的"理念"的原意是"看见的对象"，引申为"心灵的眼睛"看见的对象；最高的理念"善"是灵魂"看"所需要的光源，被喻为太阳。与此相应，奥古斯丁把上帝比作真理之光，人的心灵好比是眼睛，理性好似视觉。正如只有在光照下眼睛才能有所见，灵魂也只在上帝之光的照耀下才能有所认识。正如没有光线，视觉只能是一种潜在的能力一样，没有真理规则的指导，理性也不能进行其认识活动。奥古斯丁既把光照作为人类知识的源泉，也把它当作认识活动的先决条件。奥古斯丁强调，理性和光照的区分只是一种理论上的抽象，在实际中，是没有不受光照的理性的。因为，理性依其本性自然地趋向光照，正如视觉依其本性自然地趋向光线一样。应该说，"光照"这一概念的意义在于，它首次明确地在认识者和认识对象之外设定了认识的先决条件。奥古斯丁用"光照"的比喻说明了认识的先决条件是先验的，外在的（上帝）。光照论不仅显示了"上帝之在"之于人类认识的绝对意义，而且也使我们看到柏拉图的思想是如何为宗教所利用，柏拉图的"善"理念是如何适合于基督教之"上帝"观念的。

奥古斯丁认为，记忆和理解能力与光照的结合构成人的认识活动，而意志的能力与恩典的结合则构成人的道德实践。奥古斯丁所说的意志主要指爱，而其恩典说则基于他对恶的认识。

在奥古斯丁之前，普罗提诺就曾把恶定义为"缺乏"。"缺乏"本是亚里士多德使用的一哲学概念，它既非质料，又非形式；既非实体又非属性，而是指实体与实体之间的过渡状态。"缺乏"不是"虚无"，它是应该有的没有，应该存在的非存在。普罗提诺的观点在于否认恶起源于至善的神。奥古斯丁接受了普罗提诺的解释，把恶定义为背离本体，趋向非存在的东西，它趋向于造成存在的中断。在奥古斯丁看来，"存在"与"非存在"是一组相对的概念。上帝创造的世界是一个存在的等级系统，在其中，低一级事物的存在是相对于高一级事物的非存在，高一级事物的存在是低一级事物存在的根据。如果事物放弃这一根据，趋向于更低级的事物，它就是"趋向非存在"，"倾向于存在的中断"。但这一趋向或倾向毕竟是实在的关系，是真正的事实。只不过，"恶"这种实在和事实的原因并不在于另外的实在和事实，而在于自身的缺陷。

奥古斯丁进一步分析了三类恶的现象以阐述恶的性质。第一类恶的现象可称作"物理的恶"，指事物的自然属性造成的损失与伤害，自然灾害，人由于生老病死等生理原因造成的身心痛苦等都属此类。这一类恶的原因是缺乏完善性。它们的存在根本不能否认上帝的善。第二类恶可称为"认识的恶"。它是把错误当作正确接受，把正确当成错误拒绝，将不确定当作确定固守。认识上的恶的原因是人的理智之不完善，与自然界的恶原因基本相同，属"缺乏"意义上的恶，但其后果更危险，更接近于罪。第三类即"伦理的恶"，这是罪恶。奥古斯丁认为，罪恶是人的意志的反面，是无视责任而沉湎于有害的东西。换言之，罪恶是意志的悖逆，它选择了它不应该选择的目标，放弃了不应该放弃的目标。这更是正当秩序的"缺乏"。三种恶虽程度不同，但性质一致，都是上帝创造的完善秩序里的缺陷与反常，并且上帝有理由允许这类缺陷与反常。

由于自然的恶与认识的恶可以用被造物相对的完善性解释。因此，奥古斯丁重点分析了伦理的恶。他认为，伦理的恶起源于人的自由意志。根据不完善事物服从较完善事物的原则，上帝、灵魂与肉体三者的秩序应该是肉体服从灵魂，灵魂服从上帝。然而，由于意志自由是灵魂的禀性，灵魂可以作服从或违背这一秩序的自由选择。伦理的恶就在于秩序的颠倒。因为灵魂的本性是追求比自身更高的完善性，如果反其道而行之，趋向较低的身体的完善性，沉溺于官能享受和肉体快乐，便就是恶。奥古斯丁认为，虽然人的自由意志包含着恶的可能，但却服从上帝的公正这一最高的善。为了显示上帝惩恶扬善的公正，必须赋予人意志自由，让他们承担自己选择的责任。但是奥古斯丁说，自亚当"原罪"之后，人的意志已被罪恶污染，失去了自由选择的能力，人已经为罪恶所奴役。在这样的条件下，只有依靠上帝的恩典，人才能恢复意志自由，或者说，在非奴役、非强制的条件下作出善的选择。舍此别无他途。奥古斯丁所说的"上帝的恩典"就是指上帝之子耶稣牺牲自己而为人类赎罪。他说，自基督教诞生之后，因为"上帝的恩典"，人类又已经摆脱了自亚当以降的罪恶的奴役，人的意志恢复了选择善和恶的能力。

当人在"上帝的恩典"之下重获意志自由后，就又面临了善和恶的选择。为了说明上帝的至善对人类道德生活的绝对意义，奥古斯丁阐述了"爱的伦理学"。

奥古斯丁认为，美德的最真实定义是"爱的秩序"。"爱的秩序"作为一个形而上学概念，指宇宙万物间永恒不变的秩序，因此也被称为"神律"、"永恒律"，它对人心的作用造就了道德规则。铭刻在人心的"神律"，又被称为"自然律"，它主要是从人的理性灵魂的自然本性方面对道德律所作的概括。因为根据光照论的原则，外部世界的秩序必然会以某种天赋的方式，在人的理性上面刻下内在的法律。但是，理性的判断标准不是实用。"理性"根据真理之光判断，正确地使低级事物服从于高级事物；而"实用"则听从方便的经验的指引，时常把较高的价值赋予那些理性认作较低等级的事物。奥古斯丁认为，人的道德准则是理性的天赋内容，而不是为了方便实用的目的从经验中总结出来的行为准则。任何有理性的人只要正确地使用他们的自然能力，都会自觉或不自觉地服从与整个世界的秩序相和谐的道德准则，这里不需要任何实用的考虑与经验的理由。

在奥古斯丁看来，价值只有"有用"与"正当"两种。"正当"是为自身缘故而欲求的东西；"有用"是为其他事物的缘故而欲求的东西。

两者的价值不同，需要不同的对待。正确对待正当的东西的方式是"享用"，而正确对待有用的东西的方式应该是"使用"。我们享用满足我们欲望的东西，使用我们所获取到的东西来满足我们的欲望。奥古斯丁作出这种区分是为了解决精神生活与物质生活之关系这一重大伦理学问题。"享用"的对象是"正当的东西"，但同样是可欲的对象，只不过，对它的欲望不是肉体的官能需要，而是心灵的渴望和追求。心灵的欲望和满足是为了自身的缘故，是在自身范围内进行的活动，其结果是达到更高的精神境界，与外面的名利地位和物质享受无关。"使用"的对象正是物质生活资料，使用的目的不在自身，即不是为了肉体的满足和享受，而是为了心灵的欲求与享用。奥古斯丁强调，正当与使用、享用与使用、精神生活与物质生活，它们是伦理秩序的两个层次，不能颠倒和混淆。所有那些被称之为恶的背逆，其实质就是在于使用理应被享用的东西，而享用理应被使用的东西。而所有被称之美德的秩序，则在于享用理应被享用的东西，而使用应被使用的东西。换言之，使用理应享用的东西，就是利用精神生活获取物质利益，是对精神的亵渎；享用理应被使用的东西，则是利用物质享受慰藉心灵的拜物主义。此两者都违反了上帝给予的"爱的次序"，违反了道德准则。真正的道德生活是存在于爱的次序之中的，即全心全意地爱有精神价值的对象，并使用物质资料和肉体的价值为此目标服务。

作为享受"上帝之在"之光辉的哲学家，奥古斯丁通过信仰论、光照论、爱的次序论，分别展示了上帝作为最高价值承载者，作为人类信仰、认识、生活之最后根据的存在意义，将"上帝之在"的生命意蕴充分展示了出来。

二　托马斯为上帝的证明

托马斯·阿奎那（1225—1274 年）是中世纪最重要的哲学家。他对"上帝之在"作了极为充分的论证，而其学说本身又更明确地展示了"上帝之在"的意义和生命意蕴。

托马斯认为，神学和哲学有着共同的对象，如上帝、创世、天使、拯救等，但哲学以理性认识它们，神学则靠天启认识它们，所以二者是两门相互依赖又相互独立的学科。托马斯强调，恩典并不摧毁自然，它只是成全自然。人的理性属于自然，而凡是自然的东西是不会枯萎的。人首先总是通过自然理性的努力，力争实现自己的目的。人依靠恩典获得启示，没有启示的帮助，人是很难仅靠理性而被拯救的。但恩典的赐予是以自然属性为基础的，上帝只赐福给努力实现自己自然秉性的人。自然和恩典的相辅相成是人类同时需要哲学和神学的根本原因。从这一信念出发，托马斯利用哲学的论证表明信仰上帝的必要性和必然性。

托马斯关于上帝存在的证明一共有五个。其证明大多依据亚里士多德的哲学思想，从我们熟知的事实出发，追溯它们的原因，然后推断必定有一个终极原因——上帝存在。下面简单地概述这五个证明。

第一个证明依据事物的运动：我们感觉到有些事物在运动这一事实。一事物运动的原因在于另一事物的推动；每一推动者，又被其他事物所推动。必然有一个不动的推动者，他启动了前因后果的因果链而自己却不受任何东西推动。这"第一推动者"就是上帝。

第二个证明依据事物的动力因：经验表明，没有事物是自身的动力因。每一事物都以一个在先的事物为动力因。动力因的序列是有限的。因此，必然存在一个"终极的动力因"，就是上帝。

第三个证明依据可能性和必然性的关系：自然事物处于生灭变化之中，它们可能存在也可能不存在。某些事物的实际存在表明，有些事物必须作为必然的事物而存在。必然存在的事物是由另一必然事物造成的。必定有一个"终极的必然存在"是必然事物存在的终极因，他就是上帝。

第四个证明依据事物完善性的等级：我们看到的一切事物都有或多或少的完善性如真、善、美。我们必定是在同一个最高的完善性相比较而说事物具有某种程度的完善性的。必定存在一个最完善的东西，它是其他一切事物完善性的最高原因。这"最完善的东西"就是上帝。

第五个证明依据自然的目的性：我们看到即使无理性的自然物也朝同一个目的活动。它们活动的目的性与齐一性，证明它们的活动不是随意的而是有预谋的。预谋需要知识和智慧。必定有一个有知识、有智慧的存在者安排世界的次序。他就是上帝。

在托马斯关于上帝存在的五个证明中，第一个证明出自于亚里士多德"第一推动者"观念，第二个证明来自亚里士多德的运动观，第三个证明首先是由阿维森纳（980—1037 年）提出的，第四个证明来自于柏拉图的理念论，并由奥古斯丁和安瑟伦（1033—1109 年）提出，第五个证明来自亚里士多德的"目的因"观念。在这里，我们可以很明显地看出，亚里士多德哲学是如何变成神学的工具的，同时也充分表明，亚里士多德的

"理性神"和"上帝"的所具有的内在联系。托马斯的这些证明和安瑟伦的本体论证明一起构成了基督教哲学关于上帝存在证明理论的主体。

对上帝存在之证明，是为了进一步以上帝来说明人的认识和行为，进一步展示"上帝之在"的生命意蕴和存在意义。因为"上帝之在"的意义只有通过"人之在"才能体现出来。

托马斯认为，人是由肉体和灵魂构成的有形实体。人的灵魂是单一的精神实体。灵魂既是人的一个构成要素，又在人之中保持着精神活动的纯粹性与独立性；它一方面与肉体相结合，另一方面又与精神实体并最终与上帝相通。灵魂活动包括认知与实践两类，灵魂的实践活动又称意欲。关于灵魂的认知活动，托马斯坚持亚里士多德哲学的基本立场，认为人的认识开始于感觉，经历了由感觉到理智知识的发展过程，在此过程中依次认识有形事物、可感知形式与抽象形式，这三种认识对象分别为外感觉、内感觉与理智的活动所把握。

托马斯认为，外感觉是感官的活动，包括看、听、嗅、尝、触五种。这些感觉是身体活动，认识受制于质料的个体。人的外感觉并不高于动物的外感觉，如人的嗅觉就不如动物的嗅觉灵敏，但人的内感觉却远超过动物的内感觉。其他的动物只对与食和性有关的感觉对象产生快感，人却因它们的美而愉快。内感觉包括通感、辨别、想象、记忆四种。通感是五种外感觉的综合，把通过不同感官获得的不同印象汇总为一个统一的印象。辨别是把所感知的对象与自身联系起来评估它的利弊。想象是最重要的内感觉，它对感觉印象进行了初步的抽象，是思想的初级阶段。记忆把外感觉中的印象储存起来，使之不因当下感觉活动的消失而消失，使之可以随时重新浮现在心灵之中。

认识开始于感觉，感觉是知识的一个来源，但不是唯一的来源，人的灵魂的理智活动同样也是一个来源。关于理智，托马斯又区分了"消极理智"和"积极理智"。"消极理智"是存在于感觉活动中的与理智对象（实现在实体之中的作为本质的形式）对应的理智活动，由于它是感觉活动中的潜在，它与感觉对象之中的理智对象的关系也是潜在的，它并不是针对理智对象的现实活动，更谈不上对理智对象的认识了。所以它只能是消极理智。能够使消极理智活动的理智，便是积极理智。积极理智是理性灵魂的现实性。它的作用是使消极理智由感觉活动中的潜在因素转变为与感觉活动同样现实的活动。这不但使理智脱离了感性条件的束缚，而且把理智对象从感觉对象中抽象出来。正是积极理智使理智的抽象成为可能。托马斯认为，无论是消极理智还是积极理智都是灵魂的自然能力，构成理性灵魂的现实性与潜在性这样两个不可分割的方面。它们与感觉这种自然能力并不分离，所不同的是，消极理智潜伏于感觉之中，积极理智使消极理智在感觉中显露出来，在感觉材料中抽取自己的对象（形式）。

托马斯认识论的基本原则是：知者与被知者是同一的。也就是说，认识活动和认识对象的性质是相同的。纯理智是纯粹精神活动，认识纯粹的精神实体；感觉是灵魂和肉体的复合运动，认识形式与质料组合的有形实体；人的理智是在灵魂与肉体复合条件下的纯粹精神活动，认识形式与质料复合之中的纯形式。认识活动与认识对象的同一性，实际上是构成人的形式与质料和构成外部事物的形式与质料的统一性。

认知和意欲是人的两种不同活动方式。认知是由外到内的活动，而意欲则是人由内到外的活动。意欲以外部事物为目的，把自己的力量施加在外物之上，改变或利用外物。意欲活动就是人自己的运动，它是一种特殊的自然运动，托马斯称这为"行为"。托马斯又将行为分为"人性行为"和"人的行为"。前者是出自人所特有的属性即理智与意志的行为，后者是出自人的本质，即理性动物的行为；前者是完全由理性意欲支配的行为，后者则是由理性意欲和动物意欲共同支配的行为。托马斯认为，应主要研究人之特殊性即"人性行为"。在人性行为中，托马斯又进一步区分了完全的和不完全的两种人性行为。完全的人性行为指理智与意志相统一的行为，理智考虑某一行为是否应该执行，意志决定执行的方式、手段。不完全的人性行为是缺乏意志的理智活动或缺乏理智的意志活动。托马斯认为，理智与意志的分离是违反自然的不正常行为，他所关心的是完全的人性行为。

托马斯认为，人的行为是以上帝为目的的。最高的善在每一种被人欲求的善之中。不管人们追求什么样的善，归根结底，都在自觉或不自觉地追求上帝。但是，托马斯说，这仅仅在理论上是如此。在实践中，意志并不只是追求最高的善，并非每一种人性行为都以上帝为目的。行为的终极目的与具体目标之间的关系是蕴涵、间接关系，人不必总是挂念着终极目的，正如一个旅行者不必每步都想着旅途的终点。而且，意志的自由，使它有可能不服从理智的必然判断。也就是说，意志的向善倾向并不总是朝向上帝，而伦理活动也并不总表现为宗教活动。

从追求善的倾向出发，托马斯又分析出意欲活动的三个构成因素"意动"、"愉悦"和"意向"。意动指意志根据理智判断朝向一个确定目的的运动，这是一种单纯的活动，即一个灵魂朝向一个目的的纯粹运动。"愉悦"是意欲活动中的情感因素，它是因为对某一目标有所爱而愿意对它加以思考然后再根据理智所认定的善对它有的追求。换言之，有所爱才有所思，有所欲。"意向"是意欲活动中的思想因素，它是对达到目的之可能性的思考。

通过对人性行为的分析，托马斯为其道德哲学找到了亚里士多德式的理论依据。进而，它接受亚里士多德的幸福论，认为幸福是人类的至善，是其他目的都要服从的目的。人类的至善是以上帝的至善为原因的结果，因此道德活动的终极目的不是幸福，而是上帝。

托马斯认为，幸福和上帝分别代表共有的善和最高的善。在实际的道德行为中，人们只要看到一个具体目标与共有的善之间的联系便可以断定它有善的品格，而并不一定知道具体的善与最高的善的因果联系。他进一步把人所追求的幸福分为四个等级之善：物理之善、伦理之善、时宜之善与终极之善。以谋求友谊这一美德的活动而言，它是向善的道德行为。友谊的物理之善是友好微笑；伦理之善是好意的表达；时宜之善是在特定环境之中的友好行为，如欢迎远方的朋友；终极之善是仁爱之心。只有作为终极之善的仁爱之心才是上帝的恩典造成的结果，其他方面的善属于人类幸福，与上帝并无必然联系。

不过，托马斯强调，善是有等级的，只有终极的善才是最高的善。在托马斯看来，恶就是把次等的善当作最高的善，罪则是缺乏任何善的目的。它们本质上都是"缺乏"。而德性即"好的习惯"。德性有理智和意志之分，理智德性就是亚里士多德定义的科学、智慧、理解和艺术四种。意志德性即道德德性，托马斯又区分为基本德性和神学德性，前者有谨慎、正义、节制和坚韧四种，后者包括信仰、期望和仁爱三种。托马斯认为，人类所有的道德行为依赖的道德准则是由上帝"铭刻"于人心的"自然律"。"自然律"涵盖了发自本性的一切行为，从自我保存到繁育后代，从追求幸福到服从良心，都是依照自然律行事的。自然律是自明的原则，它以自然的方式"铭刻"在人的意志之中。当意志行使自由选择的自然能力时，它总是自觉地按照自然律的规定进行选择，而使意志具有向善的倾向。

正是有了"上帝之在",才有了奥古斯丁,有了托马斯·阿奎那;而有了奥古斯丁和托马斯,我们又能更清楚地看到了"上帝之在"的生命意蕴及其存在意义。

奥古斯丁和托马斯分别以柏拉图主义和亚里士多德主义为理论工具,对"上帝之在"的生命意蕴作了充分的论证和说明,并通过对人的认识和实践活动即思想和道德活动的阐释,昭示了上帝存在的绝对意义。这意义就在于,上帝之在,是人类宗教信仰的根据;上帝之在,是人类认识之光;上帝之在,是人类道德生活的价值依据。换言之,上帝是人的宗教信仰、理性逻辑和道德价值的根据,是一切价值的终极承载者。知道了"上帝存在"的如此意义,我们就不难理解尼采"上帝死了"及其重估一切价值的深刻意义了。

第 二 章
上帝之死与虚无主义

上帝诞生了。上帝存在着。上帝创造世界的一切，创造人。上帝居于"天上的世界"，用他的"天眼"审视着世间一切，以确定谁上天堂，谁下地狱。人所居住的地上世界是上帝给人的福地，是宇宙的中心，它永恒而不动，供上帝的臣民在其中生存、繁衍。人是上帝创造的，而女人则是上帝用男人的肋骨造的。最早的两个人是和上帝住在一起的，后因人的贪心而触犯戒条吃了禁果犯了"原罪"，才被上帝惩罚而"放逐"于地上。人之能感觉和认知世界，是因人有"理性"。这是人高于其他万物、统领其他万物之本。而人的理性是上帝的恩典，是上帝之光的普照。人之所以能互相容忍，共同生活，是因为上帝给人类规定了一系列道德律令。上帝要人用爱心对待别人，就像对待上帝。总之，上帝将世间一切均已安排好，世间一切的最后根据是上帝。人们只需要信仰上帝，理解上帝，实践上帝的指令，便可在"末日审判"时，"蒙主隆恩"而招入天堂；如果违背了上帝，面对"末日审判"，人便只有俯首帖耳地认命下地狱。但是，上帝毕竟是看不见、摸不着的，于是上帝便"委托"他的人间代理人和代理机构教士和教会，监督、引导、判定人的生活实践。教会由此而成为上帝管理世界的权力机构。

但是，在摩西之后，谁还能聆听到上帝的声音呢？上帝创造了世界和人后就置之不管了，只是等到"末日审判"时才来验明身份。而教会却把上帝创造的这个光明世界变成了黑暗。上帝之光被教会的黑暗所遮挡。"土地既不耕种，城乡的沟道又复失修，于是大片地带竟因疟疾猖獗而不堪居住；高尚与能干的血统的出生率下降，加上不断的战争，大概不但使每一代的许多最优秀的人死于非命，而且使优者亡而劣者存。"① 而且，人们的思维被束缚，道德被腐化。上帝之"光"不复存在了。

---

① 丹皮尔：《科学史及其与哲学和宗教的关系》，商务印书馆 1979 年版，第 119 页。

上帝既然有生，也就必然有死。上帝是信仰、理性、道德的"三位一体"，因此，上帝之死也是这种"三位一体"的死亡。但上帝之死并非一蹴而就，也非瞬时毙命。上帝之死犹如上帝之生，是一逐步完成的历史过程。最先死亡的，是作为信仰之最后依据的上帝，凶手是哥白尼和达尔文；其次死亡的是作为理性依据的上帝，凶手是哥尼斯堡的康德；而最后死亡的则是作为道德价值依据的上帝，凶手是"疯狂的"尼采。只是到了尼采，上帝才最后死亡了。所以尼采敢大声宣布："上帝死了。"

第一节　上帝之死的生命意蕴

应该说，上帝虽为三位一体，实则只有一个，那就是住在"天上世界"人们信仰的上帝。理性和道德是上帝在人间的"投影"。所以，当哥白尼和达尔文否证了作为世界和人的创造者的上帝时，上帝其时已经死了，只不过还没有"气绝"，其人间投影还在，上帝之"阴魂"还在。康德将"理性"这一上帝之人间投影划定界限后，上帝之魂便只有躲到其最后避难所——道德中去了。尼采以其锐利的目光和锋利的"剑"，将上帝从最后避难所中"消灭"，上帝从此而"气绝"。可以形象地说，哥白尼和达尔文让上帝跪下，康德让上帝躺下，而尼采则让上帝停止了呼吸。

一　创世上帝的死亡与信仰崩溃

在整个"上帝之在"的中世纪里，人们所接受的是一种柏拉图化（奥古斯丁）或亚里士多德化（托马斯·阿奎那）的神学世界观。而这种神学世界观又在托勒密的地心说中得到了相当程度上的"实证"，于是地心说就成为上帝创造世界、人们信仰上帝的基本"科学依据"。人既然是上帝创造万物的目的，那么人所居住的地球便该是宇宙的中心。围绕它放置的有充满气、以太与火的同心圈，这些圈载着太阳、恒心与行星运转。天堂在苍穹的上面，地狱在土地的下面。人作为上帝的子民，就在世界的中心——地球上做万物的主人，以等候上帝的"末日审判"。

但是，哥白尼日心说却颠倒了这一切。也许我们可以说，当1543年5月24日哥白尼手捧刚印刷好的《天体运行论》而"蒙主隆恩"进入"天堂"时，那位作为世界创造者的上帝也随哥白尼一起"仙逝"了。

在上帝存在的日子里，从亚里士多德、托勒密以来，人们都相信地球是宇宙的中心，太阳围绕地球运转。但哥白尼却认为，宇宙的中心不是地球而是太阳，是地球带着月亮在其他行星轨道之间一个很大的轨道上绕太阳运转而不是相反。哥白尼还说，地球不光绕太阳一年一周地公转而且它自身也绕轴每昼夜自西向东转一周，并用地球的自转来解释太阳和恒星的东升西落。这和地心说所说的地球作为宇宙之中心而不动是正相反的。我们知道，亚里士多德就曾以月亮为界限划分上帝居住的"天上世界"和人类居住的"地上世界"，但哥白尼却认为，月亮只不过是地球的"卫士"或"侍从"，月亮绕着地球转而地球则带着月亮绕太阳旋转。这样，"天上世界"和"地上世界"的界限没有了。

当然，哥白尼的太阳中心说还有更为丰富的内容，可那已不是笔者在此处要讨论的问题了。我们要说明的是日心说之于"上帝之死"的意义。

日心说的提出无疑是天文学发展中的重大突破，它把地心说颠倒了一千多年的日地关系重新颠倒过来，是近代自然科学史上划时代意义的发现。但是，日心说之成为近代自然科学开始独立的标志，乃至成为人类思想史上的里程碑（后人多用"哥白尼式革命"来形容思想史上的重大里程碑式事件），却绝不仅是因为它是天文学中的新知识。由于哥白尼学说所涉及的毕竟不是《圣经》教义中没有裁决的问题，而是碰到了被宗教神学加以发挥并奉为金科玉律的托勒密体系，这就使事情远远超出了自然科学本身的范围。

在欧洲中世纪"上帝之在"的日子里，教会和经院哲学将托勒密的地心说和《圣经》教义结合，编出了许多"神话"：上帝有意把地球安排在宇宙的中心，让其骄子即人类居住于这个中心；人在"地上的世界"有特殊的统领万物的地位；上帝在导演着地面上的历史；上帝自己居住在更高的天层，在太阳和恒心天际间的"天上世界"。哥白尼学说却使这一切观念发生了天翻地覆的改变，崇高莫测的"天"（太阳）被搬到"中心"，而地球连同地上世界居住着的"天之骄子"却被挪到"边缘"去旋转。而且，在太阳系中，地球与其他行星一样没有特殊的地位。很显然，日心说和上帝创世的观念是针锋相对的。如果允许日心说的存在，《圣经》就难以自圆其说，创世的上帝也就没有了继续存在的"科学依据"。正因为这样，无论是旧教还是新教都反对哥白尼的学说。罗马教皇就曾说：如果地球是众星之一，那么《圣经》上所说的那些大事件就完全不能在地面上出现了。教会把太阳中心说说成是"异端邪说"。罗马教皇在

1616 年也宣布《天体运行论》为禁书，并对哥白尼学说的支持者进行残酷迫害。布鲁诺就因坚持和宣传哥白尼学说而被教廷烧死。但正如布鲁诺回敬教会时所说的：可是，地球仍然是运动着的。由于日心说的科学性和进一步的完善与传播，它终于作为自然科学冲破神学桎梏的标志而为人们普遍接受。

当人们接受哥白尼日心说时，也就必然接受了那作为世界创造者的上帝已经死亡这一事实。

哥白尼学说虽然宣布了创造世界的上帝的死亡，在相当意义上打击了人们对上帝的信仰，但上帝还可以作为人类的创造者而"要求"人们继续信仰他。只是当达尔文的进化论产生以后，那作为人类创造者的上帝才死去。随之，要人们信仰上帝的根据没有了，那作为宗教信仰之根据的上帝彻底死亡了。

在 1831 年达尔文以博物学家的身份随贝格尔舰考察出航的时候，他还没有摆脱神创论的观念。他既带着赖尔的《地质学原理》，又带着《圣经》。但贝格尔号的航行改变了达尔文的基本观念。达尔文在航行期间逐渐形成了后来写作《物种起源》的一些主要观点：生物是由共同祖先进化而来的；生物的进化是自然选择的结果；适者生存，不适者淘汰；适者生存和不适者淘汰的自然选择是通过生物和环境的斗争实现的；生存斗争不仅是生物界的普遍现象，而且是促进生物界进化发展的动力。这样，"生物进化"、"自然选择"、"生存斗争"就成了达尔文思想的核心观念。

当达尔文公布其观点后，围绕达尔文的生物进化论展开了一场人类历史上规模巨大的思想斗争。斗争的焦点，不仅是学术问题，更严重的是达尔文学说给了宗教神学、给了上帝创世创人说以致命的打击。《物种起源》刚一出版，反达尔文的杂志《雅典神堂》就问世了。天主教大主教孟宁等人还组织了反达尔文主义的"研究会"。而赫胥黎则成了坚定的达尔文主义者，并对反对者进行了无情的批驳和揭露。

达尔文用大量事实论证了自然界中生物的物种不是不变的，而是进化发展的，是从低级向高级发展的，这就在根本上粉碎了形而上学的物种不变论，给已经千疮百孔的上帝创造万物说以致命一击。正如赫胥黎所说的，达尔文的进化论"使我们脱离了一个进退两难的处境，你不愿承认上帝创造世界的假设，可是你又能提出什么学说让任何小心慎思的人都能接受呢?"① 有了达尔文的进化论，我们再也不用去相信上帝造人的"假说"了。

达尔文的进化论，连同哥白尼的日心说，最终"杀死"了那作为世界万物之创造者的、宗教信仰的上帝。

二　理性上帝的死亡与真理失落

哥白尼和达尔文虽然使上帝"身亡"，却并未使之"气绝"。上帝被从创世之天国驱逐出来，依然躲在他在"现世"的投影之中，那作为理性和道德之最后依据的上帝依然活着。

由于哥白尼和达尔文，人们不再相信那创世的上帝。但傲慢的人类自尊心，不可能忍受没有上帝的孤独。应该说，扼杀上帝的真正刽子手并不是哥白尼、达尔文，而是人类理性，因为恰恰是理性科学的发展才催生了哥白尼和达尔文的学说。正因为如此，在上帝被逐出天国后，人类理性又窃居了上帝的宝座，而上帝也就因此可以在理性的遮蔽下得以延喘。培根就说过"知识就是力量"，而知识源于人的理性。人正因为有理性、有知识，才凌驾于万物之上，统领万物、征服万物。这样，人在没有上帝创造这一前提下也获得了某种"神性"。

近代经验论哲学和唯理论哲学都是以相信人的理性的绝对力量为其思考前提的，相信人依靠自己的理性就能认识世界、征服世界；区别只在于前者更强调人的经验理性，后者则更注重人的先验理性。理性之光照耀着人的知识大道。在这里，我们已可以看见，奥古斯丁光照论所要求的认识的外在条件如何由"上帝之光"变为"理性之光"的。笛卡尔运用理性的自我反思，以怀疑论出场，却最后确立了上帝是与心灵（自我）、世界（物体）一样的"实体"，而且还说，人之所以能认知世界，全赖上帝在人出世之前就把那些"天赋观念"印入了人的理性（心灵）之中。莱布尼兹在上帝保证他的单子世界的"前定和谐"的同时，还让上帝在人的理性（精神单子）这块大理石上刻下了天赋观念的"纹路"。在整个近代哲学中，我们不难看到，正是那并未"气绝"的上帝在保证着人的理性的认知能力，保证着理性的万能和人的神性。

康德则通过对理性的批判，将上帝赶出了理性这一避难所，从而宣布

① 《科学史》，商务印书馆 1979 年版，第 337 页。

了作为理性之必然支撑的上帝的死亡。

康德认为，人类的认识是人所拥有的感性时空形式和先验知性范畴对感性材料加工的产物，是一种"先天综合判断"。由于这种知识必须依赖于经验事实，人的认识无法超出经验世界以外，换言之，人只能认识"现象界"。人也没有什么"天赋观念"，拥有的只是感性时空形式和依于逻辑的知性范畴。对于那被笛卡尔称为"实体"的东西，康德认为，那作为"物自体"的东西，是我们无法认识、无法把握的。这样，康德就将"上帝"连同"心灵"、"世界"一起驱逐出了人类的知识领域。人的认识是不需要上帝作为最后的理性支撑的。

虽然人只能认识"现象界"，但人的理性又总是想要对人的精神世界、外在自在世界以及二者的结合作统一的整体的把握。换言之，理性又总是想超出"现象界"而进入本体，这样就产生了"先验幻想"，如："心灵"、"世界"、"上帝"。康德认为，这些东西并不就是实际存在的东西，而只不过是理性的僭妄而形成的一些"设想"，是"理念"。

由此，康德认为，上帝这个理念只是纯粹理性的"设想"，要用纯粹理性来论证上帝的存在（像安瑟伦、托马斯，以及笛卡尔、莱布尼兹）是不可能的。康德将哲学史上关于上帝的论证分为本体论论证，宇宙论论证和目的论论证三种，并逐一加以反驳。

本体论证明（上帝是最完全的本体，故必须包括存在性在内）的错误在于混淆了逻辑必然性和必然性存在的区别，因而产生了论证中的错误。康德认为，上帝的概念中包含了存在的概念作为述语，并不能保证有一个真正的上帝存在，因为这是一个综合判断，还必须要有经验材料才行。宇宙论证明（有果必有因，如此上推，一定可以推到一个必然的最后的无因之因）是从偶然的东西推论必然的上帝存在。康德认为，这在感觉世界是可以，但毫无用处。至于认为有一个因果关系的无穷系列，一个一个地出现，一直到第一原因，则在感觉世界中也办不到，更不要说推论到经验世界以外去了。目的论证明（从宇宙的条理、秩序推断，一定有一个上帝作为条理、秩序的安排者）这种用宇宙有目的有计划的发展来论证有一个大智慧者上帝存在，康德认为，就使得任何人都没有这种胆量说他知道世界秩序与上帝是有关系的。

康德认为，宇宙论证明和目的论证明都假定上帝为最完善的本体，实际上可归结为本体论证明。但本体论证明是不能成立的，因为这是把上帝的概念当作实在的东西，即从概念推出存在性。这就像把"一百元钱"这一概念说成真的一百元钱一样。因而，靠理性来论证上帝的存在是办不到的。

在康德看来，上帝的理念之所以只是一种"设想"，是因为在上帝的理念中，理性与经验是完全断绝的，"从似乎是可以用来做成一个一般事物的绝对完整的那些仅仅是概念的东西，然后借助于一个最完满的原始存在体这样的理念，下降到规定其他一切事物的可能性，再从可能性下降到规定它们的实在性"①。换言之，上帝的设想只是为推论出事物的实在性，"这个仅仅是假想的存在体虽然不是在经验系列里，然而却是为了经验，为理解经验的连结，经验的秩序和经验的统一性而设想出来的"②。

应该说，康德的论证及其学说对"上帝"这一观念的打击是致命的。自康德以后，再试图以知识论为基础，靠人类理性去论证上帝的存在已是不可能的了。那作为理性之依据的上帝死亡了，因而人类理性也理应"安分守己"，在自己被框定的范围内——现象界活动，理性再也不是万能的了。

但是，康德把上帝从理性的被窝中赶出，却又把上帝引到了道德的温床，使得上帝能最后残喘。在康德看来，上帝的信念不能从知识中得到，却必须在道德生活中信仰上帝。"理性神学是以道德律为基础，或以道德为指导。"③ 正是"上帝"这一理念连同"灵魂"、"宇宙"理念一起，才使道德成为可能。所以康德说，为了给信仰留下地盘，他必须否弃知识。可见，上帝在康德这里并没有真正、彻底死亡，上帝还隐身在道德律令之中，对人间之事"指手画脚"。而真正让上帝最后"气绝"的，是尼采。尼采将上帝从他的最后一个避难所——道德世界中赶了出去。

三 道德上帝的死亡与价值沦丧

尼采并不像他的先辈们那样隐晦地以某种学说来"显示"上帝的死亡，而是直截了当地宣布："上帝死了。"在尼采那里，"上帝死了"的消息是通过一个疯子之口传出来的。

---

① 康德：《未来形而上学导论》，商务印书馆1978年版，第135页。
② 同上。
③ 康德：《纯粹理性批判》，蓝公武译，第453页。

有一个疯子大清早手持提灯，跑到菜市场，不断地大喊："我找到上帝了！我找到上帝了！"由于四周的人均不信上帝，遂引起一阵骚动；怎么搞的！他失魂了吗？其中一个说道。他是不是走错了路了？另一个说。还是他迷失了自己？他害怕我们吗？他在梦游吗？人们议论纷纷，哄然大笑。这个疯子突然闯进人群之中，并张大眼瞪着大家。

"上帝到哪里去了？"他大声喊叫，"我老实对你们说，我们杀了他，你和我！我们都是凶手！……"

"上帝死了！上帝真的死了！是我们杀害了他！我们将何以自解，最残忍的凶手？曾经是这块土地上最神圣与万能的他如今已倒卧在我们的刀下，有谁能洗清我们身上的血迹？……"①

……说到这里，疯子静下来，举目望望四周的听众，听众也寂然无声并惊讶地看着他。最后，他将提灯掷在地上而使灯破火熄。"我来的太早了，"他接着说，"我来的不是时候，这件惊人的大事尚未传到人们的耳朵里，雷电需要时间，星光需要时间，大事也需要时间，即使大人们耳闻目睹之后亦然，而这件大事比星辰距离人们还要更为遥远——虽然他们已经目睹。"②

在这一段寓言中，有几点是颇具象征意义的。首先，疯子明确地宣称"上帝死了！上帝真的死了！"这里借疯子的"无意识"毫无隐瞒地说出来的事件，表明了这件事本身的彻底性。而与此同时，虽然周围的人都"不信神"，但却对疯子的"传言"甚为惊恶，这多少表达了近代欧洲人的基本文化处境。按理，自哥白尼、达尔文以来，人们便再没有信仰上帝的理由了，但人们虽然不信神，却不大容易接受"上帝死了"这件事实。正因为这样，"疯子"说"上帝死了"还显得那么"不合时宜"。而他自己也意识到"大事件是需要时间"的，所以他只有感叹自己来得"太早了"。但是，他毕竟来了，而且带来了那伟大的信息。自此，"上帝死了"已成为一个不争的事实。

可是，那曾经是那般神圣而至高无上的上帝究竟是为什么而死的呢？

---

① 尼采：《快乐的科学》，余鸿荣译，中国和平出版社 1986 年版，第 126—139 页。

② 同上书，第 139—140 页。

对此，尼采有两个寓言作了尼采式的回答。

在《查拉图斯特拉如是说》第二卷"慈善者"一节中，尼采通过魔鬼之口说上帝死于"对于人类的怜悯"[1]：

一天，魔鬼曾向我如是说："上帝也有他的地狱：那就是他的对于人类的爱。"

最近我又听到他如是说："上帝死了：他的对于人类的怜悯杀死了他了。"

在《查拉图斯特拉如是说》第四卷"退职者"一节中，尼采通过一老教皇之口说上帝死于"慈悲"[2]：

"现在全世界所知道的是什么呢？"查拉图斯特拉问，"或者是全世界从前所信仰的耄耋的上帝，已不存在了么？"

"你说对了"，老人悲愁的回答，"我供奉那老上帝直到最后一刻。

现在我退职了，没有了主人；但仍然没有一点钟的自由和快乐，除了在过去的回忆中。"

……

"你供奉他直到最后了么？"查拉图斯特拉在很深的沉默之后用心地追问，"你知道他怎么死的么？那是真的么，人们说慈悲哽塞了他？

他看见人类如钉死在十字架上，不能再忍耐了；——所以对于人类的爱，成为他的地狱，最后，成为他的死？"

……

"在三只眼睛的面前说句实在的话，"老神父喜欢地说，（因为他是瞎了一只眼睛）"关于神的事情我比查拉图斯特拉更清楚……"

当他年轻的时候他自东方来，后来他辛苦而复仇，为他的宠爱者的欢喜而自己建造了地狱。

---

① 尼采：《查拉图斯特拉如是说》，尹溟译，文化艺术出版社 1987 年版，第 105 页。

② 同上书，第 310—312 页。

最后他渐渐耄老，温柔，和平而慈悲，不像严父而像祖父，更像老态龙钟的老祖母。

他衰弱地坐在墙垣之角落，恼恨于他的孱弱的两腿，恼恨于世界之倦怠，意志之倦怠，最后一天他为他的太多的慈悲而窒息。

从这两则寓言中我们不难看出，在尼采看来，上帝之死源于他过量的"道德意识"，源于他对于人类的过度怜悯和慈悲。很显然，尼采之宣称"上帝死了"，是在道德价值的名称下行使的。正如陈鼓应先生所说的："尼采之所以宣称上帝的死亡，不仅在于宗教的领域内，特别是居于道德的立场。"① 这一点正是尼采之别于他的先辈，也是其立场的彻底性的表现。前面我们已经知道，经过哥白尼和达尔文，作为创世者的宗教信仰的上帝已经死了；经过康德，那作为理性之光的上帝也死了。但是，康德宣称，理性神学的基础在"道德律"，给了上帝以最后藏身之地。而尼采从价值立场出发，宣布道德意义上的上帝和作为道德价值的最终承担者的上帝已经死亡，从而将上帝从最后避难所赶了出去。正因为有尼采的这一击，上帝才最终不仅"身亡"而且"气绝"。上帝彻底死了，"上帝真的死了"，就像那疯子说的。

"上帝死了"，这已是一个不争的事实。但重要的并不在于这一事实本身，而在于这一事实的"意谓"。尼采一再强调，上帝之死，这是一个划时代的事件。这一事件的划时代性，我们可以从三个方面来理解。

首先，上帝作为整个西方基督教文化的承载者，作为基督教信仰的最高创世实体和价值承载者，上帝之死便意味着基督教以及基督教文化失去了其存在的基石。随着上帝的死亡，基督教及其相应的道德价值也将死亡。正如尼采自己在《偶像的黄昏》中所说的："基督教是一个体系，对于事物的一种通盘考虑过的完整的观点。倘若破除了其中的一个主要观念——对上帝的信仰，也就粉碎了这个整体，不再有任何必要的东西留在手中了。基督教的前提是，人不知道，不可能知道对他而言孰善孰恶，他信赖上帝，唯有上帝知道。基督教道德是一个命令；它的根源是超验的；它超越于一切批评、一切批评权之外；唯有当上帝是真理之时，它才具有

① 陈鼓应：《悲剧哲学家尼采》，三联书店1987年版，第57页。

真理性，——它与对上帝的信仰同存共亡。"① 如今，上帝死了，因而基督教的道德价值体系也便随之死亡了。

其次，就人类的生活意义而言，在"上帝之在"的日子里，人类的生活围绕着上帝旋转，上帝为人类的生活提供了一个目标，一种意义，他公正严明，赏罚分明，一切善恶都将在他那里得到报应。现在上帝死了，人没有了那个"先验"的终极目标，没有了立法者，生存也失去了意义支撑。人的生活陷入了价值的虚无之中。正如尼采借宣布"上帝死了"那位疯子之口说的："当我们把地球移离太阳照耀的距离之外时又该怎么办？他现在移往何方？我们又将移往何方？要远离整个太阳系吗？我不是在朝前后左右各个方向赶吗？当我们通过无际的空无时不会迷失吗？难道没有宽阔的空间可以让我们呼吸与休息？那儿不会更冷吗？是否黑夜不会永远降临且日益黯淡？我们不必在清晨点亮提灯吗？……"② 上帝之死给人类带来了价值空无的恐惧，没有了上帝的人类，就像失去了太阳引力的地球，在茫茫宇宙中失去了运动的方向。这就是全面的信仰危机和价值危机，就是虚无主义的温床。

最后，在尼采看来，上帝死了，善恶法则失效了，这恰恰给人类自己拟定新的价值提供了广阔的可能性。尼采在说到"上帝已死""这件事的本身太过伟大、太过遥远、太过超出人们的理解范围"后，又惊喜地说道："事实上，我们这些哲学家与'自由人'深深感觉到自己像是被一个新生的旭日（'旧日上帝已死'的佳音）所照耀着，心中交杂着感激、惊喜、预感和期待之情。最后，我们的视线似乎更加开阔了，纵然还不够明亮，但我们的船毕竟终于能置诸大海去面对各种危险了：那属于我们的海——也许是前所未有的'开放之海'——乃再度展现在我们的眼前。"③这个"属于我们的海"意味着，在这个没有上帝的世界上，人生并无所谓"永恒的背景"。人，而且只有人自己，才是评价者。一切价值都是人自己建立的，人必须自己来为自己的生活探索一种意义。从前，人把自己生活的意义系于上帝，现在要将这种意义系于自身。这就是尼采所谓的

① 尼采：《偶像的黄昏》，《尼采文集·查拉图斯特拉卷》，青海人民出版社 1995 年版，第350 页。

② 尼采：《快乐的科学》，余鸿荣译，中国和平出版社 1986 年版，第 139 页。

③ 同上书，第 235—236 页。

"重估一切价值"。就在那个宣布"上帝死了"的寓言中，疯子说道："难道我们不能使自身成为上帝，就算只是感觉仿佛值得一试？再也没有比这件事更伟大的了——而因此之故，我们的后人将生活在一个前所未有的更高尚的历史之中！"① 在另一则说上帝死于慈悲的寓言里，查拉图斯特拉也对那惶惶的老神父说："离开这样的神罢！最好是无神，最好是自建立其命运，最好是一个呆子，最好自己是一尊神！……在我的领域内不当有人悲愁，我的洞府是良好的避难所。我喜欢使一切悲愁的人在坚固的土地和坚固的两腿上站立起来。"② 上帝死了，人必须自己双脚站在坚实的大地上，自己拟定价值表，自己寻找生活的意义。

在这里，我们可以看到，尼采正是以"上帝死了"作为自己道德哲学思考的入手处的。在"上帝死了"这一事件的划时代意义中，我们可以看到尼采试图通过批判基督教道德价值而进行"一切价值的重估"，也可以看到他试图通过对人自身生命的肯定而寻求超越旧的善恶价值表之道德的谱系的努力。尼采道德哲学的"破"和"立"两个方面都孕育在了"上帝死了"这一基本命题之中。

第二节　虚无主义的产生与发展

上帝死了，这就意味着最高价值承担者没有了。由是，最高价值的丧失所导致的虚无主义也便成为必然。尼采既然是自觉而彻底地宣布"上帝死了"这一重大事件的，他也就必然承载起虚无主义这副重担，因为"上帝死了"和虚无主义是同一个命题的两种不同表达式。对此，海德格尔有比较明确的说法："尼采用虚无主义命名他最先认清的、业已支配前几个世纪并决定今后一个世纪的历史运动，他在下述简短命题中归纳了对这个运动的最重要解释：'上帝死了。'这就是说，'基督教的上帝'丧失了他对存在者和对人的规定性的权力。'基督教的上帝'既是'超感性事物'及其各种含义的主导观念，也是'理想'和'规范'、'原则'和'规则'、'目的'和'价值'的主导观念，它们被凌驾于存在者之上，为存在者整体'提供'一个目标，一种秩序以及（如同人们简单明了地

---

① 尼采：《快乐的科学》，余鸿荣译，中国和平出版社 1986 年版，第 139 页。
② 尼采：《查拉图斯特拉如是说》，尹溟译，文化艺术出版社 1987 年版，第 313 页。

说的）一个‘意义’。虚无主义是这样一个历史运动，通过它，‘超感性事物’的统治崩溃和废除了，使得存在者本身也丧失了其价值和意义。"①海德格尔这段话准确地说明了"上帝死了"这一事件和虚无主义运动的关系："上帝死了"是虚无主义运动的主导观念。

　　在哲学上首先使用"虚无主义"（nihilismus）一词的是雅可比，他在1799年给费希特的一封信里说，他本人把唯心主义斥为虚无主义。但真正使"虚无主义"一词流行，使虚无主义成为一种运动的，是屠格涅夫、陀思妥耶夫斯基和尼采。

一　屠格涅夫的虚无主义

　　1862年，屠格涅夫发表了引起极大争论的小说《父与子》。书中的主角是一个平民知识分子巴扎洛夫。屠格涅夫自己说："照我看来，这位杰出人物正是那种刚刚产生，还在酝酿阶段，后来被称为虚无主义的化身。"② 在小说中，屠格涅夫借巴扎洛夫的朋友阿尔卡狄之口给虚无主义作了这样的说明："虚无主义者是一个不服从任何权威的人，他不跟着旁人信仰任何原则，不管这个原则是怎样被人认为神圣不可侵犯的。"③ 而主人公巴扎洛夫也自称他否认一切，他嘲笑普希金，嘲笑诗、艺术、科学、逻辑，嘲笑贵族制度、自由主义，嘲笑进步、原则。后来，他爱上了一位贵族女子雅津左娃，但他立即对自己这种感情深以为厌，并加以否定。他对意中人说，爱情只不过是一种故意装出来的感情罢了。

　　屠格涅夫笔下的虚无主义者，是反对一切权威的偶像的破坏者，他们只想破坏，无意建设。在小说中，当阿尔卡狄的父亲尼古拉·彼得罗维奇向巴扎洛夫指出："你否认一切，或者说更正确一点，你破坏一切……可是你知道，同时也应该建设吗？"巴扎洛夫答道："那不是我们的事情了，我们应该先把地面打扫干净。"④ 巴扎洛夫之所以要坚持这种极端的"排除"，是因为他看不到生活本身有什么目的、意义和理想，生活本身是极其荒谬的。有一天，巴扎洛夫和阿尔卡狄躺在一个干草墩的阴凉处聊天，

---

　　① 《尼采》卷二，联邦德国 Neske 出版社，第32—33页。转《周国平文集》卷三，第246—247页。

　　② 鲍戈斯洛夫斯基：《屠格涅夫》，上海译文出版社1983年版，第317页。

　　③ 屠格涅夫：《前夜·父与子》，人民文学出版社1979年版，第228页。

　　④ 同上书，第262页。

他感叹道："我想：我躺在这儿草墩底下。……我占的这块小地方跟其余的没有我存在，并且和我不相干的大地方比起来是多么窄小；我所能生活的一段时间跟我出世以前和我去世以后的永恒比起来，又是多么短促。……在这个原子里，这个数学的点里，血液在循环，脑筋在活动，渴望着什么东西……这是多么荒谬！这是多么无聊！"① 这种"荒谬"和"无聊"促使人"拒绝"一切。当权威、信仰、原则等一切东西都不能为生命提供目的和意义时，那看破红尘的人便必然会藐视一切权威，摒弃一切信仰，否定一切原则，甚至抛却一切价值。

屠格涅夫的《父与子》以其文学形象，一方面深刻地展示了当时盛行于俄国平民知识分子中的虚无主义运动，另一方面也使"虚无主义"这一概念和运动流行开来。在《父与子》之后，在车尔尼雪夫斯基、安德列耶夫、陀思妥耶夫斯基的作品中都出现过虚无主义者的形象。

二　陀思妥耶夫斯基的虚无主义

陀思妥耶夫斯基是一个有深刻的宗教情怀、深受上帝问题折磨的人。他将他对这一问题的痛苦思索以文学形式表述于《群魔》和《卡拉马佐夫兄弟》两部小说中。对于陀思妥耶夫斯基来说，根本的问题有两个，一是"上帝死了"，人不可能达到不朽，那么所有的存在和人的生存的意义是什么？二是"上帝死了"，道德价值的承载者没有了，于是一切都成为允许的，那么人靠什么获得道德价值的支撑。通过对这两个问题的痛苦思索，陀思妥耶夫斯基使虚无主义进一步深化，而接近了尼采的虚无主义自觉。

《群魔》中的基里洛夫，由于上帝不存在而感到生存失去了价值因而决定自杀，而且最后果真自杀了。这是困扰陀思妥耶夫斯基的第一问题及其虚无主义解决方式。基里洛夫说得明白："我一辈子只想一件事。上帝折磨了我一辈子。"② 之所以被"折磨"，是因为他一方面坚信上帝是人的生活少不了的价值支撑，另一方面又确信上帝是不存在的。他说："人毫无作为，却发明了一个上帝，为的是活下去，不自杀；这就是迄今为止的

---

① 屠格涅夫：《前夜·父与子》，人民文学出版社 1979 年版，第 361 页。
② 陀思妥耶夫斯基：《群魔》，人民文学出版社 1983 年版，第 152 页。

全部世界史。"① 在一次和别人的争论中，他为自己的自杀念头辩护道："上帝是少不了的，所以他应该存在……可是我知道并没有上帝，也不可能有……难道你不明白，一个人同时抱着这两种想法是活不下去的么？"② 这种抱着这样两种不相容的想法同时信以为真，而无法寻到生活意义的人，就是虚无主义者。正如尼采给虚无主义者所下的定义："虚无主义者是这样一种人，对于实际存在的世界，他断定说，它不应该存在；而对于应当存在的世界，又断定说，它实际上不存在。因此，生存（行动，受苦，愿望，感觉）就没有任何意义了。"③ 实际上，对于基里洛夫来说，只要他接受上帝（即相信"应当存在的世界"实际存在着），或者接受没有上帝的现实（即相信"实际存在的世界"是应当存在的），他就不会走向自杀，就不会有虚无主义之虑。但他"固执"地抱着两个不相容的想法而使自己走向虚无主义的深渊。

在一个"实际存在着的世界"里，是没有上帝的，因而，人的"不朽"和生存意义是没有保障的。由此而致，一方面，"既然没有永生不灭，那么一切就都得死亡，身后不会留下痕迹，也不会留下回忆。经过若干时间，地球将变成一块冰冷的石头，并将和无数这样的冰冷石头一起，飞行在没有大气的空间。这是如此无意义的东西，再也想象不出比它更无意义的了"。④ 另一方面，"我们的全部生活和我们的各种焦虑……常常只是微不足道的无谓奔忙……一切存在着的东西最终都要在永恒变化的过程中遭到破坏。'存在是昏暗的，而且采取的奇怪的形式，表现为一种黑暗的征服力；这种力量是厚颜无耻的，因为一切苦难和一切斗争都毫无意义'"。⑤ 存在连同作为存在之一部分的生存，都成了毫无意义的"奔忙"。虚无主义者在此找不到生存下去的"立锥之地"了。正是这种虚无主义构成基里洛夫自杀的真正动机。

当然，陀思妥耶夫斯基也试图从这种"陷阱"中走出来而赋予虚无

---

① 陀思妥耶夫斯基：《群魔》，人民文学出版社1983年版，第819页。

② 同上书，第816页。

③ 尼采：《权力意志——重估一切价值的尝试》，张念东、凌素心译，商务印书馆1991年版，第270页。

④ 转引自（德）赖因哈德·劳特《陀思妥耶夫斯基哲学》，东方出版社1996年版，第195页。

⑤ 同上书，第199—200页。

主义以某种积极意义。基里洛夫说:"上帝就是对死亡的恐惧产生的疼痛。谁能战胜疼痛和恐惧,他自己就会成为上帝。那时就会出现新的生活,那时就会出现新人,一切都是新的……那时历史就会分成两部分,一部分是从大猩猩到上帝的毁灭,另一部分是从上帝的毁灭到地球和人的质变。人将成为上帝,并将发生本质上的变化。世界将发生变化,事物将发生变化,种种思想和一切感情亦将如此。"① 基里洛夫自己并没有这样去做,但他这一段话,我们几乎可以看成是对尼采的预言。

基里洛夫极力挣脱虚无主义的绳索,但也采取了极为奇特(而按尼采的观点,是消极)的方式,即自杀!他说:"谁胆敢自杀,谁就是上帝"②,"谁若是仅仅为了消灭恐惧而自杀,他立刻就会成为上帝"③。因为在他看来,既然上帝是人出于对死亡的恐惧而发明出来的,那么,只要克服了对死亡的恐惧,人就不再需要上帝了,因而自己也就成为上帝了。而自杀便是克服对死亡的恐惧的最好证明。基里洛夫说:"要是上帝存在,那么一切意志都是他的意志,我也不能违背他的意志。要是他并不存在,那么一切意志都是我的意志,我也必须表达自己的意志。"而他把自杀就看做"表达自己意志"的方式,并"自豪"地说:"只是为了表达自己的意志而自杀的,只有我一个。"④ 他是要用自杀来表明他的独立不羁和自由,来表达他对生命的"自我做主"。

《卡拉马佐夫兄弟》的中心是上帝死亡后道德价值的支撑问题。折磨着卡拉马佐夫一家人的问题是:如果没有上帝和灵魂不死,还有没有善?如果没有善,那么人还有什么价值呢?老卡拉马佐夫纵欲无度,丑态百出,内心却怀着致命的绝望。他的想法是:假如上帝存在,我自然不对;但假如根本没有上帝,我严肃认真地生活又有什么意义呢?老二伊凡对此评论道:"我们的父亲,是只猪猡,但是他的想法是正确的。"⑤ 因为在他看来,如果没有道德,人的确与猪猡无异;但如果没有上帝,的确就没有了道德。因此,人也只能是猪猡。永生的希望一旦破灭,人生就成了一场

① 陀思妥耶夫斯基:《群魔》,人民文学出版社 1983 年版,第 151 页。
② 同上。
③ 同上书,第 152 页。
④ 同上书,第 818 页。
⑤ 陀思妥耶夫斯基:《卡拉马佐夫兄弟》,人民文学出版社 1983 年版,第 897 页。

梦，做梦还需要受什么道德法则的制约呢？

在三兄弟中，伊凡是最清醒的，他完全不信上帝，走出了那折磨过基里洛夫的虚无主义怪圈。老三阿辽沙是相信上帝的。老大德米特里则陷入了深深的惶惑之中："假如没有上帝，那可怎么办？要是没有上帝，人就成了地上的主宰，宇宙间的主宰。妙极了！但是如果没有上帝，他还能有善吗？问题就在这里！"① 这个低级军官尽管过着十分荒唐的生活，与父亲争夺同一个女人，为此甚至心怀杀父之心，其实他倒是个心地极善良的人，把善看得比什么都重要，总想改过自新，可惜又总是弄巧成拙，身不由己地陷入新的罪恶。最后，父亲被杀了，凶手是父亲的私生子斯麦尔佳科夫，而德米特里却被误当作凶手受到审判。在审判时，伊凡走上法庭，承认自己是凶手，因为在此之前，斯麦尔佳科夫曾经向伊凡指出，正是伊凡的"一切都可以做"的理论教唆了他杀人，所以伊凡才是真正的凶手。而对于这一逻辑，伊凡不能不折服。

应该说，折磨着卡拉马佐夫们的问题也同样折磨着他们的创造者陀思妥耶夫斯基。作为一个有深刻宗教情怀的作家，他借佐西玛长老之临终训言认为，只要我们坚持信仰上帝，就还能保住爱、善和道德。但这毕竟是靠不住的。于是，作为有深刻虚无主义体验的作家，他又通过伊凡幻觉中的魔鬼之口说道："只要人类全都否认上帝（我相信这个和地质时代类似的时代是会到来的），那么……所有旧的世界观都将自然而然地覆灭，尤其是一切旧道德将全部覆灭，而各种崭新的事物就将到来。"人将成为"人神"，作为"人神"，"可以毫不在乎地越过以前作为奴隶的人所必然遵守的一切旧道德的界限"。"每个人都知道他总难免一死，不再复活，于是对于死抱着骄傲和平静的态度，像神一样。他由于骄傲，就会认识到他不必抱怨生命短暂，而会去爱他的弟兄，不指望任何的报酬。爱只能满足短暂的生命，但正因为意识到它的短暂，就更能使它的火焰显得旺盛，而以前它却总是无声无息地消耗在对于身后的永恒的爱的向往之中。"② 在这里，上帝信仰的破灭并不再导致道德本身的毁灭，而只是导致旧的道德的毁灭，却又使新人及新道德得以诞生。陀思妥耶夫斯基如此对虚无主义的深化，已很接近尼采的自觉的、积极的虚无主义了。

① 陀思妥耶夫斯基：《卡拉马佐夫兄弟》，人民文学出版社 1983 年版，第 896 页。
② 同上书，第 982—983 页。

三 尼采的虚无主义

在 19 世纪，虚无主义似乎主要是一种表现在文学作品中的俄国现象。但实际上，这同时，尼采却正将虚无主义看做欧洲人精神生活中最重大的事件，并对之作了系统的哲学解说。只不过，这一点是人们在整理这位敏感的哲学家的遗稿时才发现的。

在尼采给他自己的《强力意志——重估一切价值的尝试》写的序中，他就明确写道："我要叙述的是往后两个世纪的历史，我要描述的是行将到来的唯一者，即虚无主义的兴起。现在，已经就在叙述这段历史了，因为在这里起作用的乃是必然性本身。无数征兆已预示了这种未来，无处不在预言这种命运。人人洗耳恭听这未来的音乐吧。"① 很显然，尼采是把对虚无主义的反思当作他自称的这部最重要著作的核心问题的。与此同时，他称自己为"欧洲第一位彻底的虚无主义者，他自身已经彻底体验了虚无主义到底是怎么一回事。虚无主义就在他身后，脚下，身外"②。尼采认为，虚无主义作为一种历史运动，是一种必然，而他的使命就是要让这种"历史的必然"变成一种"历史的自觉"，并通过这种自觉来让虚无主义本身"虚无"化。还是在序言中，尼采写道："《强力意志——重估一切价值的尝试》，我用这个公式来表示一种反运动，意在提出原则和任务；这种运动会在未来某个时刻取代彻底的虚无主义；但它在逻辑和心理上则是以虚无主义为前提的，它简直只能知道虚无主义和来自虚无主义。……因为我们必须首先经历虚无主义，然后才会弄清这些所谓'价值'的价值到底是怎么回事……"③ 尼采就是这样自觉地担起虚无主义这副重担的。

尼采所说的虚无主义，与陀思妥耶夫斯基所说的虚无主义十分接近，是从价值着眼的。尼采明确地说："什么是虚无主义？就是最高价值丧失价值。缺乏目的，没有对目的的回答。"④ 所谓"最高价值"，就是那赋予生存以终极根据、目的、意义的本体，柏拉图的"理念"、亚里士多德的

---

① 尼采:《权力意志——重估一切价值的尝试》，张念东、凌素心译，商务印书馆 1991 年版，第 373 页。

② 同上书，第 373—374 页。

③ 同上书，第 374 页。

④ 同上书，第 280 页。

"理性神"，基督教的"上帝"，都是这种本体。我们在前面的讨论中已明白，在西方基督教文化的发展中，"上帝"最终成了"三位一体"的终极价值承担者。如今"上帝死了"，最高价值本身丧失了价值，附着于其上的一切有价值的东西也都丧失了价值，由此而使生存失去了根据、目的、意义。这就是虚无主义。由于在西方文化中，"最高价值"往往是通过形而上学体系而借"上帝"之名提供的，因此，虚无主义作为最高价值丧失价值的历史过程，也是形而上学解体的历史过程和上帝死亡的历史过程。

在19世纪，自觉否定一切传统价值的虚无主义者毕竟只是少数，普遍表现出来的还只是一种缺乏信仰状态。所以尼采说，虚无主义是"正在来临"，是"站在门前"，而他自己要叙述的也是"最近两个世纪的历史"。换言之，尼采还没有把虚无主义当作一个既成事实，因为它还没有为大多数人接受。就像尼采在宣布"上帝死了"时，还只是把自己当作一个"来得太早"的传信者一样，他也是把自己当作虚无主义的自觉预言者的。尼采是要通过描述虚无主义的各种"征兆"，让人们对自己缺乏信仰的精神空虚状态有所自觉。在他的著作中，我们常可以读到对人的精神因失去最高价值而迷离失措，无所依傍，甚至平庸化，野蛮化的状态的描写："信仰的沦丧已经路人皆知……接踵而至的是：敬畏、权威、信任的瓦解。""宗教的洪流已退，遗留下沼泽和池塘……"① 在尼采自己拟定的一个写作计划中，尼采甚至从基督教道德、自然科学、政治和国民经济学、历史、艺术等各个方面阐述虚无主义的全方位"征兆"②。

当然，在最高价值丧失价值这一虚无主义历史过程中，尼采认为，基督教信仰的解体是一个决定性事件。基督教信仰的崩溃是形而上学史上一切最高价值总崩溃的标志。所以，"上帝死了"也就成为尼采用以概括欧洲虚无主义的一个基本命题。正因为"上帝死了"，便"一切皆虚妄"，"一切皆允许"。虚无主义运动也就因"上帝死了"的号角而成为一种自觉意识。

---

① 转引自周国平《周国平文集》第三卷，陕西人民出版社1996年版，第245页。

② 尼采：《权力意志——重估一切价值的尝试》，张念东、凌素心译，商务印书馆1991年版，第656—657页。

第三节　虚无主义的根源与实质

在尼采的时代，虚无主义虽还未成为一种"时髦"，但在尼采看来，它确正在各个领域孕育。在一个"写作计划"中，尼采除了阐述了基督教道德和虚无主义的关系外，还指出，"当代自然科学产生了虚无主义的结果"。"政治和国民经济学的思维方式产生了虚无主义的结果，在那里，简直一切'原则'都成了装腔作势。因为，那里浮泛着不偏不倚、悲天悯人、虚情假意等怪味，民族主义，无政府主义等等"。"历史和'实践的'史学家即浪漫主义产生了虚无主义的结果，艺术的地位，它在现代世界的地位是绝对的无独创性"。① 在另一个札记里面，尼采更是直截了当地概括了各领域的虚无主义的特点。他写道：

> 虚无主义的特点：
>
> a 在自然科学中（"荒谬性"）；因果论、机械论。"规律"乃是过场，剩余物。
>
> b 政治上也是一样：人们缺乏对自身的权利的信仰，缺乏对无辜的信仰；风行欺诈，不时的奴颜婢膝。
>
> c 国民经济也是如此：取消奴隶制。因为，缺少救世主等级，辩护人。无政府主义抬头。这是"教育"的责任吗？
>
> d 历史也是一样：宿命论，达尔文主义。深入研究理性和神性的尝试以失败告终……
>
> e 艺术上也是如此：浪漫主义及其反作用（厌恶浪漫主义的理想和谎言）。后者从道德角度看来有较大的真实含义，不过是悲观主义的。②

作为一个自觉了的"虚无主义者"，尼采对虚无主义是十分敏感的，他深感他的时代及将来的一个世纪将被虚无主义所笼罩，这不仅表现在普

---

① 尼采：《权力意志——重估一切价值的尝试》，张念东、凌素心译，商务印书馆1991年版，第657页。
② 尼采：《权力意志》，张念东、凌素心译，商务印书馆1991年版，第197—198页。

遍的缺乏信仰，更重要的表现在对传统价值的全盘否定。虚无主义之所以成为欧洲文化发展的一种必然结果，这种结果所具有的存在意义和生命意蕴，虚无主义自身呈现出的生命特征，尼采主要从形而上学、科学和基督教道德价值几个方面进行了分析和清理。

一　形而上学与虚无主义

哲学家们往往把自己的形而上学体系看做客观地揭示世界本质的真理体系。但实际上，尼采认为，一切形而上学都是价值体系，其核心是设定最高价值；形而上学所设定的终极实在，无非是最高价值的载体。在尼采看来，每一种形而上学都或明或暗地包含着一个价值等级秩序，它往往就是一个道德秩序，而借以展现这个价值体系的就是逻辑。形而上学实际上就是一个价值体系的逻辑演绎。只不过在这里，价值和实在是被画上等号的。由于形而上学所设置的终极实在往往是脱离我们的感性生活世界的"虚无"，因而，系于这终极实在上的最高价值也就必然成了"虚无"。这就意味着，形而上学一开始就隐藏着虚无主义这一实质。在虚无主义的历史过程中，那蕴藏在形而上学之中的虚无主义实质逐渐暴露，而最终导致最高价值失效，形而上学崩溃。在尼采看来，一部欧洲哲学史几乎就是一部形而上学的解体史，同时也是虚无主义的成熟史。在这一历史过程中，柏拉图、康德、实证主义成了几个关键环节。

尼采早期以苏格拉底作为批判对象，后来将苏格拉底和柏拉图并提，并将包括了苏格拉底主义的柏拉图主义作为统治了欧洲两千多年的形而上学的典型形态。

苏格拉底主义的典型公式是：理性＝美德＝幸福，即理性运用逻辑推演出一般道德范畴，然后以之指导生活。在尼采看来，在希腊强盛时代，希腊人不是遵循善恶观念而是遵循生命本能生活的，道德就包含在本能之中，无意识地发生作用，道德和生命具有一体性。到了苏格拉底，道德以逻辑方式自我辩护、自我证明，美德靠"理性"来证明自己，从而丧失了其原有的自然生命性质。尼采认为，这一点表明了希腊本能的解体。更为严重的是，苏格拉底的这种做法直接导致了"形而上学的虚构"。因为在这里，"善、'正义'这些伟大的概念同其所属的前提分了家，成了辩证法的独立'观'的对象。人们在它们身后寻找真理，人们把它们当成了实体，或实体的符号：因为，人们构想了一个使这些概念有宾至如归之感的世界，那里成了它的发祥地……"①　由于苏格拉底的这种概念辩证法直接导致了柏拉图的理念论，所以尼采说："苏格拉底乃是价值史上最深刻的邪恶因素。"②

尼采认为，柏拉图是古代文化的二重性人物，是哲学家和艺术家的混合，他的哲学及其人格都具有混合性质，是苏格拉底、毕达哥拉斯和赫拉克利特的"结合"。柏拉图接受了苏格拉底以逻辑手段推演美德范畴的概念辩证法，而且，"在柏拉图那里，这种胡闹达到了登峰造极的地步……"③因为他把概念实体化为理念，又把理念归结为最高理念即"善"的理念，由此，他作为诗人的本能冲动和审美体验蜕化成了抽象概念和道德范畴。尤为严重的是，在这之后，他怀着一个艺术家才具有的那种激情，不由自主地崇拜和神话概念，狂热地鼓吹道德，把"善"的理念不仅虚构为一个"真正的世界"，而且又以之来审判生机勃勃的现实生活世界。这样一来，"人们就有必要另外构想一个抽象完美的人了：善良、正义、智慧的辩证学者，简言之，制造一个古代哲学家的稻草人，用来唬人：无本之木；一个没有任何调解作用的、有特定本能的人性；一种有理由自我'辩解'的美德。十分荒谬的'个体'！无以复加的非自然！……"④正因为这样，尼采"把苏格拉底和柏拉图看做衰落的征兆，希腊解体的工具，伪希腊人，反希腊人"⑤。

在尼采看来，是柏拉图把抽象道德范畴抬高到至高无上的地位，完成了一切希腊价值的重估，建立了哲学史上第一个完整的形而上学体系。尼采认为，柏拉图带来的后果是十分严重的。他说："柏拉图所发明的纯粹精神和自在之善，乃是迄今为止一切谬误中最恶劣、最悠久、最危险的谬误。"⑥　柏拉图以后的一切形而上学，在实质上都是柏拉图主义的，各种各样的作为终极实体的"真正的世界"都只不过是理念世界的改头换面。而且，柏拉图主义直接为基督教准备了理论工具，其最高理念"善"摇

---

① 尼采：《权力意志》，张念东、凌素心译，商务印书馆1991年版，第513页。
② 同上书，第514页。
③ 同上书，第513页。
④ 同上书，第513—514页。
⑤ 尼采：《偶像的黄昏》，湖南人民出版社1990年版，第14页。
⑥ 《尼采全集校勘学习版》卷5，第12页。转自《周国平文集》卷三，第282页。

身一变而成了基督教的"上帝"了①。在尼采看来，基督教无非是用"民众"懂得的语言普及抽象的理念论，所以尼采甚至把基督教称为"'民众'的柏拉图主义"②。

由于柏拉图主义把抽象的理念当作"真正的世界"而设置为最高价值的载体，从而否认感性的生活世界的真实性，这实际上是将实在虚无化而将虚无实在化，这已蕴藏着"最高价值是没有价值的"这一虚无主义之根。在基督教中，柏拉图的"善"理念人格化为"上帝"，"理念世界"具象化为人死后才能进入的"彼岸"、"天堂"，形而上学以神学的面目出现，使得蕴藏在形而上学中的否定现实生命世界的虚无主义发展至极端，从而导致了形而上学本身的瓦解和虚无主义的外化。

经过文艺复兴和哥白尼、达尔文学说的打击，"上帝"、"天国"、"彼岸"的信仰已经动摇，"真正的世界"也就成了一个不可知的、无意义的假设，但是，道德价值的形而上学地位仍得以保持。这一情形在近代德国哲学中表现尤为突出，从康德的批判主义到黑格尔的历史主义再到叔本华的悲观主义，"真正的世界"一步步遭到否定，而"善"的理念却始终得以保留。在宇宙论上，形而上学日趋瓦解；在道德论上，柏拉图主义仍占上风，竭力维护瓦解中的形而上学。在尼采看来，德国哲学就处在这矛盾中，而这种矛盾意味着德国哲学是形而上学走向瓦解和虚无主义走向成熟的真正标志。尼采说："整个德国哲学（举其要者，有莱布尼兹、康德、黑格尔、叔本华），是迄今为止最彻底的一种浪漫主义和思乡情怀：它要求曾经有过的最好的东西……这就是希腊世界！但是，通向那里的桥梁却都断绝了，除了概念的彩虹！"③ 这一切在康德身上表现尤为明显。

康德认为，现象的"统一"并不是由现象背后的"自在之物"提供的，而是主体按照自身固有的心理结构对现象加以综合的产物。如果主体试图超出现象的范围，对我们经验中不能呈现的"自在之物"加以论断，就会犯独断论的错误。康德以此宣布以往一切形而上学都是独断主义。尼采对康德的这种批判主义给予了高度评价：

---

① 这一点，前面讨论"上帝之生"时已有详细讨论。
② 《尼采全集校勘学习版》卷5，第12页。转自《周国平文集》卷三，第282页。
③ 尼采：《权力意志》，张念东、凌素心译，商务印书馆1991年版，第116页。

　　当此之时，一些天性广瀚伟大的人物殚精竭虑地试图运用科学自身的工具，来说明认识的界限和有条件性，从而坚决否认科学普遍有效和充当普遍目的的要求。由于这些证明，那种自命凭借因果律便能穷究事物至深本质的想法才第一次被看做一种妄想。康德和叔本华的非凡勇气和智慧取得了最艰难的胜利，战胜了隐藏在逻辑本质中，作为现代文化之根基的乐观主义。当这种乐观主义依靠在它看来毋庸置疑的永恒真理，相信一切宇宙之谜均可认识和穷究，并且把空间、时间和因果关系视作普遍有效的绝对规律的时候，康德揭示了这些范畴的功用如何仅仅在于把纯粹的现象，即摩耶的作品，提高为唯一和最高的实在，以之取代事物至深的真正本质，而对于这种本质的真正认识是不可能借此达到的；也就是说，按照叔本华的表述，只是使梦者更加沉睡罢了。①

按照尼采的看法，康德证明凭借概念不能把握世界本质，这的确给了旧的形而上学以沉重打击。但是，尼采认为，康德对形而上学的批判是极不彻底的，其根源在于道德主义立场仍然在康德哲学中起着支配作用。

　　尼采认为，康德的"自在之物"只不过是旧形而上学的"真正的世界"的一种延续，"是促意迎合道德形而上学需要的结果"②。到了其道德哲学，这一点就暴露无遗了。在康德看来，现象界的人受制于欲望，没有自由，但是，我们心中普遍有效的道德律的存在使我们知道，必有不受欲望支配的自由意志存在，它是一种先天的道德能力，康德名之为"实践理性"。尼采说，是康德专门发明了一种实践理性用以为道德辩护，又"构想出一个先验的世界，以便给予'道德自由'一席之地"③。很显然，为了维护道德的绝对权威，康德不得不假设现象背后有"自在之物"，现象世界彼岸有"真正的世界"。尽管康德否认凭借理性认识上帝的可能性，但他无疑意识到了上帝信仰的丧失对人们道德意识所产生的灾难性结果。所以，康德便直接诉诸人们的道德意识，用道德的必要性来反证上帝存在的必要性。尼采说，康德这是以"一个狡猾的基督徒的方式"把世

————————

①　尼采：《尼采美学文选》，周国平译，三联书店 1986 年版，第 78 页。

②　尼采：《权力意志》，张念东、凌素心译，商务印书馆 1991 年版，第 291 页。

③　同上书，第 230 页。

界分为"真正的世界"和"虚假的世界"①，并尖锐地批评道："在康德身上，神学偏见不自觉的独断论、道德主义透视起着支配、操纵、命令的作用"②。不过，尼采还是强调，在康德那里，"真正的世界"（上帝，自在之物），毕竟只是一种假设，"被看做一个安慰、一个义务、一个命令"③，这就意味着它的完全被废除已为期不远了。

在尼采看来，黑格尔主义作为对康德批判主义的发展，它不像批判主义那样仅仅从主体能力上揭示理性权威的相对性，而且从思维内容上揭示范畴本身的相对性。更为重要的是，它还从历史发展的角度揭示了任何权威包括道德权威的相对性。这样一种肯定世界的生成变化包括其中必然包含的恶、谬误、痛苦的世界观，是同把善和理性绝对化的形而上学根本对立的。但是，尼采认为，从整个体系看，黑格尔哲学终究还是听命于道德权威的，它把历史描绘为道德观念的向前的自我揭示和自我超越，而精神在"罪恶的下界"漫游一番后，为了自身的荣誉，终于又回到至善的理想境界。所以，黑格尔哲学的实质还是虚无主义的。

尼采认为，在黑格尔之后，实证主义和叔本华的悲观主义是虚无主义走向成熟的标志。关于叔本华，我们将在后面讨论"消极虚无主义"时讨论，这里主要看尼采对实证主义的看法。

实证主义的创始人是孔德。孔德根据康德关于"自在之物"不可知的观点认为，人类精神探索的神学阶段、形而上学阶段已经结束，现在是实证阶段的开始。由此，实证主义便用科学取代哲学。如尼采所说，"孔德甚至把科学方法史看成了哲学本身"④。实证主义否认形而上学问题本身的意义，这是在虚无主义之路上迈进了一大步。但是，尼采认为，因为以往形而上学（实质上是以道德为最高价值的价值体系）的瓦解而否定一切价值，这种观点实质上仍然是受着道德价值是唯一价值的思想的支配。所以尼采说："实证主义老是停留在'只有事实存在'的现象里。我要对它说：不！没有事实，只有解释！"⑤ 在尼采看来，实证主义向"事实"顶礼膜拜，乃是一种"迷信"，是在回避虚无主义的最后结论。

---

① 尼采：《偶像的黄昏》，湖南人民出版社1990年版，第28页。
② 转自周国平《周国平文集》卷三，陕西人民出版社1996年版，第287页。
③ 尼采：《偶像的黄昏》，湖南人民出版社1990年版，第29页。
④ 尼采：《权力意志》，张念东、凌素心译，商务印书馆1991年版，第273页。
⑤ 同上书，第683页。

二　科学与虚无主义

尼采认为，虚无主义作为最高价值的丧失，虽然是形而上学自身的必然产物，但在这一过程中，科学也起了不可低估的作用。科学的发展，一方面打击了宗教信仰的绝对价值，另一方面又摧毁了形而上学追求终极价值真理的信念。可与此同时，科学本身又不能充当且未能提供新的最高价值。这样，科学的发展最终导致了虚无主义的结果。

自文艺复兴以来，科学在与宗教的冲突中节节胜利，给西方世界带来了空前的物质繁荣。这在一段时间内导致了虚假的、浅薄的乐观主义气氛，使人们相信科学是万能的，人类凭借自身之理性能力就可以征服自然，获得永恒的福祉，以至于"上帝之死"所留下的巨大价值空白一时未被人们意识到。

但是，科学所许诺的"万能"并没有给人类带来最高价值的安慰，却使人类自己感到越来越渺小。哥白尼的日心说和达尔文的进化论的确给了基督教世界观以致命打击，但同时遭到了打击的还有人类的自尊心。正如尼采所说："自哥白尼以来，人就从中心位置滑到了未知数 x。"① 哥白尼及其以后的天文学的发展，在相当程度上使人类探索宇宙奥秘的求知欲获得了满足，但这并不能补偿人类自尊心的根本丧失。宇宙的浩瀚和人类栖居地的狭小，这一空间上的强烈对比，无情地嘲弄了人类充当宇宙目的的自负心理；而关于天体、地质、生物进化的理论，则进一步从时间上打击了人类期求永恒的希望。这样，不但个人的生存，而且整个人类的生存，都失去了终极意义而只具有暂时的价值。面对此情此景，尼采敏锐地"感到自己作为人类（而不仅作为个体）被挥霍掉，就象我们看到大自然的个别花朵被挥霍掉一样，这是压倒一切感觉的感觉"②。

科学的发展不但摧毁了宗教的基础，摧毁了人类对不朽与永恒的渴望；也摧毁了形而上学的基础，摧毁了人们寻求终极价值的希望。形而上学不仅设置终极实体以为最高价值的承载者，而且在认识上总是以某种绝对真理为前提和目标的。形而上学家们都相信世界具有某种终极本质，问题只在于如何去发现它。但是，科学的发展却越来越表明，人的认识只具

① 尼采：《权力意志》，张念东、凌素心译，商务印书馆 1991 年版，第 657 页。
② 《尼采全集》卷 2，第 51 页。转自《周国平文集》卷三，第 257 页。

有相对的价值。种种所谓"自明的真理"纷纷被证明为谬误，这说明任何一种自称为真理的世界图景，都只具有假说的性质，它迟早有可能被重新描绘过。这样一来，形而上学所寻求的终极真理没有了。这导致了理性自我迷信的破灭。尼采对此深有感触，还在《悲剧的诞生》中，他就指出："有一种深刻的妄念……认为思想循着因果律的线索可以直达存在至深的深渊，还认为思想不仅能够认识存在，而且能够修正存在。这一崇高的形而上学妄念成了科学的本能，引导科学不断走向自己的极限。"① "但是，现在，科学受它的强烈妄想的鼓舞，毫不停留地奔赴它的界限，它的隐藏在逻辑本质中的乐观主义在这界限上触礁崩溃了。"② 这种崩溃，实际上是理性信仰的幻灭，是试图通过科学理性而寻求安身立命之终极价值的希望的破灭。正是基于此，尼采说："总之，科学正在酝酿一种绝对的无知，一种感觉：根本不会有认识；只有一种梦想'认识'的奢望；更有甚者，我们丝毫不能设想还可以把'认识'哪怕仅仅当作一种可能性——'认识'本身是一个充满矛盾的观念。我们把人类一个古老的神话和自负改编为确凿的事实；和'自在之物'一样，'自在之认识'也没有资格作为概念。"③

宗教借信仰所建立的绝对价值，和传统形而上学借概念所把握的绝对本体，都遭到了科学的否定；科学自身在认识和把握绝对的问题上又无能为力。由此，绝对仍是一个神秘的领域。而且，人类之追问绝对的冲动绝非仅出于求知的欲望，更根本的是在于为人的生存确立价值目标。可是，科学在确立价值目标方面也无能为力。"科学——为支配自然而将自然转化为概念——属于'手段'之列。"④ 在一个最高价值崩溃、信仰沦丧的时代，科学是无法承担起创造新价值、建立新信仰的任务的。正因为如此，尼采说："自然科学产生了虚无主义的结果。"⑤

三 最高价值丧失价值

虚无主义的实质是最高价值丧失价值。而"最高价值"在欧洲传统

① 尼采：《尼采美学文选》，周国平译，三联书店1986年版，第63页。
② 同上书，第65页。
③ 尼采：《权力意志》，张念东、凌素心译，商务印书馆1991年版，第634页。
④ 同上书，第138页。
⑤ 同上书，第657页。

文化中，又始终被设定为"另一个世界"；这"另一个世界"本身只不过是虚无，却被当作了"真实的世界"和最高价值。所以说，虚无主义根本上说是内含在欧洲传统文化的内在精神中的，是欧洲文化的先天特质。在那里，形而上学、道德和宗教相互勾结，共同塑造着那有虚无主义之根的文化大厦。尼采论及这一点时说道：

> "另一个世界"，这种观念来源如下：
>
> 哲学家虚构了一个理性世界，在适于发挥理性和逻辑功能的地方，——这就是真实的世界的来源；
>
> 宗教家杜撰了一个"神性"世界，——这是"非自然化的、反自然的"世界的源泉；
>
> 道德家虚构了一个"自由的"世界，——这是"善良的、完美的、正义的、神圣的"世界的源泉。①

形而上学、道德和宗教以理性"统一"、实践"意义"、生存"永恒"为名，构造出一个最高价值的载体。而随着宗教信仰的沦丧，形而上学的瓦解和道德本体的解体，这些东西的虚无主义性质都暴露无遗了。

尼采在篇名为《宇宙学价值的衰落》的札记中，对于虚无主义的三种形式（实际上就是形而上学、道德和宗教的最高价值）进行了比较深入的剖析。

虚无主义的第一种形式是终极意义的寻求及其失落。尼采说："作为心理状态的虚无主义即将到来，首先是在这种情况下：我们在一切事件中寻求'意义'，但其中并无这个'意义'，所以寻找者终于丧失了勇气。那样一来，虚无主义就是旷日持久、虚耗精力的意识，就是'徒劳的'苦痛，就是不安全感，就是缺乏休养生息、自慰的机会——自惭形秽，就象人们自欺过久一样……"②

尼采这里所说的"意义"，是宇宙论水平上的，即宇宙生成的终极意义、终极目的。人们总是试图为宇宙生成过程寻找某种终极意义，从目的论和人类中心论去看待宇宙的生成。当这企图受挫后，又试图以某种外在

---

① 尼采：《权力意志》，张念东、凌素心译，商务印书馆1991年版，第471页。
② 同上书，第424页。

的"意义"和目的来统领这个世界和人类,这种外在的权威和"意义"就是上帝和由其所规定的道德。但是,在上帝和道德的统治下,虚构的生命目的反而凌驾于生命之上,生命的欲望却遭到敌视和否定。于是,"我们看到,我们并未获得我们赋予价值的那个领域;同时,我们生活的这个领域还绝对没有获得价值。相反,我们疲倦了,因为我们失去了基本动力。'到头来一场空!'"①

这样一种"徒劳"的感觉,就使人对终极意义本身产生了幻灭感。正如尼采说的:"下述现象在以前也许是有意义的,对一些现象都使用最高道德标准和道德世界次序;或者,增长人在交往中的爱与和谐;或者,靠拢普遍幸福状态;或者,甚至走向普遍虚无状态——目标无论如何总还是意义。所有这些观念的共性就是,通过过程本身实现一种目标。——然而,现在人们明白了,通过生成达不到任何目的,实现不了任何目标……这样一来,对于生成的所谓目的的失望,就成了虚无主义的原因。"②

虚无主义的第二种形式是对绝对统一的寻求及其失落。尼采说:"作为心理状态的虚无主义必然到来,其次是在这种情况下:人们在一切事件之中和一切事件背后设置了一个整体,一个系统,甚至一个组织……一种统一,某种'一元论'形式:凭借这种信念,人产生对一种无限高于他的整体的联系感和依赖感,神性的一种方式……'普遍的幸福,要求牺牲个人的幸福'……但是,请看!这种普遍的东西根本没有!如果并没有一种具有无限价值的整体通过人发生作用的话,那么人就彻底丧失了对自身价值的信念。因为人构想这种整体正是为了能够信仰自身的价值。"③

尼采在这里明确地把对"统一性"的寻求当作一种价值寻求看待。在他看来,人之所以要在变动不拘的万象世界背后寻找一种终极实在,寻求一个最高的绝对统一体,一方面是为了把自己与绝对,与"一种具有无限价值的整体"联系起来,以确认自身存在的绝对价值;另一方面也是为了在这茫茫宇宙的运行中获得一种安全感。但是实际上,生成着的世界是流逝的、变动不拘的,它并不是一个整体,也不具有绝对的统一性。这样一来,人所寄希望的"统一性"也把人类带到了虚无主义。

① 尼采:《权力意志》,张念东、凌素心译,商务印书馆1991年版,第672页。
② 同上书,第424—425页。
③ 同上书,第425页。

虚无主义的最后一种形式是"真正的世界"的寻求及其失落。由于现实世界是永恒流动的生成过程，既无"目的"和"意义"，也无"统一"，所以，要寻求最高价值就只有另寻他路，将生成世界判为幻觉，而发明一个在彼岸的世界来充当"真正的世界"。尼采说："靠生成是达不到任何目的的，而且一切生成都没有广泛的、可容个别人藏身的统一性，就像最高价值中的情形一样。于是，剩下来的就是谴责整个世界都是假的，并构想出一个位于此世彼岸的世界为真实世界的替身。然而，一旦人们明白了，臆造这个世界仅仅是为了心理上的需要，明白了人根本不应这样做的时候，就形成了虚无主义的最后形式。"①

"真正的世界"完全是出于人类的一种心理需要而臆造出来的。在这一臆造运动中，哲学家、道德家和宗教家各显神通。道德家发明一个"完美的世界"，以充当现实世界的目的；哲学家发明了一个"理性的世界"，以充当现实世界的"统一"；宗教家则结合二者发明了一个"神的世界"，以充当现实世界的"目的"兼"统一"。它们的共同特点就在于在根本上否弃现实世界以及内含于现实世界的人的生存本身。

人们之所以要臆造、虚构一个"真正的世界"，是出于一种道德价值的信念，虚构的出发点是对现实世界的否定的道德判断，即这个世界是没有价值的。虚构的逻辑是这样的："这个世界是虚假的，所以有一个真正的世界；这个世界是有条件的，所以有一个绝对的世界；这个世界是充满矛盾的，所以有一个无矛盾的世界；这个世界是生成的，所以有一个存在着的世界……"②"真正的世界"是通过同现实世界相对立而构造的，它是把现实世界所不具备的一切特征，诸如真、善、统一、不变、自由等，归诸"另一个世界"的结果。这一点，正暴露了"真正的世界"观念的虚无主义实质。所以，"真正的世界"的观念是"把虚无主义构造为'上帝'，为'真理'，反正是构造为审判此岸存在的法官和裁判"③，是"用一种'彼岸的'，'更好的'生活向生命复仇"④。

尼采认为："真正的世界"的虚构是形而上学的虚无主义的最基本形

---

① 尼采：《权力意志》，张念东、凌素心译，商务印书馆 1991 年版，第 425 页。

② 同上书，第 659 页。

③ 同上书，第 490 页。

④ 尼采：《偶像的黄昏》，湖南人民出版社 1990 年版，第 28 页。

式，它是其他两种形式的综合，兼含有"意义"和"统一"的虚构。因此，尼采说："废除真正的世界乃是头等重要的事情。"①

世界既没有"终极意义"也不存在"绝对统一"，更不存在另一个"真实的世界"。那么，"——到底发生了什么事？当人们明白了，既不该用'目的'概念也不该用'统一性'、'真理'来解释生命总的特征时，就产生了无价值性的感觉。因为利用上述概念达不到任何目的，实现不了任何愿望；现象众多，但并不存在广泛的统一性。因为，生命的特征不是'真实'，而是'虚假'……人们根本没有理由相信真实的世界……简言之：我们拿来赋予世界价值的范畴，如'目的'、'统一性'、'存在'等现在又通过我们之手抛弃了——于是，世界呈现无价值的外观……"② 这种"无价值的外观"实质上就是最高价值丧失了其价值，就是虚无主义。由于虚无主义这一果实是传统的最高价值（意义、统一性、真正的世界本身即为虚无）自身播下的种子，所以尼采说："虚无主义的到来现在起究竟为何是必然的？因为我们迄今为止的价值本身就是虚无主义，它们在其中得出了自己的最后结果；因为虚无主义是我们的重大价值和理想的贯彻到底的逻辑。"③

① 尼采：《权力意志》，张念东、凌素心译，商务印书馆1991年版，第519页。

② 同上书，第426页。

③ 尼采：《权力意志》序4，张念东、凌素心译，商务印书馆1991年版，第374页。

第三章
虚无主义的生命特征

我们知道，"上帝"观念在相当时期始终是西方人的精神支柱，它作为宗教信仰、理性逻辑、道德实践之三位一体的价值承载者，凝聚了一切最高价值，并向人类承诺不朽、至善和秩序。由于有了上帝，作为终有一死的个体生命从"不朽"中找到了安慰；而作为动物性的人又可从上帝的神性中找到自己的道德至境；而孤独的人也从宇宙秩序中感受到了精神的充实。上帝之灵光使人显得渺小，却同时又给人以某种永恒价值，使人生罩上了一圈神圣的光环。但是，现在"上帝死了"，灵魂不死的希望落了空，短暂的个体生命重又陷于无边无际的虚无的包围之中；道德至善的追求没了目标，动物性的生命又陷入了生存之无意义的虚无之中；宇宙的秩序没有了保证，孤独的人仍然只能感受到混乱带给人精神上的空虚。上帝的死意味着人的死和无意义是无可挽救的。既然人的死成为不可挽救的，那么，人的生存究竟有何意义呢？正是基于此，尼采说："一旦我们如此拒绝基督教的解释，把它的'意义'判决为伪币制造，我们立刻以一种可怕的方式面临了叔本华的问题：生存究竟有一种意义吗？"[1]

尼采充分意识到了他那个时代的虚无主义特征，而且正如加缪所说的，尼采使虚无主义第一次成为有意识的东西，并挑起了虚无主义的全副重担。但尼采毕竟只是使虚无主义自觉的人。事实上，在他之前，虚无主义作为一种运动已流行开了。只不过那只是一种"消极"的虚无主义，尼采则要用彻底的、积极的虚无主义让虚无主义本身虚无化。[2]

---

① 《尼采全集校勘学习版》卷三，第 600 页。转自《周国平文集》卷三，第 249 页。

② 本章部分内容参考了周国平《尼采与形而上学》中的有关讨论，特别致谢。

第一节 消极虚无主义的生命特征

虚无主义作为最高价值丧失价值，使人处于一种生存无意义的尴尬境地。在尼采看来，任何价值的设置都是由生命活动之需要发动的，是设置者生命力量的标记。因此，在旧的价值设置崩溃这样一种虚无主义的境地下，就有两种情况，一种是那些生命力乏弱者面对无价值的境况而束手无策，甚至走向悲观主义。如陀思妥耶夫斯基笔下的基里洛夫；一种是那些生命力依然强盛的人，由于保留着创造新价值的能力，因而不但坦然接受，而且主动促成旧价值的全面崩溃，如陀思妥耶夫斯基笔下的伊凡。在哲学思想中，前者如叔本华，后者如尼采自己。尼采称前一种为消极的虚无主义，称后一种为积极的虚无主义。

在《权力意志》中，有好几个地方，尼采明确区分了消极虚无主义和积极虚无主义。在第 22 节，他写道：

> 虚无主义。它有双重意义：
> 1. 作为精神力提高的虚无主义：积极的虚无主义。
> 2. 作为精神力的衰落和倒退的虚无主义：消极的虚无主义。[①]

在紧接着的第 23 节，尼采又写道：

> 虚无主义乃是正常状态。
> 它可以是强力的象征，精神力之可以急剧上升，以致使迄今为止的目标（"信念"、信条）对它来说都不相称了……另一方面，它也可能是不够强大的象征，不足以生产性地再次设置目的、信念。
> 它作为巨大的破坏力会达到相对之力的最大值：积极的虚无主义。
> 它的对立面就是疲惫的虚无主义，它不再进击，它是有名的佛教形式。这是消极的虚无主义，是弱的象征。[②]

---

① 尼采：《权力意志》，张念东、凌素心译，商务印书馆 1991 年版，第 280 页。
② 同上书，第 280—281 页。

在第 585 节，尼采对这两种虚无主义又作了说明：

> 作为一般现象的虚无主义可以是日益壮大的象征；或者是日益衰弱的象征：
>
> 一方面，创造力，愿望力十分强大，因此，它不再需要对总体作解释和赋予意义。
>
> 另一方面，连创造意义的创造力也懈怠了，并且变成了对现行状况的失望。对信仰意义无能为力，这就是"无信仰"。①

在尼采看来，虽然同是"无信仰"，但消极虚无主义和积极虚无主义二者的根源和性质是极不一样的。积极虚无主义源于生命力的强大，因此是"无需"信仰；而消极虚无主义源于精神力的衰弱，因此"无能"信仰。前者已经超越于一切信仰，后者则始终是信仰的奴隶。尼采认为，他那个时代流行的是消极的虚无主义，其世俗的表现形式就是流行的"时代病"，而理论上最典型的表现形式则是叔本华的悲观主义。

一 "时代病"：世俗化的消极虚无主义

"时代病"指流行于一般民众中的消极虚无主义的表现形式。尼采对此有十分敏锐的感悟和尖锐的评说。在尼采看来，现代处在双重的虚无主义阴影之下，一方面，上帝死了，信仰危机笼罩在欧洲上空；另一方面，上帝又死得不彻底，他的"影子"即理性和传统道德还在继续反对生命本能。这就导致了现代人既失去了旧的信仰，又无能创造新的信仰，从而使精神的空虚和本能的衰竭并交作用。尼采认为，这就是现代文明的症结所在，也是处在虚无主义状态下的现代人的基本生命症状。

现代人总是处于一种无谓的紧张和忙碌之中。尼采说："我们整个欧洲文化长久以来就已经因为一种按年代增长的紧张状态的折磨而动荡，犹如大难临头，狂躁不安，惶惶不可终日；就像急于奔向尽头的洪流，它不再沉思，它害怕沉思。"② 由此而致，"猥琐、敏感、不安、匆忙、聚众起

---

① 尼采：《权力意志》，张念东、凌素心译，商务印书馆 1991 年版，第 271 页。
② 尼采：《权力意志》序 2，张念东、凌素心译，商务印书馆 1991 年版，第 373 页。

哄的景况愈演愈烈，——这整个纷乱状况的现代化，所谓‘文明’，愈来愈轻浮，个人面对这巨大机构而变得灰心丧气，只好屈服”①。在这样一种文明的轻浮笼罩下，失去了信仰的现代人总是想急切地投身于纷繁的世俗生活中，试图用海德格尔所说的“操劳”来麻痹自己内心的不安，松弛内在精神的紧张。尼采说：“现代的人多以休息为耻，即使是长时间的静坐思考也几乎会引起良心的呵责。思考乃是以码表来计时的，用餐时两眼盯着的只是报纸上财政金融方面的新闻。人的生活好象永远怕耽误了什么似的，将一切高尚的趣味都缢死了。‘做任何事都可以，总比不做事的好’，这是人们的行事原则。”② 这种现代式的匆忙既是人们失去信仰后精神空虚的表现，又反过来加剧了人们的无信仰状态。在尼采看来，正是“现代那种喧嚣的、耗尽时间的、愚蠢的自鸣得意的勤劳，比任何别的东西更加使人变得‘没有信仰’”③。这些没有了生活信仰的人，“只是带着一种迟钝的惊愕神情把他们的存在在世上注了册”，而他们也只是在被种种职业、义务、娱乐的占有中感到生活的“充实”的。

　　不仅如此，现代人还被各种虚假的角色所侵占而变成极其做作的戏子。由于没了信仰而又不敢正视这一现实，许多人便不敢面对自己，不愿成为自己，于是千方百计逃避自己而遁入群众之中。而群众则把价值平面化，它不容许有任何特立独行和差异性的存在。群众把优异分子拉下来，拉到同一的层面，降低一切崇高价值，以混同于市场的标准；而单个的人只不过是市场上的零售商品，或如机器上的零件。但是，市场的标准本身是不定，市场的价值本身是虚妄的，于是，人们变成了为市场虚妄价值左右的“苍蝇”。在《查拉图斯特拉如是说》第一卷中专门有一节名为“市场之蝇”，尼采说：“市场上充满着煞有介事的丑角，——而群众正以这些大人物自炫，视他们为当今的主人。”但实际上，“群众不了解何谓伟大，这不啻说他们不了解何谓创造。但他们对于一切大事业的表演者与优伶，却很难赏识”④。由此而至，“现代人的形象已经成为彻头彻尾的假

---

① 尼采：《权力意志》，张念东、凌素心译，商务印书馆1991年版，第231页。
② 尼采：《快乐的科学》，余鸿荣译，中国和平出版社1986年版，第220页。
③ 《尼采全集校勘学习版》卷5，第76页。转自《周国平文集》卷3，第262页。
④ 尼采：《查拉图斯特拉如是说》，“市场之蝇”，尹溟译，文化艺术出版社1987年版，第57—58页。

象；现代人不是表里一致地出面，他毋宁说是隐藏在他现在扮演的角色里"①。这一情况在艺术中表现尤为明显，艺术变成了演戏，艺术家则组成了戏子，他们荒谬地激动和变换姿态，歇斯底里地冒充他所扮演的角色，"他们不再是人，至多是角色的会合，其中忽而这个角色，忽而那个角色，带着无耻的狂妄态度出来自我标榜一番"②。

现代人由于丧失个性而灵魂变得平庸，便以花枝招展来遮掩自己的平庸，使现代人和都市生活变成了"颜料罐子的家乡"。机器和商业文明剥夺了人的个性，"它把许多人变成一部机器，又把每个人变成达到某个目的的工具"③；它制造着平庸和单调；它是无个性的，使一件工作丧失了自己的骄傲，自己特有的优缺点，因而也丧失了自己的一点儿人性。结果，"我们现在似乎只是生活在无名无姓的、无个性的奴隶制度下"④。而与此同时，商业成了文化的灵魂，报刊支配着社会，记者取代了天才，艺术沦为闲谈。人的机器化和文化的商业化使虚无主义时代以平庸为特征。而人们为了掩饰自己的平庸，便急于用讨人喜欢的外表来"宣传"自己，"推销"自己。五光十色的装饰品，把自己装扮得如同"颜料罐子"，而人生的价值就被依附在那光怪陆离的外在物品上。这就使现代人生活在一种奇特的境况中：外表富丽堂皇而精神疏荒，衣着光怪陆离而生命缺乏内容。尼采对此悲叹道："这里竟是一切颜料罐之家乡！今日之人啊，你们的面孔与四肢被耀目的颜色涂成各种样式，我骇怪地看见你们坐在那里！……今日之人啊，任何好的面具，不会胜过你们自己的尊容！谁能认出你们呢？"⑤

现代人已经丧失了精神文化的原创力，他们追求舒适懒散，寻求麻醉和刺激。由于上帝信仰的破灭，文化丧失了它存在的神话家园，世俗化使文化本身成了缺乏根基的虚假繁荣。尼采说："如今，这里站立着失去神话的人，他们永远饥肠辘辘，像过去一切时代挖掘着，翻寻着，寻找自己的根，哪怕必须向最遥远的古代挖掘。贪得无厌的现代文化的巨大历史兴

① 尼采：《尼采美学文选》，周国平译，三联书店1986年版，第130页。
② 同上书，第361页。
③ 同上书，第317页。
④ 《尼采全集校勘学习版》，转自《周国平文集》卷3，第350页。
⑤ 尼采：《查拉图斯特拉如是说》，文化之都，尹溟译，文化艺术出版社1987年版，第142页。

趣，对无数其他文化的收集汇拢，枯泽而渔的求知欲，这一切倘若不是证明失去了神话，失去了神话的家园，神话的母怀，又证明了什么呢？人们不妨自问，这种文化的如此狂热不安的亢奋，倘若不是饥馑者的急不可待，饥不择食，又是什么？"① 现代人由于本身丧失了创造的原动力，便总是带着挤入别人宴席的贪馋去模仿一切伟大创造的时代和天才，收集昔日的文化碎片以装饰自己。但是，这样"收集"起来的已不是真正的文化，最多只能叫学术。尼采喻之为"一件披在冻馁裸体上的褴褛彩衣"②。与此同时，现代人由于缺乏生命本能的原生创造力，加之匆忙劳作带来的神经疲惫，他们便到所谓的艺术中去寻求官能上和精神上的刺激和麻醉。而浪漫主义（尤其是瓦格纳的悲观浪漫主义艺术）又恰恰迎合了现代人的这种需要。所以，尼采甚至把浪漫主义看做"虚无主义的准备"，把浪漫主义艺术家称为"虚无主义艺术家"，谴责他们"根本上虚无主义地对待生命"③。

总之，在尼采看来，随着旧信仰及其道德所造成的生命本能的衰竭，和信仰沦丧所造成的精神空虚，现代人一方面普遍缺乏信仰，另一方面消极颓废。这是一种典型的作为消极虚无主义的时代病。尼采说："现代风是我们的病；懒散的和平，懦弱的妥协，这是现代是非观念的整个道德上的不洁。……我们宁可生活在冰雪中，而不愿生活在现代各种道德与暖和的南风中！"④

二 "悲观主义"：哲学化的消极虚无主义

如果说"时代病"是消极虚无主义的世俗表现形式，那么，叔本华的悲观主义就是消极虚无主义的理论表现形式。

叔本华的哲学和瓦格纳的音乐是尼采早期的两大精神支柱。当尼采还在读中学时，他偶然地从旧书摊上购得叔本华的代表作《作为意志和表象的世界》，他是如此的激动，好像黑暗中找到了指路的太阳。他完全被叔本华的反理性主义方法和用意志解释世界和人生的本质所迷住了。这种

---

① 尼采：《尼采美学文选》，周国平译，三联书店 1986 年版，第 100 页。
② 同上书，第 130 页。
③ 同上书，第 384 页。
④ 尼采：《反基督》，转自陈鼓应《悲剧哲学家尼采》，三联书店 1987 年版，第 135 页。

迷，就像苏格拉底读到阿拉克萨哥拉的书，知道他用"努斯"解说万物运动的原因和目的时的迷狂。但是，尼采很快就失望了。就像苏格拉底不满于阿拉克萨哥拉只把"努斯"作为引子而感失望一样，尼采也不满叔本华把人的意志归结为消极的求生欲望而最后导致悲观主义形式的虚无主义结论。尼采称叔本华的"悲观主义乃是虚无主义的前期形式"①。

在一定程度上，叔本华接过康德批判主义的旗子，认为借助理性概念、范畴等来进行认识的科学和哲学，永远只能及于现象，而不能达到自在之物。但他强调，自在之物之于人的道德又是不可缺少的。叔本华用两个命题来表达他的世界观："世界是我的表象"，"世界是我的意志"。他认为，现象世界的一切都只是我的表象，而世界"实际存在的支柱"则是我的意志②。人们对表象的存在和关系的认识，都必然地归结于某种形态的"根据律"，或存在的（对时空的感知），或变化的（知性与因果关系），或行为的（有关人类行为的自我意识与动机），或认识的（理性和逻辑）。而作为世界的本质存在和运动，是任何认识能力都不可企及的，只能凭直觉感知，这就是生命意志的存在和运动。它是一切表象存在与活动的根据。生命意志创造一切，而人则是生命意志客体化显现创造的最高形态。因此，人的生命意志的本源和所有行动的原因与动力，只有到我的意志中去寻找。很显然，叔本华在这里用意志取代了传统的"理性"、"理念"的本体地位，并试图从意志（而不是从理性）中去寻找生活意义。这与传统形而上学是大异其趣的。这一点也正是他吸引青年尼采之根本所在。

叔本华以其意志论对康德的道德哲学——那上帝的最后避难所，传统形而上学的最后堡垒——进行了批判。他嘲笑"康德（诚然是很方便地）把实践理性当作一切美德的直接来源，把它说成是一个绝对（即自天而降的）应为的宝座"③。叔本华强调，道德义务不能建立在理性的基础上，因为人的本质并不在理性而在其生命意志。由于任何以意志为根据的行为都只能是利己主义的，因此，道德义务只能建立在正当与爱的基础上才可能，而这必须以生命意志的压抑为代价。他说："对我们自己的义务如同

---

① 尼采：《权力意志》，张念东、凌素心译，商务印书馆1991年版，第267页。
② 叔本华：《作为意志和表象的世界》，商务印书馆1982年版，第62页。
③ 同上书，第132页。

对别人的义务一样，必须被建立在正当和爱的基础上。而他们自己的义务建立在正当的基础之上是不可能的，因为自明的基本原则是：意志所准，所作无害。因为我所做的总是我愿意的，因而，我对我自己所做的也仅仅是我所愿意的，而非别的什么；因此也就不会是不公正的。"① 换言之，在叔本华看来，人的行动是基于自身的意志的，无所谓正当与否。行为的道德性质是被赋予的，而义务并不是建立在人的意志之上的东西，因而不可能成为人类行为的基本德性。

叔本华认为，意志是绝对的，意志自由不依赖于理性。人的任何行为都是一种意志的活动。但对意志活动，我们也应该区分为作为意志客体化显现的行为和生命意志本身（"物自体"）。只有生命意志本身才是无根据的、绝对的、自由的，而意志活动则是有根据的、引起的、相对的。这样，在叔本华看来，虽然意志本身是绝对"自主自决"的，但人类的所有行为都是不自由的。因为"个体的人、人格的人并不是自在之物的意志，而已经是意志的现象了，作为现象就已被决定而进入现象的形式，进入根据律了"②。因此，尽管人们有许多预先计划和反复思考，可是他的行动并没有改变，它必须从有生之初到生命的末日始终扮演他自己不愿担任的角色，同样的也必须把自己负责的那部分剧情演出到剧终。叔本华说：人的生存"必须不停地跳跃疾走在由灼热的煤炭所圈成的圆周线上"，永无止境却又不能不如此地走下去③。

正因为叔本华认为人生的宿命是意志活动的必然性，所以他反对把人的幸福和快乐满足当作道德的基础的传统观点，而认为幸福或快乐与道德之间没有必然联系。相反，叔本华认为，道德行为本身意味着对个人幸福的否定，意味着行为者必须要忍受更大的痛苦，或者说，道德就是对生命意志的否定和牺牲。因为道德行为作为一种为他的给予，是与生命意志的本性背道而驰的。叔本华采用了霍布斯的逻辑，认为道德的产生是由于人类整体的生存和发展需要。为了使人类个体行为和关系避免冲突，更好地维护人类整体的生存意志，人们便在相互间形成了道德观念。

由于叔本华把生命意志本身绝对化、神秘化，并使之与现象的个体人

① 叔本华：《道德的基础》，伦敦爱伦出版公司1915年版，第38页。
② 叔本华：《作为意志和表象的世界》，商务印书馆1982年版，第169页。
③ 叔本华：《爱与生的苦恼》，中国和平出版社1986年版，第30页。

生（表象）相隔，而且把道德视为个人自我的生命意志的否定形式，因而他必然得出悲观主义的结论。

在叔本华看来，人的本质在于其生命意志的不断追求。人这个生命个体，作为客体化的生命意志，"是千百种需要的凝聚体"①。需求、欲望和追求就是人的生命。人的欲望最基本的有二，即个体自我生存的愿望（如食色等）和人类自我发展的愿望（即"种族绵延的需要"）。人的欲望源于需求，需求就是匮乏，就是不能满足的痛苦。由于欲求不断，需要不止，因而人生也就是痛苦不止。叔本华说："欲望是经久不息的，需求可至于无穷，而所获得的满足都是短暂的，分量也扣得很紧。何况这种最后的满足本身其至也是假的，事实上这个满足了的欲望立即又让位于一个新的欲望，前者是一个已经认识到的错误，后者还是一个没有认识到的错误。"② 这样，人生就永无快乐可言。在日常生活中，人们往往会因一时的纵情享乐所陶醉，然而梦醒之后依旧饥馋不已，欢乐如烟云，而相随的仍是空虚、烦恼和痛苦。烦恼源自无穷的生命欲望与有限满足之间的间距；痛苦则是不能实现目的的自然反应；空虚则源于欲望短暂满足后的无聊。

在叔本华看来，人生除了痛苦，便是虚无。换言之，痛苦就是生命的本质。而且，意志现象愈臻于完善，痛苦就愈烈。植物没有感受，也就无痛苦感；动物的感觉能力有限，痛苦也就是相对的；唯有人，作为生命意志客体化现象的最高阶段，也是最痛苦的。而在人之中，天才又最为痛苦。当人们甘于痛苦之后，所剩的又只是一个巨大的无聊。所以，叔本华说，人生就像一个"钟摆"，摇摆于痛苦与无聊之间，永无休止。

既然痛苦是生命意志本身的必然产物，那么，要解脱痛苦就只有否定生命意志。叔本华认为，解脱痛苦有两种方法，一是通过艺术的"观审"，达到暂时放弃自己的生命意志的解脱；一是通过禁欲，彻底否定生命意志来求得永久的解脱。

叔本华认为，艺术是人们解脱痛苦的良方。人们通过艺术活动而进入审美的"纯粹观审"，沉浸于对艺术的直观中，生命便进入了忘我的超然境界，使自我的主观性"自失"于艺术对象的观审之中。这样，个体就

---

① 叔本华：《作为意志和表象的世界》，商务印书馆 1982 年版，第 427 页。
② 同上书，第 273 页。

可暂时超脱自我生命意志的缠绕，逃离痛苦的大海。为此，叔本华把艺术称为生命意志的"清净剂"，并认为，建筑美和自然美是最基本的观审，悲剧则是最高的观审，而音乐则是最深沉的观审。不过，叔本华强调，艺术观审只具有一时之效，一旦人们从艺术的观审中回醒过来，作为生命意志的存在和关系又重新套到人们身上，痛苦的折磨又重新开始。因此，人们不能指望靠艺术来净除永生的痛苦。

要净除永生的痛苦，必须彻底否定生命意志。叔本华认为，这就需要以禁欲乃至死亡的方法来摧毁生命意志。叔本华说，禁欲就是"故意的意志摧毁"①。由于只要生命存在，"整个生命意志就其可能性说也必然还存在，并且还在不断挣扎着要再进入现实性而以全部的炽热又重新燃烧起来"②。所以，唯有禁欲和死亡才能彻底挣脱生命意志的桎梏，摆脱痛苦的人生。

叔本华认为，禁欲是基于对生命意志本质的顿悟和意识。它有一些最基本的方式，即自愿放弃性欲，甘于忍受痛苦和绝食自尽。叔本华说："因为性欲是生存意志的核心，是一切欲望的焦点，所以，我把生殖器官名之为'意志的焦点'。不独如此，甚至人类也可以说是性欲的化身，因为人类的起源是由于交媾行为，同时两性结合也是人类'欲望之中的欲望'，并且，唯有借此才得以与其它现象结合使人类绵延永续。"③ 所以，自愿放弃性欲是对生命意志的首先否定，也是告别痛苦人生的第一步。

与此同时，叔本华强调，痛苦既是生命意志带来的苦果，也是人生苦难的"净化炉"。人们只有像佛教教导的那样，甘于忍受现实人生的煎熬，达观恬淡，才能真正彻悟到绝望人生的底蕴，进而自觉地超脱痛苦，进入"寂灭中的极乐"。

但是，根本否定生命意志的唯一绝对有效的方法，则是自愿绝食死亡。这种"自杀"是一种不同于普通一般的自杀，它不是从生命意志中产生的，而是一种"完完全全中断了欲求，才中断了生命"的行为④。当人达到这一步，也就消解了痛苦，宣告了无聊人生的终止，而剩下的就只

---

① 叔本华：《作为意志和表象的世界》，商务印书馆1982年版，第537页。
② 同上书，第536页。
③ 叔本华：《爱与生的苦恼》，中国和平出版社1986年版，第4页。
④ 叔本华：《作为意志和表象的世界》，商务印书馆1982年版，第550页。

是一个虚无。

随着自愿的否定，意志的放弃，则所有那些现象，在客体性一切级别上无目标无休止的，这个世界因之而存在并存在于其中的那种不停的熙熙攘攘和蝇营狗苟都取消了；一级又一级的形式多样性都取消了。随意志的取消，意志的整个现象也取消了；末了，这些现象的普遍形式时间和空间，最后的基本形式主体和客体都取消了。没有意志，没有表象，没有世界。……于是留在我们面前的，怎么说是那个无了，无是悬在一切美德和神圣性后面的最后鹄的。……①

这样，叔本华就从悲观主义"自觉地"过渡到了虚无主义，从而应验了尼采的那句"悲观主义乃是虚无主义的前期形式"的断言。

对于叔本华的悲观主义，尼采是坚决反对的。虽然叔本华用意志来说明世界和人生，强调艺术之于人生的意义，都给了尼采极大的启发，但在根本上，尼采是把叔本华的悲观主义视为比旧形而上学"更贫乏一个等级，不再拥有解释、创造虚构的能力"的消极虚无主义的②。在尼采看来，消极虚无主义是需要而又无能虚构一个"真正的世界"，又没有勇气接受现实世界的结果，它往往是"理想主义"作祟的产物。尼采说："如果说一个哲学家可能是虚无主义者的话，那么他便是，因为他在人的一切理想背后发现虚无。甚或不是虚无，——而只是毫无价值、荒谬、病态、懦弱、疲惫的东西，从饮干的人生酒杯中倒出的各种渣滓……"③而叔本华的悲观主义最终发现的，就是那个巨大的"无"。

尼采指出，悲观主义作为消极虚无主义，源于它对生命的否定。"出现悲观主义的原因"在于，"迄今为止强大无比的生命和前途无量的欲望惨遭谴责，因此生命诅咒自身"④。尽管悲观主义有各种类型，诸如"敏感的悲观主义（痛苦太多，刺激过度）；意志不自由的悲观主义（换句话说：对刺激缺乏抵抗力）；怀疑的悲观主义（怕固化、怕抓、怕摸）"。但

---

① 叔本华：《作为意志和表象的世界》，商务印书馆 1982 年版，第 562—564 页。
② 尼采：《权力意志》，张念东、凌素心译，商务印书馆 1991 年版，第 269 页。
③ 尼采：《偶像的黄昏》，湖南人民出版社 1990 年版，第 90 页。
④ 尼采：《权力意志》，张念东、凌素心译，商务印书馆 1991 年版，第 230 页。

是，"所有这些不都是一模一样的颓废和病态现象吗？……过分看重道德价值，或虚构'彼岸'，或社会紧急状态，很痛苦，等等。任何对狭隘观点的夸大，本来就是病态的征象。看重否定，不注重肯定，也是一样！"①叔本华的悲观主义作为"敏感的悲观主义"，正是这种"看重否定，不注重肯定"的消极虚无主义的典型形式。

　　当然，也有另外一种"悲观主义"，尼采称之为"强力悲观主义"、"理智悲观主义"和"我们的悲观主义"。尼采说：

　　　　我们的悲观主义，世界上并没有我们所说的那种价值，——我们的信仰本身大大提高了自身的认识欲望，以致我们只好这样说。这样一来，世界就愈发没有价值了；因为，世界被认为是这样的。——只在这个意义上说，我们才是悲观主义者；我们要毫无保留的承认新的估价，绝不墨守成规，自我蒙蔽，自我欺骗……②

　　这种悲观主义就是"强力悲观主义"。在强力悲观主义下，"人现在不再为祸患辩护了，人断然拒绝辩护。人要完全彻底享受祸患，认为无意义的祸患乃是最有意思的东西"③。尼采说，这种悲观主义"是悲观主义的极端形式"，而伴随之的，是"真正的虚无主义将会问世"。尼采自信，"这一点我已看出来了"④。尼采之所以"看出来了"，是因为这就是他自己所追寻的，所进行的。

　　尼采接过了叔本华的旗帜，但对叔本华的悲观主义和虚无主义进行了革新。这种革新在于，将叔本华的"敏感的悲观主义"变为"强力悲观主义"的同时，也使虚无主义彻底化，由"消极的虚无主义"而变为了"积极的虚无主义"。可以说，在尼采这里，"强力悲观主义"，"彻底的虚无主义"，和"积极虚无主义"是同义的。尼采自己对他的这一革新运动给予了充分的肯定和比较明确的说明：

---

① 尼采：《权力意志》，张念东、凌素心译，商务印书馆1991年版，第406页。
② 同上书，第703页。
③ 同上书，第365页。
④ 同上书，第354页。

　　我的革新。——悲观主义继续发展，理智悲观主义。因为，道德批判，消散了最后的慰藉。颓废征象的知识，使任何强大行为蒙上错觉；文化孤立了，这是不对的，但文化却因此而变得强大。

　　1. 我致力于反对个性的衰退和日益增长的软弱。我在寻找一个新的中心。

　　2. 认识到了这种努力乃是不可能的。

　　3. 于是，我继续走上毁灭之路——在那里我找到了为个体所用的力之源。我一定要当毁灭者！——我认识到，毁灭的状态、个体根本不能从中完善自身的状态，乃是一般生命的反应和个别情况。我坚持永恒轮回之说，反对普遍毁灭和不完美的这种瘫痪的感觉①。

第二节　积极虚无主义的生命特征

　　积极虚无主义是尼采对叔本华悲观主义的消极虚无主义的革新，是一种彻底的虚无主义。一般来说，虚无主义是旧的信仰的崩溃到新的信仰之建立的一个过渡状态。在这个阶段，一方面，旧的信仰虽然瓦解，但旧信仰的"影子"所带来的颓废仍在继续，旧的信仰还发生着一种腐败的作用；另一方面，由于创造力还不够强大，还不能创造出新的价值，新的信仰还建立不起来。所以尼采说："虚无主义描述的是一种病理学上的中间状态（——病理学就是极度的概括，就是推论出没有任何意义——）。"②如果说消极虚无主义是生命力乏弱的人在这个"中间状态"的生命态度的话，那么，积极虚无主义就是生命力强大的人在这个"中间状态"的生命态度。

　　在信仰空白的虚无主义状态，弱者要么惶惶不安地寻找随便什么"理想"来安慰自己空虚的灵魂，要么便像叔本华一样在承认生命无意义时也彻底否定生命本身。但是，生命力强大的人既嘲笑那虚假的"理想"，也反对那生命的悲观。尼采说："我们带着轻蔑的怨恨看待那宣称'理性'的东西；因为，我们之所以看不起自身，是因为不能始终压制那

---

① 尼采：《权力意志》，张念东、凌素心译，商务印书馆 1991 年版，第 695 页。
② 同上书，第 280 页。

种荒唐的冲动，即人称'理想主义'的那个东西。"① 而悲观主义虽然比所谓的"理想主义"深刻，也只不过是"病态的象征"②。真正的健康的态度是，一方面正视没有信仰的现实，另一方面又要敢于在这种状况下不靠任何信仰生活下去。这种态度就是积极的虚无主义，就是彻底的虚无主义。

积极虚无主义是对"颓废"的克服。这种克服就在于，它一方面对传统价值进行彻底的批判，另一方面又把无信仰状态公开化、自觉化。也就是说，它是把不完全的虚无主义变成彻底的虚无主义；把隐蔽的虚无主义变成公开的虚无主义；把不自觉的虚无主义变成自觉的虚无主义。在此基础上，用积极的虚无主义克服消极的虚无主义，并为创造新价值扫除那些"接近黄昏"的偶像（那些作为"虚无"的终极价值）的。尼采自己就是这样的一个虚无主义者。加缪对此评论道："由于有了尼采，虚无主义似乎变得有预见性了。……在他身上，虚无主义第一次成为有意识的东西……尼采从来只按照即将来临的世界末日去思考，他不美化世界末日，因为他想象得出世界末日会是一番什么卑劣的、费尽心机的景象，他正是要避免它的到来，并把它改变成为再生。他承认虚无主义，并把它作为一个临床症状去研究。他自称是欧洲第一位彻底的虚无主义者，但这并不是出于对虚无主义的偏爱，而是现状决定的。因为他太伟大了，他不能拒绝时代给予他的遗产。"③

尼采之所以能承担起"时代给予他的遗产"，全在于他有一种"真诚意识"，正是这种生命的真诚意识，使尼采在否定一切价值时又对一些价值进行重估，从而完成了从消极虚无主义向积极虚无主义的"革新"。

一　真诚意识与生命真理

1865 年，尼采放弃了他在波恩大学所修的神学。此举使笃信基督教的母亲和妹妹极为不安。妹妹写信对他说："一个人总是应当在最痛苦的事情中寻找真理。如今一个人要相信基督教的玄义不无艰难，所以基督教玄义是真实的。"尼采马上给妹妹写了一封措辞激烈的信。21 岁的尼采在

① 尼采：《权力意志》，张念东、凌素心译，商务印书馆 1991 年版，第 417 页。
② 同上书，第 406 页。
③ 加缪：《尼采和虚无主义》，《文艺理论译丛》第 3 辑，中国文联出版社 1985 年版。

这封信中表达了自己对真理信仰寻求的"真诚意识"。他写道：

> 你觉得要承认并接受所有这些使我们生长其中的，一点一点深深地根植我们的生活之中，被我们的亲友以及一大批杰出的人们视为真理的，而且不管它们是否真实无疑地在安慰和激励着人们的信仰真是那么困难吗？难道你认为这样一种接受比一场在怀疑和孤独中进行的、由于各种各样精神上的苦闷甚至悔恨而变得阴沉的、与一个人的所有习惯完全相对的斗争，一场往往会将一个人置于绝望之中，却又总是在不息的探索中找到通往真、善、美的新的途径的斗争更为艰难吗？
>
> 所有这一切会产生什么样的结果呢？难道我们应该恢复那些我们所熟悉的关于上帝、现世与赎罪的种种观念吗？对于真正的探索者，他辛勤努力的结果难道不会显现出全然不同的东西吗？我们寻求的是什么？是安宁和幸福吗？不，除了真理，什么也不是，尽管它也许是痛苦的、可怕的。
>
> 假若在童年时代，我们相信了一些灵魂的救赎来自基督以外的神明，如穆罕默德，仍然会受到祝福，和基督所赐予的完全相同。因为给予幸福的，只是信仰本身而非信仰背后的客体……一切真诚的信仰都是根深蒂固的、确定不移的，都能给予我们所期望的祝福。但毕竟这种态度绝非客观真理的基础。
>
> 人类的道路可分为二：假如你想望灵魂的安宁与幸福，就信仰吧；假如你要做一个真理的追随者，就探索吧。①

正是这种对真理寻求的激情，使尼采进入哲学领域，并以其特有的敏感而掌握了时代之虚无主义病根，并开出了特有的药方，使虚无主义自觉化、公开化。

对"真理"的探索和追求，实质上是对价值之根据的追问。这种追问要求对以往一切现成的学说和信仰作批判的考察，检查其是否有可靠的根据。而对根据的发问又必然把人引向对世界和人生的根本问题作寻根究底的探索，即引向广义的形而上学。

---

① ［法］丹尼尔·哈列维：《尼采传》，百花洲文艺出版社1996年版，第24—25页。

正由于尼采对探索真理的无比激情，因而他也是一个形而上学冲动十分强烈的人；而正是这种强烈的形而上学冲动，促使他追根究底地对以往一切形而上学（作为真理和价值体系）进行彻底的批判考察。尼采自己说："在我看来，善意、精纯、天才算什么呢，倘若具有这些品质的人容忍自己在信念和判断方面无所作为，倘若他不觉得对于可靠性的要求是最内在的渴望和最深邃的冲动……置身于生存整个奇特的不可靠性和多义性之中而不发问……我觉得这是令人鄙视的。"① 这样一种力图追究根据的可靠性，在信仰问题上不苟且、不作假的认真诚实的态度，就是真诚意识。它是走向彻底的积极虚无主义的"心理学"前提，也是获得生命真理的"心理学"前提。

尼采认为，在一定意义上，真诚意识是历史上一切道德价值包括基督教道德价值给人类留下的积极遗产。但是，它的结果却使人们对基督教和道德本身发生了怀疑（至少对于尼采来说是这样）而走向彻底的虚无主义。尼采说："我们丝毫无权规定彼岸，或物的自在，后者似乎是'神性的'，似乎是真正的道德。这种认为，乃是训练有素的'真诚意识'的结果，也就是信仰道德的结果。"②"真诚意识终有一天要背离道德，因为它发现了道德目的论，道德的实利观。"③

之所以会如此，是因为道德总要求人们的一切行为都必须以它为根据。道德在根据问题上的这种严格态度，就促使人们对道德本身的根据提出了质疑。就像启蒙学者所说的，凡是存在的都必须在理性法庭面前证明其存在的理由。尼采要求，凡是以最高根据自命的一切，不管是"理性"、"善"、"上帝"，或其他形而上学所设想的终极实在，都必须在真诚意识面前提出自身的根据。

但是，如果能以其他根据来支撑的根据，又不可能是最高根据。于是，对根据这种"真诚的追问"，必然导致这样的结论，即不存在任何最高根据。所有的"最高根据"都是无根据的，是虚无的。"现在，当价值的来龙去脉业已澄清之际，宇宙在我们眼里也就失去了价值，变成了

---

① 《尼采全集》卷5，第38页。转自《周国平文集》卷3，第293页。
② 尼采：《权力意志》，张念东、凌素心译，商务印书馆1991年版，第295页。
③ 同上书，第621页。

'无意的'了。不过，这只是一种过渡状态罢了。"① 这种作为虚无主义的
"过渡状态"，是道德价值的自我消解。因为我们过去所信仰的一切最高
价值，都不过"是长期道德解释的结果，而今天，在我们看来，则表现
为非真实的需求。因为，从另一方面来说，它们似乎是价值的依托，我们
就是为它们而维持生命的。这种对抗性——我们认识了的东西不受重视，
而我们想拿来欺骗自己的东西，又不许置评——就会产生一个消解过
程"②。这种消解，正是真诚意识返身面对自己而产生的将已有"真理"
非真理化的结果。

当真诚意识返身自己，并从中孕育出对"非真理"（虚无）的要求
时，他又能从真诚意识出发正视这失去一切信仰的现实。虽然这不免给拥
有这种真诚意识的主体带来一种近乎逼疯的幻灭感。尼采曾经这样描述他
的这种"近乎逼疯"的虚无主义感受：

> 天神啊，赐我疯狂！那使我终于相信自己的疯狂！赐我谵妄和抽
> 搐，闪光和黑暗，用凡人未曾经历过的严寒和酷热、喧嚣和鬼怪恐吓
> 我吧，让我呼号，哀哭，如禽兽爬行，只要我能在自己身上找到信
> 仰！怀疑吞噬着我，我杀死了法则，法则使我恐惧，就像尸体使活人
> 恐惧一样。如果我不是比法则更多，我就成了一切人中最卑劣的人
> 了。我身上的新精神如果不是来自你们，又来自何处？向我证明，我
> 属于你们的吧；惟有疯狂能向我证明这一点。③

尼采，这个最后真正疯狂的人，由于自己的清醒，由于自己的真诚，
不得不把"作为欧洲第一个彻底的虚无主义者"的命运承担起来。他要
做一个真诚的人，不靠任何宗教或形而上学的信仰来安慰生活。他要
"在自己身上找到信仰"。这无疑是最彻底的无神论，它堵住了任何产生
神的可能性。所以巴雷特说："如果无神论是人的命运，那么，他，尼
采，就决定来当先知，以便提供必要的英勇榜样。在这个意义上，我们必

① 尼采：《权力意志》，张念东、凌素心译，商务印书馆 1991 年版，第 427 页。
② 同上书，第 621—622 页。
③ 尼采：《朝霞》，转自《周国平文集》卷三，第 294—295 页。另参见《尼采文集·曙光》，漓江出版社 2000 年版，第 11 页。

须把尼采视为一个文化英雄：他甘愿以最剧烈的方式经受他的文化内部的冲突并且终于被这冲突撕裂。"①

　　真诚意识不仅使尼采正视时代的无信仰状态，而且也正视自己身上的"虚无主义"和"颓废"病患，从而将时代批判和自我批判结合起来。在《瓦格纳事件》中，尼采写道：

　　　　一个哲学家对自己的起码要求和最高要求是什么？在自己身上克服他的时代，成为"无时代的人"。那么，他凭什么去进行他最艰难的斗争？就凭那使他成为他的时代的产儿的东西。好吧！和瓦格纳一样，我是这个时代的产儿，也就是说，我是颓废者。不同的是，我承认这一点，并且与之斗争。我身上的哲学家与之斗争。②

　　又说：

　　　　我必须有一种自我约束，以完成这样一个任务——反对我身上的一切疾病，包括瓦格纳，包括叔本华，包括整个现代"人性"。——对于时代的、合时宜的一切，全然保持疏远、冷静、清醒；作为最高的愿望，有一双查拉图斯特拉的眼睛，从遥远的地方俯视人类万象——并看透自己……为这样一个目的——任何牺牲，何种"自我否定"会不值得。③

　　尼采终于以其特有的"真诚意识"而把自己带上了积极虚无主义之路。他不仅否定了那曾经给自己极大精神安慰的瓦格纳音乐和叔本华哲学，而且否定那整个时代《人性的，太人性的》一切东西；他通过《查拉图斯特拉如是说》，《上帝死了》，请正视这一《悲剧的诞生》吧，请《重估一切价值》吧！虽然这一切在他的时代被看做《不合时宜的考察》，但它确实预示了新世纪的《曙光》。

---

① ［美］巴雷特：《非理性的人》第8章。
② 尼采：《尼采美学文选》，周国平译，三联书店1986年版，第281页。
③ 同上书，第282页。

二 "一切皆虚妄！一切皆允许！"

积极虚无主义虽然是对消极虚无主义的超越，但它本身毕竟还是一种"过渡状态"，还不是新价值的创造，而只是新价值创造所必由之路。在这种路上包括两个环节，即否定一切价值和重估一切价值。

尼采认为，要克服虚无主义就必须推至极端，即提倡一种最彻底的虚无主义，在根本上否定一切价值的存在。这就是所谓的"一切皆虚妄"。不过，既然世界所提供的一切都是虚妄的，那么对于人来说，就没有什么必须遵循的法则和价值。于是，正如陀思妥耶夫斯基笔下的伊凡所说的，"一切皆允许"。"一切皆虚妄"和"一切皆允许"是积极虚无主义的两面，前者是对世界而言，后者是对人而言。

传统形而上学在设定最高价值时，是把存在有一个"真正的世界"作为其大前提的。并且，这个"真正的世界"又被视为现实世界和人生的根据。"一切皆虚妄"从否定这个大前提着手，否定一切最高价值存在的可能性，从而确认了世界和人生本身是没有根据的。

在尼采看来，世界只不过是生命的强力意志永恒轮回而形成的生成过程，我们不可能在这个"表象世界"背后再寻找到所谓的"存在世界"。既然如此，那么，一切关于世界和人生的解释就不可能是有根据的"真理"，而只能是无根据的"信仰"，是没有实在与之相对应的价值设置，其根源在于人的生命力而不在于世界。尼采认为，我们所有的认识，只不过是我们生命力所发射出的对世界的透视。透视的过程，既是解释的过程，又是意义置入的过程。认识的结果，我们所形成的"世界图式"，只不过是一种透视的假象，而不可能是对世界的"反映"。因此，对世界的一切解释，不管是形而上学的还是基督教的，不管是康德的还是叔本华的，甚至尼采自己的，在它们不是"真理"而只是"透视"的"假象"这一点上，是完全平等的。因为本身就不存在所谓的真理。但是，传统形而上学却把假象当做真理，并以此否定现实世界和生命本身。而尼采自己，则承认它的解释的假象性质，并提出尽管也是"虚妄"的但却是有利于生命的新的世界解释。

通过否定"真正的世界"这一形而上学价值设置的大前提，尼采使虚无主义彻底化而导致"一切皆虚妄"的结果。尼采说："彻底的虚无主义就是在涉及人们所承认的最高价值时，确信生存是绝对没有根据的；包括这一识见：我们毫无权利设想一个似乎'神圣'，似乎是真正道德的彼岸或自在之物。"① 由此，便"不存在真理；不存在绝对的物性，不存在'自在之物'。——这就是地道的虚无主义，而且是最极端的虚无主义。它恰好把事物的价值置于这一境地，过去和现在均无实在与此价值相对应，相反，事物的价值无非是价值设置者方面力量的标记，是生命目的的简化"②。

这种虚无主义把一切都置于虚妄的境地，也就意味着信仰本身成了无根据的，或者准确地说，是缺乏"外在"的根据的。因而，信仰就只能从信仰者自身的生命力寻找根据。这就使人本身丢掉了外在的包袱，把人本身归还给了人自己。这无疑是人的一种解放。这种解放，尼采把它表述为"一切皆允许"。

尼采说："虚无主义最极端的形式就是认为：任何信仰、任何信以为真都必然是错误的，因为根本就不存在一个'真正的世界'。于是，一种透视的假象，其根源是在我们身上……在这个意义上，虚无主义否定了真实的世界、存在和神圣的思维方式。"③ 在否定了这一切后，由彻底的虚无主义眼光看来，善与恶、幸福与不幸的区分也就成了虚妄。包括善、幸福在内的一切价值，都丧失了其存在的价值。正因为一切价值都没有了价值，才给新价值的产生提供了空间。"假如根本就没有什么真实的世界，这种非信仰就会在一定程度上获得新的价值（这样，过去在存在世界中已经消失的价值感又变得活跃起来了。"④）尼采对此十分欣然："地平线对于我们仿佛终于又重新开拓了，即使它尚不够明晰，我们的航船毕竟可以重新出航，冒着任何风险出航了，求知者的任何冒险又重得允许了。"⑤ 这是一个具有真诚意识而曾经苦苦追究终极根据却最终发现这些根据都只不过是人工伪造的"彻底虚无主义者"的欣然。

既然"一切皆虚妄"，一切目的、意义、价值都是人自己设立的，那么，人也就因此而获得了"一切皆允许"的彻底自由。他既可以自己给自己一个目的，也可以什么目的也不给而就满足于无目的和无意义。既然

---

① 尼采：《权力意志》，张念东、凌素心译，商务印书馆1991年版，第294页。

② 同上书，第280页。

③ 同上书，第277页。

④ 同上书，第272页。

⑤ 尼采：《快乐的科学》，余鸿荣译，中国和平出版社1986年版，第236页。

对世界的解释都属于"虚妄"的,那么,人就完全可以从生命的利益出发,用审美解释这种"虚妄"去代替道德解释这种"虚妄"。所以,尼采提倡一种酒神世界观并名之曰"狂喜的虚无主义"①。

对于尼采所说的"一切皆虚妄,一切皆允许",我们更应该从其本来的文化意义上去理解,而不是只停留在其表层的字面意义。"一切皆虚妄"的本意是要揭露旧价值之"虚妄",道德之"虚妄";"一切皆允许"的本意则是要"允许"创造新价值,"允许"对世界进行审美的辩护。正是在这个意义上,尼采才说:"创造了这个有价值的世界的是我们!认识到这一点,我们也就等于认识到,崇敬真理乃是虚假幻象的结果——认识到,人们更应当去崇敬远远超过了真理的那种创造、简化、形成和虚构的能力。一切皆虚妄!一切皆允许!"②

三 "重估一切价值"的生命内涵

积极虚无主义不仅以宣布"一切皆虚妄,一切皆允许"的方式否定一切旧的价值,而且还指出了克服这种虚无主义本身的道路,这就是一切价值的重估。在尼采看来,彻底虚无主义是一切价值重估的前提,而一切价值重估又是克服虚无主义的必由之路。正是这两者,作为否定和肯定的两面,为新价值的产生开辟道路。

在尼采看来,最高价值由建立到崩溃,最终导致"消极虚无主义",这是一个不以人的意志为转移的自然历史过程。而由"积极虚无主义"到"一切价值的重估",再到"新价值的建立",则完全是一个由人的意志发动的人为的过程。正是这后一过程改变了虚无主义的性质,使之由历史的困境而转变为历史的进步,并最终导致虚无主义的克服。

尼采计划中的自认为最重要的著作是《强力意志》,而他给本书加的副标题就是"重估一切价值的尝试"。尼采对这个标题作了这样的解释:"可不要错会了这本未来《福音书》开头标题的含义。《强力意志——重估一切价值的尝试》——我用这个公式来表示一种反运动,意志提出原则和任务;这种运动会在未来某个时刻取代彻底的虚无主义;但它在逻辑和心理上则是以虚无主义为前提的,他简直只能知道虚无主义和来自虚无

---

① 尼采:《权力意志》,张念东、凌素心译,商务印书馆1991年版,第142页。
② 同上书,第116页。

主义。可为什么虚无主义的兴起势在必然呢？这是因为我们迄今为止的价值由虚无主义得出了它的最后结论；因为虚无主义是我们彻底思考出来的伟大价值和理想的逻辑学；——因为我们必须首先经历虚无主义，然后才弄清这些所谓'价值'的价值到底是怎么一回事……某个时刻，我们将需要新的价值……"① 尼采便是这样由虚无主义而揭露出迄今为止的价值无价值，又由价值重估而揭露虚无主义本身也无自在价值，并得出必有新价值的结论的。

要进行价值重估，首先必须正视现实的价值危机。虚无主义作为一种信仰缺乏的状态，是一种处于两难困境中的危机状态。这种两难的困境在于：一方面，对"真正的世界"的信仰以及相应的道德价值已经沦丧；另一方面，现实世界本身又毫无价值。这正是使基里洛夫自杀的两难困境。如果不能正视这一危机状态，那么，或者就仍然是沉溺于那已经丧失了价值的价值之中，把虚无当作真实而继续毒害自己的生命，因而也是延续这种危机；或者就是在无信仰的状态下，心灵恐慌而惶惶然，最后走向疯狂或自杀；或者就是像叔本华的悲观主义一般，试图通过否定生命本身来战胜痛苦，战胜虚无。尼采以其真诚意识挑起了彻底虚无主义的重担，把这虚无主义的危机明白化、自觉化，并以积极的虚无主义态度来"虚无"虚无主义自身。

要进行价值的重估，还必须对产生虚无主义二难困境这一危机状态的原因有清醒的认识。尼采通过清理"真正的世界"信仰之根源发现，人们之所以信仰那本为虚无的"真正的世界"，是出于一种形而上学的需要，是为了替现实的感性世界寻找最终的根据，以赋予现实世界一种终极的价值、目的和意义。就此而言，尼采说："这一切价值，从心理学上看，都是为了维持和提高人的统治构成而作出的一定透视的结果，它只是被错误的投射到事物的本质中去了。"② 也就是说，形而上学本身以及它所提供的价值，只不过是人由强力意志发动而设置的价值而已。但是，尼采评论道："把自身设定为事物的意义和价值的标准，这始终就是人的十足幼稚性的表现。"③ 正是这种幼稚性使人将形而上学设置的价值（本身

---

① 尼采：《权力意志》序4，张念东、凌素心译，商务印书馆1991年版，第374页。
② 尼采：《权力意志》，张念东、凌素心译，商务印书馆1991年版，第426页。
③ 同上。

只不过是强力透视的假象而被误为事物的本质）当作最高价值加以信奉。人们以为，"人活着本该为最高价值效力，尤其是在这些价值支配起人来困难重重、费用浩大之时。——人们拥有社会的这些价值，目的在于制造价值的声势，仿佛这些价值真是上帝的旨意一般，真就是君临众生之上的'现实性'、'真实的'世界、希望和未来世界一般"①。人们的强力意志所形成的透视假象被当作了"真实的世界"，这就是虚无主义信仰之源。

随着形而上学价值的丧失，虚无主义之源暴露无遗。但是，随着它的崩溃，反而使它欲赋予意义的现实世界也丧失了价值，这又是为什么呢？尼采认为，这是因为形而上学价值一开始就蕴含着对现实世界的否定，它把现实世界的基本特征如生成、流变、痛苦等视为无价值。而之所以会如此，又是因为设置价值的强力意志本身衰弱，因而惧怕生成、流变、痛苦等，从而导致价值的虚假设置。尼采说："把世界分为'真正的'世界和'假象的'世界，不论是按照基督教的方式，还是按照康德的方式（毕竟是一个狡猾的基督徒的方式），都只是颓废的一个预兆，——是衰败的生命的表征。"② 如今，"'真正的世界'是一个不再有任何用处的理念，也不再使人承担义务，——是一个已经变得无用、多余的理念，所以是一个被驳倒的理念"，而"随同真正的世界一起，我们也废除了假象的世界！"③ 这样，尼采就得出了重估一起价值的两个基本观念，即：1. 一切形而上学都是价值设置；2. 一切价值设置都是强力意志的产物。前者是就价值基础而言，后者是就价值标准而言。

由此，尼采认为，既然形而上学在本质上是价值设置，那么，形而上学的崩溃就只是一定的价值设置的崩溃，而并不意味着世界本身的崩溃。"'事件无意义'：这一信念是看到迄今为止的解释的谬误性而产生的结果，是怯懦和软弱的泛化，——而不是必然的信念。"它只表明"人的狂妄无礼：他在哪里看不见意义，他就否认意义本身！"④ 当然，作为生成的世界本身是无所谓目的、意义的，就此而言，虚无主义是"真理"。

---

① 尼采：《权力意志》，张念东、凌素心译，商务印书馆1991年版，第427页。

② 尼采：《偶像的黄昏》，《尼采文集·查拉图斯特拉卷》，青海人民出版社1995年版，第317页。

③ 同上。

④ 尼采：《权力意志》，张念东、凌素心译，商务印书馆1991年版，第204—205页。

"但是，真理并非被看做最高的价值标准，更不用说最高的强力了。求外观、求幻想、求欺骗、求生成和变化（求客观的欺骗）的意志，在这里被看得比求真理、求现实、求存在的意志更深刻，更本原，更形而上学。"① 所以，人总是要以自己的强力意志去设置意义的，而没有能力和勇气为世界设置一个意义，则正是强力意志衰弱的表现。

　　与此同时，既然强力意志是价值设置的原动力，那么，能否根本上克服虚无主义，从而建立起新的价值，关键就在于意志的力度了。但是，尼采认为，正是在现代，"正当意志也许急需至高无上之力的现时，它却变得极其软弱和极其胆小"，从而导致虚无主义流行。"人们自言自语：1. 特定的目的是根本不必要的；2. 也根本不可预见。"② 因此，尼采寄希望于未来的"新型哲学家"，由于他们认识到人的巨大可能性尚未耗竭，人的未来取决于人的意志，因而敢于在培育和训练方面作伟大冒险和总体试验。尼采有时称这种新型哲学家为"悲剧认识哲学家"。他说：

　　　　悲剧认识的哲学家。他约束混乱的认识天性，但不是出于一种新的形而上学。他并不建立新的信仰。他怀着悲剧情感看着形而上学的领域在眼前展现出来，并且认识到富于色彩的科学之旋风永远也不会使他满足。他为自己建立一种新的生活，它恢复了艺术的权利③。

　　在尼采看来，一切价值的重估，在本质上就是价值基础和价值标准的根本变革。正如海德格尔说的："价值重估不只是指在迄今为止的价值老位置上安上新价值，而且首先和永远是指重新确定位置本身。"④ 传统价值把超感性的"真实的世界"作为自己的栖身之地，正是在这样一个超感性世界（理念、上帝等）基础上，传统的价值如真、善、美等得以建立和发挥作用。重估一切价值则要求，将新价值建立在新的位置基础上，这新的基础就是现实的感性世界，就是生成流变的"现象世界"，就是自然生命本身。

---

① 尼采：《尼采美学文选》，周国平译，生活·读书·新知三联书店 1986 年版，第 386 页。
② 尼采：《权力意志》，张念东、凌素心译，商务印书馆 1991 年版，第 277 页。
③ ［法］丹尼尔·哈列维：《尼采传》，百花洲文艺出版社 1996 年版，第 104 页。
④ 尼采：《尼采全集》，转自《周国平文集》卷 3，第 307 页。

　　过去，我们为了给世界最高解释而牺牲了人本身的价值。现在，则要把立足点颠倒过来，为了肯定人类生活的价值，我们不妨抛弃对世界的最高解释。因为"我们从来没有赋予自己的人生以恰当的价值"①。与此相应，传统形而上学价值由于是强力意志衰弱的产物，它把道德上的善作为了最高的价值标准，这在本质上是反生命的。现在，应该将这种价值标准颠倒过来，不是用道德去衡量生命，而是用生命去衡量道德。生命意志的强大与否，将成为新价值的基本标准。

　　尼采认为，由于一切形而上学都直接或间接地把道德树为最高价值，而且道德也是上帝的最后避难所，所以，"一切价值的重估"重点是道德价值的重估。在尼采看来，只要废除了"真正的世界"及其逻辑和心理前提——道德，"那么价值新秩序必将很快到来"②。这样，我们就看到，在尼采这里，非生命的道德偶像的黄昏就即将到来了。

---

① 尼采：《权力意志》，张念东、凌素心译，商务印书馆1991年版，第703页。
② 同上书，第490页。

第 四 章
非生命道德的谱系学

尼采以积极虚无主义态度对一切价值进行重估，首先而且主要的是针对道德价值。在尼采之前，近代科学家和哲学家已对上帝信仰这一最高价值进行了重估，而康德又对上帝的"影子"之一的理性的价值进行了重估。道德作为上帝之"影子"，是传统最高价值的最后堡垒。正因为还把道德作为最高价值，康德才把上帝从知识领域驱除，又迎进道德实践领域。尼采要进行价值重估，虽然也对理性及其迷妄作了深刻的揭露，但那揭露始终是围绕道德何以成为价值偶像以及这一偶像的虚无性这一核心问题的。尼采说："很显然的，到目前为止，道德根本就不会被视为一种问题，它一直被视为人类在猜疑、不和以及冲突之后所达到的基本点，是思想家甚而可以自本身获得歇息，可以恢复其呼吸而苏醒的安宁且神圣之地。"① "故而，迄今还没人查验过最著名的药方（称之为道德）之价值究竟如何，为了达成这个目的，最重要的便是要对其存疑才行，而这正是我们的工作。"②

对于尼采来说，要重估道德价值本身的价值，首先必须对道德的基础进行清理，即需清楚"人在什么样的条件下形成了善与恶的价值判断"。这便是尼采所说的"谱系学"。"谱系学"作为方法论和立场，在尼采这里，是历史学方法和心理学方法的有机结合，并在这种结合中寻找根源。尼采自己是以道德史家和心理学家自居的。

1887 年出版的《道德的谱系》，可以说是尼采具有代表性的道德哲学著作。这本篇幅不大的书，共有三章，其核心内容就是探讨基督教道德的历史心理根源，梳理基督教道德的谱系。因此我们可以把《道德的谱系》当作道德的历史心理学来解读。尼采自己在《瞧！这个人》中，对这本

---

① 尼采：《快乐的科学》，余鸿荣译，中国和平出版社 1986 年版，第 239 页。
② 同上书，第 240 页。

书已有一个类似的十分清楚的说明：

> 构成《谱系》的三篇论文，就其表现形式、写作意图和一鸣惊
> 人的艺术技巧来说，也许是拙作中的佼佼者。……——第一篇论文的
> 真理就是基督教的心理学：基督教，源出于嫉妒仇恨，并不像有人认
> 为的那样，源出于"圣灵"——就其本质来说，它是一种反向运动，
> 一种对高贵价值的统治的大反叛。第二篇论文讲的是良心心理学，即
> 良心并不是像人们所相信的那样是"人心中的上帝之音"，而是残酷
> 的本能。这种本能由于不能再向外释放就转向反对自身。残酷，这一
> 最古老、最难以想象的底层文化在这里第一次得到了揭示。第三篇论
> 文所回答的问题是：禁欲主义理想、僧侣理想既然是有害理想之最，
> 既然是种终极意志，一种颓废理想，那么它的巨大的威力来自何方？
> 答案是：这种理想之所以有力，并不像一般人想象的那样，是因为教
> 士的背后有上帝在撑腰，而是因为没有比它更好的理想，是因为禁欲
> 主义理想乃迄今唯一的理想，它没有竞争对手。因为"人宁可追求
> 虚无也不能无所追求"。最主要的原因是缺少一种对立的理想，直到
> 查拉图斯特拉的出现。①

尼采称"以上是一个心理学家重新评价所有价值的三次关键性准备
工作"。尼采是把这种对道德价值的历史心理学揭示当作价值重估的准备
工作的，而且是"关键性的"。所以我们在这里也将它作为尼采道德价值
重估的第一步来讨论。

第一节　好坏、善恶与怨恨本能

由于基督教道德作为最高价值是一种善恶道德观，这种善恶道德观又
以良心谴责作为内在支撑，最后又把禁欲理想作为理想和目标。因此，对
非生命的基督教道德的谱系学梳理，也将以善恶的历史心理学、良心的历
史心理学和禁欲理想的历史心理学逐步展开。

---

① 尼采：《权力意志》，张念东、凌素心译，商务印书馆1991年版，第88页。另参见《道
德的谱系》译序，第2—3页。

一 好与坏的生命源头

尼采首先从传统道德所说的"好人"着手进行他的分析。在传统基督教道德观下，一个人"不自私"，有良好的"德性"，就被称为"好人"。人们也已习惯于这样来感受"好"和"好人"，好像"好"、"善"就来自那些受益于"善行"的人的规定。但是，尼采认为：

> "好"的判断不是来源于那些得益于"善行"的人！其实它是起源于那些"好人"自己。也就是说，那些高贵的、有力的、上层的、高尚的人们判定他们自己和他们的行为是好的，意即他们感觉并且确定他们自己和他们的行为是上等的，用以对立于所有低下的、卑贱的、平庸的和粗俗的。从这种保持距离的狂热中他们才取得了创造价值，并且给价值命名的权利①。

这样，尼采就把"好"这种价值设定由"对象的给予"变为了"主体的设置"。在尼采看来，"好"是生命力强大者对于自身价值的命名。而不是功利上的不循私利所获得的报酬。而且，正是这种源于生命力自身强大的"好"，同生命力乏弱的"坏"是相对立的。"高尚和维持距离的狂热，就是我们说过的上等的、统治艺术的那种持久的、主导的整体和基本感觉，与一种低下的艺术，一个'下人'的关系——这就是'好'和'坏'对立的起源。"②"从这个起源出发——'好'这个词从一开始就根本没有必要和'不自私'的行为相连。"③"好"之所以和"不自私"相联，是道德学家们的偏见。而且，只是在源于生命力强大的"贵族的价值判断衰落的时候"，它才通过转变为一种"群体本能"并进而内化为人的自主意识，而成为占统治地位的价值观念的。

尼采认为，那种关于"好"的价值判断源于"不自私"的功利行为的假说，"除了在历史上完全站不住脚外，在心理分析方面也是荒诞不经

---

① 尼采：《道德的谱系》，周红译，三联书店1992年版，第12页。

② 同上。

③ 同上。

的"①。"不自私"被说成是一个行为被称赞为"好"的根源。而随着"习惯",这种根源被"遗忘",人们就自然地说该种行为为"好"而失去了功利性。在尼采看来,这是不可能的。"情况恰恰相反,事实上这种功利在所有的时代都司空见惯,而且不断地得到重新强调。因此,功利不是从意识中消失了,不是被遗忘了,而是必然地越来越清晰地显现在意识中。"② 既然如此,"好"源于"不自私"(功利行为的习惯遗忘)的观念就是缺乏心理根据的。

尼采强调,"好"和"坏"的价值判断,最早只能起源于生命力强弱的差异。只是在历史过程中,它们才慢慢发生意义转化的。他通过词源学对此作了分析。

尼采认为,生命力的强盛作为一种等级概念,往往是"高尚"、"高贵",由此转化为含有"精神高尚"、"高贵"之意的"好"和含有"精神崇高"、"精神特权"之意的"好"。而与此同时,生命力的乏弱作为一种等级概念,往往又意指"普通的"、"粗俗的"、"低贱的",它们转化成"坏"的概念。尼采举语言学例子说,在德文中,"坏"(schlecht)和"简朴"(schlicht)是通用的,如"直截了当"(schlechweg直译为"坏的方式")和"简朴不堪"(schlechterdings直译为"坏的事物")。所以,尼采说:"'坏'这个字起初就是这样不屑一顾地径直把简朴的、普通的人置于高尚的对立面。"③ 只是随着历史的发展变迁,"坏"才转化为现在的意思即"恶",而"好"也转化为现在人们说的"善"。

二　好坏向善恶的转换

在由等级观念"好"与"坏"向不具有等级意义的"善"与"恶"转化的过程中,尼采认为,基督教的产生,教士这一等级的出现起了决定性的作用。由于基督教的产生和传播,希腊悲剧文化所特有的贵族骑士价值判断被教士贵族的价值判断所取代了。"当最高等级是教士等级的时候,这一规则表现为教士们喜欢采用一种向人们提醒教士职能的称呼来作

① 尼采:《道德的谱系》,周红译,三联书店1992年版,第13页。
② 同上。
③ 同上书,第14页。

为他们的共同标志。"① 而教士的价值方式和"骑士"的价值方式是完全对立的，这种对立是生命的乏弱与强大之间的对立。

> 骑士——贵族的价值判断的前提是一个强有力的体魄，是一种焕发的、丰富的、奔放的健康，以及维持这种体魄和健康的条件：战斗、冒险、狩猎、跳舞、比赛等所有强壮的、自由的、愉快的行动。贵族化教士的价值方式，正像我们所看到的，具有其它的前提：战斗对他们来说是糟透了！正如我们所知，教士是最凶恶的敌人——为什么这么说？因为他们最无能。从无能中生长出来的仇恨既爆烈又可怕，既最富有才智又最为阴毒。世界历史上最大的仇恨者总是教士，最富有才智的仇恨者也总是教士。②

教士的价值判断所依赖的不是强大的力量，而是"阴毒"的智慧，这就是"理性"。基督教恰恰是借助理性这一工具而使自己走上价值统治地位的。这一点我们在讨论"上帝之生"时，通过柏拉图主义、亚里士多德主义和基督教信仰的结合，已可看出这一点。基督教以理性的狡黠而扭转了贵族的价值观念，这种扭转是通过对代表生命力之强大的贵族价值的仇恨而实现的。换言之，基督教完成了对希腊传统的价值重估。尼采说："正是犹太人敢于坚持不懈地扭转贵族的价值观念（好＝高贵＝有力＝美丽＝幸福＝上帝宠儿）"，而且咬紧了充满深不可测的仇恨（无能的仇恨）的牙关声称："只有苦难者才是好人，只有贫穷者、无能者、卑贱者才是好人，只有忍受折磨者、遭受贫困者、病患者、丑陋者才是唯一善良的、唯一虔诚的，只有他们才能享受天国的幸福——相反，你们这些永久凶恶的人、残酷的人、贪婪的人、不知足的人、不信神的人，你们也将遭受永久的不幸、诅咒，并且被判入地狱！"③ 犹太人的这一价值重估被基督教完全承继下来了。由于这一价值重估是通过仇恨高贵强大而实现的，所以尼采称这些价值重估是"道德上的奴隶起义"，而且这一起义

---

① 尼采：《道德的谱系》，周红译，生活·读书·新知三联书店1992年版，第16页。
② 同上书，第18页。
③ 同上书，第18—19页。

"取得了完全的成功"，使这种价值占据统治地位达两千年的历史①。

　　基督教以"仇恨"的方式完成了价值重估，却又以"爱"的方式来表达着那生命乏弱的价值。耶稣基督以上十字架的方式来展示了他对众生的爱，并要他的信徒们像爱他一样互爱。"上帝之子"为了人类的幸福而把自己钉在了十字架上，这一神圣的意象，构成了整个基督教价值的一个基本前提。可是，在尼采看来，这种普泛的爱，正是建立在仇恨和报复本能基础上的。这种爱正是从那树干（报复渴望）中生长出来的，是它的树冠，是凯旋的，在最纯洁的亮度和阳光下逐渐逐渐地伸展开来的树冠。而且，"即使在光线和高度的王国里，这树冠也似乎以同样的渴求寻求着那仇恨的目的、胜利、战利品、诱惑，这种渴求使那种仇恨的根在所有的深渊中越扎越深，在所有的罪恶中越变越贪"②。就这样，"奴隶"在这场道德起义中获得了胜利。

　　尼采认为，那自嘘为爱的宗教的基督教的价值，之所以能最终以"善恶"取代"好坏"，是试图为想象中的报复给予补偿的结果。它不是源于生命力的自我肯定，而是出于对"外界"、对"他人"、对"非我"的否定。这是一种向外界而不是向自身寻求价值的反方向运动。尼采称这就是"怨恨"。正是这种怨恨，使怀恨的人既不真诚也不天真，甚至对自己都不诚实和直率。他的心灵是斜的，他的精神喜欢隐蔽的角落、秘密的路径和后门，他以他的聪明来把那些生命力强大的人构造为"恶人"，而把自己称为"善人"、"好人"。尼采说："一个充满仇恨的人构想出来的'敌人'将是什么样的——这正是他的行动，他的创造，他构想了'丑恶的敌人'，构想了'恶人'，并且把它作为基本概念，然后又从此出发产生了余念，设想了一个对立面，即'好人'——也就是他自己。"③ 这样，"怨恨"这一心理终于使"善"和"恶"成了绝对的价值标准了。这一价值标准和起源于生命力之强大的"好"、"坏"价值标准，是完全对立的。依照仇恨的道德标准所构想出来的"恶人"，恰恰是另一种道德中的"好人"、高贵者、强有力者。只不过，他们已"被仇恨的有毒眼睛改变

---

① 尼采：《道德的谱系》，周红译，三联书店1992年版，第19页。
② 同上。
③ 同上书，第24页。

了颜色、改变了含义，改变了形态"①。

三 人类道德的败血症

尼采认为，由于价值评价标准和模式的这一转换，"人类中毒了"②。所以尼采把这一胜利又称为"败血症"，它彻底地败坏了人类生命的健康血液和强大本能。为了追求"善"，为了做一个"善人"，人们变得渺小和平均了，变得更仔细、更温和、更狡黠、更舒适、更平庸、更冷漠了，一句话，更基督教化了。当然，也是变得"更好"了。但是，尼采说：

> 在我们停止惧怕人的同时，我们也失去了对他的热爱、尊敬、期望，失去了对人的追求，看到人就会感到格外厌倦——这不是虚无主义又是什么？我们对人感到厌倦了……③

也就是说，这种基于"怨恨"的善恶评价，使人的生命力本身愈加衰弱和沦丧了。由于善恶评价不是源于生命力的自我肯定，而是对"外在"的否定的反向运动，因此，其设置的"善"和"恶"都是缺乏现实的生命力基础的，是一种"虚无"。这一点，我们在柏拉图那里就可以看到端倪。柏拉图将理念世界当作"真正的世界"，而理念世界中善又居于最高地位。这个"善"是个什么东西呢？它没有任何现实的肯定基础，而是源于对现实世界的生成流变之"恶"的否定，因此，它本身就是"虚无"。到了基督教，上帝成了最高的善，而人在根本上不仅有"原罪"的恶，而且还有自由意志所带来的恶。人必须通过自己的劳苦和"善行"来赎罪，终身如此。这样，人通过自己的价值设定而把自己的价值否定掉了，人在根本上厌倦了自己。这就是善恶道德观本质上所具有的虚无主义内涵和非生命特质。

这种源于怨恨的善恶道德，由于有了"自由意志"这一设定，便变得更加"合乎情理"和普遍流行了。那种被压抑的报复和仇恨的情感利用这一信念：强者可以自由地选择成为弱者，猛兽可以自由地选择变成羔

---

① 尼采：《道德的谱系》，周红译，三联书店 1992 年版，第 24 页。
② 同上书，第 20 页。
③ 同上书，第 28 页。

羊。"这样一来，他们就为自己赢得了把成为猛兽的归类为猛兽的权利。"① 而与此同时，那些被践踏者，出于无能者渴望复仇的狡猾，却把像自己一样很少有求于生活、忍耐、谦恭、正义的人称为"好人"，言下之意是："我们这些弱者的确弱；但是只要我们不去做我们不能胜任的事，这就是好。"② 由此一来，无能和懦弱变成了"善"，而强大和征服却变成了"恶"。无能通过伪造和自欺而被包裹在了平静、等待的道德外衣之中，就好像弱者的弱原是他的本质，他的全部的、唯一的真实存在，是某种自愿的选择，一种"功绩"。可见，正是那种"自由意志"，使得各种各样的弱者和受压抑者能够进行十分高超的自我欺骗，使他们能够把软弱解释为自由，把软弱的表现解释为"功绩"。

当这种"自由意志"和善恶道德观与基督教信仰扭合在一起时，一系列的道德概念和道德信条便形成了。

> 不报复的无能应被称为"善良"，卑贱的怯懦应改为"谦卑"，向仇恨的对象屈服应改为"顺从"。弱者的无害，他特有的怯懦，他倚门而立的态度，他无可奈何的等待，被称为"忍耐"，甚至还意味着美德；无能报复被称为不愿报复，甚至还可能称为"宽恕"。他们把自己的悲惨说成是被上帝选中的标志，就像人们鞭打自己最宠爱的狗一样，或许这种悲惨还是一种准备、一种考验、一种训练；或许它竟是以黄金作为巨额利息最终获得补偿的东西，不，不是用黄金，而是用幸福补偿，他们把这种幸福称之为"极乐"。
>
> ……
>
> 他们把他们所追求的东西不叫做报复，而称之为"正义的凯旋"；他们仇恨的并不是他们的敌人，不是！他们仇恨"非正义"，仇恨"无视上帝"；他们信仰和期望的不是复仇，不是陶醉于甜蜜的复仇（荷马曾经说过，这种陶醉比蜜糖还甜），而是"上帝的胜利"，是正义的上帝战胜不信上帝的人；这个地球上还值得他们爱的不是那些满怀仇恨的弟兄们，而是他们称之为"充满爱心的弟兄们"，也就是他们所说的地球上所有的好人和正义的人。

---

① 尼采：《道德的谱系》，周红译，三联书店1992年版，第29页。
② 同上。

……

他们把那种在悲惨生活中给了他们安慰的、关于所谓未来极乐世界的幻觉叫做"终审日",他们的王国,即"上帝的王国"到来之日——在这一天到来之前,他们暂且生活在"信仰"、"爱"和期望之中。①

可是,就是在他们的这种对"终审日"的信仰和"期望"之中,所包含的本质心理,仍然是"怨恨"。他们想通过"上帝之国"中的安慰,来补偿自己尘世生活的不幸和无能。尼采引用托马斯·阿奎那的一段话,充分说明了弱者的报复在"天国"中给予他们的快乐。

……我将会看到那些国王们,那些据称是伟大的国王们,和丘比特一道,和那些在黑暗的深渊中呻吟着的、接到上天通知的人们一道在天堂受到欢迎!我还将看到那些亵渎了耶稣的名字的地方行政官们在火焰中熔化,那火焰比他们出于对基督教徒的仇恨而点燃的火焰还要炽热。我还将看到那些先知、那些哲学家们,他们曾经教导他们的学生说上帝对任何事都不关心,人并没有灵魂,如果有,那些灵魂也绝不会回到他们原来的躯体中。面对着聚在一起的学生们,那些哲学家将会羞愧脸红!……我相信,这是比在马戏场、剧院、圆形剧场,或者任何体育场里所能感受到的更大的快乐。②

可见,在基督教的善恶道德观中,在那爱的"天国"之中,所潜藏着的心理,正是弱者无能的怨恨报复心理。

就欧洲历史而言,这种源于怨恨报复心理的弱者道德,的确取得了历史性的胜利。这种胜利是从罗马人的失败开始的。尼采认为,罗马人曾经是"强壮的、高贵的民族",而犹太人则是"杰出的、充满怨恨的教士民族,他们具有一种不可比拟的民族道德天才"。但是,随着基督教价值观的胜利,"罗马无疑战败了"。尽管在文艺复兴时期,古典的理想,高贵的价值观曾经经历了光辉夺目的复苏,但是,那新罗马俨然成了一座世界

---

① 尼采:《道德的谱系》,周红译,三联书店1992年版,第30—32页。
② 同上书,第33—34页。

性的犹太教堂。而且，很快，犹太—基督教价值观又一次获得了胜利。这胜利归功于德国和英国的宗教改革，而它"实质上是平民的怨恨运动"。而法国革命则使犹太—基督价值观再次取得了对古典理想的更具决定意义的胜利。因为从此，欧洲最后的政治高贵，即盛行于17、18世纪的法国精神，也在民众怨恨本能的压力下崩溃了。

但是，尼采认为，也正是随着法国精神的这种崩溃，古典理想获得了"现形"。"拿破仑，这个最孤独的人，这个姗姗来迟的人，他具体地体现了高贵理想自身的问题。"① 在这里，尼采是从文化和价值意义上，把拿破仑当作他所期求的生命力强大的查拉图斯特拉式的"超人"价值观的理想来看的。他强调的是拿破仑作为个人敢于面对逆境和平庸说"不"，而从自身强大的生命力出发来构建价值，而不是推崇他的战争狂热和战争"功绩"。这一点我们应该注意。因为尼采看问题经常是从文化价值角度而非社会政治角度，尤其是对一切价值的重估。

尼采通过历史的、心理的分析，勾勒了基督教道德的基本谱系，说明了基督教道德作为一种善恶道德，并不产生于所谓的"圣灵"，而是源于生命力乏弱者的怨恨本能。这一基督教道德产生根源的谱系学揭示，在根本上打击了基督教道德的神圣性。基督教善恶道德的虚无主义性质、非生命特征，在这里得到了充分揭示。而伴随着尼采说的"拿破仑"式的价值重估，作为非生命道德的基督教道德，也就走到了它的黄昏。

第二节 良心、义务与残酷本能

如果说关于"善恶"的历史心理学分析，重点在于揭示道德基础的历史心理根源的话，那么，对"良心"的历史心理学分析，则是讨论道德价值本身的价值及其历史、心理依据。因为基督教的善恶道德观，正是将"良心"及其相应的"义务"作为自己的价值支撑的。人对上帝的义务就是善，而这善是派生于人的"良心"的。尼采通过历史的、心理的分析，说明那作为善恶之评价标准的"良心"，并非来自"上帝的声音"，而是那不能向外释放的残酷本能转而反对自身的结果。这就再一次将基督教道德的神圣外衣剥尽，而将道德本身还原为生命本能。

---

① 尼采：《道德的谱系》，周红译，三联书店1992年版，第35—36页。

一 良心的生命记忆

基督教道德把人本身当作了上帝豢养的动物，但又要让人自己承诺这种被豢养的地位。这就使人处于一种十分尴尬的境地。尼采说："豢养一种动物，允许它承诺，这岂不正是大自然在人的问题上的两难处境吗？这不正是关于人的真正难题所在吗？"① 为了使这种难题得以解决，基督教道德便设定了"良心"这种东西。"道德习俗"先在一定程度上把人变成必然的、单调的、平等的、有规律的，因而也是可估算的，然后将这样的人规定为"自主的个体"。这样，一个作为"自主个体"的人，作为一个具有自己意志的人，他便"可以许诺"，而这就使"他骄傲地意识到，负责任是非同寻常的特权，是少有的自由，是驾驭自己的权利。这种意识已经深入到他的心底，变成了他的本能，一种支配性的本能"。而这个人就"把这种本能称之为他的良心"②。

"良心"作为善恶道德评价的依据，究竟又是怎么产生的呢？尼采认为，应该从历史上所存在的"惩罚"中去寻找其历史的、心理的根源，梳理其谱系。因为"良心"只不过是一种成熟的果实，而"这果实要酸涩地在树上挂悬多久啊！可是还有更长的时间根本看不到这种果实的影子！"③

尼采认为，人们对某种东西的意识是由于保持了它施于人的某种作用的"记忆"。而什么东西能使记忆持久呢？那就是疼痛。"人烙刻了某种东西，使之停留在记忆里：只有不断引起疼痛的东西才不会被忘记。——这是人类心理学的一个最古老（可惜也是最持久）的原理。"④ 因此，"每当人们认为有必要留下记忆的时候就会发生流血、酷刑和牺牲；那最恐怖的牺牲和祭品（诸如牺牲头生子），那最可怕的截肢（例如阉割），那些所有宗教礼仪中最残酷的仪式（所有的宗教归根结底都是残酷的体系），——所有这一切都起源于那个本能，它揭示了疼痛是维持记忆力的最强有力的手段"⑤。而为了使人们保持记忆，人们便发明了导致痛苦的

---

① 尼采：《道德的谱系》，周红译，三联书店 1992 年版，第 38 页。
② 同上书，第 40—41 页。
③ 同上书，第 41 页。
④ 同上。
⑤ 同上书，第 41—42 页。

惩罚。严酷的惩罚通过痛苦使人们记住了哪些事情可以做，哪些事情不可以做。这种"记忆"就使人达到了一种对"责任"的理性意识，从而可以"许诺"。尼采说："借助着这些刑罚（如石刑、磔刑、钉木刺、'四马分尸'、油煎、酒煮、剥皮等，尼采举了德国古代所用的一些刑罚——引者注），人们终于记住了五六个'我不要'，人们就此许下诺言，以便能够享受社团生活的好处——确实！借助于这种记忆，人们终于达到了'理性'！"[①] 这就是良心的起源，而这种起源本身，就是以牺牲人类的本能和特权为代价的。

"良心"开始还只是作为中性的"主体记忆"而进行许诺。可是慢慢地，良心后面又加上了"谴责"二字，变成了"良心谴责"，从而成为一个地道的道德术语了。换言之，"良心"和"负罪"挂上钩了。那么，这种"负罪意识"（即对于"罪"的记忆）又是如何产生的呢？尼采认为，"'负罪'这个主要的道德概念来源于'欠债'这个非常物质化的概念"[②]。惩罚一开始并不就和所谓的自由意志相关。自由的意识，即那种能把原始罪行区分为"故意的"、"疏忽的"、"意外的"等的意识，是很晚才出现的。惩罚开始只是一种"回报"，即用疼痛抵偿损失，"它产生于债权人和债务人之间的契约关系中"[③]。

尼采认为，正是在债权人和债务人的契约关系中，产生了"许诺"，也在这里产生了冷酷、残忍和疼痛。当债务人借债时，为了让人相信他关于还债的诺言，也为了显示他许诺的真诚，同时为了使自己牢记还债的义务，债务人便通过契约授权债权人，在他还不清债务时，债权人有权享有他尚且"拥有的"、尚能支配的其他东西，诸如他的身体，或者他的妻子，或者他的自由，甚至他的生命。在某些宗教意识深厚的环境中，债务人甚至要转让他的后世幸福，他的灵魂得救的机会，乃至于他在坟墓中的安宁。这样，在债务人的确无法偿还债务时，债权人就可以获得相应的回报或补偿，只不过不是直接地用实利（如等量的钱、地或其他财物）来赔偿债权人的损失，而是以债权人得到某种惩罚债务人的"快感"来作为回报和补偿的。

---

① 尼采：《道德的谱系》，周红译，三联书店 1992 年版，第 42 页。
② 同上书，第 43 页。
③ 同上书，第 44 页。

　　这种快感来自于能够放肆地向没有权力的人行使权力，这种淫欲是"为了从作恶中得到满足而作恶"，这种满足寓之于强暴：债权人的社会地位越低下，他就越是追求这种满足，而且这种满足很容易被他当作最贵重的点心，当作上等人才会尝到的滋味。通过"惩罚"债务人，债权人分享了一种主人的权利：他终于也有一次能体验那高级的感受，他终于能够把一个人当"下人"来蔑视和践踏；如果惩罚的权利和惩罚的施行已经转移到"上级"手里，他至少可以观看这个债务人被蔑视和被践踏。因此，补偿包含了人对他人实施残酷折磨的权利①。

　　正是在这种通过惩罚来进行回报的契约关系中，人类用血浇灌出了一批概念，如"负罪"、"良心"、"义务"、"义务的神圣"，等等。

二　残酷与快乐本能

　　债权人之所以能从惩罚债务人的残酷和债务人被惩罚的痛苦中感到快乐，并以之为补偿，在尼采看来，这是根源于人的本能的残酷性。"痛苦在什么情况下可以补偿'损失'？"尼采说，"只要制造痛苦能够最大限度地产生快感，只要造成的损失，以及由于损失而产生的不快能用相对应的巨大满足来抵偿"②。人的本能有一种寻求快乐的天性，这种快乐有时表现为对残酷的"欣赏"。因此，当债务人无法偿还债务时，债权人的本能的不快，必须通过某种途径而获得释放，而惩罚债务人恰恰提供了这样一种途径。在残酷的惩罚中，债权人的不快得到了补偿，他也就感到似乎他失去的"财富"获得了相应的回报。正因为如此，古代人甚至把制造痛苦看做一种"喜庆"。尼采说："看别人受苦使人快乐，给别人制造痛苦使人更加快乐——这是一句严酷的话，但这也是一个古老的、强有力的、人性的，而又太人性的主题。"③

　　但是，随着文明的进一步发展，人们不再把痛苦当作生命的诱饵了。"在变成'天使'的途中，人调理了他那败坏的胃和长了苔的舌，这使他

---

①　尼采：《道德的谱系》，周红译，三联书店1992年版，第45页。
②　同上。
③　同上书，第46页。

不仅厌恶动物的快乐和无邪，而且对生命本身也感到腻味。"① 人开始回避痛苦，也开始对自己的本能感到耻辱了，而这也就是对人本身感到耻辱。导致这一趋势的，就是道德化；而使之走向极端的则是基督教道德。

尼采指出，由于在古老的债权人和债务人的契约关系中，"第一次产生了人反对人的现象，第一次出现了人和人较量的现象"②，因此，债权人和债务人都小心翼翼地在彼此之间的双方的契约中，尽可能寻找到"等价补偿"的条件。这样，"人格的制定、价值的衡量、等价物的发明与交换——这些活动就在相当大的程度上占据了古代人的思想，甚至在某种意义上它们就是古代人的思想"③。在这种思想中，人把自己看成是衡量价值的、是有价值的、会衡量的生物，看成是本身会估计的动物。正是这样一种萌芽意识"首先转化出最粗放、最原始的公共群体，而与此同时还形成比较、计量和估价权力的习惯"。在这种思想和行为的延续下，人们便进一步得出结论，即"任何事物都有它的价格"，"所有的东西都是可以清偿的"。而这，正"是正义的最古老和最天真的道德戒律，是地球上一切'善行'、'公允'、'好意'，以及客观性的开端"④。可见，原始的道德意识是在人们害怕痛苦和享受痛苦的债权人和债务人之间的契约关系中萌发的，它源于人的本能，求乐的残酷本能，而非上帝的旨意。

当这种原始的道德意识促使人们形成最初的、原始的公共群体时，人们似乎就把危害、敌意和痛苦抵押给了公社。他们生活在和平与信任中，受到援助和保护，他们不需要担心敌意和危害。这样，在公社和它的社员之间就形成一种新的、广义的债权人和债务人之间的契约关系。如果有"不安分者"，他就会被当作"犯人"，他不仅要依照情理失去所有那些优惠，而且更重要的是，要让他记住，这些优惠的代价是什么。这样，"犯人"（作为无法偿还债务的债务人）便不仅丧失了所有的权利和庇护，而且失去了获得宽宥的机会，被推回到野蛮的、没有法律保护的状态。而随着一个公社的实力和自我意识的增长，它的惩罚规则也会愈益温和。这时，它就不会再把个别人的违法行为看得那么严重，违法行为就不再会像

---

① 尼采：《道德的谱系》，周红译，三联书店 1992 年版，第 47 页。
② 同上书，第 49 页。
③ 同上书，第 49—50 页。
④ 同上书，第 50 页。

过去那样对整体的生存产生威胁，而"不安分者"也不一定被逐出公社而回归无保护状态。"'债权人'越是变得富有，他就越是会相应地变得人性化起来，直到最后他拥有的财富的数量使他不再能承受损失为止。"①

由于对损失睁一只眼闭一只眼，由于允许无力赔偿者逃之夭夭，所以，那种提倡"一切都可以抵偿，一切都必须抵偿"的原始正义感消失了。只不过，这种消失是一种自我扬弃。而正是正义的这一自我扬弃，获得了一个美丽的道德外衣——"宽宥"。很明显，宽宥成了有权力者和富有者的特权，而这种特权作为"正义的消失"却被当作了一种自愿的德行。这就是进一步的道德化。

由于惩罚的存在，由于对惩罚的痛苦的恐惧，作为"债务人"的公社社员，便不能随便地将自己的具有残酷快乐特性的本性随便施放。他必须约束自己，强迫自己不干违法的事，哪怕那能使他感到快乐。而且，如果他有了要干坏事的想法，那对痛苦的恐惧便要提醒他。而此时，这不能发泄的本能便回身"惩罚"自己，这惩罚就是"良心谴责"。尼采对此有一段非常精彩的集中论述：

> 我把良心谴责看做一种痼疾，人们罹患了这种痼疾是由于那个史无前例的深刻变迁给他们造成了压力，这种变迁将人永远地锁入了社会的和太平的图圄。就像那些海中生灵的经历一样，他们被迫要么变成陆地动物以求生存，要么灭种绝迹，于是它们这些愉快地熟悉野蛮状态、战争环境、自由徘徊和冒险生活的半野兽们突然发现，它们的所有本能都贬值了、"暴露"了。过去它们一直是在水里浮游，现在它们必须用脚走路，必须承担它们自身的重量：一个多么可怕的重量压到了它们身上！它们感到拙于进行最简单的操作。在这个新鲜未知的世界里，它们不能再依赖过去的那有秩序的、无意识的可靠动力来引导它们。它们被迫思想、推断、划算联结因果——这些不幸者，它们被迫使用它们的最低劣、最易犯错误的器官：它们的"意识"。我相信，从前世上从未有过这样一种痛苦的感觉，这样一种极度不舒服，因为那些过去的本能并没有突然间中止它们的要求。只不过是现在要满足它们的要求已经变得困难罕见了。关键是它们必须为自己找

---

① 尼采：《道德的谱系》，周红译，三联书店1992年版，第52页。

寻新的、几乎是隐秘的满足。所有不允许发泄的本能转而内向，我称其为人的内向化，由于有了这种内向化，在人的身上才生长出了后来被称之为人的"灵魂"的那种东西。整个的内在世界本来是像夹在两层皮中间那么薄，而现在，当人的外向发泄受到了限制的时候，那个内在世界就相应地向所有的方向发展，从而有了深度、宽度和高度。那个被国家组织用来保护自己免受古老的自由本能侵害的可怕的屏障（惩罚是这个屏障中最主要的部分），使得野蛮的、自由的、漫游着的人的所有那些本能都转而反对人自己。仇恨、残暴、迫害欲、突袭欲、猎奇欲、破坏欲，所有这一切都反过来对准这些本能的拥有者自己：这就是"良心谴责"的起源。[①]

在尼采看来，正是那被压退回去的、锁入内心的、最后只能向着自己发泄和释放的自由本能，才是良心谴责的真正萌发地。而这自由之本能，尼采说："用我的话说就是强力意志。"[②] 强力意志的这种被迫内向惩罚行为，导致人的自我强暴。所以，尼采说，良心谴责是一种病。作为自由之本能的强力意志，由于缺少外在的敌人和对抗，由于被禁锢在一种压抑的狭窄天地和道德规范中，人开始不耐烦地蹂躏自己，迫害自己，啃咬自己，吓唬自己，虐待自己，就像一只要被人"驯服"的野兽，在它的牢笼里用它自己的身体猛撞栏杆。"良心谴责引发了最严重、最可怕的疾病，人类至今尚未摆脱这种疾病：人为了人而受苦，为了自身而受苦，这是粗暴地和他的野兽的过去决裂的结果，是突然的一跳一冲就进入了新的环境和生存条件的结果，是向他过去的本能，向那迄今为止一直孕育着他的力量、快乐和威严的本能宣战的结果。"[③] 良心谴责这种病的最严重阶段，就是基督教道德。

尼采认为，基督教以其对于负债和义务概念的道德化加工，以其将这些概念推回到良心谴责中去的努力，使备受折磨的人类找到了片刻的安慰。这安慰来自于这样一个设定：上帝之子为了人的债务而牺牲了自己。上帝用自己偿付了自己，只有上帝能够清偿人本身没有能力偿还的债务。

---

① 尼采：《道德的谱系》，周红译，三联书店1992年版，第62—63页。

② 同上书，第66页。

③ 同上书，第63—64页。

而上帝之所以如此，则是债权人出于对他的债务人的"爱"。而人类作为债务人，则只有背上永恒的无法赎清的罪孽。尼采说："正是这个进行良心谴责的人以其倒退的残酷抓住了宗教假说，从而使他的自我折磨加剧到可怕的程度。"① 因为那赎不清的罪作为他对上帝所欠之债，成了他的刑具，他在上帝身上找到了与他的动物本能相对立的东西，而他的这种动物本能则被当作对上帝负债的证据。由此，他把自己置于"上帝"与"魔鬼"的对立之中。在这种对立中，他否定自我，否定自然，否定他自身的自然性和真实性。

　　　　这种心灵残酷是一种前所未有的意志错乱：人情愿认自己是负债的、是卑鄙的、是无可救赎的；他情愿想象自己受罚，而且惩罚也不能抵消他负的债；他情愿用负债和惩罚的难题来污染和毒化事物的根基，从而永远地割断他走出这种"偏执观念"的迷宫的退路；他情愿建立一种理想，一种"神圣上帝"的理想，以此为依据证明他自己是毫无价值的……无疑地，这是疾病，是迄今为止摧残人的最可怕的疾病。②

　　在基督教道德统治下，良心谴责作为自我折磨的意志，使人在自我否定和自我牺牲中，以病态的方式感受到"一种残酷的乐趣"③。由于这种道德本身只不过是对生成道德价值的生命本能的否定，并将设定的上帝作为良心谴责之源，作为最高的"债权人"，因此，它的虚无主义性质和非生命性是不言而喻的。

　　随着虚无主义的彻底化、自觉化，"良心谴责"这一非自然化的道德倾向也将被逆转。而为了达到这样一个逆转方向的目的，尼采认为，我们需要另外一些精神："那些被战争和胜利强化的精神，那些要求征服、冒险、危难，甚至于痛苦的精神；为了达到那个目的还需要习惯于凛冽的高山空气，习惯于冬季的漫步，习惯于各种各样的冰冻和山峦；为了达到那个目的需要一种高明的鲁莽，一种去认知的最自信的勇气，这勇气是来源

---

① 尼采：《道德的谱系》，周红译，三联书店 1992 年版，第 70 页。
② 同上书，第 71 页。
③ 同上书，第 66 页。

于伟大的健康。"① 尼采说:"逆转这一方向的努力是可能的,但是谁有足够的力量去做这件事?"② "这权利只属于查拉图斯特拉,不敬神的查拉图斯特拉。"③ 换言之,只有具备查拉图斯特拉的"不敬神"和强大的生命力及自信的勇气,人们才能把自己从这种虚假的理想及其衍生物中,从虚无意志中,从价值的虚无主义中拯救出来。"这个战胜了上帝和虚无主义的人——他总有一天会到来"④,尼采坚定地认为。

第三节　禁欲理想与情感麻醉

基督教道德将善恶作为标准,以良心谴责为价值的依据,从而把源于生命本能的价值转变为了"上帝的声音"。在这种声音之下,作为"债权人"的上帝由于承担了人无法偿还的债务而拥有了最高的价值权力,而人作为永远偿还不清债务的"债务人",则只有背上沉重的罪孽于尘世中生活。但是,虽然人不能彻底偿还清自己的债务,他还是必须以某种方式来尽量偿还,来赎回自己的"原罪"。这方式就是禁欲。只有通过禁止自己那作为"罪恶"的生命本能之发泄和满足,他才能离上帝更近。这样,良心谴责便进一步诱发出基督教道德的禁欲主义理想。

一　禁欲理想的生命意味

尼采以为,由于基督教道德价值的统治地位,在欧洲文化中,禁欲主义不仅作为一种僧侣理想,而且还伸展到了哲学、科学等领域之中。不过,僧侣的禁欲理想还是最基本的。因此,"只有在认清了禁欲主义僧侣之后,我们才能严肃地肩负起解答我们的那个问题的任务,那个问题就是:禁欲主义理想意味着什么?"⑤

禁欲主义僧侣"把生命(以及和生命有关的'自然'、'世界'、整个变动的和暂时性的领域)和一种内容迥异的存在联系在一起,生命和这种存在的关系是相互对立、相互排斥,结果好像是生命在反对自己,否

---

① 尼采:《道德的谱系》,周红译,三联书店 1992 年版,第 73—74 页。
② 同上书,第 73 页。
③ 同上书,第 74 页。
④ 同上。
⑤ 同上书,第 93 页。

定自己：在这种情况下，在一种禁欲主义生命中，生命被当作通向另一种存在的桥梁"①。由此，获得生命被当作误入歧途（亚当、夏娃偷吃禁果而获得生命智慧），而人最终要迷途知返，直到返回迷途的起点，回到无欲、无望的"上帝之国"。而已经获得的生命，则被看做一种迷误，一种应当用行动去纠正的迷误。正因为如此，禁欲主义僧侣才把他的价值理想视为人类共同的价值理想，而要求人们跟他走，"而且只要可能，他就要强迫人们接受他的存在价值"②。

尼采认为，禁欲主义僧侣的生命是一种自相矛盾。"在这里，占统治地位的是一种反常的怨恨，这怨恨产生于不知餍足的本能和强力意志，后者不是想要统治生命中的某种东西，而是要统治生命本身，要统治生命的最深刻、最强健、最低层的生存条件。"③ 这是一种利用精力来堵塞精力的尝试。在这种尝试中，"嫉妒和仇恨的目光总是盯着生物学的繁荣，特别是生物学繁荣的标志：美和快乐；与此同时，这目光却满意地凝视着失误、衰落，凝视着痛苦、灾难、丑陋，凝视着大量的损失，凝视着自我丧失、自我残害和自我牺牲"④。尼采认为，这是一种人为的自我分裂。这种分裂的结果，是人随着德性的胜利，生命也减退了。因为在这种分裂中，那种心底的专横，恰恰是要在本原的生命本能被确立为真理的地方找寻谬误。这样，"他已经不仅仅是战胜了感官，战胜了现象，这是高级得多的成功，连理性都被征服了，蹂躏了！"⑤（如在康德哲学中，理性以禁欲主义式的自我蔑视和自我嘲弄当众宣布："确有一个真理和存在的王国，但是，理想要被排除在这一王国之外！"）

禁欲主义者身上的这种以生命反生命的现象，在尼采看来，是一种心理误解，是一种对人的生命本能的历史心理误解。当这种误解被真实地解读时，禁欲主义理想的历史心理学根源也就"现形"了。尼采说：

禁欲主义理想起源于一种业已败落，但仍在为其生存而殊死搏斗的生命的自我保护和自我拯救的本能。它表明发生了部分生理障碍和

① 尼采：《道德的谱系》，周红译，三联书店1992年版，第94页。
② 同上。
③ 同上。
④ 同上书，第94—95页。
⑤ 同上书，第95页。

心理枯竭。为了反抗这种状况，尚未被触及的最深层的生命本能不断地起用新的工具和新的发明，禁欲主义理想就是这样一种工具……生命在禁欲主义理想中，并通过禁欲主义理想和死亡搏斗，抗拒死亡，禁欲主义理想是一种用来维持生命的艺术手段。①

禁欲主义理想何以成为一种"维持生命的艺术手段"呢？尼采认为，是僧侣将衰败者"业已败落"的生命本能的怨恨调转方向的结果。

在尼采看来，人是一种用自己做试验的动物。"人比其他所有的动物加在一起都更加敢作敢为、别出心裁、桀骜不驯，都更敢于向命运挑战。"② 结果，他便被他的过剩的精力胁迫着，找不到片刻安宁，而使他成为"地球上所有罹病的动物中患病的危险性最大，病史最长，病情最深重的动物"③。尼采甚至干脆称"人是一种病态的动物"④。这种病态就在于对人自己的厌倦，对人的深刻的厌恶和怜悯。那些生命本能业已败落的乏弱者总是在叹息：我多么希望自己是另外一个人！可惜没有指望了，我就是我。对于他自己这一事实，他十分厌倦，他有一种"活腻了"的自卑。"在这种自卑的基础上，在这片真正的沼泽地上，任何杂草、任何有毒的植物都会生长，当然所有这些植物都长得那么矮小，那么隐蔽，那么猥琐，那么媚人！"⑤ 这是一群病羊，而禁欲主义僧侣则恰当地充当了牧羊人。

二　怨恨与情感麻醉

在禁欲主义僧侣身上体现了渴求别样的存在、别处的存在的愿望，而且他体现的是这种愿望中最强烈的愿望，是这愿望本身的炽热和激化。可是，他的愿望的强力偏偏是将他束缚在这儿的枷锁，这强力使他保存住了一大群各种各样的失败者、颓唐者、落难者、不幸者和自戕者，使他本能地像个牧羊人似的引领着这群人。所以尼采说："我们必须把禁欲主义僧侣看成一群病羊的先天的救星、牧羊人，辩护师，只有这样，我们才能理

---

① 尼采：《道德的谱系》，周红译，三联书店1992年版，第97页。
② 同上。
③ 同上书，第98页。
④ 同上书，第97页。
⑤ 同上书，第99页。

解他的非凡的历史使命。""他身带软膏和止痛香膏，但是为了当医生，他必须首先制造伤口，而后，当他为那伤口止痛时，就把毒汁洒在那伤口上。这就是他，那个魔术师和动物驯化师的惯用伎俩；在他的周围，所有健康人都难免变成病人，而所有的病人都必然变得娇弱。"① 他给那伤口涂的毒汁，便是将怨恨的方向改变以朝向生命自身。

尼采说："如果有人想用简要的方式表述僧侣的存在价值，那么，直截了当地说：僧侣引导怨恨改变了方向。"② 因为作为乏弱者，每一个受难者都本能地寻找他的受难原因，即给自己所受之难寻找一个责任人，寻找一个造成了痛苦的"有罪的"责任人，以使他能向那个人或想象的那个人发泄他的情感，从而达到情感上的自我安慰，也即自我麻醉。"病人"不愿（或不能）正视自己之病的真正的生理根源（生命力乏弱）；而是利用某种更强烈的情绪来麻醉一种秘密的、折磨人的痛苦，这是一种"生命的自我保护和自我拯救的本能"。尼采称之为"情感麻醉法"。而这时，僧侣作为"牧羊人"，便巧妙地将这种怨恨，将这"罪过"的根源引向病人自己，引向病人的生命本身。

由此，病人便将自己的生命本身当作敌人，导致了生命与生命斗争的禁欲主义现象。尼采用了一段十分形象的描述来说明僧侣的这种价值。他写道："'我在受苦，这一定是什么人的罪过。'——每只病羊都会这么想。可是他的牧人，那禁欲主义僧侣，却对他说：'你完全正确，我的羊儿！这肯定是什么人的罪过，不过这个人正是你自己，这只是你自己的罪过——你只能责备你自己！……'"这样，"怨恨的方向被改变了"，生命开始自我怨恨，尽管"是十分错误的"。③

禁欲主义僧侣通过这样一种改变怨恨方向的办法，使人们在业已败落的生命本能下求得一种生存的自保。它使人利用本能进行自我约束、自我征服和自我控制，在逃避痛苦的感觉时求得了自我安慰。由此，人们便尽可能不去意愿，不去希望，回避所有产生情感、激发"热血"的东西，把生命本身压到最低点。或者，通过持续不断的机械活动（劳作），将注意力从他的痛苦中转移开去，在"消耗自我"的过程中减轻生存痛苦。

---

① 尼采：《道德的谱系》，周红译，三联书店 1992 年版，第 102、103 页。
② 同上书，第 103 页。
③ 同上书，第 104 页。

或者，通过互施善行，在慈善、馈赠、帮助、劝说、赞扬等中，保持"最低限度的优势"，获取微小的快乐。或者，把自己交给群体组织，通过群体组织给予的利益，来超越个人的恶劣情绪，超越他对自己的厌恶。禁欲主义僧侣通过这些工具使人维持一种最低生命本能的生存。"这些工具的作用就是让个人从团体的成功中获得欢乐，以此来麻痹他对自己的态度。"① 而这种"麻痹"本身，则被当作一种德行。于是，"如今，所有自认为是'好人'的人们，他们除了真诚地说谎、卑鄙地说谎，但又是无罪地说谎、坦率地说谎、天真地说谎、规矩地说谎以外，就完全不会做其他的事了。这些'好人们'，他们现在已经完全彻底地道德化了，他们的诚实已经被永远地玷污了，破坏了"②。

尼采认为，禁欲主义理想的根本目标就是让人逃避对生命的真实感觉。它在宗教的解说和"正名"的保护下，把人从慢性悲哀中唤醒，暂时地赶跑人的麻木造成的疼痛，迟疑造成的苦难。其结果却是，"它使病人的病情加重"③。因此，在根本上，它是一种十分有害的"疗法"。

三　从病人到罪人

更为严重的是，禁欲主义僧侣的宗教外衣将"良心谴责"包裹成了"负罪感"，人因此而由"病人"变成了"罪人"。尼采写道：

"罪孽"——僧侣就是这样重新解释动物的"良心谴责"这种反射自身的残酷的。"罪孽"的出现到现在仍然是心灵病史中的最大事件：在这里，我们看到了宗教解说的最危险、祸患最大的手段。人，为了自身而忍受着痛苦，出于这样或那样的生理原因，就像一只关在笼子里的动物，他不能理解这是因为什么，这是为了什么目的？他饥渴地寻找原因，因为原因能给人以安慰，他还饥渴地寻找工具和麻醉剂，最后他终于和一个知情人晤面，看哪！他获得了一个暗示，他从他的魔术师，即禁欲主义僧侣那里得到了有关他的痛苦的"原因"的第一个暗示：他应当在他自己身上找到原因，应当在一种罪过中，

---

① 尼采：《道德的谱系》，周红译，三联书店 1992 年版，第 112 页。
② 同上书，第 113 页。
③ 同上书，第 115 页。

在一段过去的经历中寻找；他应当把他的苦难本身理解为一种惩罚状态……那不幸的人，他听到了暗示，他听懂了。从此，他就像一只母鸡，在他的周围被画上了一个圈，现在他再也不能越出那个画好的圈了。病人变成了"罪人"，现在我们已经被这种新病人，这种"罪人"的观念捆缚了上千年了，人还能再摆脱它的束缚吗？①

尼采这里的设问，在他的"上帝死了"的命题中已可以寻到答案。

尼采认为，禁欲主义理想不仅被基督教僧侣当作最高的道德价值理想，而且在相当意义上，它已侵蚀到欧洲文化的各个方面，在哲学和科学方面的表现尤为明显，二者都内含着根本意义上的禁欲理想。

哲学家们总是试图把自己变成类似"物自体"那样的无欲无望的"思维存在"，以此消解生存世界的演变和生存之荒谬带给他的痛苦。"禁欲主义理想是使哲学家笑对高尚果敢的精神的最佳条件——哲学家并不以此来否定'存在'，他正是在这里肯定他的存在。"只不过，"他们的禁欲主义理想是一种神圣化了的、浮想联翩的动物的欢快的禁欲主义，它遨游生活而不安于生活"②。这样一种禁欲主义理想，将哲学家本身所具有的怀疑、否定、分析、求索冒险、比较等冲动变成了"平心无欲"的客观的意志，以至于"或许可以说，哲学是拉着禁欲主义的祥带才开始在地上蹒跚学步的"③。这种"学步"，使哲学具有一种先天的拒斥生命的倾向。

尼采认为，禁欲主义理想甚至在很长一段时间里是被哲学家们用作唯一的表现形式和生存前提的。在这种情况下，哲学家们必须如此表现才能作为哲学家而存在。以致到了现在，哲学家们特有的那种讨厌尘世、敌视生命、怀疑感官、摒弃情欲的遁世态度，"几乎赢得了哲学态度的自体的地位"④。实际上，这种态度只不过是哲学赖以发生和存在的紧张条件的产物，哲学正是靠这种禁欲主义的外壳去伪装，靠一种禁欲主义式的自我曲解才得以存在的。因为，"哲学精神总是要先装扮成已被公认的冥思者

---

① 尼采：《道德的谱系》，周红译，三联书店1992年版，第116页。
② 同上书，第85、86页。
③ 同上书，第89页。
④ 同上书，第92页。

的模样才能粉墨登场，它总是要装扮成僧侣、巫师、预言家，而且只要有一点儿可能就要以宗教人士的身份出现"①。

　　而科学，在尼采看来，"现在根本就没有自信……相反却是禁欲主义理想的最新、最高的形式"②，在科学活动中，"我们的最好的学者们的实干精神，他们的没有知觉的辛勤劳动，他们那不分昼夜烟雾缭绕的头，他们堪称熟练的技巧——所有这一切的本意不是往往在于使他们自己的某些东西不致暴露吗？科学是自我麻醉剂"③。这种"麻醉"，使科学家们失去了对生命本身的清醒认识，以至于"我们在试图对我们的博学的朋友们表示尊敬时，往往会惹火他们；我们惹得他们发怒仅仅是因为我们太粗心，猜不到我们是在和谁打交道；我们是在和受难者们打交道，可是他们不愿意承认他们自己是受难者；我们是在和被麻醉的，没有知觉的人们打交道，他们只是畏惧一种东西，那就是恢复意识"④。

　　禁欲主义理想是如此的泛滥，以至于"如果从遥远的星球观察我们这个地球的存在，可能会使人得出错误的结论，认为这个地球原本就是一个禁欲主义的星球，上面居住着一群不知餍足、骄傲自大、可憎可恶的生灵，一群怎么也无法使自己摆脱自厌、厌世、厌倦一切生命的生灵，他们尽可能多地给自己制造痛苦，为的是从中得到享乐——这也许就是他们的唯一享乐了"⑤。

　　禁欲主义理想之所以能如此泛滥，是因为它作为"有史以来最好的'权宜之计'，它解释了痛苦，似乎填补了巨大的真空，特别是关闭了通往自杀型虚无主义的大门"⑥。由于禁欲主义理想，人获得了一种意义。从此，人不再是风中飘零的一叶，不再是荒唐戏，不再是"无意义"的玩偶。因为对于人的生存来说，是痛苦的无目的性而非痛苦本身构成了长期压抑人类的灾难。所以，"宁可让人追求虚无，也不能无所追求"⑦。

　　但是，当我们正视生活的现实和禁欲主义理想本身的价值时，我们就

①　尼采：《道德的谱系》，周红译，三联书店1992年版，第92页。
②　同上书，第123页。
③　同上。
④　同上书，第123—124页。
⑤　同上书，第94页。
⑥　同上书，第135页。
⑦　同上书，第136页。

会发现，这种"权宜之计"的解释给人的生存带来的，是"更加深刻、更加内向、毒素更多、更腐蚀生命的痛苦，它将所有的痛苦都归因于罪过"①。它诱导着生命去仇恨生命，憎恶感官甚至憎恶理性，它诱导着生命要求摆脱一切幻觉、变化、成长、死亡、愿望甚至于摆脱追求本身。而"这一切都意味着一种虚无意志，一种反生命的意志，意味着拒绝生命最基本的生存条件"②。换言之，禁欲主义理想本质上是一种反生命的虚无主义的价值理想。

通过对基督教道德的历史心理学谱系分析，尼采指出，基督教道德作为一种以"良心谴责"为依据、以禁欲主义为理想、以善恶判断为标准的道德价值，本身只不过是生命本能的一种扭曲展示，是一种不敢正视生命本身的衰弱的自由本能之产物，而基督教却给它披上了"神圣的"外衣。伴随着上帝之死，基督教道德失去了它的神圣性。"基督教作为教条因其自己的道德而衰落，出于同样的原因，基督教作为道德也必然要衰亡。"③ 这衰亡便是作为非生命道德的基督教道德这一偶像的黄昏。

---

① 尼采：《道德的谱系》，周红译，三联书店 1992 年版，第 135 页。
② 同上书，第 136 页。
③ 同上书，第 134 页。

第 五 章
非生命道德的价值学

如果说关于"道德"的谱系学分析，是尼采对基督教道德从根源、基础上的批判的话，那么，关于"道德"的价值学分析，尼采则从基督教道德的后果来直接审视道德价值本身的价值。道德的谱系学（历史心理学）审视的，是作为结果的道德；而道德的价值学（姑且可以名之为社会动力学的分析）审视的，则是作为原因的道德。

在尼采看来，道德本身只不过是基于人的自由生命本能的对世界的一种解释，但这种解释最后却被当作了最高的、神圣的价值，人们只需按这种价值行事，却未曾问一问这一价值本身的价值如何。而尼采说："对于我来说，问题在于道德的价值。"① 而"我们要批判道德的价值，首先必须对道德价值本身的价值提出疑问"②。可是到目前为止，这一认识却还未被看做迫切需要的东西，人们把这些道德价值的价值看成是现成的、事实存在的和毋庸置疑的，人们也从未对"善人"比"恶人"的价值高这一命题产生过丝毫怀疑和动摇。但是，尼采问道："倘若'善'中有退化的征兆，蕴含着危险、诱惑、毒药、麻醉物，由此，现实的存在以牺牲未来为代价，或许现实会变得更舒适，危险性会更小，但同时也是更卑微、更低级；——倘若道德使人类永远无法到达本来是可能达到的强盛和壮丽的顶点，那正是道德的罪过？道德恰好是危险的危险，那又怎样呢？"③ 在尼采看来，事实正是如此。

---

① 尼采：《道德的谱系》，周红译，三联书店1992年版，第5页。
② 同上书，第6页。
③ 同上书，第7页。

第一节　基督教和道德统治

尼采对道德价值的重估是伴随着对基督教的价值重估的。我们知道，在尼采以前，基督教已经受到了严重打击，作为宗教信仰和作为理性依据的上帝，在哥白尼、达尔文和康德的屠刀下已经死了，基督教神学由启示神学而理性神学进而演变为道德神学了。正因为此，尼采猛烈地攻击基督教的道德价值，将上帝从道德避难所中驱逐，从而将神学变为一种没有上帝的浪漫神学，而将道德变为没有上帝的"自然道德"。尼采指出：

> 以前，人们攻击基督教的方式始终是错误的，不只是胆怯的。只要人们不认为基督教的道德是对生命的极大犯罪，生命的辩护者就过得愉快。基督教关于"纯粹真理"问题——不论就基督教上帝的存在来说，还是就基督教传说历史性来说，都根本谈不上基督教的天文学和自然科学——是个十分次要的事情，只要不触及基督教道德的价值问题。[①]

因此，尼采把标靶直对基督教道德的价值问题。他对道德的历史心理学阐释已在一定意义上表明了基督教道德的价值虚无性和虚伪性。但那毕竟只是从"基础"问题上给予的说明。要真正揭露基督教道德的价值问题，还必须看看基督教究竟提供了些什么。

一　神圣的谎言

尼采认为，基督教作为想象的产物，所提供的只不过是"神圣的谎言"。"在基督教中，道德、宗教与真实，可以说一点接触都没有。"[②] 它制造了一些想象的原因，如"上帝"、"灵魂"、"自我"、"精神"、"自由意志"等；制造了一些想象的结果，如"罪恶"、"赎罪"、"神恩"、"惩罚"、"赦罪"等；还制造了一些想象物之间的接触，如"上帝之国"、

① 尼采：《权力意志》，张念东、凌素心译，商务印书馆 1991 年版，第 592 页。
② 尼采：《反基督》，《尼采文集·权力意志卷》，青海人民出版社 1995 年版，第 303 页。

"魔鬼"等；制造了一种想象的心理学，借助宗教道德特征和"自我误解"的象征性语言如"悔改"、"良心的痛苦"、"魔鬼的诱惑"、"上帝的显现"等以解释那些适意或不适意的个人情感；最后，它还制造了一种想象的目的论，如"上帝之国"、"最后审判"、"永恒生命"等。"这个纯粹虚构的世界是无逊于梦幻世界的，因为后者反映现实，而前者曲改现实，剥夺现实的价值且否定现实。……这整个的虚构世界根源于对自然的事物（对现实）之憎恶。"① 但是，正是这样一个虚构的世界却靠着"神圣的谎言"一直居于最高价值的地位。

基督教的"神圣的谎言"是一些什么样的谎言呢？尼采在《强力意志》中有一段比较集中的说明，他写道：

> 神圣的谎言就是：1. 捏造了一个赏与罚的上帝，他不折不扣地承认《圣经》，并把教士们作为他的喉舌和全权代表派到世上来；——2. 有一个生命的彼岸，在那里，伟大的惩罚机器被认为是有效的——为此目的，就要有一个灵魂的不死性；——3. 要有一颗人的"良心"，充当确立善恶的意识——意识到这里说话的是上帝本身，假如良心在劝说接受与教士法典等值的东西的话；——4. 要拥有作为否定一切自然过程的道德，道德把一切现象都贬低为受道德决定的东西；要具有道德的结果（即赏罚观念），它是贯穿世界的东西，是唯一的力，是一切变幻的造物精神；——5. 要具有这样的真理：它是现成的受了启示得出的、与教士学说一致的。因为真理乃是在这一生命或另一生命中的一切健康和幸福的条件。②

基督教正是靠着这些"神圣的谎言"，将源于生命本能的道德，"升值"为上帝赋予的最高价值。这些"谎言"作为一种虚无解释，作为一种保存手段，使人在生存的痛苦中获得一种心理安慰，以对付生命本身的虚无主义性质。但是，这种保存手段却是以把人身上强大的方面归为"上帝"，而把人的软弱的方面归为人自身为代价的。"人在道德特质的周

---

① 尼采：《反基督》，《尼采文集·权力意志卷》，青海人民出版社 1995 年版，第 304 页。

② 尼采：《权力意志》，张念东、凌素心译，商务印书馆 1991 年版，第 582—583 页。

期之内，把自身崇高的和超凡的道德状态不是解释为'本来希望的'，不是解释为人格的'事业'，而是把另一个自称为上帝（救世主）的虚构拆散。"所以尼采明确指出，"宗教玷辱了'人'的概念"①。

二　非自然化的骗术

尼采认为，基督教的这种虚构是一种典型的非自然化倾向。它把人的生命本能、自然欲望贬为恶习，把人的一切基本本能都置于诅咒之列，并从这些本能中拣出罪恶和恶魔。它把坚强的人当作不可饶恕的典型，当作"堕落者"，而把卑微的生命力乏弱的人则称为"善人"。

> 基督教与一切柔弱的和卑下的东西携手，与一切失败者携手；它把一切与坚强生活本能相矛盾的加以理想化以自保；它教人们相信精神的最高价值是有罪的东西，是陷入错误的东西——是魔道，它用这种方式在精神上甚至腐化最强者的理性。②

基督教作为一种价值理想，自称是"改善"人类，实则是驯化人类，犹如牧羊人驯化他的羊群。在这种驯化中，人被变成了有病的怪胎，成了罪犯。他蹲在道德的笼子里，被关在许多十分可怕的观念之中。他虚弱地躺在道德的怀抱里，充满着对生命冲动的仇恨，充满着对一切仍然强壮幸福的事物的猜忌，甚至对自己也怀着恶意。因此，基督教道德在根本上败坏着生命，败坏着人。

所以，尼采把基督教道德称为"江湖骗术"③。在这种"骗术"中，谬误成了义务，成了道德，而破坏性的本能体系被变成了"救世说"；灵魂的健康反被认为有病，而人自身却成了"罪人"。这是一种灵魂的外科手术，每次手术都留下了伤疤，甚至切除内脏。因此，这种"手术"并不是治愈，而是把病患的征象换个样子而已。

基督教道德的"江湖骗术"在历史上是卓有成效的，以至于"我们

① 尼采：《权力意志》，张念东、凌素心译，商务印书馆1991年版，第502页。
② 尼采：《反基督》，《尼采文集·权力意志卷》，青海人民出版社1995年版，第293—294页。
③ 尼采：《权力意志》，张念东、凌素心译，商务印书馆1991年版，第473页。

为基督教而存在了差不多两千年之久"。因此，我们不得不为此付出代
价①。这代价就是，我们失去了生活的强力意志，生命变得颓败了。

　　1886 年，尼采为他的早期著作《悲剧的诞生》写了一篇名为"自我
批判的尝试"的序。在这篇序中，尼采再一次揭露了基督教道德所导致
的这种恶果。他写道：

　　　　基督教义只是道德的，只想成为道德的，它以它的绝对标准，例
　　如以上帝存在的原理，把艺术，每种艺术逐入谎言领域……基督教从
　　一开始就彻头彻尾是生命对于生命的憎恶和厌倦，只是这种情绪乔
　　装、隐藏、掩饰在一种对彼岸的或更好的生活的信仰之下罢了。仇恨
　　"人世"，谴责激情，害怕美和感性，发明出一个彼岸以便诽谤此岸，
　　归根到底，一种对于虚无、末日、灭寂，"最后安息日"的渴望——
　　这一切在我看来，正如基督教只承认道德价值的绝对意志一样，始终
　　是"求毁灭的意志"的一切可能形式中最危险最不祥的形式，至少
　　是生命病入膏肓、疲惫不堪、情绪恶劣、枯竭贫乏的征兆，——因
　　为，在道德（尤其是基督教道德即绝对的道德）面前，生命必不可
　　免地永远是无权的，因为生命本质上是非道德的东西，——最后，在
　　蔑视和永久否定的重压之下，生命必定被感觉为不值得渴望的东西，
　　为本身无价值的东西。②

　　尼采对他揭示了基督教道德的实质这一点，自视是甚高的。他认为，
他有别于他人，他超越了其他人类的东西，就在于他发现了基督教道德。
他发现了基督教道德的什么呢？他发现了：

　　　　基督教道德——欺骗意志的阴险形式，是人类本来的瑟西③。因
　　为它使人堕落。错误之所以是错误，这并不是使我恼怒的原因，不是
　　那个在取胜时泄露出天机的精神事物长期缺乏"善的意志"、"驯育、

---

　　① 尼采：《权力意志》，张念东、凌素心译，商务印书馆 1991 年版，第 410 页。
　　② 尼采：《尼采文集·悲剧的诞生卷》，青海人民出版社 1995 年版，第 193 页。
　　③ 瑟西，希腊神话中居住在埃西亚岛上的女巫师，一般用以比喻妖艳迷人的美女。——引
者注

礼貌、勇敢"等等品质。——而是缺乏自然,这是十分可怕的事情,即反自然,它作为道德而享有殊荣,并被奉为法则,当做绝对命令自古悬在人类之上!……是用这样的尺度,即不是作为个人,不是作为国家,而是作为人类的迷误!……教唆人去蔑视生命这个首要的本能;为了损坏肉体而捏造出"灵魂"、"精神";教诲从生命的先决条件即性本能中发现不洁;在无比深刻的繁衍必要性中,在严格的自私自利中(——这个字眼就已经带有诽谤的意味了!——)去寻求恶的原则;另一方面,却认为典型的堕落和矛盾的标志(即忘我)、失重、"非人格化"和"仁爱"(——仁癣!)等等是最高的价值。①

这是尼采在他的自传《瞧!这个人》中对自己关于基督教道德的观点的总结。通过这一总结,尼采强调,基督教道德作为非我化、非生命化、非自然化的道德,是没落的道德。而"撕下基督教道德的画皮,这是破天荒的大事件"②。

三 道德统治的非道德性

尼采不仅对基督教道德的实质进行了揭示,而且还通过对基督教道德获得统治地位的手段的揭示而展示出道德的非道德性。

由于柏拉图哲学是欧洲虚无主义价值的肇始地,所以尼采说:"自柏拉图以来,哲学一直处于道德的统治下。"③ 而随着柏拉图主义和基督教的结合,基督教道德价值在柏拉图主义哲学的武装下更是成了最高价值。但是,这种最高价值的统治地位本身却并不是"道德地"获得的。尼采指出,"为了让道德价值取得统治,一定要有纯非道德的力和欲望的帮助"④。"道德理想的胜利就象任何胜利一样,乃是通过非道德手段取得的:诸如暴力、谎言、诽谤和非正义性,等等。"⑤

尼采认为,道德价值取得统治地位的非道德手段主要有这样几种:

---

① 尼采:《权力意志》,张念东、凌素心译,商务印书馆1991年版,第104—105页。
② 同上书,第105页。
③ 同上书,第683页。
④ 同上书,第638页。
⑤ 同上书,第664页。

　　一是"道德的伪造"。"道德佯称知道某些事物,即知道'善'与'恶'。这就是想知道,人生于世乃是为了认识自己的目的和使命,即想知道,人是有某种目的、某种使命的……"① 道德的这种虚妄的许诺,以一种伪造的非道德方式把"民众"集合在"目的"、"使命"之下,使他们在这种伪造的真实面前戴上了道德的紧箍咒。正是通过这种伪造,"善恶"、"义务"、"理想"等被当作基本的道德价值。

　　二是"非道德的暴力"。尼采在《道德的谱系》中详细分析了"惩罚"的效用问题,使我们清楚地看到,道德在其"伪造"不能达到目的时,便会借助暴力这一残酷形式强行达到自己的目的。正因为有惩罚,人们才把那指向外部的本能返转对准自己,形成良心、义务等"道德感"。基督教在历史上对异教徒所使用的各种残酷手段更说明了这一点。所以尼采说:"为了通过行为制造道德,人们就应该十分非道德……道德家的手段是以往使用过的最吓人的手段;没有勇气去干非道德行为的人,干什么都行,就是不适合当道德家。"②

　　三是"诽谤和谎言"。尼采认为,道德价值作为一种解释,是生命本能发射出的一种透视。但这种透视由于出自于生命力乏弱者,因此,道德发明者便以怨恨的方式诽谤强大的生命力本身。在阐述禁欲主义理想的产生时,尼采指出,正是那些失败者的"叹息"和"诽谤"贩卖着道德的箴言。

　　　　在这里不停地编织着无比丑恶的阴谋之网——受难者在阴谋反对幸福者和成功者;在这里成功的观念遭到痛恨。为了不暴露这是仇恨而编造了何等样的谎言!滥用了多少华丽辞章和漂亮姿态!……他们用这种技术竟仿造出了德性的印纹,甚至仿造出了德性的声响,德性的金子声响。无疑,这些弱者,这些病入膏肓的病人现在已经完全控制了德性。③

　　通过对基督教道德及其取得统治地位的分析,尼采不仅发现基督教作

---

① 尼采:《权力意志》,张念东、凌素心译,商务印书馆 1991 年版,第 579 页。
② 同上书,第 570 页。
③ 尼采:《道德的谱系》,周红译,三联书店 1992 年版,第 99 页。

为道德的非自然性、非生命性及其衰亡的必然性，而且发现，"迄今用来使人类变得道德的一切手段归根到底都是不道德的"①。而这种作为非道德性结果的道德，"经过长期经验和考察的道德，被证明是有效的生活方式，最后作为规律进入意识，成了主导……这是道德成为主宰的标志"②。但是，道德价值本身的非自然性、非生命性和虚无性表明，它不可避免地只是各种谬误的结果，而且它本身只不过"是一种有用的错误"③。所以尼采说："道德乃是非道德性的结果"，"道德乃是谬误的结果"④。

第二节　道德对生命的否定

道德既然是发自生命之自由本能的意义设置，理应是促进生命之强大的工具。可是，在基督教的善恶道德价值统治下，道德披着神圣的外衣却干着弱化生命的事。因此尼采说："盲目信奉基督教，此乃头号大恶——对生命的犯罪。"⑤ 在尼采看来，道德价值之所以必须重估，根本的就是因为基督教道德价值作为一种反自然道德，是否定生命本身的。

尼采认为，道德对生命的否定体现在两个方面，一是道德弱化生命、敌视生命、危害生命；二是道德作为一种保存手段在保护弱者的时候否定着作为生命力象征的强者的价值。

一　道德对生命的弱化

道德对生命的弱化是通过两个环节来实现的。首先是道德的非自然化导致道德敌视生命，让生命受道德的审判；其次是非自然化的道德又反过来危害生命本身。

在尼采看来，道德价值的形成过程就是将生命的现实、将自然的东西非自然化的结果。在说到基督教道德的这种"非自然"性时，尼采指出，

---

① 尼采：《偶像的黄昏》，《尼采文集·查拉图斯特拉卷》，青海人民出版社1995年版，第339页。

② 尼采：《权力意志》，张念东、凌素心译，商务印书馆1991年版，第518页。

③ 同上书，第573页。

④ 同上书，第638页。

⑤ 尼采：《瞧！这个人》，《权力意志》，张念东、凌素心译，商务印书馆1991年版，第104页。

发明"上帝"这个概念，就是用来反对"生命"这个概念的。"上帝"的概念包含着一切有害的、有毒的、诽谤性的东西，它把生命的一切不共戴天的仇敌纳入了一个可怕的统一体。而"彼岸"的概念，"真实世界"的概念，则是发明来诋毁这唯一存在的现实世界的。"灵魂"、"精神"这些概念是发明来蔑视肉体的。"罪孽"的概念以及"自由意志"的概念，则是发明来扰乱本能、使对本能的怀疑心变成第二天性的。① 总之，所有自然的东西，都被道德用非自然化的虚构所取代，而这些非自然化的虚构又反过来敌视生命、敌视自然的东西。

《强力意志》第299节收有一个尼采列的道德非自然化的提纲，说明了道德非自然化的步骤：

> 道德的非自然化步骤（即所谓"理想化"）：
> 是通向个人幸福之路，
> 是认识的后果，
> 是绝对的命令，
> 是通向尊崇之路，
> 是对生命意志的否定。
> （道德逐步敌视生命）。②

从这里可以看出，在尼采看来，一部道德发展史，实际上就是一部道德逐步敌视生命的历史。道德价值首先把自己说成是对于个人幸福来说是必要的，因为生成世界混乱无序，人的生存无意义可言，而人又必须要有某种意义，有一个目标，这个意义和目标可以使他在面对生成的混乱和生存的痛苦时不至于陷入"自杀型虚无主义"，使他可以获得心理安慰。但是，道德在赋予人以这种生存意义时要人付出的代价便是，尽可能克制自己的欲望，只有在"良心"的驱使下将欲望降到最低，人才能获得幸福，因为它把欲望说成是痛苦之源、罪恶之源。当这种被"非道德性"强制接受的道德价值被证明是一种有效（尽管是有害）的生活方式时，它便

---

① 尼采：《瞧！这个人》，《权力意志》，张念东、凌素心译，商务印书馆1991年版，第106页。

② 尼采：《权力意志》，张念东、凌素心译，商务印书馆1991年版，第263—264页。

内化为个人的意识，而个人也在这一过程中逐步变为群体本能，"个人经由道德而被教导成为群体的一个机能，并且视其自身的价值仅只是一种效用"①。这时，道德就不仅仅只是一种他者的外在赋予了，而变成了人的一种自我认识，道德成了一种"自觉"，人自愿按道德价值进行评判。这种"自觉"的道德进而变为一种人自己内在的声音即"良心"，而这声音又似乎是来自彼岸世界之最高存在者的"绝对命令"，它强迫人自愿地遵守那些群体道德准则，并确认遵从这些道德准则为美德、为善，而违背这些准则则为罪行，为恶。此时，那作为道德价值之真正发源地的生命意志本身，在这强大的道德声音下面开始萎缩了。道德价值从此岸走向彼岸，并且由彼岸来统辖此岸，完成了"逐步敌视生命"的历史使命。

道德的非自然化同时也就是理想化、知识化。尼采在批判苏格拉底将道德知识化时明确指出："一切道德教育中的伟大理想始终在于人们试图达到本能的安全感，以致善的意图和手段本身进入意识。""这意味着，道德判断脱离了自己成为和获得意义的那些条件的限制了，脱离了古希腊和古希腊的政治根基，在崇高化的外衣下被非自然化了。'善'、'正义'这些伟大的概念同其所属的前提分了家，成了辩证法的自由'观念'的对象。"而"道德价值的非自然化，得出了要创造一个蜕化变质的人种的结论——创造'善良的'、'幸福的'、'智慧的人'"②。这样一个"善良的"、"幸福的"、"智慧"的人，同时也就是一个敌视自己生命的人，他以否定自己的生命为己任。

> 他对一切掷以否定：他否定自我，否定自然、否定他自身的自然性和真实性；他把从自身挖出来的东西当作一种肯定，一种可能的、真实的、生动的东西，当作上帝，当作上帝的审判、上帝的刑罚，当作彼岸世界，当作永恒，永久的折磨，当作地狱，当作永无止境的惩罚和无法估算的债务。③

这种心灵残酷是一种前所未有的意志错乱。因为人情愿把自己当作负

---

① 尼采：《快乐的科学》，余鸿荣译，中国和平出版社 1986 年版，第 132 页。
② 尼采：《权力意志》，张念东、凌素心译，商务印书馆 1991 年版，第 513—514 页。
③ 尼采：《道德的谱系》，周红译，三联书店 1992 年版，第 71 页。

债的、卑鄙的、无可救赎的"罪人";情愿想象自己受罚,用负债和惩罚的难题来污染和毒化自己的生命;他情愿建立一种理想,把自己关在这理想的笼子里,并以此证明自己的生命是毫无价值的。

道德的非自然化和知识化在基督教道德中得到最充分的体现。基督教道德是一种彻底的"反自然的道德",它是"反对生命本能的,它是对生命本能的隐蔽的或公开的、肆无忌惮的谴责"①。

二 道德对生命的危害

当道德成为反自然的道德,在完成它逐步敌视生命的使命后,又反过来危害生命。道德对生命的危害是全方位的。尼采在一个提纲中写道:

> 道德会危害生命:
> a 危害对生命的享受,危害对生命的感激等等;
> b 危害对生命的美化和崇敬;
> c 危害对生命的认识;
> d 危害生命的发展,因为生命试图使自身的最高现象同自身分裂。②

道德危害对生命的享受,危害对生命的感激。在尼采看来,生命作为生成世界的意义之源,是欢乐和痛苦构成的交响乐,人正是在对生命的享受之中创造着生存的意义,创造着世界的价值,因此人对生命是应呈感激之情的。但是,道德价值却把非自然化的价值当作"真实",而把自然的生命本身当作"虚假",并用虚假的"真实"来剥夺真实的"虚假"。由此,生命成了善的对立面,成了恶,人们不仅不能享受生命、感激生命,反而厌恶生命、仇视生命。为了做一个"好人",做一个有德行的人,根不能扼杀自己的生命。这一点,我们在禁欲主义理想中能看得十分清楚,道德把作为生命之本的"欲"作为罪大恶极的"犯人"而加以"囚禁"和"消灭"。

---

① 尼采:《偶像的黄昏》,《尼采文集·查拉图斯特拉卷》,青海人民出版社 1995 年版,第323 页。

② 尼采:《权力意志》,张念东、凌素心译,商务印书馆 1991 年版,第 638—639 页。

　　道德危害对生命的美化和崇敬。生命的崇高性表现在，它是我们一切生存活动和创造活动的源泉。因此，对生命之美的享受便是对我们生存的肯定，便是对我们生活意义的维护。但是，道德却将生命视为邪恶和丑陋。非自然化的道德以善恶为标准，而善恶又是生命力乏弱的产物。因此，人们为了"趋善"、"避恶"，便不仅不崇敬和美化生命，反而蔑视、轻贱生命。人们在道德的熏陶下，不仅轻贱别人的生命，而且也轻贱自己的生命。尼采所指出的那种以惩罚他人的快乐而补偿损失的现象，作为道德"良心"之源，正是对生命的极端蔑视。

　　由于道德将生命的真与美变成了"丑"与"恶"，也就遮蔽了生命的本来面目。人们不再能看到生命本身的欢悦舞蹈和蓬勃的创造，而只是看到在道德"驯育"下的生命的委靡和哀叹。在道德价值的遮掩下，人们根本无法认识生命了。要认识生命，便只有象尼采所说的，"扯下道德的画皮"。

　　更为重要的是，"因为生命试图使自身的最高现象同自身分裂"，这就根本上危害着生命的发展。在尼采看来，生命是意义和价值之源，生命的"最高现象"便是价值的拟定和意义的设置。而在反自然的道德下，道德作为生命拟定的价值表，作为一种意义设置，反而被当作了"彼岸"的"绝对命令"而和生命本身对立。当源于生命本身的价值反过来反对生命本身时，自然生命的喷薄便会严重受阻。当生命的本能无法施展其力量，而道德又将枪口调转对准这些自由本能自身时，生命的各种功能就慢慢开始钝化了。耳眼不再聪明，身体不再健康，力量不再强大。人成了有病的人，这种病就是道德，它的功能就是扼杀生命。所以，尼采认为，道德和宗教这些最高价值，其实是和被削弱者、精神病患者和神经衰弱者的价值"同病相怜的，只不过形式略为缓和些罢了"[1]。作为一种弱化和危害生命的发展的道德，非生命的反自然的道德不仅毒害了我们的哲学世界观，切断了认识和科学之路，根本的是，它"瓦解和埋葬了一切现实的本能"[2]，从而把生命本身的价值削弱到了最低点。

　　由于道德的危害，生命萎缩了。人被禁闭在道德的铁笼里，变成了病态的、虚弱的、委靡不振的、对自己心怀恶意的、对生命充满仇恨的怪

---

① 尼采：《权力意志》，张念东、凌素心译，商务印书馆 1991 年版，第 540 页。

② 同上书，第 480 页。

物。而道德就是将人驯化为如此的最有效的工具。所以尼采称"道德就是兽栏"①。道德作为"兽栏",将人的生命的原始"兽性"全部给弱化了,人成了听话的、会表演的好猴子。

对此,尼采强调,我们不能不重视道德价值造成的巨大危害,不能不对道德价值本身的价值进行重估。根本上说,"道德是一种反对自然、谋求达到更高的种类的反动。因为,它怀疑整个生命(因为生命的倾向被认为是非道德的)——敌视感性(因为最高等的价值被认为是与最高本能敌对的)——高等天性的退化和自我的毁灭,因为他们会意识到冲突"。而且事实上,"迄今为止,道德的发展是以牺牲下列人的利益为代价的:统治者及其特殊的本能,成功者和美丽的天性们,放荡不羁者和特权者,在某种意义上说"②。

在这里,如果我们不是从尼采尖刻用词的表面去看,而是看其文本表示的实质的话,我们便可以理会到尼采的真正意思是说:迄今为止,道德的发展是以牺牲生命本能的强大、创造和美丽为代价的。换言之,道德在根本上是否定生命的。

三　道德对弱者的保护

道德对生命的否定不仅表现在它作为反自然的道德对生命的危害,而且还表现在它作为功利性的保存手段对生命的弱化。道德的这种"功利性"体现在对弱者的保护上。尼采写道:

道德对生命的功利性:

1. 道德是更大整体的保存原则,是对成员的限制。因为,对"工具"有利。

2. 与人受激情内在危害相比,道德乃是保存原则。因为,对"平庸者"有利。

3. 与深刻的苦难和萎靡所起的毁灭生命的作用相比,道德乃是保存原则。因为,对"受苦人"有利。

---

① 尼采:《权力意志》,张念东、凌素心译,商务印书馆1991年版,第570页。
② 同上书,第686页。

4. 道德是防止强者大爆发的原则，因为，有利于"低贱者"①。

在尼采看来，自然生命的本质是强力意志，各个强力意志单位都试图通过向外释放自己的强力来获得生命的强大，因此，生命本质上就表现为"征服"、"野心"。由于所有的生命都在强力意志的推动下向外"征服"，就有可能导致冲突而毁灭整个类。因此，为了保存类的存在和发展，道德应时而生。道德将强力意志的"野心"转向个人生命的内在本能，使个体生命在"禁欲主义理想"和"良心谴责"下，依善恶之道德原则行事。这样，通过弱化生命本身，类作为个人生存的"工具"得到了保存。

基督教道德之所以能成为具有统治地位的价值，就在于他通过弱化个体生命的方式提供了一种生存的保存手段，借助它，借助一种虚无的解释，"保持一种强大的类"②。因此，就类而言，"道德的本质乃是防卫，是防御手段；在这个意义上说，这乃是人发育完成的标志"③。但就个体生命而言，在类"发育完成"的状况下，个人生命却被根本上弱化了。

在生存实践中，人总是受着自己内在的激情支配的。在激情的支配下，他会超越善恶之戒规而释放自己原始的自由创造的生命本能。但是，这种生命的激情可能使小我的生命悲剧性地消毁于生成世界的轮回之中。于是，为了避免这种内在激情带来的对个人生命的毁灭，个人便用道德来约束这澎湃的内在激情，尽可能使自己与他人"等同划一，试图使感觉一致，试图接受一种现存的感觉，这乃是一种宽慰"。同时，"判断不偏不倚，冷静，因为，人们害怕激情的爆满状态，宁可置身事外，'客观'"④。这样，人开始平淡化、"客观"化。生命的激情在道德的绳索下变得温驯服帖了，人没了"脾气"，也变得平庸了。道德恰恰是通过把人变成这种"平庸者"而又在保护这种"平庸者"中避免着生命激情可能带给人的危害的。人不至于毁灭，但却开始弱化。

生命不仅是欢悦也是痛苦。强力意志的永恒轮回将个体生命置入了痛苦和欢悦织成的经纬网中，痛苦便作为生命之纬成为人在生活中摆脱不掉

① 尼采：《权力意志》，张念东、凌素心译，商务印书馆1991年版，第639页。
② 同上书，第413页。
③ 同上书，第241页。
④ 同上书，第664—665页。

的"宿命"。生命力强大的人在痛苦袭来时能感到振作和欢快,而生命力弱的人则在痛苦面前显得委靡不振。承担起了生命痛苦的人就能体验出生命的欢悦,而无力承担生命痛苦的人也就享受不到生命的快乐。

为了抵御痛苦,生命力乏弱者发明了道德,试图用道德的药方通过"麻醉"来医治人生的痛苦。或者,他将这种痛苦文饰,投射到"他物",幻想着以此可以换回某种幸福,并由此导致了"禁欲主义理想";或者,他在自己的哀叹中也对他人的痛苦报以"怜惜"和"同情",而与此同时,也换回他人对自己痛苦的"怜惜"和"同情",在这种"同情"中消解或减轻各自承担的痛苦。道德就这样帮助"受苦人"摆脱了生命痛苦可能带给生命本身的毁灭,而与此同时,也就将人变成了面对生命痛苦的"委靡者"。"委靡者"把自己打扮成了"受苦人"的样子,企求着别人的帮助和怜悯,这别人也可能是某个抽象的群体或"天国",在这种企求中,他获得了安慰、平衡和"保存"。

生命力强大的人敢于直面人生的悲剧,在生活的战争学校里磨炼自己。他要求的是一种富于力感的人生,因为有力感才有生命感,才能充分感受和享受生命。相反,生命力弱小的人却害怕苦难,他仇视生命,也仇视生命力强大的人,他谦虚、冷静、机智、富于同情。为了自己的生存,他们将这些"善"行上升为普遍道德原则并以此要求强者、阻止强者、打击强者。几千年文明史表明,弱者成功了。"病夫和弱者都含有更多的同情感,因而都更有'人情味'——病夫和弱者都含有更多的精神,因此,就更易变幻无常、更花样翻新、更轻松愉快——更加阴险",这就是"弱者取胜的原因"①。弱者在道德的旗帜下统治着强者,而道德在防止强者时也在根本上使人低贱化、使生命弱化了。

道德作为一种功利性的保存手段,在保存生存的同时也在根本上弱化着生命、否定着生命。尼采说:"一切时代的弱者和平庸者的基本倾向就是削弱强者,拉下马来,而道德论断是主要手段。"② 强者本是生命之强力的代表,弱者通过道德削弱强者,实质上也就是生命的自我削弱。道德作为生命强力的产物,反过来削弱生命,这就是道德的实质。尼采在说明道德价值这一强力的意味时写道:

---

① 尼采:《权力意志》,张念东、凌素心译,商务印书馆 1991 年版,第 241 页。
② 同上书,第 185 页。

它背后藏着三种强力：

1. 群畜反对强者和独立者的本能；

2. 受难者和败类反对成功者的本能；

3. 平庸者反对杰出者的本能。——这个运动无比优越，因为其中夹杂着无数残暴、欺诈、偏颇、推波助澜（因为，道德同生命基本本能斗争的历史本身就是迄今为止世界上最大的非道德……）。①

第三节　颓废和群畜道德

由于道德价值不断地危害和弱化着生命，这就导致了"颓废"。颓废就是生命力的弱化，以至于不能承受生命本身，不能应付生存的现实。尼采说："无力应付一种经历，这就是颓废的征兆。"②

在尼采看来，既然生命是强力意志的永恒轮回所构成的欢悦和痛苦的经纬网，那么，个体生命理当能正视生存现实本身的无目的性，消化生存现实中的一切。"一个健壮的人消化他的经历（包括他的行为和错误行为）就像消化他的食物一样，有时他需要将坚硬难嚼的硬物整个吞下去。"③ 可是，在道德的"培育"和"驯化"下，人的生命力弱化了，人不能再完全消化自己的经历，消化生存现实的"硬果"。这就是颓废。

一　颓废作为生命现象

尼采认为，就像虚无主义是必然的一样，颓废也是生命的必然结果。颓废就像蜕化、排泄这些现象一样，它们是生命必然的结果和生命生长的结果，是随着生命生长的"自然现象"。"任何一个社会都不可能永驻青春。就是在它年轻力壮的时候也一定会产生垃圾和废料。它进展得愈有力，愈大胆，不幸者和败类也就愈多，也就愈接近灭亡"。④ 生命亦然。随着生命强力的展开，生命本能本身的残酷性在道德外衣的遮掩下，变成

① 尼采：《权力意志》，张念东、凌素心译，商务印书馆1991年版，第232页。
② 同上书，第478页。
③ 尼采：《道德的谱系》，周红译，三联书店1992年版，第105页。
④ 尼采：《权力意志》，张念东、凌素心译，商务印书馆1991年版，第538页。

了各种危害生命自身的"恶习"。道德作为药方,本是为了缓解生命的蜕化,结果却造就了更多的"颓废的类"。于是,人的生存被各种颓废所包围、所吞噬。"恶习——恶习性;疾病——病态性;犯罪——刑事犯罪性;独身——不孕性;歇斯底里——意志薄弱;酗酒;悲观主义;无政府主义;生活放荡(也就是精神放荡)。诽谤者,诬陷者、怀疑者、破坏者。"① 所有这些,作为颓废,构成了我们生存的重要内容。

颓废在我们的生活中有各种各样的表现形式。尼采在讨论消极虚无主义时所列举的那些时代病,以及作为消极虚无主义的理论形式的叔本华的悲观主义哲学,和瓦格纳的浪漫悲观主义音乐,在尼采看来都是颓废的表现。甚至尼采自己也说:"和瓦格纳一样,我是这个时代的产儿,也就是说,是颓废者。"② 不过,敢于承认自己颓废的人就已经超越了颓废本身了。

尼采认为,"颓废的一般类型"有如下几种:

"1. 人们在信仰中炼造灵丹妙药,却选择了加速衰竭的东西;——基督教即属此列。"③ 由于人们试图在生存世界以外寻找存在世界,在现实世界以外寻找"真正的世界",这样,他们便把虚无的东西当作真实的东西加以信仰。"上帝"、"灵魂"、"天国"等作为药方在安慰惊恐的生命之时却使生命本身更加衰竭了。基督教作为古代人的衰落和道德化,它把自然欲望贬为恶习。"以其病态的美貌和女性的诱惑,以其隐蔽诽谤者的巧言令色来说服一切厌倦怯懦和贪图虚荣的灵魂……它摧毁强者;它挫折强者的锐气;它利用了强者的失利和懈怠,也就是把强者引以为自豪的安全感一变而为动荡和良心危机;它善于毒化高贵的本能,直到本能之力和强力意志败阵,掉头仅对自身为止。"④ 甚至基督教的神也是病者的神,"是地球上向来所有最堕落之神性概念的一种"。所以尼采说,基督教"包容了一切颓废的本能、一切懦弱的行为以及心灵的厌倦!"⑤

"2. 人们会失去对刺激的反抗力——人们受到偶然性的限制。因

---

① 尼采:《权力意志》,张念东、凌素心译,商务印书馆1991年版,第538页。

② 尼采:《尼采美学文选》,周国平译,三联书店1986年版,第281页。

③ 尼采:《权力意志》,张念东、凌素心译,商务印书馆1991年版,第679—680页。

④ 同上书,第436页。

⑤ 尼采:《尼采文集·权力意志卷》,青海人民出版社1995年版,第307—308页。

为，人们使经历变得粗糙，并无限夸大……这是一种'非人格化'，一种意志的蜕变；——整个道德，这种利他主义道德，它把同情挂在嘴上，其本质是人格的怯懦。"① 道德通过让渡自己的生命本能来求得生存的自保，这实质上就是一种不敢承担生命之现实的意志衰竭的表现，是典型的颓废。

"3. 人们混淆了原因和结果，因为，人们不把颓废看成生理的结果，而认为颓废的结果乃是自感不适应的本来原因；——整个宗教道德都属于此列。"② 颓废是生命力乏弱的产物，是一种"生理障碍"，可是人们却把颓废当作生命不适的"客观"原因，这是一种倒置因果，犹如将"理想"设置为原因而把现实归为结果一样。

"4. 人们盼望有一种不再受苦的状态。因为，生命实际上被认为是祸患的原因。"③ 这是颓废的最主要形式，它不是把生命作为享受的对象，而是作为拒斥的对象。他不希望承受生命之苦，因此便认为生命是痛苦之源、罪恶之源，据此可以"名正言顺"地否定生命。

总之，颓废成了我们时代的基本特征。在尼采看来，怀疑论是颓废的结果；道德沦丧、世风日下乃是颓废的后果；虚无主义则是颓废的"逻辑学"；"善"与"恶"只不过是颓废的两种类型；所有社会问题也是颓废的后果。尼采甚至将这个时代就称为颓废的时代。他说："假若不是颓废时代和生命力下降的时代，那么起码也是尝试不假思索和为所欲为的时代：——可能由于失败的试验太多而得出了象是颓废的总印象：也许事情本身就是颓废。"④

由于颓废，人在自己的心目中不可思议地丧失了尊严。人没有了生命的强大和创造，没有了生命之崇高。人被弱化为了一群"病羊"，成了群畜。在这里，本能被降到了最低限度。人不是充分地施展自己的本能创造，而是拼命地削弱自己以向他人看齐。这样，由颓废就必然诱发出道德的群畜性。因为颓废作为生命力的弱化，使生命不再有了生命的激情和个

---

① 尼采：《权力意志》，张念东、凌素心译，商务印书馆1991年版，第680页。
② 同上。
③ 同上。
④ 同上书，第616页。

性，个体生命宁愿将自己当作"群畜本能即普遍化的零本能"的一个机能①，因为在这里，任何零都有"平等权利"，甘心为零就是美德。

二　群畜与侏儒道德

"群畜道德"，尼采有时又称"侏儒道德"、"鸦片道德"等，它指称的是生命被弱化后的作为普遍道德价值的基督教传统道德。

尼采认为，由于弱者以其智慧和道德战胜了强者，我们这个社会变成了一个贱民的社会、平庸者的社会、群畜的社会。而贱民的道德、群畜道德则成了最高的道德价值。在《查拉图斯特拉如是说》中，尼采借查拉图斯特拉之口说道："今日的时代不是贱民的时代么？贱民不知道什么是伟大，什么是渺小，什么是无赖，什么是正直，贱民永远是无知的歪曲，他们永远是说谎的人……你们高人们，你们勇敢的人，你们心怀坦白的人，别相信这时代！将你们的理智严守秘密！因为现在这时代正是贱民的时代。"②

"贱民"就是尼采在其他地方所说的"平庸者"、"苦难者"、"低贱者"、"弱者"，一句话，生命力乏弱的人。既然贱民是生命力乏弱者，那么贱民之道德本身必然是反生命的。查拉图斯特拉在"与国王的谈话"中指出："生活在隐士或牧羊者之间优于与我们的修饰的、虚伪的、粉装的贱民同在……虽说那自称为'高贵'，但那里一切都是虚伪而腐烂"，"贱民那是垃圾堆"，"所以一切成为虚假、歪曲和可怪。更坏的是，即使他们是最末的人，比人更近于兽，这贱民的价值还是增高又增高，最后且讲说着贱民的道德：看哪，只我一人有道德！"③"贱民"以为只有自己才是真正的道德的，而且把自己的道德价值看做真正最高的道德价值。所有的"贱民"都如此以为，于是，道德就成了群畜性的。

群畜由于把普遍化的零本能作为美德，因此，对于他来说，"受欢迎的状态和热望"便是"和睦、公平、适度、谦恭、敬畏、体恤、勇敢、贞洁、诚恳、忠实、虔诚、正直、可靠、献身、同情、热心、认真、简朴、温良、正义、慷慨、宽容、服从、无私、无嫉妒心、友爱、勤劳"，而他自己，则"对强者怀有敌意，是不公正的、肆无忌惮的、不谦和的、

---

① 尼采：《权力意志》，张念东、凌素心译，商务印书馆1991年版，第546页。
② 尼采：《查拉图斯特拉如是说》，尹溟译，文化艺术出版社1987年版，第347—348页。
③ 同上书，第292、293页。

厚颜无耻的、无体恤心的、怯懦的、虚伪的、假的、无情的、躲躲闪闪的、嫉妒的、报复的"①。很显然，群畜由于自己生命力的乏弱，要求的价值标准也便是如何尽可能克制生命本身。

群畜道德的两个根本出发点就是"平等"和"同情"。不过，它所说的"平等"是在限制生命本能上的平等，"同情"是对生命力乏弱者的保存。群畜道德竭力追求的是绿色遍野的牧场式的尘世幸福，即生命的安全感、无危险性、快活、轻松，而且到后来，假如万事如意的话，还希望脱离牧人和带头羊。

尼采在《强力意志》中有一段对群畜道德的特点和表现的集中阐述。他写道：

> 群畜道德批判。——惰性的活动场所在于：1. 信任，因为怀疑势必需要紧张、体察和思索；——2. 尊崇，由于这个缘故，强力的间距就很大，屈服是少不了的。因为，消除恐惧心理就要尝试着去爱、去高度评价，并把强力的差别解释为价值的差别，以改比例关系不再反复；——3. 真理的含义。什么是真实的？在有某种解释的地方，因为解释会消耗我们的精力，使其降至最低限度（除此而外，撒谎是相当费劲的）；——4. 同情。等同划一，试图使感觉一致，试图接受一种现存的感觉，这乃是一种宽慰。因为，这就是以被动应付主动，主动要求维护自己价值判断的权利，要不断地自我确证（它是永无宁日的）；——5. 判断不偏不倚，冷静，因为，人们害怕激情的爆满状态，宁可置身事外，"客观"；——6. 诚实，人们宁可服从一个现存的法律，也不去创造自己的法律，也不去命令自己或他人：因为，害怕发号施令。宁可臣服，也不统治；——7. 宽容：害怕行使权利，行使仲裁之权。②

从这里我们看出，群畜道德所赖以存在的生命力已经多么的乏弱，他们甚至不愿或不能用心去怀疑、去判断、去创造，他们宁愿臣服，宁愿诚实、宁愿宽容。换言之，他们宁愿放弃自己生命的权利而不愿行使生命的

----

① 尼采：《权力意志》，张念东、凌素心译，商务印书馆1991年版，第262、263页。
② 同上书，第664—665页。

权利，宁愿丢弃生命也不愿享受生命。

群畜道德由于惧怕生命，惧怕清醒，便总是要让人处于一种被麻醉的无梦的睡眠状态，因此群畜道德又是"鸦片道德"。《查拉图斯特拉如是说》有一篇"道德讲座"，就是讲的道德的这种"鸦片性"、麻醉性。一位善于谈睡眠和道德的智者向查拉图斯特拉说：

> 睡眠绝不是一种容易的艺术：必须有整个昼夜的清醒，才有夜间的睡眠。
>
> 每日你必得克制你自己十次：这引起健全的疲倦，这是灵魂的麻醉剂。……
>
> 很少人知道这个：但是一个人为着要有熟眠，需有一切的道德。我会犯证伪罪吗？我将犯奸吗？
>
> 我会贪想我邻人的使婢吗？这一切都与安眠不甚调和的。
>
> 纵令你有了一切道德，你还得知道一件事：合时宜地遣道德去睡眠。……
>
> 查拉图斯特拉听了这些话，觉得好笑，一线光明在他心里破晓。他向自己的心如是说：
>
> 他的智慧告诉我们：为着夜间的安睡，必须有昼间的清醒。真的，如果生命原无意义，而我不得不选择一个谬论时，那么，我觉得这是一个最值得选择的谬论了。
>
> 现在我知道从前人们找寻道德的教师时，人们所追求的是什么了。人们所追求的，是安睡与鸦片道德。
>
> 一切被称颂的讲座智者之智慧，只是无梦的安眠：他们不知道生命还有其他更妙的意义。①

鸦片道德是生命乏弱者的道德，是颓废者的道德。在这里，生命中缺乏热度，缺乏战斗性，生命的真实完完全全处于一种麻醉的睡眠状态。因为道德本就是麻醉剂。

颓废者的道德作为群畜道德，由于把生命变得弱小，因而又是"侏儒的道德"。《查拉图斯特拉如是说》中专门有一章"侏儒的道德"，其中

---

① 尼采：《查拉图斯特拉如是说》，尹溟译，文化艺术出版社 1987 年版，第 24—26 页。

写道：

　　我在这个人群里走过，而张开着我的眼睛：

　　他们已经变小了，还将变小些：——他们的变小，由于他们的幸福与道德的学说。

　　因为在道德上，他们也要谦虚，——因为他们要安逸。但是只有谦卑的道德，才与安逸调和。

　　不错，他们也用他们的方式学着走路前进：

　　这是我所谓的跛行。……

　　谦虚地选择一个小幸福，——这就是他们所谓"安命"！同时他们已经谦虚地斜瞟着另一个小幸福了……

　　他们认为道德可以使一切谦虚而驯服：这样，他们使狼变成狗，人变为最好的家畜。

看到这些因小道德、小幸福而愈加变小的侏儒们，看到这愈加乏弱的生命，查拉图斯特拉"向风喊叫"：

　　侏儒们啊，你们永会变小些！你们这些安逸者，会粉屑似地剥落尽的！你们还会死灭：——

　　由于你们许多小道德小省略与小安命！

　　你们太敷衍太退让了：这本是你们生长的土地！但是一棵树想长高，它必得抱着硬石，长出强韧的根！……

　　爱你们的邻人如爱自己吧，——但是先成为自爱的人吧。

　　——先成为大热爱与大轻蔑自己的人吧！①

但是，人们并不倾听查拉图斯特拉的喊叫，他被当作异端。在群畜道德的王国里，侏儒已经容不下巨人了。群畜甚至想把牧者也变为他们中的一员，侏儒只想所有的人都只有他们那么大，这才是他们理解的"平等"。很显然，人是真正的病了。"地球有一层皮，而这层皮有许多病，

---

① 尼采：《查拉图斯特拉如是说》，尹溟译，文化艺术出版社1987年版，第199—205页。

其中一种名叫'人类'。"①

第四节　"善人"和奴隶道德

在道德的名目下，人的疾病反而被当作了美德，生命力乏弱的人反而被称为"善良的人"。善人成了"做人"的最高标准，人人争做善人。可是，善人只不过是颓废、残废的代名词，善人的实质是生命的弱小，是奴隶。这样，基督教的反自然的道德，群畜道德，在实质上便是一种剥夺人的生命的自主性的"奴隶道德"。

一　道德的半身不遂

《查拉图斯特拉如是说》"赎救"一篇，给我们描述了一幅生动的人的"疾病"、残废的画面。有一天，查拉图斯特拉经过大桥，残废者与乞丐围住了他，要他"使盲者重见太阳，跛者再跑路"，以使人相信他的学说。查拉图斯特拉告诉他们："自从我住在人群里，我便发现：有人少了眼睛，另一个少了耳朵，第三个人没有脚，还有许多失去了舌头和鼻子，甚至失去了头颅。但是，我认为这只是最小的恶。"更大的恶是什么呢？"有些人缺少一切而一件东西太多，——有些人仅是一个大眼睛，一个大嘴巴，一个大肚子，或是别的大东西，——我称他们为反面的残废者"。接着，查拉图斯特拉叙述了他第一次经过这桥时的情景："我简直不相信自己的眼睛，我再三地注视着，最后我说：'这是一个耳朵！这是一个与人等高的耳朵！'但是我更迫近去审察：不错，耳朵后还蠕动着一点可怜的衰弱的小物件。真的，这大耳朵生长在一个瘦小的基上，——而这基便是一个人！谁在眼睛上再戴着眼镜，便可以认出一个妒忌的小面孔；并且还有一个空洞的小灵魂在这基尖上摇摆着。但是一般人告诉我：这大耳朵不仅是一个人，而且是一个伟人，是一个天才。"向驼背者说完这些，查拉图斯特拉转身十分不高兴地对他的弟子们说道：

> 真的，朋友们，我在人群里走着，像在人类之断片与肢体里一样！

---

① 尼采：《查拉图斯特拉如是说》，尹溟译，文化艺术出版社 1987 年版，第 156 页。

我发现了人体割裂，四肢抛撒，如在战场上屠场上似地，这对于我的眼睛，实是最可怕的事。

我的眼睛由现在逃回过去里：而我发现的并无不同：断片，肢体与可怕的机像，——而没有人！[①]

这是一幅让人触目惊心的画面。人没有了，只有断片，只有各种残废的肢体和器官。可正是这被叫做人的"器官"，却被道德称颂为善人、伟人、天才。

"善人"将自己的生命本能用道德紧紧地束缚住，探出个别器官搜寻着些小快乐、小幸福、小德行。他们把那些肯定生命的人当作"罪人"，并用怨恨的目光送他们到"终审日"接受惩罚。他们广施同情，用同情来麻醉痛苦。他们没有了神经系统，甚至设定的那个"灵魂"也变成了一个小空洞。"善人"自视被恶人所包围，不断受到恶人的冲击，他要使视觉更加敏锐，他会在自己的一切胡思乱想中发现恶的东西。这样一来，由于把天性当作恶，把人当成腐化，把善的存在当成恩惠（即当成人不可为的），当然，他也就以此结束了自身。换言之，他否定了生命本身。

生命在其本能中是既有肯定也有否定，既有创造也有破坏，既有欢悦也有痛苦。"善人"却要求同那些否定的、破坏的、痛苦的本能一刀两断。他劝人为善，要求善绝对地拒斥恶，与恶为敌。可是，"这样一来，它也就否定了生命"。所以尼采说："'善良的人'。或叫：道德的半身不遂。"[②]

"善人"的这种"道德之半身不遂"表明，他的生存条件就是谎言。他不愿意看到现实的性质，不愿意正视生命本身的特性。他把艰苦看成障碍，认为应予消除。在这个意义上说，查拉图斯特拉有时称善良人为"末人"，有时叫"完结之始"。他认为这是最有害的一种人，因为他们是以牺牲真理，也就是牺牲未来为代价而苟延于世的。

善良人——他们不能创造；他们永远是完结的开始——他们把重

---

① 尼采：《查拉图斯特拉如是说》，尹溟译，文化艺术出版社1987年版，第165—166页。
② 尼采：《权力意志》，张念东、凌素心译，商务印书馆1991年版，第559、558页。

估一切价值的人钉上了十字架，他们牺牲了未来，他们把人的一切未来都钉上了十字架！

　　善良人——他们永远是完结的开始……①

二　奴隶道德的非生命性

"善人"作为"末人"，隐伏着人类未来的最大危险，他们仇恨创造者，仇恨生命，仇恨强力。由于他们将生命的创造和痛苦当作"恶"，他们不能也不愿创造出新的价值。他们只需也只能臣服。所以尼采说，"善良的人？在我看来，这不过是理想的奴隶"②。由此，"善人"的道德也就是奴隶的道德，它在根本上反对生命主人的自主性。

奴隶道德对待自我，要求谦卑；对待他人，要求同情；对待未来，要求安命；对待人生，则是虚伪。

作为"奴隶"，生命力乏弱者总是不相信自己，他怯懦、懒惰、没有个性、逃避责任。他不愿表达自己对世界和人生的观点，而宁愿循规蹈矩地遵从习俗。他总是把自己只当作机器上的一个机械性零件，舍己而自动适应环境和社会的需要，随舆论而沉浮。他不是把自己当作一个独立的个人，最多只是像尼采说的，当作一只耳朵，一只眼睛，或一张嘴之类的。

与此同时，"奴隶"对他人，也就是他的同类，总是以同情待之。其实，这种同情所深藏着的是寻求一种作为施恩者的满足，以表明他还可以给别人以安慰而未完全丧失掉生存的价值。这就是尼采所说的寻求一种小幸福、小快乐。尼采讽刺地写道："他居于不幸中了，'同情者'于是走来，将他的不幸描画一遍，——于是他们满足而且飘然走开了：他们哀不幸者的痛苦，犹如哀自己的痛苦，很好地消磨了一下午。"③ 同情在另一刻又体现为怜悯。基督教道德作为奴隶道德，就是以这种怜悯为基础的。但是，"怜悯背离了让人生机勃勃的情绪，它使人抑郁。怜悯一生，我们

---

① 尼采：《瞧！这个人》，《权力意志》，张念东、凌素心译，商务印书馆1991年版，第101—102页。

② 尼采：《权力意志》，张念东、凌素心译，商务印书馆1991年版，第441页。

③ 尼采：《朝霞》，转引自周国平《尼采：在世纪的转折点上》，上海人民出版社1986年版，第189页。

的力量顿时消尽。这种为苦痛所加于生活上的力量之丧失又进一步为怜悯所增加和扩大了。怜悯使痛苦蔓延。在某种情况下，它可以导致生命与活力的完全丧失，而这种完全的丧失与其原因的大小不成比例"。而且，"一般说来，怜悯阻碍了发展率，也就是阻碍了淘汰率，它保存行将毁灭的东西；它为那些被剥夺了继续生存权以及为生活所淘汰的人作辩护"。所以尼采说："怜悯是虚无主义的实现。"它"阻碍了那些老在保全生命和提高生命价值的本能。它增加了不幸并保存一切不幸的东西。因为，也是助长颓废的主要工具：怜悯使人们相信'虚无'！"① 因于同情和怜悯使人们失去了对距离观的敬畏感和敏锐感，而且散发出庸众的臭气，并"有可能灾难性地卷入一种生死攸关的命运，一种痛楚的孤独，一种对深重罪孽的特权"，因此，"同情，只有在颓废者身上才算得上是美德"②。

　　"奴隶"不仅在其"同情"别人、舍弃自己方面表现出道德价值的非自主性，而且在对于生活的"明天"上，也以乐天安命，满足现状来开脱自己生命力乏弱的奴性。他们喜欢的是无梦的安眠，而嘲笑一切热情的行动。他们如群居的绵羊，柔顺而驯服。他们拘于小善小恶。而创造则被视为恶，特立独行者被视为危险人物。他们谦卑地怀抱着渺小的幸福，像苍蝇一样在向阳的玻璃上嗡嗡。这种"安命"不仅使自己的生命愈加弱化，而且也在根本上否定着生命本身。

　　奴隶道德根本上是一种虚伪的道德，因为它使人没有面对真实的勇气和力量。虚伪性产生的原因，尼采认为有二：一是任何独立的本能都不让他人称呼自己的"丑名"；二是任何追求统治权而又处于某种枷锁之中的本能需要一切美名和公认的价值以支撑和增强自我感。③ 所以，一个"善人"，出于怯懦而从俗，采取一种把他人的意见当作自己意见的虚伪态度，而同时却不愿正视自己生命的内在要求。久之，他便习惯于虚伪，而虚伪也就成了他的本性了。他们露出慈悲的面容，做出施与的模样，而他们之做出德行，正是渴望着丰厚的报酬。

　　在这种奴隶道德的统治下，生命在弱化。而每一个弱化了的生命，又

---

　　① 尼采：《反基督徒》，《尼采文集·权力意志卷》，青海人民出版社1995年版，第295页。

　　② 尼采：《瞧！这个人》，《权力意志》，张念东、凌素心译，商务印书馆1991年版，第15页。

　　③ 尼采：《权力意志》，张念东、凌素心译，商务印书馆1991年版，第641页。

都以为自己分享着道德，自己是辨别善恶的专家。尼采在《查拉图斯特拉如是说》"有德者"一篇中列举了各种自称的奴隶道德，勾画了一幅奴隶道德构成的漫画。

有德者们都把道德当作自己的"一张皮"或"一件大衣"："许多人认为道德是鞭笞的痉挛"；"还有许多人称道德为恶之懒惰"；有的人说："除我自身以外，我认为其他一切都是上帝与道德！"而另外一些人则把他们车上的制动机当作道德；"还有许多人像扭紧了发条的钟，他们永远滴答滴答地响着，而要别人称滴答——为道德"；"还有许多人坐在泥地里，隐在芦苇丛中说：'道德'，——便是静坐在泥地里"；"还有些人喜欢姿势，而想着：道德是一种姿势"；"还有些人不能看见人类之高贵却看清了人类之卑贱，便说是道德：所以他们的散布厄运的能力也被称之为道德"……而所有这些人，"他们要用他们的道德剜去仇敌的眼睛"。而所有这些"道德"的共同点就在于：它们是一种无我的道德、非生命的道德。所以查拉图斯特拉问道："你们晓得道德是什么吗？你们能晓得道德是什么吗？"并警告那些有德者："让你们的道德是你们的'我'，而不是一个外物，一张皮，或一件大衣罢！"①

三　道德偶像的黄昏

对道德价值的重估，或者说怀疑道德价值本身的价值，一直是尼采思想中的一个支柱。尼采有一段叙述，表明他从少年时就对此有十分浓厚的兴趣。他说道：

> 我有一个连我自己也不承认的奇特的顾虑，这个顾虑是和道德有关的，是和迄今为止地球上所有被誉为道德的东西有关的，这个顾虑从我的孩提时代起就自发地、连续不断地和我的环境、年龄、教养、出生发生着矛盾，所以我几乎可以称这顾虑为我的先天了。由此，我的好奇心和我的疑问就总是停留在一个问题上，即究竟什么是我们关于善和恶的观念的起源？事实上，我十三岁那年，善和恶的观念的问题就开始追踪我；当我还在人称"一半儿戏，一半敬神"的年纪时，我已经就这个问题写了我的第一篇文字儿戏：我的第一篇哲学习作。

---

① 尼采：《查拉图斯特拉如是说》，尹溟译，文化艺术出版社1987年版，第111—113页。

我当时对这问题的解决方法就是公平合理地把上帝尊为恶之父。这是不是我那"先天"要求我做的？啊！那新颖的，不道德的，至少是与道德无关的"先天"，还有那从这先天中喊出来的如此反康德的，如此神秘的"绝对命令"。我越来越乐于倾听，而且不仅限于倾听这"绝对命令"，是它们要我这样做的吗？值得庆幸的是，我逐渐学会了区别神学偏见和道德偏见，而且我不再在世界的背后寻找恶的根源，少许历史和哲学方面的训练，加上一种在一般心理问题上的天生的挑剔意识，在很短的时间内就把我的问题变成了另外一个问题，即人在什么样的条件下形成了善与恶的价值判断，这些价值判断本身的价值又是什么？到目前为止，它们对于人类繁荣是起阻碍作用还是起推动作用？它们是不是生活的困苦、褫夺、退化的标志？抑或是相反，它们显示了生活的充实、力量和意志，显示了生活的勇气、信心和未来？①

　　我之所以不厌其烦地在这里引录尼采的这一段自述，是因为它清楚明白地给我们指明了这样几点：首先，对道德问题的哲学思考，一直是尼采关注的基本问题，因此，道德哲学可以说是尼采哲学思想的核心。其次，尼采怀疑道德、反对道德，主要是针对统治了欧洲两千年的最高道德价值——基督教道德，即以善和恶来作为价值标准的善恶道德观（按照尼采的理解，这是一种危害生命的非生命道德），而不是反对道德本身。因此，尼采不是"道德虚无主义"。从这里，我们也就更可以体味到，他之要建立超越善恶（或善恶之彼岸）的生命道德哲学的良苦用心。最后，尼采对道德价值的重估是从好几个层次展开的，即道德价值（善恶道德观）的谱系学（历史心理学）根源是什么？道德价值本身的价值如何？道德价值造成了什么样结果？很显然，尼采的"重估"是从价值基础、价值标准和价值结果全方位展开的，而并不只是凭一时之激情的偏见。了解这一点，对于我们透过尼采文字叙述的极端性和激烈性，去把握他思想的真正内容，是极有好处的。

　　在尼采看来，以往人们之所以把道德当作自在的最高价值而不试图去怀疑它，关键在于人们没有去研究它，没有学会怎样提问（即缺乏尼采

_____

①　尼采：《道德的谱系》，前言，周红译，三联书店 1992 年版，第 3 页。

那种"真诚意识")。"如果有谁坚持研究这问题,并且学会怎样提问,那么他就会得到和我相同的经验:一个巨大的、崭新的境界就会展现在他面前,一种可能性,像一场骗局一样,就会旋即抓住他,各种各样的猜疑、顾虑、恐惧就会袭来,对于道德、对于所有的道德的信念就会开始动摇——最后,一个新的挑战就会被提出。"这一挑战就是:"我们要批判道德的价值,首先必须对道德价值本身的价值提出疑问——为此还需要认识这些道德价值产生、发展和推延的条件和环境,认识作为结果、作为征候、作为面具、作为伪善、作为疾病、作为误解而存在的道德,同认识作为原因、作为医药、作为兴奋剂、作为抑制物、作为毒药而存在的道德。"① 当把这挑战进行到底时,以善恶为基本评价标准的非生命的道德偶像也就近于黄昏了。

---

① 尼采:《道德的谱系》,周红译,三联书店1992年版,第6页。

第 六 章
生成透视与生命道德

尼采对道德的重构是以对生命之意义的确定为前提和基础的。生命的意义是尼采哲学的主题，也是尼采道德哲学的主题。而生命本身只是生成世界的一个生存片断，因此，要真正建构生命道德，必须对生成世界本身进行透视，以把握住作为生存片断的生命本身。

尼采很小就有了一种对生命意义的悲愁和期求。在 15 岁时写的一首诗中，他写道：

> 悠扬的晚祷钟声，
> 在田野上空回荡。
> 仿佛在提醒世人：
> 在这个世界之上，
> 终究没有人找到，
> 故乡和天伦之乐。
> 我们从未摆脱大地，
> 终究回到它的怀抱。
> ……
> 当钟声悠悠回响，
> 我不禁悄悄思忖：
> 我们全体都滚滚，
> 奔向永恒的故乡。①

正是在这种心境之下，他接触到了叔本华哲学。他发现"叔本华的伟大之处"就在于"他站在整幅人生之画的面前，以求说明它的全部画

---

① 转自《周国平文集》卷四，陕西人民出版社 1996 年版，第 163 页。

意；而那些头脑聪明的人却误以为只要烦琐地考证这幅画所使用的颜色和材料，便算弄懂画意了"。据此他认为，每一种伟大的哲学的真正使命就在于告诉人们："这是全部人生的图画，从中寻求你的生命的意义吧。"或者说，"认真体会你的生命，从中理解一般生命之谜吧"。① 但是，叔本华的悲观主义并没有给他一个满意的答案。

随着对生命意义的追问，他发现了基督教的虚无主义性质，他脱离了基督教。这之后，他形成了受美学支配的酒神哲学。以致在事隔十六年后，尼采在给他的第一部著作《悲剧的诞生》写的序中还声称：这本书的"任务就是：用艺术家的眼光考察科学，又用人的眼光考察艺术"。"当时，在这本成问题的书里，我的本能，作为生命的一种防卫本能，起来反对道德，为自己创造了生命的一种根本相反的学说和根本相反的评价，一种纯粹审美的、反基督教的学说和评价。何以名之？作为语言学家和精通词义的人，我为之命名，不无几分大胆——因为谁知道反基督徒的合适称谓呢？——采用一位希腊神灵的名字：我名之为酒神精神。"② 可是，由于受布克哈特的影响，在巴塞尔的最初几年，尼采就已经为历史人物而放弃了美学存在的统治地位。他发现我们的生命患了历史的疾病，"过量的历史损害了生命的可塑力"③。随后，尼采形成了强力的观点，他采取了从善恶的彼岸的立场，否定了证明道德原则正确的可能性，否定了证明人对正义和非正义的判断正确的可能性。到了晚期著作，尼采在永恒轮回思想的指导下，认为世界和生命本身没有什么意义可以认识，至今的一切解释都不过是人所做的理由并不充分的工作，而对于人来说，支配他在一个本身没有意义的世界中生存的生命，是比其他任何东西包括道德都更具有决定意义的。

可见，对生命意义的关注是贯穿尼采道德哲学始终的主题。他之所以反对道德，也是基于道德对生命的否定。在尼采看来，"一切生命和增长所需要的力和欲望都是用道德的禁忌来证明的，因为，道德本能否定生

---

① 尼采：《作为教育家的叔本华》，转自《周国平文集》卷四，陕西人民出版社 1996 年版，第 163 页。

② 尼采：《自我批判的赏试》，《尼采文集·悲剧的诞生卷》，青海人民出版社 1995 年版，第 189、194 页。

③ 尼采：《历史的利弊》，转自 [德] 伊沃·弗伦策尔《尼采传》，商务印书馆 1986 年版，第 49 页。

命"。因此，"为了解救生命，就要消灭道德"①。"必须以生命的标准来衡量一切'理想欲望'的含义。"② 尼采甚至以康德"给我物质，我便给你一个世界"的口吻说："先送给我生命，然后我也要由此为你们创造一种文化！"③

尼采是把对生命的肯定作为他重构的道德之价值的基础的。如果说基督教道德是一种非生命的道德，是将生命道德化的话，那么尼采重建的道德便是一种生命的道德，是将道德生命化。所以人们也把尼采当作现代生命哲学的创始人。

第一节　生成世界的形上学

尼采将对生命意义的寻求作为他道德哲学的基础和主题。这是和他对哲学和世界的看法分不开的。在尼采看来，哲学就是一种价值活动，是一种意义设置运动，所有的哲学体系都是价值体系。但是，传统形而上学在现实世界以外设定一个"真实的世界"作为价值的支撑，因而其提供的价值是虚无的。因此，要重建新道德，必须首先消解传统形而上学的世界观。

一　生成世界观

在"世界"观上，尼采首先坚决对传统形而上学关于"真实世界"和"假象世界"的区分。在不同的地方，尼采一再强调："真正的世界只是编造出来的"④，"真实的世界"，这个概念告诉我们，世界是不真实的、骗人的、不诚实的、不正当的、无足轻重的——因而是个我们无法利用的世界⑤。传统形而上学将世界分为现象和本质，又认为本质的世界才是真正的世界，在柏拉图那里为"理念世界"，在基督教那里为"天国"，在

---

① 尼采：《权力意志》，张念东、凌素心译，商务印书馆1991年版，第663页。

② 同上书，第670页。

③ 尼采：《历史的利弊》，转自 ［德］ 伊沃·弗伦策尔《尼采传》，商务印书馆1986年版，第49页。

④ 尼采：《偶像的黄昏》，"哲学中的理性2"，《尼采文集·查拉图斯特拉卷》，青海人民出版社1993年版，第313页。

⑤ 尼采：《权力意志》，张念东、凌素心译，商务印书馆1991年版，第469页。

康德那里为"自在之物"之道德自由世界。"哲学家虚构了一个理性世界","宗教家杜撰了一个'神性'世界","道德家虚构了一个自由的'世界'"①。总之,这样一个"真正的世界"是"不可达到、不可证明、不可许诺"的,"是一个不再有任何用处的理念","所以是二个被驳倒的理念,让我们废除它!"而"随同真正的世界一起,我们也废除了假象的世界!"② 随着"真正的世界"和"假象的世界"的废除,世界就只有一个我们生活于其中的现实的世界。尼采认为,这个现实的世界是一个变易的、生成的世界,其"本质"是强力意志的永恒轮回。

"生成"和"生存"是尼采关于世界观的两个基本概念,是尼采对世界和人的基本看法,二者源于强力意志的永恒轮回。在《强力意志》的一个札记中,尼采写道:

> 两种最伟大的(被德国人所发现的)哲学观点:a)生成观,发展过程;b)生存价值观(但首先必须克服德国悲观主义的可怜形式!)——
> 这两者被我以决定性的方式撮合在一起。一切都在生成中永恒地回归——这是无法逃脱的!——假如我们真能判断价值,其结里将如何呢?轮回的思想就是选择的原则,是为力(和野蛮!!)效力的。
> 人类已经成熟到足以接受这种思想了。③

在尼采看来,柏拉图主义的、基督教的世界观把世界理解为"存在",其结果是导致价值的虚无,通过尼采的积极虚无主义,将传统形而上学的价值虚无昭示出来,虚无主义成了一种自觉,这种自觉表明人类已"成熟"到可以面对现实了,这现实就是"生成"。

对于世界的问题,尼采一反传统形而上学对"是什么"的追问,而侧重于"怎么样"的描述。因为对"是什么"的追问必然导致还原主义,而将世界归结为某种存在,而世界实际上是不能归结为某种或某几种存在的。尼采用一些形容词来描述世界:世界是"混沌",世界是"外观",

---

① 尼采:《权力意志》,张念东、凌素心译,商务印书馆 1991 年版,第 471 页。
② 尼采:《尼采文集·查拉图斯特拉卷》,青海人民出版社 1993 年版,第 318—319 页。
③ 尼采:《权力意志》,张念东、凌素心译,商务印书馆 1991 年版,第 647 页。

世界是"情绪冲动"。而用来描述世界的最主要词汇则是"生成"。尼采写道：

> 一切皆是生成。①
> 一个生成的世界。②
> 生成的世界的特征，无法阐述。③
> 作为必然永恒回归的东西，作为变易（生成），它不知更替，不知厌烦，不知疲倦。④

尼采将"生成世界"作为其道德哲学的世界观基础，是和传统道德价值的形而上学设定的"真正世界"相对立的。尼采认为，"把世界分为'真正的世界'和'假象的世界'，不论按照基督教的方式，还是按照康德的方式都是衰败的生命的表征"⑤，"'真正的世界'只是编造出来的"⑥，"被归诸事物之'真正的存在'的特征，是不存在的特征，虚无的特征，——'真正的世界'是通过同现实世界相对立而构成的；既然它纯属道德光学的幻觉，它事实上就是虚假的世界"⑦。这样一种区分是基于这样两条"逻辑"原则：1. "假如 A 存在，那么它的对立概念 B 也应存在"；⑧ 2. "真实的世界和表面的世界——我把这种对立的来源追溯到价值关系。……'真实的世界'不是可变的和生成的世界，而是存在的世界"⑨。这样，人们就是试图在表面的、矛盾的、变易的、现实的世界的背后去寻找它的对立面，即真实的、统一的、存在的、彼岸的世界。但是，"人们根本不应允许任何存在物在场——因为，有了存在物，生成

---

① 尼采：《权力意志》，张念东、凌素心译，商务印书馆 1991 年版，第 210 页。
② 同上书，第 15 页。
③ 同上书，第 262 页。
④ 同上书，第 701 页。
⑤ 尼采：《偶像的黄昏》，《尼采文集·查拉图斯特拉卷》，青海人民出版社 1995 年版，第 317 页。
⑥ 同上书，第 313 页。
⑦ 同上书，第 316 页。
⑧ 尼采：《权力意志》，张念东、凌素心译，商务印书馆 1991 年版，第 659 页。
⑨ 同上书，第 279 页。

就失去了价值，并且马上成了无意义和多余"①。世界就是生成，只是生成。生成世界不能由知性把握，不能用语言表达，它没有目的，不存在统一，也超越于价值评价。

在尼采看来，世界作为"生成，没有目的；生成，渗入'存在'。生成，没有存在状态；存在的世界或许是假象"。② 之所以如此，是因为"一切现象，一切运动，一切发展生成都是在确定程度和力的比例关系"③，这种关系表明"一切原动力皆为强力意志，此外，没有任何物理的、动力的和心理的力"④。

换言之，"存在的最内的本质就是强力意志"⑤。说得更明白些，"这个世界是：一个力的怪物，无始无终，一个坚实固定的力，它不变大，也不变小，它不消耗自身，而只是改变面目。……这个世界就是强力意志——此外一切皆无！我们自身也是强力意志——此外一切皆无！"⑥ 既然如此，"机械论的一切前提——材料、原子、重力、压力和冲击力等——都不是'自在的事实'，而是借助于精神的虚构作出的解释"⑦，它"表示的只是单纯的征象学，而绝非现实的东西"⑧。而"表面上的'合目的性'……仅仅是活跃于一切现象中的强力意志的结果"，"仅仅表示力量的势力范围及与之相默契的等级秩序"的外观。所以尼采说："我们的前提：没有上帝；没有目的；力量有限。"⑨

可是，既然世界是无常的生成，我们的人生不就是一场虚无的梦吗？这对于渴望明白生命的意义的尼采来说，无疑是不能接受的。但是他又不愿像传统形而上学基于生命力衰弱的那样设定一个"真正的世界"。于是他选择了给生成打上存在性质印记的"永恒轮回"的方式。尼采说：

① 尼采：《权力意志》，张念东、凌素心译，商务印书馆1991年版，第433页。
② 同上书，第434页。
③ 同上书，第260页。
④ 同上书，第504页。
⑤ 同上书，第537页。
⑥ 同上书，第700—701页。
⑦ 同上书，第534页。
⑧ 同上书，第535页。
⑨ 同上书，第122页。

我们每样事物寻求一种永恒性：人们可以把最珍贵的油膏和酒倾倒在大海里吗？——我的安慰是，存在过的一切都是永恒的：——大海又重新把它们冲卷出来。①

这样，尼采就把生成世界的流变转化为生存价值的问题了。全部问题就在于如何既肯定"生成"又肯定"生存"。因为在尼采看来，生存价值即生命意义问题是全部哲学的出发点，传统形而上学用否定"生成"的方式否定了"生存"的价值；而叔本华哲学则通过肯定"生成"而否定了"生存"的价值。由此可见，尽管"生存"是"生成"的一个部分，肯定"生成"未必就肯定了"生存"。

换言之，生成虽然和存在是对立的，但如果生成不与存在相统一，就会导致虚无。所以，要肯定生存的价值，关键在于以适当的方式把"生成"与"存在"统一起来。在尼采看来，"永恒轮回"就是"生成"和"存在"统一的最高方式。

给生成打上存在性质的烙印——这是最高的强力意志。……认为一切都是轮回的，这使一个生成的世界最大程度地接近于存在的世界——凝视的顶峰。②

强力意志只是说明了世界的本质，而对于生成世界的存在形式，尼采是通过永恒轮回来说明的。

永恒轮回思想的最早表述是在《快乐的科学》之结尾。在那里，尼采说："我们需要新的目标和新的手段"，而"对于这种理想"，尼采警告，"我们可不能随便劝人去追求，因为我们并不确知是否每个人都有这份资格和能耐"③。尼采把这个理想称为"最沉重的负荷"，他借一个恶魔之口说：

人生便是你目前所过，或往昔所过的生活，将来仍将不断重演，

---

① 尼采：《权力意志》，张念东、凌素心译，商务印书馆1991年版，第428—429页。
② 同上书，第674—675页。
③ 尼采：《快乐的科学》，余鸿荣译，中国和平出版社1986年版，第295页。

绝无任何新鲜之处。……那存在的永恒之沙漏将不断地反复转动，而你在沙漏的眼中只不过是一粒灰尘罢了！①

在《查拉图斯特拉如是说》中，尼采更明白地写道：

> 万物方来，万物方去；存在之轮，永远循环。万物方生、万物方死；存在之时间，永远运行。万物消灭了，万物又新生了；存在之自身永远建造同样的存在的屋宇。万物分离而结合；存在之循环对于自己永久真实。存在念念相生；围绕着这之轨道，永远回环着那之星球。任何一点皆是宇宙的中心。永恒的路是螺旋形的。②

在《善恶的彼岸》这本作为"未来哲学的前奏曲"的书中，尼采又以永恒轮回的思想去摧毁基督教的道德理想。

到了晚年，尼采更是将永恒轮回当作虚无主义的最极端形式进行发挥。他写道：

> 假如人们可以把世界设想为有一定大小和一定数量的力的中心……那么，其结果就是，世界要在自己存在这种赌博中经历相当数量的骰子点数的组合。无限的时间中，说不定每个可能的组合任何时候都有可能出现；不仅如此，某一种组合也许会出现无数次。……因为，世界乃是一个循环，它周而复始无限地重复自身，而且无限重复自己的赌博游戏。③

在尼采看来，正是在世界的永恒轮回中，生成着的世界才被打上存在的烙印，它在每个"生成的大年"中按原样重现，保持不变，因而最大限度地接近于存在着的世界。这样一种接近，使人避免了生成流逝带给人的虚无和恐慌。所以，尼采把作为新价值基础的"新的世界观"表述为：

---

① 尼采：《快乐的科学》，余鸿荣译，中国和平出版社 1986 年版，第 230 页。
② 尼采：《查拉图斯特拉如是说》，尹溟译，文化艺术出版社 1987 年版，第 261—262 页。
③ 尼采：《权力意志》，张念东、凌素心译，商务印书馆 1991 年版，第 454 页。

世界存在着，它绝非生成之物，绝非消逝之物。或者毋宁说：它生成着，它消逝着，但它未尝开始生成，未尝停止消逝，——它在二者之中得以保持……它靠自己生存；它的粪便就是它的食物。①

尼采对于永恒轮回学说的论证主要立足于两点：一是能量守恒，二是世界并未达到终极平衡状态的事实。

尼采说"能量守恒的原则要求永恒轮回"。② 因为能量守恒意味着有限的力（这一点尼采在讲强力意志时已经说了），它们在有限的空间中组合必定是有限的，而这些有限的组合在无限的时间中必定无限次地重复。这样能量守恒必然导致，要么终极平衡状态的出现，要么永恒轮回。

但事实上，"平衡状态根本就没有过，这说明它是无法实现的"③。因为"假如世界完全僵化、干涸、败死、万物不生，或者，假如世界真是本身包含持久性、不变性、一劳永逸的目的（简言之，形而上学式的用语；假如生成真能汇入存在，或汇入于虚无），那么这种状态想必是会达到的。但是，它没有达到……"④

将强力意志学说和永恒轮回说有机结合，就成为尼采关于世界的根本观点了。很显然，"生成"是尼采"世界"观的基本概念。在尼采看来，世界的运动没有达到一个目的状态，而且它根本就没有目的状态，这是一个基本的事实。而正是为了寻找一种适合于这个事实的"世界观念"，尼采才找到强力意志和永恒轮回。以往的形而上学都是要设置一个最高存在者，作为世界运动的终极目的和支配万有的总体意识，并以之贬低"生成"的价值。而强力意志和永恒轮回的观念则肯定了"生成"的价值。强力意志是尼采对"生成"的根源动力的解释，而永恒轮回则是对"生成"的方式的解释。我们不能反过来用生成解释强力意志和永恒轮回，因为"强力意志是生成不出来的"⑤，而循环也绝不是生成者。所以，在对本然世界的设定上，我们可以将尼采的思想称为以强力意志的永恒轮回为内容的生成世界观。

---

① 尼采：《权力意志》，张念东、凌素心译，商务印书馆1991年版，第453页。
② 同上书，第631页。
③ 同上书，第145页。
④ 同上书，第454页。
⑤ 同上书，第440页。

世界就是在这种永恒轮回中，在生成中存在。这种生成中的存在，给人的生存提供了一个意义基础。凭借着永恒轮回，终有一死的生命永存于生成之流中。尼采在论及酒神祭祀的价值意义时，充分揭示了轮回对生存价值的"担保"。他写道：

> 希腊人用这种神秘仪式担保什么？永恒的生命，生命的永恒回归；被允诺和贡献在过去之中的未来；超越于死亡和变化之上的胜利的生命之肯定；真正的生命即通过生殖、通过性的神秘而延续的总体生命。①

永恒轮回以一种特殊的方式担保了生命的永恒，使每一次死亡不再是万劫不复的寂灭，从而肯定了生存的价值。但与此同时，它也便确认了死亡的永恒轮回，每一次降生，都无可避免地走向死亡，在轮回中绝不存在某个机遇可使情况有所改观。而且，永恒轮回也无可挽回地废除了生存的一切意义和目的。我们生活在一个巨大的循环中，"它没有目的，如果不是在循环的幸福之中包含一个目的的话"②。

永恒轮回的世界是一个绝对无意义、无目的的世界。在这个世界里，上帝彻底死了。而这种无意义、无目的恰恰是对生命的最大考验。它以极端的方式考验了人们接受现实世界和人生的勇气，考验了人们承担对世界和人生的责任的意志。旧形而上学和悲观主义由于没有这种勇气和意志，而走向了虚无主义。有充沛强力意志的人，则不但敢于正视而且乐于按照其本来面目接受这个无意义、无目的的世界，包括属于这个世界的、本质上同样无意义的、无目的的自己的生命。他"不但学会了适应和接受已有现有的一切，而且愿意按照已有现有的样子重获它们，以至于永恒"③。

通过揭示世界生成的无意义和无目的，尼采实际上是要人自己承担起这无意义和无目的的生命，并按自己的方式去赋予它意义。这样，他实际上是将价值的基础还原到了生命。

---

① 尼采：《偶像的黄昏》，湖南人民出版社 1990 年版，第 124 页。
② 尼采：《权力意志》，张念东、凌素心译，商务印书馆 1991 年版，第 701 页。
③ 尼采：《善恶的彼岸》，转自《周国平文集》卷三，第 489 页。

二　透视认识论

以传统形而上学为基础的认识论，追求的是没有任何先见的"纯粹知识"、绝对真理，而这种"纯粹知识"又是以摆脱一切人类特性的"纯粹主体"和与人完全无关的"纯粹客体"的存在设定为前提的。尼采从世界是生成的立场出发，以透视主义为武器，站在价值的立场上，在认识论中展开了对一切价值的重估，这种重估不但使传统形而上学的认识论的基本概念如主体、客体、反映、真理等的"本来"意义被彻底消解，而且使它们获得了价值的翻转，一切认识论的问题都是人的生存实践所派生出的透视问题。尼采以生成世界观为基础对实然世界的解释，就构成了他的透视主义认识论。

尼采的消解工作首先是从理性主义认识论的最著名命题——笛卡尔的"我思故我在"开始的。在尼采看来，"如果人们把命题还原为'我思故我在'，那么得到的只是同义反复。因为恰恰没有提到有问题的东西即'思想的现实性'——也就是说，思的'假象'没有被排除"①。尼采认为，笛卡尔的"我思"本身就内含着"思"、"我"以及二者相互关系自明的假定。但是，"思"本身只是一种"假象"，并无"自在的现实性"，因为"思"作为按照因果关系的模式联结观念时还受着种种可能的情绪冲动的影响，而且正是这些影响才是造成观念联结的真正原因。只是由于其运动之迅速，我们无从知道而已。

所以尼采说："认识论者设想的那种思维根本不会发生，因为，这全是随心所欲的虚构，其方法是突出过程中的某个因素而压低其余因素，以便于进行明白无误的人为加工……"②与此相应，"'主体'也不是任何现存的东西，而是某种臆造的东西，是隐蔽的东西"③。尼采认为，"主体"、"自我"概念是我们在观察事物和观察自己时必不可免的局限性的产物，实际上是对内心世界的错误观察的产物，是依据虚假的同一性和因果性得出的根据。在"我思"的命题中，"首先，虚构了根本不会发生的行为即'思维'；其次，虚构了主体基础，在此基础上，这种思维（否则

---

① 尼采：《权力意志》，张念东、凌素心译，商务印书馆1991年版，第307页。

② 同上书，第421页。

③ 同上书，第683页。

什么也不是）的任何行为都可以找到自己的起源，也就是说，行为和行为者都是虚构的"①。

尼采认为，把这种虚构的"自我"实体化为"主体"，便是"实体"（纯粹客体）概念形成的心理根源。"实体概念是主体概念的结果，反之则不可！"②"'实在'，'存在'，这些概念来自我们的'主体'情感。"③物质性的实体概念，如"物"、"物性"、"原子"、"存在之物"等都只是"自我"、"主体"概念的外推。"物本身，物的概念，仅是自我即原因的信念的一个反映罢了……甚至连你们的原子，我的机械论者和物理学家先生们……更不必说'物自体'"④，而精神性实体概念如"上帝"、"世界精神"、"世界意志"等，既是由于"主体"概念的外推，同时也是由于"荒谬的过高估计了意识的作用"，"意识乃是可以达到的最高形式，是最高形式的存在，是上帝"，"'真实的世界'亦即精神世界，是通过意识这个事实可以接近的世界"。⑤

所以，尼采认为，随着我们对"主体"概念的放弃，我们也要放弃"实体"。"主体"是把意识实体化的产物，"客体"是把被意识到的那一部分外部世界实体化的产物。

在消解了"主体"和"客体"后，尼采便用强力意志的设定来清算"纯粹知识冲动"以说明认识的动力。在尼采看来，根本不存在纯粹的认识冲动，一切理论的形式都受着某种"本能"的支配（在这里，"本能"是指个人生存的实践利益）。"所谓认识欲，应溯源于占有和制服的欲望。因为，感官、记忆、本能等功能就是循着这种欲望发展的。"⑥"认识冲动"的真正根源是使世界适合于人的生存需要，人的生存实践作为强力意志的实现，要借助"作为强力的工具"的认识来"占有"和"征服"世界。所以尼采说："我们的认识器官，不是为'认识'而设置的。"⑦

① 尼采：《权力意志》，张念东、凌素心译，商务印书馆1991年版，第421页。
② 同上书，第366页。
③ 同上书，第255页。
④ 尼采：《尼采文集·查拉图斯特拉如是说卷》，青海人民出版社1993年版，第329页。
⑤ 尼采：《权力意志》，张念东、凌素心译，商务印书馆1991年版，第486页。
⑥ 同上书，第487页。
⑦ 同上书，第138页。

"整个认识器官……不是用来认识事物，而是驾驭事物。"①

尼采认为，从个人的生存实践需要出发而对世界所作的图解就是认识，强力意志在认识活动中通过图解来征服混乱。尼采说："不是'认识'，而是图解，——使混乱呈现规则和形式以满足我们的实际需要。"②在尼采看来，作为"生成"，世界是混乱，无规则和形式可言，但人的生命本能又天然地厌恶混乱，寻求秩序。因为混乱不利于生存，所以，人为了生存，必须建立一定的行为模式；为了建立这种行为模式又必须将世界图式化。所以，图解是人解释现实的一种特定方式，通过它，人为自己的行为方式确定了根据。

人对世界的图解实际上是一种"透视"。"透视"是绘画术语，在德语中它有透视、远景、看问题的角度等含义。由于透视是从生命本能、情绪冲动、强力意志等出发对世界的价值观照，所以，由透视而形成的"外观世界，即一个按照价值来看的世界"③。正是在这个意义上，尼采又把这种"透视"称为人对世界的解释，认为认识即解释。而且强调，世界只是在可透视、可解释这个意义上才是可知的。这种透视（认识、解释）由于是基于不同的强力意志中心，"所以，在任何情况下，它都是条件的确认、描述、领悟（而不是本质、物、'自在'的探究）"④。当人们不是把认识当作这种"条件的确认"，不是当作透视的外观，而是"当作"具有普遍性的知识时，便有了"真理"。

尼采把他的认识理论称为"情绪冲动的透视学"或"透视主义"⑤。尼采用透视来说明认识的本质，一方面表示认识取决于认识者的生存条件、生存实践需要，正如透视画面取决于画家的位置、视角等；另一方面在于强调认识的相对性，这种相对性既表现在范围上认识是有界限的，就像透视画面是有地平线的一样，也表现在性质上认识如同透视画面一样是错觉，而不是对现实的镜子式的直接反映。尼采有时又把这称为"光学"，因为"光学"是反对力学的、机械论的认识论的，正如透视主义是反对平面式反映论的。尼采认为，这种"光学"性质的透视主义认识是

① 尼采：《权力意志》，张念东、凌素心译，商务印书馆1991年版，第141页。
② 同上书，第481页。
③ 同上书，第456页。
④ 同上书，第191页。
⑤ 同上书，第285页。

一种认识论的人类中心论观点，即它必定以人类特性为转移，不可能有超越于人类特性的纯客观认识。我们对世界的认识只能是一种"透视的幻觉"，万物以我们为中心形成一种虚假的统一，在我们视界所造成的地平线上连成一体。

当尼采把认识当作从不同的强力中心发射出的对世界的透视时，他同时强调，这种透视在本质上是一种价值观照，是一种评价行为。尼采说："每个力量中心都有它对于其余一切的透视，即它整个确定的评价，它的行为方式，它的反抗方式。"① 由情绪冲动出发对世界的透视不能不是一种价值观点，一种"透视的评价"，因为它是基于生命本能的强力意志的生存实践需要的。强力意志是一切评价由之出发而又向之归宿的东西。

人的认识（透视、评价）作为由强力意志中心发出的价值观照，实际上只是从主体出发的一种意义设置。"一切价值……从心理学上看，都是为了保持和提高人的统治构成而作出的一定透视的结果，它们只是被错误地投射到事物的本质中去了"②。人通过透视把意义置入透视对象而使它拥有了意义。尼采说："价值观点是关于保存条件和提高条件的观点，这一观点涉及生命在生成内部的相对持存的综合构成。"这种"综合构成"是以强力意志为中心的"统治构成"。所以，"（价值）本质上就是属于这统治中心的伸展或收缩的观点"③。在透视过程中，是强力意志及其配置形式——各个情绪冲动——在进行着评价即意义置入。

评价就是解释。解释是强力意志的手段、形式，强力意志是解释的原动力和发动者。在尼采看来，解释是作为强力意志的一种形式而拥有现实存在的，实际上，解释就是统治某物的手段。由此，尼采实际上是在由强力意志出发的认识、透视、评价、解释四个概念之间画上了等号。

在某种意义上可以说，尼采的透视主义就是他的哲学解释学。尼采自己就是将认识和解释相提并论的，认为认识即解释。他写道：

> 就"认识"一词一般来说是有意义的而言，世界是可知的；但另一方面它是可解释的，它不是蕴涵着一种意义，而是无数种意

---

① 尼采：《权力意志》，张念东、凌素心译，商务印书馆1991年版，第456页。
② 同上书，第426—427页。
③ 同上书，第434页。

义。——这就是"透视主义"。①

在这同一段札记中，尼采还写道：

没有事实，只有解释！
我们需要的是解释世界。②

可见，对于尼采来说，正是解释才是我们和世界打交道的方式，我们在解释中（也就是在透视中，认识中，评价中），组成了人和世界、人和人的意义关系，由此满足我们的生存实践需要。

尼采认为，一切认识都是解释。"'认识'只是什么？——'解释'，置入意义——而不是'说明'。"③ 事实是没有的，万物皆流，最持久的只是我们作为意见的解释，而解释就是置入意义、置入价值。正是在这一意义上，尼采本人用强力意志理论对包括真理、道德、宗教、历史、美在内的各种解释形态作了重新解释。如：认识只是强力的工具，求真理的意志只是强力意志的一种形式；美的判断是否成立是一个力量的问题；宗教和道德是弱者的强力意志的现象。在1874年所写的《不合时宜的考察》的第二部《历史对生命的利与弊》中，更是对历史与生命的关系作了精辟的解释学分析，它不仅以生命为尺度，对历史的三种解释即纪念碑式、古董商式和批判式的解释作了重新解释，而且还特别强调："过量的历史损害了生命的可塑力；它不再懂得把过去当作一种营养丰富的食物加以利用。"④

由于生成的大化世界本身无意义可言，唯有在与他物的关系之中才谈得上意义，因此，"置入一个意义——这个任务始终有待完成"⑤。事物本身无意义，我们通过解释而将意义给予它。"我们的价值被解释进了事物之中。难道有自在的意义吗?! 意义不就是关系的意义和透视吗?"⑥ 当我

---

① 尼采：《权力意志》，张念东、凌素心译，商务印书馆1991年版，第684页。
② 同上书，第683页。
③ 同上书，第213页。
④ 转引自［德］弗伦策尔《尼采传》，商务印书馆1988年版，第49页。
⑤ 尼采：《权力意志》，张念东、凌素心译，商务印书馆1991年版，第274页。
⑥ 同上书，第213页。

们说某物"是什么"时，实际上就是把该物置于同他物的关系中，而这种关系归根到底又是由"我"设置的，所以实际上是将那物纳入和"我"（即人类）的关系之中，说明它对于"我"来说是什么，而这也就是向它置入意义。"'这是什么？'的提问，就是从他人角度出发设定的意义。……基本的问题一直是'对我来说这是什么？'（也就是我们，对一切有生命的东西等来说）。"① 所以，"'自在的事实'是没有的，而始终必须首先置入一种意义，才能造成事实"。② 而"人最终在事物中找出的东西，无非是他自己塞入其中的东西：——找出，就叫科学，塞入，就叫艺术、宗教、爱、骄傲"③。如果我们换一种说法，将找出称为"认识"，而将塞入称为"解释"，我们就会很容易地得出结论：认识到的东西无非就是解释进去的东西。"简言之，一事物的本质不过是关于'此物'的见解而已……'事物'的产生完全是设想者、思维者、感觉者的事业"④，一句话，解释者的"事业"。

尼采认为，我们之所以要进行解释，是出于生存实践的需要。由于生成世界和作为生成世界的一部分的我们的生存，在强力意志的永恒轮回下，没有任何目的和意义，而人的生命本能又需要秩序和意义。于是对于人的生存来说，"随便哪个解释总比没有解释好"⑤。因为解释就是置入意义，就是让人在无意义的世界和生存中获得意义。"未知之物使人感到危险、不安、忧虑，——第一个冲动便是要消除这种令人痛苦的状态。"方式就是解释，通过解释，"把某种未知东西归结为某种已知的东西，这使人轻松、平静、满足，此外还给人一种权力感"⑥。

由于这种解释的成功，人们甚至把它们称为"真理"。一方面，由于生命本身需要获得解释，被赋予意义，否则会归于荒谬；另一方面，生命又从自身出发对世界进行着解释，为自己创造一个有意义的世界。可见"解释本身作为强力意志的一种形式，为作为一种情绪冲动的生存所固

① 尼采：《权力意志》，张念东、凌素心译，商务印书馆1991年版，第191页。
② 同上书，第191页。
③ 同上书，第185页。
④ 同上书，第191—192页。
⑤ 尼采：《偶像的黄昏》，湖南人民出版社1990年版。
⑥ 尼采：《偶像的黄昏》，"四种大谬误5"，湖南人民出版社1990年版。

有"①。正是由于此，尼采强调，一种没有解释、没有意义的生存必是荒谬的，而且实际上，一切生存在本质上都只不过是从事着解释的生存。

在尼采看来，解释本身是强力意志的一种形式，为作为一种情绪冲动的生存所固有，所以，解释乃是出于生存的必需，而它本身是以生命、强力意志为原动力的。由于作为生命的强力意志是解释的原动力，因此，依据强力意志的等级也就有不同性质的解释。

虚无主义者由于强力意志的衰弱，"不再拥有解释、创造虚构的能力"②，撇开透视的评价，从而贯彻"一种敌视生命和造成崩溃的原则"③。

形而上学家的强力意志虽还没有衰弱到丧失解释能力的地步，但是他没有勇气承认自己是在解释，而是把解释当作认识，把虚构的世界当作"真正的世界"，他不敢正视自己对世界的认识所具有的解释性质，而是妄图一劳永逸地抓住绝对真理，害怕世界的无限可解释性。

真正强力意志强大、生命力充溢的哲学家，他不但有解释能力，而且有正视认识的解释性质的勇气。在尼采看来，明知仅是解释，仍保持解释的兴致和能力，敢于正视世界的无限可解释性，并且勇于尝试多元的解释，这是"有力量的标志"④。

> 凡不能把自己的意志置入事物的人，凡无意志和无力量的人，也绝不会让事物具有意义，因为他不相信事物中有什么意义。⑤

在尼采看来，不仅种种解释是不等价的，每个解释都是生长或衰退的表征，因而，解释不是一劳永逸的，而是曾经被解释过的东西又会重新成为解释的对象；而且，既然文本的意义唯有通过解释才能确定，那么，对同一文本就必然允许作不同的解释。尼采一再强调：

---

① 尼采：《权力意志》，张念东、凌素心译，商务印书馆 1991 年版，第 191—192 页。
② 同上书，第 271 页。
③ 同上书，第 634 页。
④ 同上书，第 202 页。
⑤ 同上书，第 271 页。

　　同一个文本允许无数种解释，不存在一种"正确的解释"①。

　　根据我的经验，认为一般来说存在着一种正确的，即唯一正确的解释，这个基本前提是错误的……事实上，在许多事例中，不正确的东西都是确定的，而正确的东西则几乎都不确定……总之，老语言学家说：不存在唯一正确的解释。②

　　作为解释的认识，其透视的产物就是"外观"（或假象）。"透视提供了'外观'的性质！""'外观世界'可以归结为从一个中心出发的，对世界的十种特殊的行动方式"③。外观作为生命的必要条件，作为透视的产物，有两大类，一是理性、逻辑、科学，一是感性、美、艺术。当这些外观不被当作外观而被当作真实时，就有了"真理"概念。

　　关于"真理"，尼采有很多种说法，但最能表达尼采关于真理的观点是这样两段话：

　　　　真理是我们已经忘掉其为幻想，是用旧了的耗尽了感觉力量的隐喻，是磨光了压花现在不再当作硬币而只被当作金属的硬币。④

　　　　有各式各样的眼睛。连斯芬克斯都有眼睛——因此就有各式各样的"真理"。因此，也就没有什么真理。⑤

　　在这里，尼采所认为的真理具有两个十分鲜明的特征。

　　首先，真理本只是由于人们的透视所获得的关于世界的一种外观，但当它不被当作外观而被当作"真实"，即"已经忘掉其为幻想的幻想"，"不再被当作硬币而只被当作金属的硬币"时、它就获得了"真理"的价值。换言之，真理就是因其对于生命的价值而被人类所信仰的谬误。

　　其次，因生成的世界有很多个强力的中心。以不同的强力中心发射出的透视必定是不等价的。因此，作为外观的真理就不可能拥有绝对性而永远只是相对的，它们之间价值的高低只是取决于强力感的高低。就像尼采

---

① 转自《周国平文集》卷三，陕西人民出版社1996年版，第399—400页。

② 同上书。

③ 尼采：《权力意志》，张念东、凌素心译，商务印书馆1991年版，第456页。

④ 尼采：《哲学与真理》，田立年译，上海社会科学院出版社1993年版，第106页。

⑤ 尼采：《权力意志》，张念东、凌素心译，商务印书馆1991年版，第610页。

说的，"斯芬克斯也有斯芬克斯的真理"，但"真理的标准在于强力感的提高"。

由此可见，尼采从世界是生成的立场出发，以透视主义为武器，站在价值的立场上，在认识论中展开了对一切价值的重估，这种重估不但使传统形而上学的认识论的基本概念如主体、客体、反映、真理"本来"意义被彻底消解，而且使它们获得了价值的翻转，一切认识论的问题都是从人的生存实践所派生出的透视。这一认识论上的变革，为尼采建构生命道德提供了极为重要的认识论前提。

三　生存价值观

对于尼采来说，生成世界观和透视认识论并不是其形而上学思考的目的，他对本然世界的设定和对实然世界的阐释都是为了对应然世界的期待，因此，对价值问题的关注才构成他形而上学的核心，其本体论思想和认识论思想都是为价值论服务的。

尼采的强力意志本是从生命现象推演出来的。他不仅用强力意志来解释世界的本质，而且解释生命及与生命相关的一切价值现象的本质。尼采认为，"生命不是内在关系适应外在关系，而是强力意志，它从内在关系出发，不断征服和同化'外在关系"①。"生命只是强力意志的个别状态。"② 以强力意志为本质的生命既不是进化的结果，也不以趋乐避苦的方式自保，它是一个必须不断自我超越的东西。

> 生命作为我们最熟悉的存在形式，只是求力之积聚的意志。……生命作为个别情形（由之推及存在的总体性质的假说）追求大限度的强力感；追求无非是追求强力；最基础、最内在的东西始终是这个意志。③

当作为强力意志的生命把自己展开为生存实践时，就有了评价。为了生存，必须评价。由评价而产生的一切价值现象，在尼采看来，其由之发

---

① 尼采：《权力意志》，张念东、凌素心译，商务印书馆1991年版，第678页。
② 同上书，第505页。
③ 同上书，第543页。

展又向之归宿的东西，就是强力意志。因为，评价的主体是生命，但生命本身仅是强力意志的表现形式。所以，价值本质上是强力意志的透视观点。

强力意志不但是评价的真正主体，而且是评价的最高标准，只能用生命来衡量意识的价值，又用强力意志来衡量生命的价值，而不能反过来用意识评判生命，用生命评判强力意志。强力意志是最高价值，生命之是否有价值和价值的大小，取决于它所体现的强力意志的量和质。因为，价值是人所能同化的最高强力量——人，不是人类！①

但是，生命所体现的这种强力的量，并不就是指向外在的权力的增长。尼采所肯定的强力，不是外在的权力，不是表面的统一，暴力的统治或数量的优势等，而是内在的强力，是生命力的充溢，生命的自我超越和意志的自律。正因此，尼采说："每一个人均可根据他体现生命的上升路线，还是下降路线而得到评价。"②

当尼采以强力意志的永恒轮回而把世界设定为变易不居、无意义可循的生成世界时，他便更进一步强调生成世界之于人的生命之生存的价值意义。尼采明确地把生成和生存（或生命）并提，他说：

> 两种最伟大的（被德国人发现的）哲学观点：a）生成观，发展过程；b）生存价值观（但首先必须克服德国悲观主义的可怜形式！）——这两者被我以决定性的方式撮合在一起。一切都在生成中永恒地回归——这是无法逃脱的！——假如我们真能判断价值，其结果将如何呢？轮回的思想就是选择的原则；是为力（和野蛮！）效力的。
>
> 人类已经成熟到足以接受这种思想了。③

这一段话明确地揭示了永恒轮回的生成世界的价值内涵。这里的全部问题只在于，如何既肯定"生成"又肯定"生存"的价值。"生存"作为生命的展开形式，原是"生成"的一部分，但肯定了"生成"未必就

① 尼采：《权力意志》，张念东、凌素心译，商务印书馆 1991 年版，第 553 页。
② 尼采：《偶像的黄昏》，湖南人民出版社 1987 年版，第 91 页。
③ 尼采：《权力意志》，张念东、凌素心译，商务印书馆 1991 年版，第 647 页。

肯定了"生存的价值"。因为正是生成的观点揭示了"生存"的短暂性的真理，而使"生存的价值"成了问题。尼采认为，要肯定生存的价值，关键在于以适当的方式把"生成"和"存在"统一起来。永恒轮回就是两者统一的最高方式。如果说强力意志的一般形态只是维持生命在生成内部的相对保存，那么，永恒轮回则在总体上给生成打上了存在性质的印记。在永恒轮回中，生成着的世界在每个"生成的大年"中都按原样重复，保持不变，因而最大限度地接近于存在着的世界。生成正是以这样一种"存在方式"体现了它的价值意义。

尼采重估一切价值的透视认识论也是以价值为内涵的。当他从强力意志的永恒轮回出发，强调认识即解释，认识只是从不同的强力中心所发射出的透视而形成的外观时，同时也明确指出，这种透视是从生命本能、情绪冲动、强力意志等出发的对世界的价值观照。尼采说："外观世界，即一个按照价值来看的世界，按照价值来整理、选择，在这一场合也就是按照对于一定物种的保存和强力提高的利害观点。"① 而当尼采说："'我相信如此这般'这样一个价值估价，乃是'真理'的实质。在价值估价中表达了保存和生长的条件"②，从而把真理当作"一种业已成为生存条件的信念"③ 时，其透视认识论的价值内涵更表达无遗了。

尼采的价值论并非指称一般的评价问题。他通过生成和透视所要言说的价值是生命的价值、生存的价值。因为永恒轮回的生成世界表达的是一种"虚无主义的极端形式"，在这种形式下，世界本身以及作为生成世界一部分的生命就其本来面目而言，是无意义和无目的的。它不可避免地轮回，无止境地化为虚无，只有虚无（即无意义）才是永恒的。我们生活在一个巨大的循环之中，这个循环无可挽回地废除了生存的一切意义和目的。但是，这样一个世界同时又以一种特殊的方式担保了生命的永恒而使每一次死亡不再是万劫不复的寂灭。正如尼采在《快乐的科学》中所说的：

　　　　人生便是你目前所过，或往昔所过的生活，将来仍将不断重演，

---

①　尼采：《权力意志》，张念东、凌素心译，商务印书馆 1991 年版，第 456 页。
②　同上书，第 279 页。
③　同上书，第 178 页。

绝无任何新鲜之处。然而，每一痛苦、欢乐、念头、叹息，以及生活中许多大大小小无法言传的事情皆会再度重现，而所有的结局也都一样——同样的月夜，枯树和蜘蛛，同样的这个时刻以及我。那存在的永恒之沙漏将不断地反复转动，而你在沙漏的眼中只不过是一粒灰尘罢了！①

面对这样一种生存之境，我们该如何？尼采勇敢地说："成为你自己！"② 生成的世界是一个绝对无意义、无目的的世界。在这个世界里。上帝彻底死亡了。世界的这种赤裸裸的无意义、无目的性一方面往往促使渴求死灭的"悲观主义！——另一方面也以极端的方式考验着人们接受现实世界和人生的勇气，考验着人们承担世界和人生责任的意志。因为接受一个永恒轮回的生成世界，就意味着愿意按照已有的现在面目无数次地重获这个现实的世界和人生。在尼采看来，这才是对世界和人生的最大限度的肯定。由是，每一个人都必须对下面的问题作出自己的回答：你愿意按照原样再活一次以至于无数次吗？"你能够按照你愿意重过一次乃至无数次那样地度过你的一生吗？"后一个问题是前一个问题的现实表达。如果前者还只是"理论意义上"的，那么后者则绝对是"生存实践意义"上的。

在这里，"生成世界"向生命发出了道德命令：倘若我的所作所为将在世界的轮回中无数次地重复，留下永不磨灭的印记，那么，我就必须替自己的行为负下永恒的责任。所以尼采说："你愿意再次和无数次这样吗？这个问题无论如何是加于你的行为的最大重负！"③ 这种一方面是最大限度肯定人生，另一方面又最大限度地承担责任的有机统一，尼采就称为"命运之爱"。而"一个哲学家所能达到的最高境界：酒神式地对待人生——我为之制定的公式就是命运之爱"④。换言之，一个真正强大的有充沛强力意志的人，他不但敢于正视，而且乐于按照其本面目接受这个无意义、无目的的世界，包括属于这个世界的、本质上同样无意义、无目的

---

① 尼采：《快乐的科学》，余鸿荣译，中国和平出版社 1986 年版，第 230 页。

② 同上书，第 180 页。

③ 《尼采全集》卷五，第 265 页，转《周国平文集》卷三，第 490 页，陕西人民出版社 1997 年版。

④ 尼采：《权力意志》，张念东、凌素心译，商务印书馆 1991 年版，第 601 页。

的自己的生命。

第二节　生命道德的建构

世界本身只是强力意志的永恒轮回所构成的生生不息的生成，人的生存则是生成世界的一个片断，它们都是没有目的、没有意义的。以前的道德设置，由于生命力的乏弱，不敢或不愿正视这一无意义的生存现实，并用"上帝"来代替生命。尼采就是要用生命来取代上帝，将生命还给生命本身。而生命只不过是强力意志的工具和表现形式，它是欢悦和痛苦构成的经纬网。作为生命力强大的价值估定者，人正是要通过对生命之爱来为生命赋予唯有自己才能赋予的意义。

一　生命与上帝

生命之为尼采道德哲学的出发点，不仅在于他的"世界观"的逻辑结论，而且在于和他所重估的基督教道德价值的直接对立。在尼采看来，基督教道德罪大恶极之处就在于，它否定生命。"盲目奉信基督教，此乃头号大恶——对生命的犯罪。"[1] 基督教道德把上帝作为最高价值，使人类蒙受真实的生命被毒害达两千年之久。如今，尼采宣布"上帝死了"。

> 真理的闪电击中了过去的至尊。……过去称之为"真理"的东西，如今成了最丢脸、最下流、最见不得人的谎言形式。"改良"人类这种神圣借口，乃是榨干生命的诡计，吸血的骗术。……发明"上帝"这个概念，是用来反对"生命"的概念——"上帝"的概念包含着一切有害的、有毒的、诽谤性的东西，它把生命的一切不共戴天的仇敌纳入了一个可怕的统一体![2]

很显然，在这里，尼采是把"生命"和"上帝"直接对立的。如果

---

[1]　尼采：《瞧！这个人》，《权力意志》，张念东、凌素心译，商务印书馆1991年版，第104页。

[2]　同上书，第105—106页。

说，上帝是传统道德价值（基督教道德）的最高载体和发源地的话，那么，尼采则要让生命成为新的道德价值的最高载体和发源地。或者说，尼采要建构的新道德，就是生命道德！

在尼采看来，在基督教道德价值的笼罩下，没有了生命的活泼而只有上帝惨淡的亮光。这种上帝之光的惨淡本身，正映照着在其照耀下的生命的黯然失色。在基督教世界，上帝之光的微弱和生命之力的乏弱是相映成趣的，而且恰是生命力的乏弱衬托着上帝之光的亮色。其实，在尼采看来，上帝不是一种生命形式，甚至不是哪怕最低级的生命形式，上帝还不如一只爬虫那么有力和富有生机。上帝及其故事是一个纯粹的虚构。

> 天国乃是心中的一种状态（——孩子们都这么说，"因为天国是属于他们的"）："超出尘世的一切"均系子虚乌有，上帝之国不可计日以待，不会按照日历行事，某事出现于某日，这之前就没有，而是"个别人心中的感官变化"，是某种随时可有，随时可无的东西……①

可是，正是这样一个虚构的"心中状态"，却在其一千多年的"成长"过程中带上了越来越多的神秘的灵光。上帝不仅是至高无上的，而且是万能的；不仅是全知的，而且是至善的。上帝之光既普照着奥古斯丁的"上帝之城"，也普照着托马斯·阿奎那的经院教义；既普照着莱布尼茨的先天和谐的单子世界，也普照着康德的绝对命令王国。上帝普照着教会中的"天使"，也普照着田园里的"罪人"。上帝之光无孔不入，无隙不穿。正是这光，这上帝之灵光，让千百万人向他顶礼膜拜。

但是，上帝之光本身是缺乏热度的。因此，上帝之光所普照之地既未给人带来活力也没有带来热情，相反却使人们手脚乏力，心灵苍白。从上帝那里，人们没有获得膜拜时所期望的生命的力量；相反，它像毒品，在给人带来暂时的兴奋后却带来了更长久的身心交瘁。上帝是对生命的荼毒。在上帝之光的荼毒下，生命变得娇小乏弱，人变得残缺不全。人成了真正的有病的动物：

---

①　尼采：《权力意志》，张念东、凌素心译，商务印书馆1991年版，第384页。

这个人是什么？他是疾病的集团；这些疾病凭借他的精神在世界上伸长着：它们想在那里找寻赃物。

这个人是什么？是一串互扭着的从不和睦的野蛇，——所以它们四处在世界上找寻赃物。

看这个可怜的躯壳吧！它的许多痛苦与希望，它可怜的灵魂尝试去了解它们。它的灵魂以为那就是犯罪的快乐与焦急，想取得刀之祝福的。①

上帝之光使人羸弱了。可是，上帝不过是人自己的虚构啊?!

人用自己虚构的东西来折磨自己，削弱自己。这就是上帝统治人类的实质。尼采指出，上帝的灵光正是来自作为万物之灵的人类。它从人类的生命中汲取了精、气、神，也便从人的生命中汲走了生机。上帝因此青春焕发、衰而不死，而人的生命却变得委顿和羸弱了。在尼采看来，上帝和生命是彼消此长的相互反对的，上帝之生便意味着人的生命之死。人类作为生命的最高形式，是自然世界的最高成就，是生成世界的灵的代表。否定了生命，也就意味着否定了人类，否定了人类存在的合法性；而否定了人类，也就意味着否定了生成世界本身。于此我们不难明白，尼采把生命和上帝相对照，是有着深刻的价值根源的。

在上帝和生命的这种对抗中，随着对上帝的崇拜和爱的增加，人们对自己生命的轻贱和仇恨也在增加。上帝本是乌有之物，其真实性并无从自明，但是，人却在向上帝奉献一切之时放弃了自己真实的存在。由此，上帝虽不具体存在，却活在人的心中。由于上帝充满了人的整个心胸，也便外化到了人类生活的各个方面，由此也便占据了生命的全部，成为生命的主宰。当上帝占据了人的生命的全部时，人自身则成了上帝的奴隶。如此，人便从上帝的"贼眼"中来俯视人的生命，将生命当罪恶而加以仇恨。人仇恨着自己！正是上帝之光的照耀，柔化着人的身体，弱化着人的生命。人在呼唤着"我主慈悲"时也喊叫着"我本有罪"。在抬升上帝之时也在贬低着生命。

现在，尼采终于以"极端虚无主义"的诚实，宣布"上帝死了"。上帝拥有的一切，原本是人自己让渡的。现在，人必须将那让渡给上帝的一

---

① 尼采：《查拉图斯特拉如是说》，尹溟译，文化艺术出版社 1987 年版，第 38—39 页。

切重新归还人自己，归还生命本身。上帝死了，是尼采按照生命的感性逻辑杀死的。当然，你，我，我们，都是凶手，只要我们相信了生命。所以，上帝之死是生命的胜利。

尼采以生命对抗上帝，进而按生命的逻辑击杀了传统道德价值这一最高主宰，这便在根本上扭转了价值取向。需要指出的是，在这里，尼采杀死上帝的非理性的方法，也具有重要的意义。由于上帝并不是生命形式，在本质上它是非生命的，甚至反生命的。生命则是对上帝的否定。生命并不服从于逻辑，它在本质上是非理性的，是生存实践性的。"以往的理性主义者以理性去否定上帝，视上帝为非理性的，欲以理性神学去取代非理性神学，毕竟是理性与信仰的调情。"① 现在，尼采用生命对抗上帝，便是以非理性去否定上帝。由于上帝借理性主义武装自己，使得理性与信仰之间具有了可通约性。因此，当它面临生命之攻击时，便同理性一样失去了承受的能力。因为生命之为非理性，是最原始、最朴素，因而也是最真实、最有力的。因此，生命之得到肯定，上帝便不得不死。上帝之死，是生命的复兴，是生命的生机重燃。

在尼采看来，生命就是现实的存在本身。"存在——除'生命'而外，我们没有别的关于存在的观念。"② 其他一切，如意识以及由之而有的道德、宗教等只不过是生命的现象的结果，是生命现象的一个"片断"。"相互作用就是每个有机体的整个生命，就其庞大和众多而言，对这种作用世界的意识乃是来自情感、意图、估价的小小片断。"③ 在传统形而上学和基督教道德价值中，"根本错误就在于，我们把意识设定为标准，生命的最高价值状态，而不是把它视为总生命的个别，也就是与总体相关的一部分。……这就是所有哲学家本能地致力于把现时发生的一切现象的有意识的共生和同欲，虚构为'精神'、'上帝'的原因"。但尼采说："正因为这样，生命才会变成怪胎。应该说，'上帝'和全部感觉器官就等于是使生命遭受谴责的东西。"所以，在相当意义上，尼采可以断定："过去，我们对生命的最大非难就是上帝的存在。"④

---

① 康健：《生命之约——重读尼采》，四川人民出版社 1996 年版，第 47 页。
② 尼采：《权力意志》，张念东、凌素心译，商务印书馆 1991 年版，第 186 页。
③ 同上书，第 317 页。
④ 同上书，第 317—318 页。

　　既如此，那么上帝之死便意味着对生命的非难结束，生命被歌颂就成为自然的事。所以查拉图斯特拉唱道：

　　啊，生命！最近我曾凝视过你的眼睛。我似乎掉落在不可测知的深处一样。

　　但是，你的金钩把我拉引上来；你因为我说你不可测知而讥笑我了。"一切鱼类都如是说。"你道，"它们自己无法测知之物，便认为不可测知。"

　　但我是多变的野性的，我完全是一个妇人，而不是一个有德的妇人：虽然你们男子称我为深沉的、忠实的、永恒的、神秘的。你们男子常把自己的道德赋予我们；——唉，你们这些有德者！

　　它曾这样笑过，这不可置信的；但是它自谤时，我决不相信它和它的笑。

　　一天，我和我的野性的智慧秘密谈话，它向我怒着说："你要生命，渴求生命，而爱生命，所以你赞颂它！"

　　我几乎对它作了一个无情的答复，而把真理告诉了这位寻衅者；当我把真理告诉自己的智慧，即便是最无情的答复。

　　一切事物对于我们三个①是这样对立着。在我们内心里，我只爱生命。——真的，我恨它时我最爱它！②

　　生命是一深谷之幽泉，它清香而野性。它像一妇人，有至高的冲动，诱人的眼，有作为生命之泉的乳。这同上帝的理性、无泽、干瘪是完全对立的。

　　生命不是别的，不是一件可搬运的东西，它就是人生本身。生命，或曰人生，或曰生活，就是人们从中真切地感受到自己的血肉存在的"人的现实生存"。或者反过来说，人的现实生存就是人们从中实实在在地感觉到自己的血肉存在的"人的生命存在"。这种作为人的生命存在的现实生存，就是我们当下的生存状态——"活着"！活着，就是生命现实的涌流状态，它表征了生命的现实性，它表明了生命就是当下的、现在的、实

---

　　①　查拉图斯特拉是当着丘比特和共舞的少女们唱的。——引者注
　　②　尼采：《查拉图斯特拉如是说》，尹溟译，文化艺术出版社1987年版，第129页。

在的、活生生的。"活着"是生命的原意和权利。不是活着的东西便不是
生命，生命必定活着。生命只要具有其合法性，它就必定是"活着"的。
依于"上帝"的基督教道德价值视生命为受罪，视"活着"为苟延残生，
乃是对生命之原义和权利的双重亵渎。但是，当人们"踏入真实的生
命"，"人们便会把自身的生命从死亡中拯救出来，因为人们过的是普遍
的生活"①。

在尼采看来，任何价值都是一种意义设置，这种意义设置对于当下的
生活来说便构成"理想"。由于进行意义设置的价值创立者不同，"理想"
也就有了不同的功能。尼采依据意义设置者的强力状态区别了三种理想，
并将基督教理想放置到了它应有的位置：

> 三种理想：A. 或者是生命的强化（异教的），或者是，B. 使生
> 命贫瘠（——患贫血症的），或者是，C. 否定生命（——非自然
> 的）。
> 基督教理想介乎第二种和第三种之间。
> "神性化"的感觉：处于高度的充盈中——处于极精巧的选择
> 中——处于对生命的蔑视和破坏中。②

而尼采所要建构的新的生命道德，则要把意义设置基于生命本身。其
结果，便是像"异教徒"一样，使生命得到强化。尼采把这种作为"异
教的理想"说成是"表现了具有一切主要本能的成功者"的"最高典
型"，"同时，表现了最高的格调，伟大的格调。也就是'强力意志'的
本身"③。因为，生命本就是强力意志。

二　作为强力意志的生命

当尼采将生命与上帝对立时，便为在生成世界中无意义的人的生存寻
到了新的、实实在在的价值支撑点。上帝作为基督教道德价值的支撑，最
终被尼采废黜，而他则将生命作了新的估价者和新价值表的基础。

---

① 尼采：《权力意志》，张念东、凌素心译，商务印书馆 1991 年版，第 402 页。
② 同上书，第 416 页。
③ 同上书，第 415 页。

但是，生命本身是什么呢？尼采还必须给予说明。尼采写道：

> 我们的估价和道德价目表本身有什么价值呢？在它们当道的时候会出现什么现象呢？为了谁呢？和什么有关呢？——答案："生命"。但是，什么叫生命？这就必须给生命的概念下一个新的、确切的定义了。我给它开列的公式如下：生命就是强力意志。①

在尼采看来，正是作为强力意志的生命，是新的价值表的基础，是价值估定者。

尼采的强力意志概念本身就是从叔本华的生命意志演化来的。尼采认为，虽然叔本华将人生意义问题提到哲学高度而有别于其他哲学家，但叔本华的生命意志学说既误解了生命的性质又误解了意志的性质，必须给予扬弃。在尼采看来，生命的性质并不只是一种求得生存和自我保存，而是一种必须不断自我超越的东西。"生命自己曾向我说出这秘密。'看罢'，它说，'我是必得常常超越自己的'。"② 依照"生存意志"的教条去寻找真理是不可能的，这种意志是不存在的。"谁谈说着'求生存之意志'，便是不曾找到真理：那意志——是没有的！因为不存在的不能有意志。但是，已存在的何能还追求着存在呢！凡是生命所在的地方，即有意志，但不是求生存的意志，而是求强力的意志。"③

强力意志追求的，不是生命本身的自保，而是使生命得以超越自身的强力。因而，生命的本质不是自保而是追求增长。

> 生物是要追求强力，追求更多的强力。……
> 一切生物都最清楚不过地说明，它们所做的一切都不是为了保存自身，而是为了增长。④
> 人希望什么，有生命的有机体的细微部分想干什么，它们想要的是强力的增长。要追求强力，于是快乐和痛苦就会尾随而来；从强力

---

① 尼采：《权力意志》，张念东、凌素心译，商务印书馆1991年版，第181—182页。
② 尼采：《查拉图斯特拉如是说》，尹溟译，文化艺术出版社1987年版，第137页。
③ 尼采：《查拉图斯特拉如是说》，"自我超越"，第137—138页。
④ 尼采：《权力意志》，张念东、凌素心译，商务印书馆1991年版，第504页。

意志出发，它们要寻求对手，它们需要某种与己相对立的东西。①

　　想拥有，并且想更多地拥有，一言以蔽之——增长——这就是生命本身。②

尼采是把"自保"当作生命的强力意志的一个结果而不是"本质"来看待的。他说：

　　生理学家们在把自我保存冲动确定为有机体的主要冲动时本应慎重考虑一下。生物首先要释放自己的能量——生命本身是求强力的意志：——自我保存仅仅是其直接的、最经常的结果之一。③

作为强力意志的生命，并不是在"生存竞争"中"进化"的产物。尼采在他的著作中将他对生命的看法同达尔文主义对立。在《快乐的科学》中，尼采写道：

　　仅仅寻求自卫的本能是一种苦恼的表征，或者也是对真实的一种限制。生命的基本天性，皆在强力的延展。……在自然中，困扰苦恼的状态并不普遍，起支配地位的是过剩、浪费。为生存而挣扎仅仅是一种例外，一种为了生活而暂时抑制着意志；这种挣扎无论大小，在各处都会造成优势，会增加扩张，会形成一种与强力意志的力量，而这就是生命意志。④

在尼采看来，"达尔文过高估计了外界影响，以致达到了荒唐的程度。因为，生命过程最基本的东西乃是巨大的塑造力和内在创造形成的，它消耗和掠夺'外界环境'"⑤。在《偶像的黄昏》中，尼采更明确地写道："反达尔文。——关于著名的'生存竞争'，我目前认为，与其说它已被证明，不如说它是一种武断。它发生过，却是作为例外；生命的总体

①　尼采：《权力意志》，张念东、凌素心译，商务印书馆1991年版，第463页。
②　同上书，第171页。
③　尼采：《善恶的彼岸》，转《周国平文集》卷三，陕西人民出版社1996年版，第446页。
④　尼采：《快乐的科学》，余鸿荣译，中国和平出版社1986年版，第246页。
⑤　尼采：《权力意志》，张念东、凌素心译，商务印书馆1991年版，第666页。

方面不是匮乏和饥饿，而是丰富。奢华乃至荒唐的浪费，——凡有竞争之处，都是为强力而竞争。"①

与此同时，尼采强调，生命也不是自然进化的结果。"人们依赖生存斗争，依赖弱者的死和强者、聪明者的生。于是，人们虚构了人的完美性的不断增长。"②"人们某种程度上夸大了最优选择，以致这种选择大大超过了我们种族对美的欲求！"③ 实际上，"人们坚持生物的不断进化，但找不到任何根据。任何种类都有其限度：超过了限度便没有了进化。一旦到了极限，一切就都按部就班了"。④ 所以，尼采说：

> 我的总看法：定理一：作为类的人不是在进化。也许会达到更高的类型，但保持不住。类的总水平不会提高。定理二：作为类的人，同各种别的动物相比，并没有表现出进步。整个动物界和植物界都不是由低到高的发展过程，而是，一切都是同时发生的，互存上下，错综复杂，彼此对立。表现形式丰富多彩，繁杂无比……定理三：人的培育（文化）无法深入……深入了，就立刻退化（典型：基督徒）。"野"人（或者，用道德的话来说：恶人）乃是返回自然——在某种意义上来说，也就是人的再造，就是从"文化"的重压下拯救了人。⑤

总之，尼采是把生命本身当作强力意志的个别表现形式看待的，它不是生存竞争和进化的产物，相反，"竞争"或"进化"只是生命作为强力意志运演出的某种产物。

由于生命的本质是求增长的强力意志，因此，生命必然表现为对外的征服。生命一方面从内部强力出发征服和同化外部环境而得以保存；另一方面又不断地耗费其他生命。生命是一个不断确定强力关系的过程，在这个过程中，不同生物依其力量的尺度而决定其有无保存的权利。如果一个

---

① 尼采：《偶像的黄昏》，《尼采文集·查拉图斯特拉卷》，青海人民出版社1995年版，第357页。

② 尼采：《权力意志》，张念东、凌素心译，商务印书馆1991年版，第494页。

③ 同上书，第495页。

④ 同上。

⑤ 同上书，第496页。

生物只求自保而不求强力，那就表明它的强力意志已经衰弱或受到了限制。所以尼采说：

> 生命在本质上，即在其基本职能上，是起着征服和毁灭作用的，无此性质甚至就不可思议。①
>
> 人们一直靠牺牲别人来达到促进自我发展的目的；生命总是靠消耗别的生命过活的。——不了解这一点的人，也就还没有向诚实迈出第一步。②
>
> 生命的定义应该这样来下，即它是力的确定过程的永久形式，在这个过程中，不同的、斗争的力增长不匀。无论处于服从地位的反抗力有多大，它绝不放弃固有的权力。③

由于生命的本质并不在于追求自保的"幸福"，因而，它在本质上并不就意味着"趋乐避苦"的机会主义。尼采认为，生命并不追求快乐，快乐只是追求强力的副产品，其本质是强力感增加。尼采说：

> 我认为有个重要的启蒙，也就是设定强力以取代个人的"幸福"，（任何生物都要追求强力）："生物要追求强力，追求更多的强力"；——快乐乃是取得强力感的象征，是意识的差别——（生物不追求快乐；一旦它攫取到所追求的强力时，快乐也就随之而来：快乐是生命的伴侣，而无碍于生命）。④

与此相应，痛苦也并不是生命必须逃避的"不幸"，它恰恰是生命不可缺少的组成部分。快乐和痛苦并不互相排斥，而是一切快乐中都包含着不同程度的痛苦。

> 快乐是由有节奏、有顺序的微小痛苦刺激决定的。这样会造成强

---

① 尼采：《尼采全集》V7，第368页。转《周国平文集》卷三，陕西人民出版社1996年版，第446页。
② 尼采：《权力意志》，张念东、凌素心译，商务印书馆1991年版，第180页。
③ 同上书，第158页。
④ 同上书，第504页。

力感、快乐感急剧上升。譬如，出现快感时，男女交媾出现性快感的情形就是如此。因为，我们发现痛苦作为快乐的组成部分在活动。看来，微小的阻碍不断产生，又被不断地克服——这种以反抗和制胜为形式的游戏极大地激励了构成快乐本质的、充盈的、激荡的总强力感。①

生命作为强力意志，需要敌意、死亡和痛苦的十字架。生命的强力意志本质，恰恰充分地体现在它对危险和痛苦的追求中，生命为追求强力而不惜冒牺牲自己的危险，因为它所追求的不是活得长久，而在于活得伟大，活得高贵，活得有气魄。

尼采将强力意志作为生命的本质，不仅在于说明生命的自我超越性，而且在于说明生命意志的自我支配性。在尼采看来，意志就是强力意志，强力意志并不是生命意志的一个类别，而是与生命意志同一的东西，它是意志的唯一根本形式。

> 我的命题是：迄今为止的心理学意志乃是一种不公正的概括。我认为，根本不存在这种意志，人们不是去把握一种确定的意志在多种形式的配置，而是抽掉了"标的"这一内容，从而取消了意志的特性：这种现象在叔本华那里尤为明显，他所说的"意志"是一个完全空洞的字眼。②

尼采认为，"根本不能用迄今为止的心理学和叔本华的方式来解释强力意志，相反它们只不过是强力意志的不同形态，甚至生命意志本身，也只不过是强力意志的个别状态"③。强力意志是基本的情绪冲动形式，而其余一切都只不过是它的配置形式，这些配置形式都围绕一个"标的"即"向强力"。"有目标、目的、意图，换言之，意欲，恰是意欲变为强者，意欲生长——以及意欲为此所需要的手段。"④ 也就是说，意志本身

---

① 尼采：《权力意志》，张念东、凌素心译，商务印书馆1991年版，第465页。
② 同上书，第505页。
③ 同上。
④ 同上书，第428页。

就是强力，一个意志行为就是强力的爆发。离开强力，也就无所谓意志，丧失力量的意志就不再是意志了。因此，对于尼采来说，意志是一种内在的力，这种力表现于生命，充分体现了生命的意志自律。

尼采用强力意志规定了生命的本质，这就完全抛却了在基督教上帝统治下生命的乏弱所导致的"颓废"，为新的价值设置奠定了一个强大的生命基础。

尼采之提出强力意志这一概念，本身就出于他对生命的特别看法。正如周国平先生所说的："尼采提出强力意志的两个主要根据是：第一，对生命性质的估计：生命的总体方面究竟是匮乏还是丰富？强力意志是以自然界中生命的丰富为前提的。第二，对生命意义的认识：生命的意义在于自我保存，还是在于力量的增强和扩展？在尼采看来，真正的强者不求自我保存，而求强力，为强力而不惜将生命孤注一掷，恰恰体现了生命意义之所在。"[①] 尼采正是从他对生命的性质和意义的认识推出强力意志，又反过来用强力意志来界定生命本身，并用生命的强力来说明价值的。尼采说："在我看来，生命本身就是成长、延续、累积力量和追求力量的本能：哪里缺乏强力意志，哪里就有没落。我认为所有人类的最高价值都缺乏这种意志——我认为作为没落征兆的那些价值，即虚无主义者的价值，都把这种意志贬为在那些最神圣的名词之下。"[②] 而尼采就是要剥掉这神圣的外衣，将强力意志注入生命、注入价值之中。

尼采虽然有很多对道德的猛烈攻击，但他绝不是针对一般的道德价值，而是针对特别的基督教道德价值。或者我们可以说，正因为他特别看重道德价值的意义，他才对道德有如此偏激的看法。事实上，尼采知道，道德是人的生活不可缺少的坐标体系，因为人不能不对自己的行为作出道德评价和道德批准，这样人才能对自己怀有一种信心在生成世界中生活下去。但是，在尼采看来，传统的基督教道德价值是衰退的生命本能的产物，它用人为的善恶来作为评价原则，在根本上歪曲和否定了生命。因此，尼采便首先站在自然、生命、生成变化的立场上看人间的善恶，然后又从自然、生命、生成变化的立场出发给人间制定一种新的善恶评价。否

---

① 周国平：《尼采：在世纪的转折点上》，上海人民出版社 1986 年版，第 73 页。

② 尼采：《反基督徒》，载《尼采文集·权力意志卷》，青海人民出版社 1995 年版，第 294 页。

定道德，是为了抛弃反自然的道德本身；而重构道德，则是为了能够道德地生活。所以，尼采的非道德主义实际上是在价值虚无主义语境下道德重构的一个阶段。因为，面对虚无主义，首先必须敢于像自然一样，成为非道德的，才能寻找到新的价值基础，这新的价值基础，在尼采，就是作为强力意志的自然生命。

第七章
道德自然主义的实践

如果说基督教道德是基于对上帝的信仰而否定生命的反自然的道德的话，那么，尼采基于对生命的信仰而重构的道德价值则是反上帝的生命的道德、自然的道德。

尼采重构的道德是一种以生命为基础的自然生命的道德。这种自然生命的道德，首先是对作为强力意志的自然生命本身及其相关一切的爱，进而是以肯定生命为基本内容的道德自然主义，而随之的，便是对作为生命感性的肉体和本能的肯定，以及对生活世界和个人强力之释放的"健康的自私"的肯定。

第一节　生命之爱

当尼采把生命同上帝相对立，在生成流变的世界中为生存"打上存在的烙印"时，便必然要求他必须首先做一个生命的肯定者。就像肯定上帝是承诺基督教价值的前提一样，要构建新的价值表，必须以对生命的肯定为前提。尼采在理论上是这样运演的，实际上也是这样做的。

一　人生的肯定者

尼采自己的一生，可谓抵抗虚无主义的颓废和热爱生命的感性注脚。在他濒临疯狂时写的自传《瞧！这个人》中，开篇"我为什么这样智慧"就这样写道：

> 我生活的幸福如它举世无双的特性，也许是命中注定的：因为，如果用句微妙的话来说：假如我是我的父亲，那早已死掉了；假如我是我的母亲，那我仍然活着，并且一年老似一年。这双重根源，好像来自生命阶梯最高的一级和最低的一级，既是没落，也是新生——这

些，如果有某种意义的话，说明了同生命总体相关联的、异乎寻常的中立性和自由性，这是我脱颖超群。我对兴衰征象有一般人所不及的感觉，我尤其是这方面的行家——我通晓这两个方面，因为我就是这两个方面。①

在尼采的一生中，从生命的原意说，生命内部生理方面的生命力的衰弱和精神方面的创造力的上升，正构成尼采所说的"兴衰"两个方面。正因此，"从病人的角度去看较为健全的概念，反过来，从丰富生命的充盈和自信来俯视颓废本能的隐蔽活动——这就是我经受的为时最长的训练，即独到的经验"。这种"经验"使尼采充分认识到，"一个典型病态的人是没有办法康复的，更谈不上自我康复了；反之，对于一个典型的健康的人来说，病患甚至可以成为生命的特效兴奋剂，或为促使生命的旺盛的刺激物"。尼采正是这样一个"典型的健康人"，这也使他能自我感觉"有一双颠倒乾坤的手"，能够进行一切价值的重估和重构。②

作为一个视生命为最高价值载体的哲学家，尼采一直以"人生的肯定者"自居。1881年12月底，他像以往一样利用新年将近之际对自己良知进行了考察。他写道：

写给新年——我仍然活着，我还在思索；我必须继续活下去，因为我必须继续思索。Sum, ergo cog：to：Cog：to, ergo sum（我在故我思，我思故我在）。今天是每个人都可以表达自己愿望和内心深处的想法的日子，我也要在这一时刻把自己在内心产生的愿望表达出来，并要首先倾诉今年一直在自己心中萦绕着的思想——我选择了思想作为自己未来生活的前提、保证和乐趣啊！我渴望着每天都努力在一切事物中发现一种作为美的必要性——只有这样，我才能成为那些赋予万物以美的人之一。Amor fati（命运之爱），愿它成为我今后的爱好！我不想与丑陋的东西较量。我不想指责别人，甚至不想指责那

① 尼采：《瞧！这个人》，《权力意志》，张念东、凌素心译，商务印书馆1991年版，第9页。
② 同上书，第9—10页。

些老是指责别人的人。我要把掉过头去作为自己唯一的否定。一句话，我希望自己在任何情形下都是一个人生的肯定者！①

在任何情形下都做一个人生的肯定者，这便是尼采自己对自己生命的期待。因为在尼采看来，肯定人生就是肯定生命本身，肯定生命就是肯定了生存的意义，肯定了价值。

做一个"人生的肯定者"，就是做一个生命的热爱者。热爱生命，作为一种价值赋予，它包括对生命的肯定，对生活的享受和对命运的热爱。

对生命的肯定，连同生命的欢悦和痛苦，是热爱生命之价值的基本前提。《瞧！这个人》在谈到尼采的第一部著作《悲剧的诞生》时，尼采兴奋地写道：

> 这篇处女作非同一般。就我最内在的经验来说，我发现了有史以来唯一的比喻和对应物——因此，我是首次认识到狄俄尼索斯这一种神奇现象的人。同时，由于我认为苏格拉底是颓废派，这就充分证明了，我对心理的把握是可靠的，不会受任何道德特质方面的侵害——因为我认为道德本身就是颓废的象征，这是认识史上的独创。我提出的双重性概念不知要比那傻瓜般的乐观主义对抗悲观主义的可怜的饶舌高明多少倍！——我首先发现了这个特殊的对立——潜在的报复欲对抗生命蜕化的本能（——基督教，叔本华哲学，一定程度上还有柏拉图哲学，全部理想主义都是典型）和一个来自充盈和超充盈的、天生的、最高级的肯定公式，一种无保留的肯定，对痛苦本身的肯定，对生命本身一切疑问和陌生东西的肯定……这种最后的、最欢乐的、热情洋溢的生命肯定，不仅是至上的认识，同时也是为真理和科学所严格证实的认识，并且成了科学和真理的基础。②

如果我们明白尼采始终是站在价值的立场上来看待科学和真理的话，那么我们就会明白，尼采是将对生命的肯定作为价值的基础的。

---

① ［法］丹尼尔·哈列维：《尼采传》，百花洲文艺出版社 1996 年版，第 188 页。
② 尼采：《瞧！这个人》，《权力意志》，张念东、凌素心译，商务印书馆 1991 年版，第 51—52 页。

肯定生命也就是肯定生成本身，就是给生成打上存在的烙印，而让生存有了价值支撑。尼采说："肯定生命，甚至肯定生命的最棘手的问题。要生命的意志即甘心牺牲最高的和无穷无尽的生命类型——我称其为狄俄尼索斯的，我认为，这就是通向悲剧诗人的桥梁。不是为了摆脱恐惧和同情，不是为了用激烈迸发来摆脱危险的冲动——这是亚里士多德的误解——；而是为了越过恐惧和同情，成为生成本身的永恒欢乐——这种欢乐本身也就是包含着对毁灭的欢乐。"① 也就是说，肯定生命必然意味着肯定生命本身所包含的一切，肯定生成本身所包含的生命的毁灭和消逝以及生命的无目的和无意义。"肯定消逝和毁灭，这对狄俄尼索斯哲学来说是决定性的。肯定对立和战争，肯定生成，甚至坚决否定'存在'。"②

对生命的肯定，本身便意味着对生命的热爱和享受。尼采把生命比喻为一个可爱的女人："它用一块镶金边的面纱遮盖自己的面目，面纱里面却含藏着承诺、反抗、谦恭、讽嘲、同情、诱惑……种种的可能性。啊，生命是多么地像女人！"③ 面对这"女人似的生命"，查拉图斯特拉欢呼道：

> 哦，生命哟，我最近凝视着你的眼睛：我在你的夜眼里看到了黄金的闪跃，——我的心为欢乐而停止了跳动！
>
> 我看见一只金色小舟，在黑夜的水面上闪光，一只金色的、跳舞的，摇荡的，不断闪光的小舟。
>
> ……
>
> 你远离我时我爱你，你接近我时我怕你；你的逃跑诱惑了我；你的寻觅，寻到了我！——我受苦，但我怎不愿为你受苦呢？
>
> 你哟，你的冷酷有火焰，你的仇恨迷人，你的逃跑束缚人，你的嘲弄——使人溶化！④

---

① 尼采：《瞧！这个人》，《权力意志》，张念东、凌素心译，商务印书馆1991年版，第52—53页。

② 同上书，第53页。

③ 尼采：《快乐的科学》，余鸿荣译，中国和平出版社1986年版，第229页。

④ 尼采：《查拉图斯特拉如是说》，尹溟译，文化艺术出版社1987年版，第271—272页。

查拉图斯特拉的欢呼是对生命的拥抱，因为"生命是一道快乐之泉"①，只有能肯定生命之一切的，才能享受生命这快乐之泉。所以，查拉图斯特拉教人："快乐罢，如同我一样"，"欢喜于战斗和饮宴，不爱忧郁，不是朦胧，赴宴如同赴最艰难的工作，必须强壮而健全。最优良的都属于我和我自己；不给我，我们得去夺取；——夺取最优良的食物，最澄清的苍天，最刚强的思想，最美丽的女人！"②

二　命运之爱

对于生命的肯定和享受是出于爱。"我们之爱生命，并不是因为我们惯于生命，而是惯于爱。"而"在我这爱生命者看来，我觉得蝴蝶，肥皂泡和一切在人间的与它们相似之物，最了解幸福"③。但是，爱并不是天生的，我们必须学习去爱。

> 这是我们在音乐中获得的经验：大致说来，我们必须先学习去听，全神贯注地听，然后辨别它的主题或旋律，我们必须使它将自身孤立如同生命一样，再充分发挥我们的意志，以便在它怪异时也能忍受；对于它的步骤和表现必须有耐性，对于它的古怪之处则勿予置评，如此，终会有我们习惯它的时候。当我们渴望它，而它也使我们知道如果缺少它我们便会思念它时，它便继续运用其魔咒与魅力，且愈来愈甚，直到我们成为它的谦卑而狂喜的爱人为止；我们要它、且一味地要它，并认为世上再也没有比它更值得我们要求的了。然而，不仅对音乐如此，我们也以同样的态度去学习爱我们所爱的每一样事物。④

只有在学习爱中才能爱，而在爱中，我们才能真正感悟到生命之值得爱，感悟到"人是值得活在大地上"⑤。人活在大地上，生存着，即生命在展开着。而生命作为强力意志永恒轮回的个别形态，乃是欢乐和痛苦交

---

① 尼采：《查拉图斯特拉如是说》，尹溟译，文化艺术出版社1987年版，第114页。
② 同上书，第341—342页。
③ 尼采：《查拉图斯特拉如是说》，尹溟译，文化艺术出版社1987年版，第41页。
④ 尼采：《快乐的科学》，余鸿荣译，中国和平出版社1986年版，第223、334页。
⑤ 尼采：《查拉图斯特拉如是说》，尹溟译，文化艺术出版社，1987年版，第385页。

织的经纬网。从这个意义上讲，生命是人无法摆脱的宿命，这宿命构成了生命自身的色彩："每一样痛苦、欢乐、念头、叹息，以及生活中许多大大小小无法言传的事情皆会再度重现，而所有的结局也都一样——同样的月夜，枯树和蜘蛛，同样的这个时刻以及我。"①

因此，尼采认为，真正的生命热爱者和肯定者，还必须是能接受和热爱这永恒轮回的人生命运的人。接受这样一个永恒轮回的世界和人生，就意味着愿意按照已有的面目无数次地重获这个现实的世界和人生，而这才是对生命的最大限度地肯定。一方面最大限度地肯定人生，另一方面最大限度地承担起生命的重负，两者的统一就是尼采所说的"命运之爱"（Amor fati）。在尼采看来，"一个哲学家所能达到的最高境界，就是对生命抱狄俄尼索斯的态度——我为之制定的公式是热爱命运"②。

"命运"之于尼采来说，是世界之生成和人的生命在永恒轮回中打上存在之烙印在个人生活中的表现，它一方面指将要发生的事，另一方面指已经发生的事。因此，对命运之爱也就包括两个方面，在命运遭遇我们之前，我们应该引导它；在它已经遭遇我们时，我们就应该努力爱它。

换言之，"命运之爱"根本的就是对现实世界和人生的充分肯定。但人在爱命运之时，并非完全地"顺从必然性"。由于我就是命运的一部分，因此我也必须对命运承担责任。命运之爱的这两方面统一表明，只有当一个人在清醒地看到生命的无意义之真相后，仍然不厌倦它、不否弃它，而是依然接受它、肯定它、热爱它，他才是真正的生命的热爱者。生命力强盛的人，正是在大痛苦袭来之时格外振作如欢快。英雄气概就是敢于直接面对最高的痛苦和最高的希望。热爱人生的人，纵然比别人感受到更多强烈的痛苦，同时却也感受到更多更强烈的生命之欢乐。查拉图斯特拉如是说：

　　快乐永远热望着万物之永恒，热望着蜜，热望着酒精，热望着沉醉的半夜，热望着坟墓，热望着墓旁流泪的慰藉，热望着落日的黄

---

① 尼采：《快乐的科学》，余鸿荣译，中国和平出版社1986年版，第230页。
② 尼采：《权力意志》，张念东、凌素心译，商务印书馆1991年版，第601页。

昏。……

它热望着爱，它热望着恨，它丰富，它赠贻，它抛弃，它乞求人从它夺取，它感谢奋取者，它悦愉于被仇恨——

……

因为所有的快乐永远寻求自己，因此它寻求悲愁！哦，快乐啊，哦，苦痛哟！啊，心哟，破坏罢！你们高人们哟，学习这：快乐要求着永恒！

——快乐要求万物之永恒，沉沉的深沉的永恒！[①]

这"永恒"就是命运，热爱永恒就是热爱命运，也就是热爱生命，肯定人生，肯定价值。

第二节　自然的道德

尼采希望建构的生命道德，所肯定和热爱的生命，不是"人文化"——用尼采的术语说，即被文化毒化——的生命，而是自然生命本身。由此，基于自然生命本身的道德，根本上是自然的而不是人文的，尽管这道德是关于人的。所以，尼采将其建构的新道德称为"道德自然主义"。

一　道德的应用生理学

"道德自然主义"可算尼采对他期许的新道德价值的一种自我命名。在《偶像的黄昏》中，有一篇"作为反自然的道德"，是专门批判基督教道德价值的反自然性的。在那里，尼采明确指出：

从前，人们因为激情的愚蠢而面向激情宣战，誓将其灭绝，——一切古老的道德巨怪都主张"il faut tuer les passions"（必须扼杀激情）。这方面的最著名的公式见之于《新约》的山顶垂训。这种灭绝激情和欲望，仅仅为了预防它们的愚蠢以及这种愚蠢的不快后果，这在我们今天看来，本身就只是一种极端的愚蠢。我们不再赞美那样的

---

① 尼采：《查拉图斯特拉如是说》，尹溟译，文化艺术出版社1987年版，第393页。

牙医，他用拔掉牙齿的方法来治牙痛。①

尼采指出，基督教道德是不折不扣地用"切除"的方式克服激情。"但是，从根上摧残激情就意味着从根上摧残生命：教会的实践是与生命为敌。"② 在对基督教道德价值的反自然性作出批判后，尼采明确地说：

> ——我制定一个原则。道德中的每一种自然主义，也就是每一种健康的道德，都是受生命本能支配的，——生命的任何要求都用"应该"和"不应该"的一定规范来贯彻，生命道路上的任何障碍和敌对事物都借此来清除。相反，反自然的道德，也就是几乎每一种迄今为止被倡导、推崇、鼓吹的道德，都是反对生命本能的，它们是对生命本能的隐蔽的或公开的、肆无忌惮的谴责。而且，它们声称"上帝洞察人心"，它们否定生命的最深最高的欲望，把上帝当作生命的敌人……"上帝的疆域"在哪里开始，生命便在哪里结束……③

在这里，尼采明确地把他所倡导的新的道德价值称为"健康的道德"，"自然的道德"，"道德的自然主义"，"以生命本能为基础的道德"；而把基督教道德价值相应地说成是"病弱的道德"、"反自然的道德"，"以上帝敌视生命的道德"。

尼采将道德"还原为"自然，这多少有些使人想起卢梭。但是，卢梭之提出"回到自然去"，是出于对人类文明给人类带来的不和谐的不满，而试图通过回到自然来克服文明之害。在尼采看来，这并不是真正的回到自然。卢梭的"回到自然"是立足于"人之初，性本善"这样一种乐观主义人性观，他希望人变得更加淳朴、善良，因此，他的着眼点仍在于人的道德性而非自然性。而实际上，人本是自然的一部分，自

---

①　尼采：《偶像的黄昏》，《尼采文集·查拉图斯特拉卷》，青海人民出版社1995年版，第320页。

②　同上书，第321页。

③　同上书，第323页。

然是不具有道德性的，道德只不过是随人的自我意识而使自身异化于自然的产物，是基于人对世界的意识而作出的一种"谎言性的"解释。基于此，尼采认为，卢梭篡改了自然，因为它一直试图"从自然中寻找出道德的、基督教的'人性'……就好像'自然'是自由、善、无罪、公平、正义、田园诗一般，——从根本上讲，始终是基督教道德崇拜"。①

尼采的道德自然主义虽也强调"回到自然"，但却是将道德本身"还原"给自然。或者用尼采的话说："再造自然：甩开道德。"② 乌苏拉·施奈德对此有一段较好的说明："人对自然应该怎么办呢？他根本什么也不应该做，因为对尼采来说，'应该'始终是一种往往站不住脚的，而且也过于脆弱的逼迫。他不应该做什么，而应该成为自然。这种'应该'如果应该取得某种效果的话，它必须成为一种自由的'必然'：骆驼必然首先成为狮子，然后成为孩子。如果做到了这一点，文化就会作为同自然相适应的新的生命形式而被重新赢得，文化将培养和支持自然，因为它根本不可能做到别的事情，它不会像技术文明那样役使自然，剥削自然，为的是最终毁灭自然。"③ 换言之，对于尼采来说，凡是从"应该"出发考虑问题的，都是非自然的道德价值，而自然本身却是更基础的价值。

在尼采看来，"道德的非自然化，也就是人们把行为同人割裂，即人对'罪恶'的仇恨，或轻蔑；也就是人们认为有的行为本来就是善的或是恶的"。这是一种用"先验"的与人的生命行为相脱离的善恶价值观来指导人的生命自然行为。而道德自然主义则"重建'自然'"④。作为"重建自然"的道德自然主义，将生命本能连同其"恶"一并作为价值的基础。

其实，人作为自然生成世界的一部分，本是无意义、无目的"命运的一个片断"。为了在这无意义中寻找意义，人才由生命的强力意志派生出各种"解释"，如道德、科学、艺术、宗教等。有了这些解释，人就有

---

① 袖珍版尼采著作 *Va*，第 254 页，转自杨桓达《尼采美学思想》，中国人民大学出版社 1992 年版，第 141 页。

② 尼采：《权力意志》，张念东、凌素心译，商务印书馆 1991 年版，第 493 页。

③ 转引自杨桓达《尼采美学思想》，中国人民大学出版社 1992 年版，第 142 页。

④ 尼采：《权力意志》，张念东、凌素心译，商务印书馆 1991 年版，第 355—356 页。

了价值支撑，有了安身立命之处。从这个角度说，任何道德价值，包括基督教道德，都是生命本能的派生物，只是所由以出的生命力的强弱等级不同而已。"当我们谈论价值，我们是在生命的鼓舞之下、在生命的光学之下谈论的；生命本身迫使我们建立价值；当我们建立价值，生命本身通过我们评价……由此可知，把上帝当作生命的对立概念和对生命的谴责的那种道德上的反自然，也还是生命的一个价值判断。"只不过它"是衰退、虚弱、疲惫、受谴责的生命"的价值判断。[①] 还是基于这样一种衰弱的生命，道德本身直接成了危害生命、否定生命的反自然的道德。"道德倘若不是从生命的利益出发，而是从本身出发进行谴责，它便是一种特别的谬误。"[②] 换言之，自然的道德则不是从道德本身出发而是从生命的利益出发来作出价值判断的。

尼采说："基督教义只是道德的，只想成为道德的……基督教从一开始就彻头彻尾是生命对于生命的憎恶和厌倦，只是这种情绪乔装、隐藏、掩饰在一种对'彼岸的'或'更好的'生活的信仰之下罢了。……最后，在蔑视和永久否定的重压下，生命必定被感觉为不值得渴望的东西，为本身无价值的东西。"[③] 由于"一切生命和增长所需要的力和欲望都是用道德的禁忌来证明的"，因此，尼采强调，"为了解救生命，就要消灭道德"[④]，即消灭道德价值的至高性，而还其本来的自然性。尼采曾经拟过一个"原则革新"的提纲，其中第一条便是"用纯自然主义的价值取代所谓'道德价值'。道德的自然化"[⑤]。这种"纯自然主义的价值"，就是"道德的自然化"，就是道德的自然主义。

道德自然主义把生命作为价值的基础，强调从生命的自然性出发来说明价值的高低，因此，它必然以生命之本能为依据。由于道德作为一种"解释"，本身只不过是强力意志作为生命本能以不同情绪冲动形式发射出的透视外观，因此，道德评价也是依据生命的生理状况的。正是在这个

---

① 尼采：《偶像的黄昏》，《尼采文集·查拉图斯特拉卷》，青海人民出版社1995年版，第324页。

② 同上书，第325页。

③ 尼采：《自我批判的尝式》，《尼采文集·悲剧的诞生卷》，青海人民出版社1995年版，第193—194页。

④ 尼采：《权力意志》，张念东、凌素心译，商务印书馆1991年版，第663页。

⑤ 同上书，第285页。

意义上，尼采说："一切美德都是生理状态：尤其有机体的主要功能被认为是必要的和善的美德。一切美德本来就是细腻化的激情和提高了的状态。"① 在这个意义上，我们也可以把尼采的"道德自然主义"称为他的"道德生理学"，或者说"道德的应用生理学"，或者说"应用生理学的道德"。

尼采自己虽没有用过"道德生理学"这一概念，但我们从他对美的生理学讨论和对道德的生理学讨论中不难看出，就像他把美和艺术当作应用生理学一样，他也把道德当作自然主义的应用生理学。

"生理学"一词在尼采的时代十分流行。是时，有很多关于社会和精神生活现象的小册子都取名"生理学"。早在尼采之前，人们就时兴把要求洞察和整理各种各样同时代经验的探讨理解为"生理学"，由此，这个学科术语因而也就变成了一种隐喻。尼采自己也经常把社会、精神生活现象"还原"为生理学问题，比如他将语言理解为由人的神经刺激而至的隐喻。尼采强调：

> 事实上，所有那些为历史研究和人种学研究所熟知的品行戒律，所有那些"你应当……"的条款，都要求首先进行生理学的阐释和说明，然后才能进行心理的分析，所有类似的问题都要首先经过医学知识的评判。②

在《强力意志》中，尼采专门拟了一个"艺术生理学"的提纲，拟对艺术问题做全面的基于生命本能的讨论。对于道德价值，尼采的道德自然主义也是要将这一文化问题"还原"为生理学问题。

在《道德的谱系》中，尼采对基督教道德价值的历史心理学分析，同时也是一种生理学分析。善恶的起源被说成是怨恨本能的产物，良心和禁欲理想则是生命本能被错误地导向自己的结果。一句话，整个基督教道德都只是生命本能的产物，只不过是衰弱的生命本能的产物而已。

在尼采说"一切美德都是生理状态"时，更体现了其道德自然主义

---

① 尼采：《权力意志》，张念东、凌素心译，商务印书馆1991年版，第696页。

② 尼采：《道德的谱系》，周红译，三联书店1992年版，第37页。

的 "应用生理学"性质。因为就在这同一段札记中,尼采还具体地指出:"对人类的同情和爱被认为是性欲的发展,正义是对复仇的发展。美德就是喜欢有反抗和强力意志。"①

只不过,我们在理解尼采的 "生理学"这一概念时要注意:"当尼采说'生理学'的时候,他确实意在强调肉体;但是后者实质上始终已经是某种心理的东西了,因而也是一个'心理学'的问题。……另一方面,当尼采说'心理学'的时候,他始终指的是也属于肉体状态的(生理的)东西。"比如,在尼采那里,"作为艺术生理学的美学的基本问题,也就是说,艺术家的基本问题,必须尤其针对着揭露人类肉体—心理的,即活的性质的本质中的那些特殊状态,在这些状态中,艺术行为和艺术观察的发生就好像同自然相一致,并囿于自然"②。从这个角度,我们也就能更好地理解尼采的作为 "应用生理学"的道德自然主义。

二 美丽的肉体

把道德价值置于自然生命之上的、作为应用生理学的道德自然主义,必然视肉体比灵魂真实。如果说 "生命"是和 "上帝"对立的,"自然的道德"是和 "反自然的道德"对立的,那么,尼采则用 "肉体"去对抗基督教道德价值的 "灵魂"。

在基督教反自然道德价值下,肉体被看做丑陋、腐化而被加以否定。"他们看不起肉体。因为,他们置肉体于度外:不仅如此,他们对待肉体就像对待敌人一样。他们的愚妄就是相信人们真会念念不忘有个'美丽的灵魂'在动物体内的怪胎中游荡……为了使他人也明白此事,他们需要另外设定'美丽的灵魂'的概念,需要重估自然的价值,直至认为一个脸色苍白、重病缠身、形同白痴的狂热者就是完美性,就是'英国式的',就是神性化,就是更高等的人为止。"③ 但是,在自然的道德看来,"我整个地是肉体,而不是其他什么,灵魂是肉体的某一部分的名称"④。

我们知道,基督教道德价值的产生,如 "良心谴责"、"禁欲理想"、

---

① 尼采:《权力意志》,张念东、凌素心译,商务印书馆1991年版,第696页。
② 转自杨桓达《尼采美学思想》,中国人民大学出版社1992年版,第114—115页。
③ 尼采:《权力意志》,张念东、凌素心译,商务印书馆1991年版,第526页。
④ 尼采:《查拉图斯特拉如是说》,尹溟译,文化艺术出版社1987年版,第31页。

"善恶区分"等的形成，是以对一个"高尚"的无欲的灵魂的设定为前提的。正因为有这样一个灵魂，人才可能"自愿"趋善，通过良心意识克制自己的欲望。所以说，基督教反自然的道德，同时也是一种灵魂的道德。在这里，灵魂是善，肉体是恶；灵魂美丽，而肉体丑陋。灵魂之所以美丽，就是因为它与丑陋的肉体无涉；而肉体之所以丑陋，则是因为它比不上灵魂的高尚。由此，在反自然的道德价值占统治地位的时代，肉体是完全遭致排斥、蔑视、诅咒、侮辱的，在道德上肉体被判定为罪恶。肉体成了一个使灵魂蒙羞的臭皮囊。实际上，灵魂的统治就是上帝的统治，灵魂是上帝存在之依托。

但是，既然自然的道德以生命否定了上帝，也就必然将肉体从灵魂的禁锢中解放出来。在基督教道德价值下，"'灵魂'，'精神'，最后还有'不死的灵魂'，这些都是发明来蔑视肉体的，使肉体患病——'成仙'。而对于生活中值得严肃认真对待的事物，如饮食、起居、精神食粮、疾病治疗、清洁卫生、天气等掉以轻心！不谈身体健康，只讲'灵魂健康'……"①正是由于肉体受到蔑视，才产生了"美丽的灵魂"的实在性之妄想。但是，对于一个道德自然主义者来说，没有肉体何来灵魂？尼采讽刺基督教徒没有神经系统，说他们对生理科学极其无知。而且，"基督教和理想主义者挖空心思构想来的一切，都是不伦不类、不中用的东西"，尼采称之为"精神错乱"："有比蔑视肉体更危险的精神错乱吗？"正因为此，尼采说："我们郑重对待一切生命的必需品，并且蔑视一切'美丽的灵魂'，视其为轻薄和无聊。"②

由此，被反自然道德价值蔑视的东西走到了前台。在尼采看来，"自然性是恶的"③。基督教道德的"反自然"实质上是一个以反对自然的肉体为立法者的骗局。由于肉体的自然性，所以，根本的只有肉体才是美丽的。《查拉图斯特拉如是说》有一篇《肉体的轻蔑者》，其中写道：

　　　　我的兄弟，你的小理智——被你称为"精神"的，是你的肉体

---

① 尼采：《瞧！这个人》，《权力意志》，张念东、凌素心译，商务印书馆1991年版，第106页。

② 尼采：《权力意志》，张念东、凌素心译，商务印书馆1991年版，第548页。

③ 同上书，第685页。

的工具，你的大理智的小工具与小玩物。

你常说着"我"而以这个字自豪，但是更伟大的——而你不愿相信——是你的肉体和它的大理智：它不言"我"，而实行"我"。

……

感觉与精神不过是工具与玩物：它们的后面，"自己"存在着。"自己"也使用感觉的眼睛与精神的耳朵。……

我的兄弟，在你思想与感情之后，立着一个强大的主宰，未被认识的哲人，——那就是"自己"，它住在你的肉体里，它即是你的肉体。①

肉体才是真正的"自己"，是生命的象征，它是大理智。而其他东西，如意识，灵魂，只不过是它的工具而已。

从原则上说，兽性功能比一切美好的状态和意识要高出千百倍。因为，后者一旦不成其为兽性功能的手段，就变成了多余。整个有意识的生命，包括灵魂、心灵、善、道德的精神在内。它们到底为谁服务呢？——服务于尽可能完美的兽性基本功能的手段（营养手段、提高手段），主要是提高生命的手段。毋宁说，原因首先在于被称之为"肉体"和"肉"的东西上面。因为，别的都是小小的附属品。继续编织生命的整个链条，这就是使命，要使这条链条日趋牢固有力——这就是使命。②

比起精神、灵魂来说，"肉体这个现象乃是更丰富、更明晰、更确切的现象。因为，它按部就班，依次向前发展而不追究其最终的意义"③，正因为如此，尼采强调，"信仰肉体比信仰精神具有根本的意义"④，"对肉体的信仰始终胜于对精神的信仰"，所以必须"要以肉体为准绳"⑤。

美丽的肉体才是人之最后所归。正是由于美丽的肉体，人的生活才成

① 尼采：《查拉图斯特拉如是说》，尹溟译，文化艺术出版社1987年版，第31—32页。
② 尼采：《权力意志》，张念东、凌素心译，商务印书馆1991年版，第430页。
③ 同上书，第631页。
④ 同上书，第205页。
⑤ 同上书，第153、152页。

为具体可感、生动活泼的。尼采说："这就是人的肉体，一切有机生命发展的最遥远和最切近的过去靠了它又恢复了生机，变得有血有肉。一条没有边际、悄无声息的水流，似乎流经它、超越它、奔突而去。因为，肉体乃是比陈旧的'灵魂'更令人惊异的思想。无论在什么时代，相信肉体都胜似相信我们无比实在的产业和最可靠的存在——简言之，相信我们的自我胜似相信精神。"① 因为"自我"就住在肉体里，自我就是肉体。由此，在自然的道德中，肉体尺度成了生命派生的价值尺度。

> 根本的问题：要以肉体为出发点，并且以肉体为线索。肉体是更为丰富的现象，肉体可以仔细观察。②
> 我们最神圣的信念，我们与最高价值相关的，始终不渝的信念，乃是我们肌肉的判断。③

把肉体尺度作为最高尺度，是不是意味着尼采在根本上就否定精神尺度的存在呢？不是的。应该说，肉体尺度本身就包含着精神尺度。我们还应该记得海德格尔的提醒，在尼采这里，"生理学"的问题和"心理学"的问题往往是合二为一的问题，肉体和精神之为价值尺度，都决定于作为强力意志的生命，是以强力意志的等级来说明的，而肉体则是强力意志的最明确的表现形式。没有健康强大的肉体，也就不会有健康健全的精神；损害了肉体的信仰，也就从根本上损害了精神之信仰。因此，生命是健康还是病态，首先当看肉体是上升还是退化。尼采说：

> 健康或病态：这个问题人们可要当心！其标准仍旧是肉体的欣欣向荣，是跃升之力、勇气和精神的快活——不过，当然也要看他能从病态事物中摄取多少东西和能够克服多少东西——能够康复多少东西。弱者会因之灭亡的东西，乃是伟大健康的兴奋剂。④

---

① 尼采：《权力意志》，张念东、凌素心译，商务印书馆 1991 年版，第 152 页。
② 同上书，第 178 页。
③ 同上书，第 458 页。
④ 同上书，第 208 页。

尼采自己是缺乏肉体健康的,而他恰把健康美丽的肉体作为自己哲学的重要支柱。他甚至说:"从自身要求健康、渴求生命的愿望出发,我创立了我的哲学。"① 也许这就是尼采风格:他承认他的颓废和衰弱;然后通过这种承认,来把这种颓废和衰弱上升为一种自觉;而通过这种自觉,超越和战胜了颓废和衰弱本身。就像当年苏格拉底,通过"自知无知"的自觉性而超越了他的时代一样,尼采通过这种"自知颓废和衰弱"的自觉与健康超越了他的时代。

尼采尽管将肉体作为生命价值之尺度,却并不意味着肉体本身只是一具淫荡的裸体。尼采笔下的肉体就是生命,就是自我自己。连对尼采颇有微词的罗素也承认:"尼采的伦理思想不是通常任何意义的自我放纵的伦理思想;他信仰斯巴达式的纪律,为了重大目标既有加给人痛苦的能力也有忍受痛苦的度量。"② 美丽的肉体,自由但不放荡。它向外扩张着自己,却怀抱着责任与承诺,它就是我们的生命。

在尼采看来,生命的发展史就是肉体的发展史,而精神等都只不过是肉体发展的工具。"就精神的整个发展进程来说,这里涉及的是肉体的问题。渐渐使人感到,这是一种更高级肉体的形成史。有机物登上了更高的阶梯。我们认识自然的渴望乃是一种肉体想借以自我完善的手段。或者毋宁说:要想改变肉体的营养、居住方式,生活方式得作无数的试验。"③

既然肯定了肉体的价值,那么自然的道德必然要肯定人的相应的感性欲望。以往的"哲学家对感性抱有阴险而盲目的敌意",从而导致"一段苦难深重的历史。因为,人在寻找一种原则,由此出发他便可以蔑视人了,——人构想了一个世界,目的是得以诽谤和玷污它。其实,人每次都向虚无伸出了双手,并且把虚无解释为'上帝'、'真理',尤其是这个存在的法官和判官"④。正是由于"迄今为止,哲学对感官的敌意乃是人最大的荒唐",所以,尼采的自然的道德便要求人"要牢牢地保护我们的感官,保持对它们的信仰——而且接受它们逻辑的判断!"⑤ 感性是比理性

---

① 尼采:《瞧! 这个人》,《权力意志》,张念东、凌素心译,商务印书馆1991年版,第11页。

② 罗素:《西方哲学史》下册,商务印书馆1986年,第315页。

③ 尼采:《权力意志》,张念东、凌素心译,商务印书馆1991年版,第682页。

④ 同上书,第493页。

⑤ 同上书,第11页。

更真实的判断。

自然的道德是以生命和肉体自然为价值基础的，它把生命力的强大作为美好、高尚的象征。因此，它对人的肉体、感性、欲望、激情不是回避和谴责，而是歌颂和享受。"对感性的恐惧，对渴求的恐惧，对激情的恐惧"，被当作"是软弱的象征"①。

但是，肯定欲望、享受欲望绝不意味着"纵欲"。欲望作为自然生命的流动，它本身是生命力的标志，它不需要"纵"，也不需要"禁"。"人们要再次给予欲望以充满信任感的自由。因为，欲望热爱我们的程度形同义仆，它们自愿地走向我们最感兴趣的所在。"② 正因为如此，我们只是享受欲望。这种享受本身并不意味着欲望成了最高主宰。因为欲望只是强力意志的表现形式，而且意味着对道德价值将欲望视为邪恶的观念的否定。

> 因为，既然本能长期被冠以虚伪的道德之名，人们就应该为本来在这里发挥作用的本能正名，以表敬意；人们应该出于对自己出言日益傲慢的诚实感的尊重而忘却、否认和洗雪自然本能的耻辱。这是人们能否放弃道德力的标准；要想设想出一个高度，在这个高度上人们会对"道德"概念有完全异样的感觉，以致听起来像文艺复兴时期美德的发音，就像脱离道德的美德。③

尼采称"这是道德进步的标志"。只不过他叹息"我们离这个理想还相当遥远！"④

不过，在尼采逝世后的这一个世纪里，在尼采学说、精神分析学和存在主义的广泛影响下，人们现在不是不再把本能当邪恶、把肉体当丑陋的臭皮囊了吗？美丽的肉体和诚实的本能已经被人们接受，这种接受不正说明了尼采所说的"道德进步的标志"吗？

因此，尼采自然的道德是不能用"纵欲主义"去套的。它强调的只

---

① 尼采：《权力意志》，张念东、凌素心译，商务印书馆1991年版，第476—477页。
② 同上书，第617页。
③ 同上书，第356页。
④ 同上。

是："人们要把发展自身欲望的勇气归还于人——人们要打消妄自菲薄（不是当成个体的人的欲望，而是作为自然的人的欲望……）。"因为"首先是人们能干些什么，然后才是，人们应该干些什么"①。《查拉图斯特拉如是说》有一篇"禁欲"，它也许能表达尼采自然的道德对于肉体和欲望的根本看法：

> 我忠告你们扑灭本能吗？我只忠告你们要保持本能之无邪。
>
> 我忠告你们禁欲吗？禁欲对于一部分人是一种道德，对于另外许多人却几乎是一种罪恶。
>
> ……
>
> 我认为你们的眼睛太残酷，而你们肉欲地侦视着受苦者。你们的淫乐不是化装着而自称怜悯吗？
>
> 我给你们这个譬喻：欲驱逐魔鬼而入于猪道的人，不在少数。
>
> 如果禁欲引起痛苦，禁欲是应当被抛弃的；否则禁欲会变成地狱之路，——换言之，灵魂之污秽与肉欲。②

第三节　真实的人与世界

从肯定个人生命的自然欲望出发，自然的道德必然把欲望及其满足当作一种生命的自然权利。但是，这样一种肯定，尼采面临两方面的挑战：一方面，传统的基督教价值视欲望为恶，视欲望满足为"自私"；另一方面，功利主义者出于对传统价值的反动，主张合理的利己主义。前者导致个人欲望的泯灭，后者则导致了无耻的对物质名利的追逐。这两方面的对立实际上是极端的利他主义和利己主义的对立。

一　健康的自私

尼采既反对利他主义又反对利己主义。他的自然的道德既厌恶那种无灵魂的逐利行为，同时也公开仇恨他们的伪善的"无私"。

尼采的《道德的谱系》是对基督教反自然道德价值的集中清算，可

---

① 尼采：《权力意志》，张念东、凌素心译，商务印书馆1991年版，第247页。

② 尼采：《查拉图斯特拉如是说》，尹溟译，文化艺术出版社1987年版，第61—62页。

开篇却是对英国实证主义的"合理利己主义（功利主义）"道德的说明。尼采承认，"我们应当归功于这些英国心理学家的还有初探道德发生史的尝试"，只"可惜他们并没有就此提出任何疑点"，而且"他们本身就是个疑点"①。在尼采看来，基督教道德价值的"无私"固然是对生命价值的否定，是反自然的；但功利主义小市民们既用他们的逐利行为玷污了"自私"，又用他们所接受的基督教说教侮蔑了"自私"。尼采要为"自私"正名，就像他要为"肉体"和"欲望"正名一样，尼采要提倡一种从强力的灵魂流出的"健康的自私"。

自然的道德之对抗反自然的道德，在于它将反自然道德下的"恶"都称为善。"今天，在我看来，世界所谓的恶事便是一种善的，人间的事"，查拉图斯特拉如是说。在反自然道德下，"世界上最可诅咒的三件事是什么呢？我愿意把它们放在我的天平上。耽欲，求强力之热狂和自私：自古以来这三件事是最被诅咒有最坏的恶名"。可是，在自然的道德看来，"耽欲：对于自由的心是自由而无邪，是地上的花园之快乐；是未来对于现在的溢溢的感谢"。"仅仅对于衰败者是一种甜的鸩毒；对于有狮心的人却是一种大慰藉，是谨慎存储着的醇酒。""求强力之热狂"则是"攒聚在最重荣的民族身上的可恶的牛蝇；一切动摇的道德之呲骂者"，是"无上蔑视的可怖的说教者"。那么"自私"呢？"他称自私为可祝福的，即从强力的灵魂流出的卫生的健康的自私"。"这可祝福的自私，它唾弃一切种类的奴隶：无论他们是在诸神和神圣的步伐之前卑躬，或在人类，在无智的人类舆论之前屈膝！""一切奴隶和衰老而倦怠的人们的机智，尤其是说教者全部恶劣的，狂妄的，大伶俐的愚昧，自私都称之为假冒的智慧。"② 这"健康的自私"是从"强力的灵魂"流出的，它既反对"无私"，称为"怯弱的蜘蛛"；也反对狭隘利己的"自私"，称之为"假冒的智慧"。

"健康的自私"反对病态的狭隘的自私。"健康的自私"是"从强力的灵魂"流出，它源于力量和丰裕，它强纳万物于自己，通过"消化"再作为爱而给予。"你们强迫一切走近你们，纳入于你们自己，使它们从你们的源泉射出来，作你们的爱的赠品。真的，这种给予的爱不

---

① 尼采：《道德的谱系》，周红译，三联书店1992年版，第10页。
② 尼采：《查拉图斯特拉如是说》，尹溟译，文化艺术出版社1987年版，第225—229页。

得不成为抢掠一切价值的强盗；但是我认为这种自私是健全而神圣的。"① 而"病态的自私"却是源于生命力的贫乏，是一种唯利是图。尼采说：

> 另一种自私却是太穷乏而常挨饿的，它总想偷窃，这是病态的自私，病人的自私。它的贼眼注视着发光的一切；它用饥饿的贪婪，打量着那有大量食物的人；它永远绕着给予者的桌子爬行着。疾病与不可看见的退化在这种乞求里说话；这些自私的贼似的乞求，证明着一个病体的存在。②

"健康的自私"更是反对"无私"说教的。健康的自私是健康的肉体和强力的灵魂的自我享乐。尼采在批判"颓废道德"时，是连同"无私"的说教一起批判的。

> 颓废道德批判。——一种"利他主义"道德，一种使自私萎缩的道德，在任何情况下都始终是一个坏征兆。这一点适用于个人，这一点绝对适用于民族。一旦没有了自私，也就没有了最好的东西。……"不谋私利"——这纯粹是一块道德遮羞布，用来掩盖一个完全不同的事实，即"我不再懂得找到我的利益"这一生理事实……本能的崩溃！③

换言之，"利他主义"的无私说教只不过是颓废本能的产物，是生命价值的自我丧失，它通过"无私"的说教判定"没有什么东西有价值"，因而得到的结论便是："生命毫无价值"，"我也无价值"。

很显然，"无私"并不是一种"德行"。按照自然的道德，"一切美德都是生理状况"，"无私"恰是生理本能衰退的征兆。而"健康的自私"体现的是一种"利己主义的自然价值"，在这种价值下，"自私的价值取

① 尼采：《查拉图斯特拉如是说》，尹溟译，文化艺术出版社1987年版，第88页。
② 同上。
③ 尼采：《偶像的黄昏》，《尼采文集·查拉图斯特拉卷》，青海人民出版社1995年版，第369—370页。

决于自私者的生理学价值"①。

"健康的自私"体现的正是"自私者"强大的生命力，它是强力流溢出来的对万物的强行吸纳和吞吐，它是强大的自我的表现。尼采说："我首先试图证明，除了利己主义之外不可能再有别的什么。——证明，自我不强健的人，其伟大的爱之力也是微弱的，——证明，最爱人之人首先因其自我的强劲。——证明，爱，乃是利己主义的表现，等等。"② 正由于"健康的自私"是出于自我的强大，所以它憎恨一切自我贬抑的奴隶性，唾弃一切种类的奴隶，不管他们是屈从于众神和神罚，还是屈服于愚蠢的人类舆论和抽象的社会组织。

"健康的自私"是同基督教反自然道德的"邻人爱"相对立的"自爱"。在"邻人爱"的说教中，爱自己被当作了罪恶，人只有通过爱他的邻人来赎回自己的罪过以得上帝的恩宠。但是尼采指出："凡能如同鸟一样成为轻灵的人必须自爱。""我如是教人：自己必须学习以卫生而健康的爱爱自己：自己才会动心忍性，而不会神不守舍。"尼采称"学习自爱，这不只是为今天和明天而有的戒律。这宁是一切技艺中最精最巧，最新，和最坚忍者"③。在尼采自然的道德下，自爱不是罪过，自己不该是一个可厌的对象。一个人不爱自己，甚至厌恶自己，是不会活得轻松的。所以尼采说"那个老是要使别人感到羞耻的人"是最坏的人，而"使人不感到羞耻"的行为是"最具人性"的行为，当一个人"不再对自己感到羞耻"时，他就得到了"自由的保证"④。

在尼采看来，一个人之所以不爱自己，甚至厌烦自己，那是由于缺乏性灵。这种人不够有性灵以自欢愉，却又有足够的教养明白这一点。于是，无聊、烦闷、甚至根本羞于他自己的生存，而希望在日常的琐碎工作，即为他人的生活中，忘掉这个空虚的自我。这种人，"他所需要的通常是'道德'……他绝对会挖空心思找出那些伟大的道德名词，并且高呼着冠冕堂皇的口号"。"他们藏身其后以寻求庇护，并躲避疲乏、岁月、

① 尼采：《偶像的黄昏》，《尼采文集·查拉图斯特拉卷》，青海人民出版社 1995 年版，第 368 页。

② 尼采：《权力意志》，张念东、凌素心译，商务印书馆 1991 年版，第 161—162 页。

③ 尼采：《查拉图斯特拉如是说》，尹溟译，文化艺术出版社 1987 年版，第 231 页。

④ 尼采：《快乐的科学》，余鸿荣译，中国和平出版社 1986 年版，第 180—181 页。

冷漠和无情的压迫，这感觉仿佛有点死到临头的意味。"①

在"健康的自私"这种自然的道德价值下，一个不爱自己的人，是不能被视作一个可爱的人的。他既不可能得到别人的爱，也不可能真正爱别人。"如果这一个'我'如巴斯卡尔和基督教所说，总是可恨的，我们怎能设想或希望别人爱他呢——无论那别人是上帝还是人！"②

而且，一个不爱自己的人，他带着他对自己的怨恨到人群中去，他的怨恨也会显示出来给人以损伤，即使他是行善。所以，尼采强调，在自然的道德下，一个善人首先必须对自己怀有善意，否则，他对旁人的善行就不可能是真诚的而是虚假的。自爱者才能爱人，富有者才能馈赠。查拉图斯特拉如是说："做你们所想做的事，——但是首先你成为一个能够意欲的人！爱你们的邻人如爱自己吧，——但是得首先成为自爱的人！"③ 给人以生命欢乐的人，必是自己充满生命欢乐的人。

基督教道德的"无私"说教，实为"无我"，是对自我的逃避、憎恨和否定，这是生命本能衰竭的象征。而"健康的自私"则是健康的生命本能的表现，是生命所具有的高尚的自我保护和自我发展力量。反对这样的"自私"而颂扬"无私"的自我否定，实质上是压抑生命力旺盛和热爱生活的人，而鼓励奴隶式的"自我牺牲和无私之美德的人——他将不会耗费他的所有精力与理智去谋求个人强力的护持，发展、提升及扩张，而自觉活得很谦虚、很冷淡或很讽刺"④。所以，尼采说：

> "你的自私是你生活的祸根"——这响彻千年的说教，损害了自私，夺去了它的许多精神，许多快乐，许多创造性，许多美丽，它钝化、丑化、毒化了自私！⑤

在"反自然的道德"下，"一个人的美德之所以被称为'善'，并不

---

① 尼采：《快乐的科学》，余鸿荣译，中国和平出版社 1986 年版，第 266、267 页。

② 尼采：《朝霞》，转周国平《尼采：在世纪的转折点上》，上海人民出版社 1986 年版，第 126 页。

③ 尼采：《查拉图斯特拉如是说》，尹溟译，文化艺术出版社 1987 年版，第 204—205 页。

④ 尼采：《快乐的科学》，余鸿荣译，中国和平出版社 1986 年版，第 50 页。

⑤ 同上书，第 219 页。

是因为那德行对他本身有什么好处，而是因为那德行如我们所期许，并对我们及整个社会有好处。当我们在赞美那些美德时，每个人多少总有一点不自私及'非自我本位'的心态！"但是这样一来，美德的拥有者将在赞扬声中"成为这项美德的牺牲品"！① 但是，在"自然的道德"下，个人并不只是当作类的一员，而且被当作整个类的素质的体现者，"个人绝非自为的，不是一个原子，不是'链中之一环'，绝不仅仅是过去的遗传物，——他还是到他为止人的一条完整的路线本身"②。

因此，"无私"、"无我"所体现的下降、衰落、退化就不仅只关涉那个"个人"了。"健康的自私"强调个人生命本能的正当性，正是鼓励个人的自爱和强大，而这也正体现了类的生命力之旺盛。查拉图斯特拉如是说：

> 兄弟们，告诉我，什么是对于我们坏的最坏的呢？这不是退化吗？——凡是没有给予的灵魂之岛，我们的结论总是退化。
>
> 我们的路径是一类胜于一类地往高处去。我们恨恶那退化的精神，它说：一切归我。③

退化是"无私"的象征和结果。只有"健康的自私"，这从强力的灵魂中流溢出的自爱，才是真正的强大和上升。

二 大地的意义

"自然的道德"肯定生命为最高价值支撑，从而否定了反自然道德的最高价值——上帝；肯定肉体和本能欲望的美丽和真实，从而揭露了反自然道德下"灵魂"和"精神"的丑陋与虚假；肯定了"健康的自私"，从而也揭露了"无私"的病态。与此同时，"自然的道德"还把在反自然道德下赋予"天上世界"（"真实的世界"）的价值意义还给了"大地"，还给了"生活世界"，使道德永远成为此岸的生命的产物，而非彼岸"上

① 尼采：《快乐的科学》，余鸿荣译，中国和平出版社 1986 年版，第 48 页。
② 尼采：《偶像的黄昏》，《尼采文集·查拉图斯特拉卷》，青海人民出版社 1995 年版，第 368 页。
③ 尼采：《查拉图斯特拉如是说》，尹溟译，文化艺术出版社 1987 年版，第 88 页。

帝的声音"或"绝对命令"。

在反自然的道德统治下，上帝的影子，即理性真理和基督教道德，笼罩着整个的人类生活。而道德则成了上帝从彼岸统治此岸的最强有力的工具。在基督教道德下，世界和生命一起被道德否定掉了。"基督教试图以此'克服'世界，也就是否定世界。其实，这疯狂的谋杀——人在世界面前疯狂的自戕——的结局就是人的阴沉化、渺小化，贫困化。"① 道德试图通过否定人而解释世界，其结果是连同世界一起否定了。

由此不难看出，道德之不是去肯定世界而是否定世界，显然在于它不是立足于现实，而是立足于某种理想。是理想把人引向颓废的："迄今为止的理想皆是对世界和人之力的诽谤，是笼罩于现实性周围的瘴气，是把人引向虚无的巨大诱惑。"因为，在根本上讲，"现实人的价值远比过去一切理想的、'合意的'人的高得多。因为，一切与人有关的'合意性'都是荒唐而危险的放纵，个别种类的人想放纵而把自身的增长和保存条件当作支配人类的法令；迄今为止，一切来源于此的，居统治地位的'合意性'，都贬低了人的价值、力和对未来的肯定"。② 所以，基督教道德根本上必然会导致对现实生命的否定和危害。

"理想"是通过设定一个"真正的世界"、"上帝的世界"来贬低人的价值，否定现实的生活世界的。随着"理想"的幻灭，上帝的死亡，"真正的世界"连同其"绝对命令"一起被自然的道德所抛弃。在自然的道德中，只有一个世界，那就是我们生活于其中的这个现实世界，它是强力意志的永恒轮回所形成的生成流变世界，这个世界就是人的世界，就是生活世界。

生活世界是什么？就是我们脚踩着的坚实的大地。只有大地才是我们赖以生存的最真实的处所。可是，基督教道德价值却把大地说成是罪恶之邦，是人赎罪的场所。基督教道德千方百计贬低大地的意义，实质上是贬低人的意义，贬低生命的意义。事实上，只有大地才给我们提供生存之源，只有大地才给我们制造欢乐和痛苦，只有大地才给我们幸福与满足。查拉图斯特拉说：

---

① 尼采：《权力意志》，张念东、凌素心译，商务印书馆1991年版，第202页。
② 同上书，第420页。

在大地上有许多优良的发明，有些是有用的，有些是快乐的：为此大地是很可爱的。

有许多如是的发明，如同妇人的乳峰一样：同时是有用，同时是快乐的。

但你们厌世的人们哟，你们大地之懒惰者！应当有人用鞭子策着你们！应当有人用鞭子再使你们的两腿活泼。[①]

基督教徒就是真正的"厌世者"，是大地的倦怠者。正是这种倦怠使他们制造出"天国"的谎言。与此同时，哲学家和道德家们由于生命力乏弱所带来的倦怠，也分别制造了"真实的世界"和"理想的世界"。它们共同对抗着真正的现实的生活世界。

但是，自然的道德依于生命力的强力，敢于正视和承认现实生活世界本身的流变和无目的，正视和承认现实生活世界本身的轮回和无意义。因此，"我们乐于继续建造一切尘世生物赖以生存的现存世界，就像现在那样的（持久地、缓慢地运动着），——我们无意把它视为假的东西！"[②] 不仅不把现实的生活世界当作"假的东西"，而且恰恰相反，将现实的生活世界当作唯一真实的世界，并且将道德价值本身立于这一真实的生活世界。《查拉图斯特拉如是说》"给予的道德"中有一段，特别道出了生活世界这一"大地"之于自然的道德（道德自然主义）的意义：

兄弟们，用你们的道德的强力意志忠实于大地吧！让你们的给予的爱与你们的知识为大地的意义服务吧！我请求你们，我祈祷你们。

别让你们的道德飞离了大地的一切，而把翅膀拍着永恒之壁吧！唉，飞去而迷路的道德真多呢？

像我一样地把迷路的道德带回到大地上来吧，——是的，带给身体与生命：使它给大地以意义，一个人类的意义吧！

……

---

① 尼采：《查拉图斯特拉如是说》，尹溟译，文化艺术出版社 1987 年版，第 248 页。
② 尼采：《权力意志》，张念东、凌素心译，商务印书馆 1991 年版，第 117 页。

兄弟们，让你们的道德为大地的意义服务吧：让一切价值因你们
而重新估定吧！所以你们要是争斗者，你们要是创造者！①

创造者立足于大地进行价值的重估和创造，也就是立足于生命和肉体
的创造。他把大地作为价值的场所，即把生活世界当作价值的基地。由
此，自然的道德便在现实的生活世界中，通过生命的自我肯定而为人的生
存在生成的现实世界中找到了意义。当然，这意义是强力意志通过生命的
一种赋予。正是这种强力意志通过生命而进行的价值赋予表明，自然的道
德不仅是对自然、生命的肯定，而且是对强力的肯定。因此，自然的道德
同时也是自主的道德，是强力的价值论。

---

① 尼采：《查拉图斯特拉如是说》，"给予的道德"，尹溟译，文化艺术出版社 1987 年版，
第 89—90 页。

第 八 章
善恶彼岸的道德评价

尼采通过对生命意义的追问，在根本上扭转了道德价值建立的基础，把基督教价值的虚无主义性质的基础"置换"成了现实的、活生生的生命，由此，道德不是从彼岸上帝发出的绝对命令，而是立足于此岸生活世界的现实生命所发出的"相对命令"、自然的命令，道德成为一种以自然生命为基础的"自然主义"或"应用生理学"。在确立了新的道德价值的"自然基础"后，尼采便要拟定在这种自然道德下的价值标准了。既然道德价值以生命为基础，而生命的本质是强力意志的个别形式，因此，由生命而估定的价值便必然以生命力是否强大为标准，即以作为生命之本质的强力意志本身为价值标准。这一标准是超越基督教道德价值以生命力衰弱为内涵的善恶道德标准的。

第一节　善恶的彼岸

道德价值的标准问题，实际上是判定一个行为或事件是否依据某一道德思想为"美德"的问题，它是一种道德哲学的"显示性"存在形式。在基督教道德价值下，"善"和"恶"是道德的判定标准，而善和恶又是依据人的行为是否"无私"、"无害"和"利他"为基础的。这种价值标准本质上是对自我生命的残害和否定。尼采通过对善恶的历史心理学讨论，已经揭示了这一标准本身只不过是衰弱的生命本能的结果，是一种弱者的价值标准。

自然的道德由于把道德价值置于自然的生命之上，它不再从行为的善恶出发来进行道德评价，而是从个体自然生命自身出发来进行道德评价，只有有利于生命力强大或本身表征着生命力强大的行为，才被判定为道德的或"善"的或好的；而凡是阻碍生命力或本身表征着生命力乏弱的行为都将被判定为不道德的或"恶"的或坏的。这样一种道德评价标准，尼采称为"超越善和恶"。尼采曾经专门写了一本名为《善与恶的彼岸》的书,而给这本书取的一个副标题则是"未来哲学的序曲"。可见,尼采是把"善恶之彼岸"作为自己"未来"的道德哲学的"导言"看待的,而"导言"往往是为一种思想拟定标准和指导线路的。

尼采道德哲学之"善恶的彼岸"标准,实际上是要将善恶本身的自然生命依据清理出来,并用更"原始"的生命力的好坏来超越善与恶,而生命力的好坏本身只不过是一个强力问题,因此,"善恶的彼岸"最终是将价值标准落脚在生命的强力上。

一 好坏与善恶

道德哲学在它的产生之初就是和"生命"纠缠在一起的。在原本上,道德判断只是一个对生命的判断。"品德论"(或美德论)的道德哲学只是历史发展的产物,如尼采所说的,是柏拉图主义和基督教的产物。因此,要超越善与恶的美德论教义,就必须进行某种历史的溯源,去探查一下"美德"的最初含义。这也是尼采十分喜欢做的。而且实际上,他正是试图用"原始"的希腊生命价值论来对抗基督教道德价值论。

对于希腊的道德哲学之基本精神,包利民先生在其《生命与逻各斯——希腊伦理思想史论》一书中有一段比较中肯的总体评价,他说:"被人们称为'希腊伦理精神'的许多东西,与其说是道德戒命与反思,不如说是对直接生命(生活)的思考、记载、品味和理想化。一部希腊伦理史应当首先展示给人们当时的种种'生活形式'(维特根斯坦义),种种生活理想(英雄的、思辨的、公民的、哲人的、隐居的……),种种对生活深义、苦难、矛盾的注视与感喟(悲剧式的认识与反思式的认识,等等),种种对'终极目的'或'幸福'的定义与实现条件的反复探究。希腊伦理精神——无论是现实的还是理论的——只能围绕这一生命(生活)的主题展开。"① 尼采自己在论及"希腊悲剧时代的哲学"时,也明确指出:"希腊人由于对生命中所有各种价值抱有一种理想上的需要与关切,这就约束了他们的原本贪得无厌的求知欲……他们因此而在一个更高的意义上和一个更纯粹的范围内成了创造者。也就是说,他们创造了'典型的哲学头脑'。""这些哲学家对于生命和存在所作的判断,其内涵

---

① 包利民:《生命与逻各斯——希腊伦理思想史论》,东方出版社1996年版,第3页。

要比任何一个现代所作的判断多得多，因为他们面对着一种完美的生命，他们不像我们这样，思想家的情感被追求生命的自由、美、伟大的愿望与求索真理（它只问：生命究竟有何价值？）的冲动二者之间的分裂弄得迷离失措。"① 很显然，希腊道德哲学之道德是以生命本身为基础的。如果我们能对这种道德哲学下的美德标准有一个清楚认识，我们也就能懂得尼采以生命为基础的自然的道德的价值标准了。

在希腊道德哲学中，arete 一词往往被翻译为"品德"或"美德"。但"arete"本身并不只具有我们今天意义上的"美德"或"德性"之意，它实际上是一个意义很宽泛的词。从语义上讲，它更接近汉语的"优秀"。一个具有"arete"的人，就是一个优秀的人。但"优秀"本身又在不同的历史时期被赋予不同的内涵。在英雄史诗年代，勇敢善战者如阿喀琉斯，是优秀的人；文明发展后，智慧也成了优秀的标志之一，如苏格拉底就被认为是优秀的人；道德意识觉醒后，"美德"又成为内在之优秀。因此，一个人的一生是否活得优秀（而不平庸），是否杰出（而不平凡），是否有价值（而不卑贱），这才是希腊人真正关心的"德性"。"优秀"的品性是一种自身构成目的之必要组成部分的"内在式手段"。一方面，优秀品性是有助于获致团体的、家庭的、个人的目的手段；另一方面，生命之最终目的——完满之"好"或"幸福"——又正在于生活得优秀、高贵、有价值之中。因此，优秀地活，是一种生命的流动，而不只是静态的行为判断。

正是因为作为德性的"优秀"本身是内在于生命的，因此，作为生命之最终目的和道德价值之最高标准的"好"，也就不能是与生命无关的。

"好"同它的反义词"坏"最初只是关涉的生活（生命）与道德的关系，后来又发展出对行为本身作善恶评价的品德意义。因此，在中文里被翻译为"善"和"好"的，在西文中只对应一个词，即英语的 Good。它既可指道德意义上的"好"（即善），也可指非道德意义上的"好"。而且在希腊早期，许多道德学意义上的"好"就是从非道德意义上的"好"如美丽、力量、能力等衍生出来的。比如苏格拉底在讨论到美德

---

① 尼采：《希腊悲剧时代的哲学》，《尼采文集·权力意志卷》，青海人民出版社 1995 年版，第 316、318 页。

时，就将工匠懂得自己的业务、农民熟悉如何种庄稼、领导者知人善任等看做好的美德。而"恶"，则既指道德意义上的"罪恶"，也指行为的失败和对技能与善的无知等。因此，"好"、"德性"不仅只是品德意义上的，而且是功能意义上的。

这种一词多义，的确容易导致混淆。所以，当康德在讨论到实践理性问题时，一半抱怨一半庆幸地说："幸而德文里面有几个词语，不允许人们把这种差异忽略过去。对于拉丁文用 bonum（善）一字所指称的东西，德文却有两个十分悬殊的概念，并且还有同样悬殊的语辞：das Gute（善）和 das wohl（福）两字与 bonum 一字相当……"① 康德从 bounm（good）中区分出了"善"与"好"，尼采则进一步通过对道德价值起源的考察而发现"善"如何超越和挤走了"好"，并试图通过超越善恶的方式，还"good"（bonum）"好"的本来面目。

在《道德的谱系》第一章，尼采就用了一个十分特殊的标题："'善与恶'，'好与坏'。"他实际上是把善恶和好坏当作两种对立的价值观来看待的。尼采认为："'好'的判断不是来源于那些得益于'善行'的人！其实它是起源于那些'好人'自己，也就是说那些高贵的、有力的、上层的、高尚的人们判定他们自己和他们的行为是好的，意即他们感觉并且确定他们自己和他们的行为是上等的，用以对立于所有低下的、卑贱的、平庸的和粗俗的。从这种保持距离的狂热中他们才取得了创造价值，并且给价值命名的权利。"② 而"善"则是由于生命力衰弱所导致的怨恨本能对"他人"的否定，是一种在想象中补偿自己怨恨的产物："这种否定就是奴隶道德的创造性行动。这种从反方向寻求确定价值的行动——值得注意的是，这是向外界而不是向自身方向寻求价值——这就是一种怨恨：奴隶道德的形成总是先需要一个对立的外部环境，从物理学的角度讲，它需要外界刺激才能出场，这种行动从本质上说是对外界的反应。"③

正是由于"好"源于生命力强大者自身，所以它的基本含义往往是"高尚"、"高贵"，进而转化出含有"精神高尚"，"高贵"意思的"好"，含有"精神崇高"意思的"好"。而"这一转化又总是伴随以另外那种转

① 康德：《实践理性批判》，关文运译，商务印书馆1960年版，第60页。
② 尼采：《道德的谱系》，周红译，三联书店1992年版，第12页。
③ 同上书，第21页。

化，'普通的'、'粗俗的'、'低贱的'终于被转化成'坏'的概念"①。

由此不难发现，"好"和"坏"的对立一开始只是一种生命力强弱的对立，并不具有道德意义上的"善"与"恶"之对立的含义。因为在"善"与"恶"的对立中，"不自私"的行为总是被当作"善"来称颂的，而"自私"则被当作"恶"。而"从这个起源出发——'好'这个词从一开始就根本没有必要和'不自私'的行为相关联：那是道德谱系学家们的偏见。事实上，只是在贵族的价值判断衰落的时候，'自私'和'不自私'的这种全面对立才越来越被强加于人的良知——用我的话说，群体本能终于用言辞（而且用多数的言辞）得到了表述"②。所以，就"德性"而言，好与坏的对立比善与恶的对立更具有原始性。

由于"好"比"善"更具有原始性，因此，将"好"（good）区分为一阶的"好"和二阶的"好"，有利于我们理解尼采之"善恶"与"好坏"的对立。

一阶之"好"指非道德性的、生活的价值。比如生存、创造、爱、思想、自由、健康、财产、权力等。这些价值作为人的价值，具有文化性、历史性。不同的生活形式及不同的哲学取向会提出不同的生活价值表，在这些价值表中，人们会把自己认为的"好"列入目标体系，如果它得以实现，便可带来"幸福"。

二阶之"好"即道德价值。这一系列中的价值的存在与本质，在于对生活的、非道德的价值进行某种操作，如拯救生命、交友守信、财产公平等。道德行为者显然视这些行为为"好"才去做，而这么做了也就会被称为"好"（善）。

之所以用一阶、二阶来标识生活价值与道德价值，是因为生活价值在本体论上高于道德价值。生活高于道德，不仅在于，我们可以设想一个无道德的生活世界却无法设想一个无生活的道德世界；而且在于，生活或生命在逻辑上的先天性或独立存在性。即使在历史上生活与道德从来都共生，道德价值却没有独立的存有过，它必须"依附"于生活价值。由于生活大于道德，先于道德，所以应当维护生活价值的一阶性、本体优先

---

① 尼采：《道德的谱系》，周红译，三联书店 1992 年版，第 14 页。
② 同上书，第 12 页。

性，防止道德价值的非法"自反使用"，防止道德僭越和侵犯生活。①

在尼采看来，基督教价值恰恰忽略甚至根本上否定了生活价值的一阶性。道德价值不仅"侵犯"了生活，而且在根本上统治了生活（生命），进而遮蔽了生活价值本身。尼采多次明确指出，基督教只是道德的，牧师和道德家们"想把人类带回到，拧紧在一种过去的道德规范上。道德始终是一张普路克路斯忒斯之床"②。

道德价值作为二阶价值，以善和恶的对立来裁定生活，这就导致了严重的后果，即生活（生命）本身的意义要由道德意义上的善恶来估定，生活（生命）失去了其本身自然的价值。这就是尼采所说的，在道德统治下，生命被弱化了，生命的价值被否定了。"他们要用他们的道德剜去仇敌的眼睛；他们自己高举即为压低别人。"③ 其结果是，连同自己的眼睛也被挖掉了，连同自己生命的价值也被贬低了，被毒化和否定了。

在尼采看来，不仅自柏拉图主义和基督教价值以来，道德价值一直凌驾于生活价值之上，遮蔽着生活价值，而且，这遮蔽生活价值的道德价值本身，只不过是衰弱的生命本能的产物，是奴隶性的群畜道德在统治着生活，因而也就在根本上削弱着强者的生命。

尼采认为，源于"高贵者"生命本能的"好"与"坏"的对立，同源于"低贱者"乏弱的生命怨恨本能的"善"与"恶"的对立，是两种完全不同的价值观。这种不同所标识的正是"生活价值"和"道德价值"的不同。尼采说：

　　一个充满仇恨的人构想出来的"敌人"将是什么样的——这正是他的行动，他的创造：他构想了"丑恶的敌人"，构想了"恶人"，并且把它作为基本概念，然后又从此出发产生了余念，设想了一个对立面，即"好人"——也就是他自己。……

　　正好相反，精神高贵者预先自发地创造了"好"的基本概念，

① 关于一阶、二阶的"好"的讨论，参阅包利民《生命与逻各斯》，东方出版社1996年版，第9—13页。

② 尼采：《偶像的黄昏》，《尼采文集·查拉图斯特拉卷》，青海人民出版社1995年版，第379页。

③ 尼采：《查拉图斯特拉如是说》，尹溟译，文化艺术出版社1987年版，第112页。

也就是说从自身获得了这一概念，而后才由此引申出一种关于"坏"的概念！这种起源于高贵的"坏"和那种产生于不知餍足的仇恨的大锅中的"恶"——这看上去同样是"好"的概念的反义词的——"坏"—"恶"是多么的不相同啊！前者是附产品，是一种附加成分，一种补充的色调，而后者却是本源，是起点，在奴隶的道德观念中是原始的创造活动。①

善与恶的对立作为道德价值，是先从"他人"那里找出"恶"，再引申出"善"；而好与坏的对立作为生活价值，则是从自身派生出"好"，再找出它的对立面"坏"。这两者的对立，体现了两种不同的价值基础和价值标准：前者源于生命的衰弱，因此痛恨生命；后者源于生命的强大，因而称颂生命。

"好与坏"和"善与恶"这两种对立的价值观在这个地球上进行了一场旷日持久的恶战，虽然第二种价值观长期以来一直稳占上风，但是只要战争仍在持续，胜负的问题就是悬而未决；甚至可以说，在此期间战争又升级了，因而它也就变得更深刻，更具有斗智的性质了，结果是目前也许还找不到更确切的标志来标记即超越这种对立的更高级的自然力，即更智慧的自然力，那种对立的另一真实战场。②

在尼采看来，一部人类史就是"善恶"和"好坏"两种价值观斗争的历史，即生活（生命）价值和道德价值的斗争史。当然，在大部分时间，是道德价值的善恶观"战胜"了生活（生命）价值的好坏观。用尼采的话说，这是"罗马人对以色列人，以色列人对罗马人"的战斗，结果"罗马无疑是战败了"。但这种"胜利"本身并不意味着终极胜利。尼采就是要进一步将这场斗争自觉化，他要用希腊人的生活（生命）价值来对抗基督教的道德价值。

在尼采看来，希腊人的价值是典型的生活（生命）价值，是一种高

---

① 尼采：《道德的谱系》，周红译，三联书店1992年版，第24页。
② 同上书，第34页。

贵者、强者的价值，是一种出于生命自身的"好与坏"相对立的价值。"这些价值是自发地产生和发展的，它只是为了更心安理得，更兴高采烈地肯定自己，才去寻找其对立面。它们的消极的概念如'低贱'、'平庸'、'坏'都是在与它们的积极的概念相比较后产生的模糊的对照，而它们的积极的概念则是彻底地渗透于生命和热情的基本概念。"① 正是这种"渗透于生命和热情"的"好"，在尼采看来是对抗基督教道德价值之"善"的最好工具，也是新的利于生命之自然的道德的"目的"。

为了理解尼采所说的希腊价值的"好"，我们可以看一下亚里士多德对"好人"的分析。亚里士多德并不属于尼采所欣赏的"希腊悲剧时代"价值的代表人物，但他相对客观的分析，给我们保留了希腊人所谓"好人"的基本内容。在《尼各马可伦理学》中，亚里士多德指出，"好"的意义是多种多样的，一种普遍使用的即日常所说的"对于 X 的好"（"对于人的好"），即"什么样的生活对于我最好"。另一种普遍用法是"好"（"好人"）。亚里士多德说，人们都在用"好笛手"、"好雕刻家"等词语，这"好"是指他们在吹笛或雕刻的功能上完成得出色。既如此，那么"人"作为一个整体是不是有一种特殊的总功能呢？亚里士多德在这里找到了"灵魂"。他认为，就本体论而言，"灵魂"是人的本质，它包括多种生命活动能力：生长、感受、欲望、位移、理智等。灵魂有等级之分，亚里士多德在《论灵魂》中分为生长—感觉—思维三个等级，从而构成"植物性生活"、"感性生活"、"理性生活"。亚氏认为，高级灵魂能力必然包含低级的灵魂能力。因此，亚里士多德并不讳言人有非理性成分，当然，具有逻各斯或理性是人之生命（灵魂）的特点。所以，人作为人的功能就是理性的或包含理性的现实活动，"人的功能是某种生命形式，是灵魂的现实功能，是合于理性原理的活动"② 。这样，"好人"也就是将人的功能发挥至完善境界的人。换言之，"优秀地"（arete）完成了人的功能者就是"好人"（"优秀的人"）。

当然，尼采是不会接受把人的功能界定为"理性"（逻各斯）的，但他一定可以接受"好人"就是将人的功能发挥至完善境界的人的界定。只不过，尼采所理解的人的功能不是"灵魂"，而是作为强力意志的生命

---

① 尼采：《道德的谱系》，周红译，三联书店 1992 年版，第 22 页。

② 亚里士多德：《尼各马可伦理学》，商务印书馆 2003 年版，第 14—15 页。

本身。

换言之，在尼采看来，一个能将生命之强力发挥至极境的人，就是一个"好人"（"优秀的人"），而这种行为也就被判定为"好"。正是在这个意义上，我们才能懂得尼采对"超人"的呼唤，对查拉图斯特拉的偏爱，以及他所说的："拿破仑，这个最孤独的人，这个姗姗来迟的人，他具体地体现了高贵的理想自身的问题。"① 因为在尼采看来，拿破仑就是一个将生命能力发挥至极的"优秀的人"（"好人"）。

尼采通过对生命力之发挥的"好"的强调（当然，相应地就是对生命力乏弱的"坏"的不满），而给定了超越于善恶之评价的价值标准。所以尼采得意地说："我有足够的理由作出结论，因为还是很早以前我就很清楚我想要什么，我提出那句危险的口号是为了什么，那句口号写在我上一本书的扉页上：'善恶的彼岸'，至少我没有写上'好坏的彼岸'。"②

二　强力与评价

"善恶的彼岸"是什么呢？就是自然的生命。因此，将道德价值置于"善恶的彼岸"，也就是置于生命本身。而生命在本质上只不过是强力意志的表现形式，所以，真正的价值主体和标准，是作为生命之本质的强力意志。强力意志是一切评价由之以出又向之归宿的东西。

在尼采看来，人生存于一个生成流变的无目的、无意义的世界中，为了"安身立命"，人必须通过评价，通过解释将世界存在化，为人的生存寻找意义。因此，为了生存，必须评价。笼统地说，评价的主体是生命。

当我们谈论价值，我们是在生命的鼓舞下，在生命的光学之下谈论的；生命本身迫使我们建立价值；当我们建立价值，生命本身通过我们评价。③

但是，生命本身只是强力意志的表现形式。所以，评价的真正主体是

---

① 尼采：《道德的谱系》，周红译，三联书店1992年版，第36页。
② 同上书，第36页。
③ 尼采：《偶像的黄昏》，《尼采文集·查拉图斯特拉卷》，青海人民出版社1995年版，第324页。

强力意志。尼采说："'价值'观点是关于保存条件和提高条件的观点，这一观点涉及生命在生成内部的相对持存的综合构成。"这里所谓的"综合构成"，就是指强力意志在多种形式中的配置，即一个以强力意志为中心的"统治构成"，"统治的范围不断增大，或根据环境的好坏（营养——）而周期性地伸缩"，而"'价值'，从本质上说，也就是这种统治中心的伸展或收缩的观点"。① 换言之，价值本质上就是强力意志不同中心发射出的透视观点，是强力意志及其配置形式——各种不同的情绪冲动——进行评价的产物。而强力意志本身就是一种追求着价值的意志，在一切强力意志的配置形式中都有估价。

强力意志是评价的主体，那么从强力意志出发的评价本身是什么呢？尼采认为，这种评价就是解释，就是意义置入，而解释就是强力意志中心对世界的透视。"一切价值……从心理学上看，都是为了维持和提高人的统治构成而作出的一定的透视的结果，它们只是被错误地投射到事物的本质中去了。"② 尼采是把解释、评价、透视、认识当作同一层次概念使用的。在某种意义上，尼采的透视主义认识论既是解释学的又是价值学的。尼采认为，解释是作为强力意志的一种形式而拥有现实存在的，实际上，解释就是统治某物的手段。正是解释，是我们和世界打交道的方式，我们在解释中（也就是在评价中）组成了人和世界、人和人的意义关系，由此满足着我们的生存实践需要。

在尼采看来，一切认识都是评价，都是解释。"认识只能是什么？——'解释'，置入意义，——而不是'说明'（在大多数场合，是对一个已经变得不可理解、现在仅成为符号的旧解释作出新的解释）。"③ 正是在这个意义上，尼采本人用强力意志理论对包括真理、美、宗教、道德在内的各种解释形态作了重新解释。在他看来，认识是强力的工具，"求真理的意志"是"强力意志的一种形式"④，它在为强力意志的服务中展现自身。"'美'的判断是否成立和缘何成立，这是（一个人或一个民族的）力量的问题。"⑤ 宗教和道德则往往被尼采看做弱者的强力意志

---

① 尼采：《权力意志》，张念东、凌素心译，商务印书馆1991年版，第434页。

② 同上书，第426—427页。

③ 同上书，第213页。

④ 同上书，第519页。

⑤ 尼采：《尼采美学文选》，周国平译，三联书店1986年版，第383页。

现象。不过道德价值作为手段，作为一种"统治关系"，也可以属于强者，但这是以强力意志为根源的道德评价：

> 一个价值表高悬在每个民族的上面。看吧！那是它的征克的记录，看吧！那是它的强力意志的呼声。
>
> 一切它觉得不易成功之物，是可赞颂的；必要的艰难的便是善；那稀少而最费力之物，能够拯救大不幸的，——便被称为神圣的。
>
> 那使它统治，克服而光耀的，激起邻人的恐怖与妒忌的：它认为这物件是万物中的最高者最先者，万物之衡量与意义。①

由于生成世界和作为"命运之片断"的生命本身的强力意志特性，那作为解释和意义设置的评价将是一个不断进行的过程。"置入意义——这个任务始终有待完成。"② 正是在人作为解释者与被解释者的关系中，意义被昭示出来，价值被体现出来。"我们的价值被解释进了事物之中。难道有自在的意义吗?! 意义不就是关系的意义和透视吗?"③ 当我们说某物"是什么"时，实际上就是把该物置于一种意义关系中，而这种关系归根到底又是由"我"设置的，所以实际上是将该物纳入和"我"（即人类生命）的关系之中，说明它对于"我"来说"是什么"，也就是将该物之于"我"的意义置入该物。"'这是什么?'的提问，就是从他人角度出发设定的意义。……基本的问题一直是'对我来说这是什么?'（也就是我们，对一切有生命的东西来说）。"所以，"'自在的事实'是没有的，而始终必须首先置入一种意义，才能造成事实"。置入意义就是解释，就是评价。"简言之，一个事物的本质不过是关于'此物'的见解而已。或甚至可以说：这个所谓'它关系到'本来就是'它是'，这个唯一的'这是'。"谁在解释呢？或者说，谁在进行这关系的设定和评价呢？"它是强力意志的一种形式，它有生命（但不是所谓'存在'，而是一个过程，一种生成），生命就是冲动。"④ 这样，"人最终在事物中找出的东西，无非

---

① 尼采：《查拉图斯特拉如是说》，尹溟译，文化艺术出版社1987年版，第66页。
② 尼采：《权力意志》，张念东、凌素心译，商务印书馆1991年版，第274页。
③ 同上书，第213页。
④ 同上书，第191—192页。

是他自己塞入其中的东西：——找出，就叫科学；塞入，就叫艺术、宗教、爱、骄傲"。① 换言之，价值的生成，"'事物'的产生，完全是设想者、思维者、愿望者、感觉者的事业"②，一句话，解释者的事业，评价者的事业，作为强力意志的生命的事业。

解释和评价之成为一项"事业"乃是人的生存实践之需要。在生成世界中，"未知之物使人感到危险、不安、忧虑，——第一个冲动便是要有消除这种令人痛苦的状态"，方式就是解释。通过解释，"把某种未知的东西归结为某种已知的东西，这使人轻松、平静、满足，此外还给人以一种权力感"③。一方面，由于生命本身需要获得解释，需要被赋予意义，否则会归于荒谬；另一方面，生命又从自身出发对世界进行着解释，为自己创造一个有意义的世界。所以，解释作为强力意志的一种形式，是作为一种情绪冲动的生存所固有的。

强力意志不但是评价的真正主体，是作为解释的评价的实际"操作者"，而且是评价的最高标准。

尼采认为，"不能把'有意识的世界'当作价值出发点，也就是当作'客观'设定价值的必然性"。因为意识只是总体生命中的个别情形和一小片断，与生命相比，它只是手段，不能作为价值出发点和最高价值尺度。"相互作用就是每个有机体的整个生命，就其庞大和众多而言，对这种作用世界的意识乃是来自情感、意图、估价的小小片断。难道片断意识就是原因，就是目的吗？我们没有设定生命现象的任何权利。显然，意识，这毋宁说是生命的展开和强力扩充的手段。"如果我们把意识设置为最高价值，乃至于将它想象为作为宇宙之目的的"精神"、"上帝"之类的总体意识，就会反而将生命当作手段，使生命受到审判。"手段的类型被误认为是目的：生命乃其强力的上升反被贬黜为手段。"这里的"根本错误就在于，我们把意识设定为标准，生命的最高价值状态，而不是把它视为总生命的个别，也就是与总体相关的一部分"④。

---

① 尼采：《权力意志》，张念东、凌素心译，商务印书馆1991年版，第185页。

② 同上书，第192页。

③ 尼采：《偶像的黄昏》，《尼采文集·查拉图斯特拉卷》，青海人民出版社1995年版，第330页。

④ 尼采：《权力意志》，张念东、凌素心译，商务印书馆1991年版，第317—318页。

同样，生命也只是强力意志的个别情形，与强力意志相比，它也只是手段。"生命乃是个别状态：人们应该为一切生命辩护，而不仅仅是为个别生命。——这个辩护原则乃是生命用以说明自身的东西。"生命用以说明自身的东西就是强力意志。所以，依据强力意志原则，是总体生命而非个体生命得到"辩护"。"生命仅仅是达到目的的手段，因为生命是强力增长形式的表现。"① 所以，正像只能用生命去衡量意识的价值，而不能反过来由意识来评判生命一样，也只能用强力意志来衡量生命的价值而不能反过来用生命评判强力意志。强力意志才是最高价值，生命之是否有价值和其价值的大小，取决于它所体现的强力意志。

强力意志作为最高价值标准，可以从量和质两个方面来衡量生命的价值。

就强力意志的量而言，尼采说："价值依照什么标准来衡量自身呢？仅仅依照提高了的和组织好了的强力的份额多少。"② "价值乃是人所能同化的强力的最高值——人，不是人类！"③ 也就是说，生命价值的大小，是以生命所包含的强力量的大小来衡量的。在相当意义上，强力量决定了生命的"等级"，决定了价值的等级。强力量就是价值量。因此，一个拥有更多强力的人，当然被视作一个更有价值的人。

但是，强力通过生命表现出来，既有外在的形式，又有内在的形式。这样，强力的量本身就有了质的区别。因此，在尼采看来，作为最高的价值尺度的强力意志其质的方面比量的方面更为重要。对于强力意志的质，尼采认为必须从内在和外在加以区分，从生命本质的自我超越性上加以区分，从意志的自律上加以区分。

就"强力"本身而言，德文 Macht 和英文 Power 也有"权力"的意思。而"权力"就有表现于外在的如政治权力和表现于生命之内在的生存权利。尼采认为，外在的政治权力并不等于价值，在这里，权力量并不就与价值量成正比。尼采本人对政治权力是颇多微词的。他在批评"德国人缺少什么"时，说"德国人现在厌倦精神，德国人现在猜疑精神，政治吞噬了对于真正精神事物的任何严肃态度"，并且警告："获取权力

---

① 尼采：《权力意志》，张念东、凌素心译，商务印书馆 1991 年版，第 284—285 页。
② 同上书，第 430 页。
③ 同上书，第 553 页。

要付出昂贵的代价：权力使人愚蠢。"[①] 在批判作为现代权力"新偶像"的国家时，尼采说："国家是冷醒的怪物中之最冷酷者。""国家是善人恶人都吃毒药的地方；国家是善人恶人都自趋灭亡的地方；国家是大众的慢性的自杀。"只是在"国家消灭的地方，必要的人才开始存在；必要的人的歌唱，那独一无二的妙曲，才能开始"。[②] 可见，尼采对外在的权力是持否定态度的。尼采甚至把弱者道德（奴隶道德）在欧洲取胜的罪责归之于罗马皇帝的滥用权力。

总之，"尼采所肯定的强力，不是外在的权力，不是表面的统一、暴力的统治、数量的优势，等等，而是内在的权力，是生命力的充溢、生命的自我超越，意志的自律"。[③] 因此，把尼采所说的强力量就是价值量理解为外在的权力的大小决定价值的高低，便是完全的误解。

尼采特别欣赏希腊人，并不在于希腊人拥有强大的外在权力，因为就外在权力而言，希腊远赶不上波斯、罗马。在一定意义上，尼采是把希腊人看做拥有内在权力的典型，而把罗马人则当作拥有外在的权力的典型。在尼采眼里，希腊人远比罗马人有力量，因为希腊人是真正的"立法者"，而罗马人只不过是"统治者"。立法源于生命的内在强力，他通过立法而取得了"给事物命名的权利"，即给事物规定价值，设置意义的权利。而统治则只不过是维系一种表面的权力形式，并不意味着生命力自身的昌盛。

应该说，外在的权力只是表征了一种强力的量，而内在的权力才体现着强力的质。在尼采看来，内在的权力和外在的权力、强力的质和量有时要发生相互背离的现象。内在的强者很可能是外在的弱者；而外强也很可能是"中干"的。

真正有力量的人是比较淡泊谦和的，而愈是内里虚弱的人往往愈是追求外表的强大。但是，弱者往往用他们的"智慧"和数量优势统治强者。两千年来弱者道德占据统治地位正说明了这一点。尼采说："正是犹太人敢于坚持不懈地扭转贵族的价值观念（好＝高贵＝有力＝美丽＝幸福＝

---

① 尼采：《偶像的黄昏》，《尼采文集·查拉图斯特拉卷》，青海人民出版社1995年版，第340—341页。

② 尼采：《查拉图斯特拉如是说》，尹溟译，文化艺术出版社1987年版，第53、54、56页。

③ 周国平：《周国平文集》卷三，陕西人民出版社1996年版，第455页。

上帝宠儿），而且咬紧了充满深不可测的仇恨（无能的仇恨）的牙关声称'只有苦难者才是好人，只有贫穷者、无能者、卑贱者才是好人，只有忍受折磨者、遭受贫困者、病患者、丑陋者才是唯一善良的、唯一虔诚的，只有他们才能享受天国的幸福"，而基督教价值恰恰完全继承了这一点。"犹太人开始了道德上的奴隶起义：那起义已经有了两千年的历史，我们今天对此模糊不清只是因为那起义取得了完全的成功。"①

所以，在尼采看来，衡量生命价值的高低、衡量一个人或一个民族是否强大，并不能只看外在的力量展示。"弱者力求变得强大……愈是追求统一，愈可断定其软弱；愈是追求多样性、差异、内部分化，愈是有力量。"尼采说："我在人们并不寻求力量的地方，在并不卑鄙的渴望统治的单纯温和的人身上，找到了力量。"② 因此，尼采认为，在衡量价值时，强力的质是第一位的，即"内在的权力"是第一位的。

强力的质，就它作为生命的本质而言，体现在生命的自我超越性上。尼采正是在《查拉图斯特拉如是说》的"自我超越"一节明确地说明生命的强力意志本质的。

> "只是生命所在的地方，即有意志：但是这意志不是求生之意志，——我郑重地告诉你——而是强力意志！"而"生命自己曾向我说出这秘密。'看罢'，它说，'我是必得常常超越自己的'。③

因此，就每一个个体生命而言，其强力的质就根据其生命是否体现了自我超越性质而分出了优劣。"每一个人均可根据他体现生命的上升路线还是下降路线而得到评价。"④ 由于单个的人并不是自为的"原子个体"，而是到他为止的一条完整的路线本身，他便同时肩负着人类总体生命的命运。这样，单个人的生命的价值，他的强力的质，就绝不只是取决于他的个人的纯粹生理欲望是否强烈，或者他在社会的权力角逐中是否成功，而

---

① 尼采：《道德的谱系》，周红译，三联书店1992年版，第18、19页。

② 《尼采全集》V16，第122页、V11，第251页。转《周国平文集》卷三，陕西人民出版社1996年版，第455页。

③ 尼采：《查拉图斯特拉如是说》，尹溟译，文化艺术出版社1987年版，第138、137页。

④ 尼采：《偶像的黄昏》，《尼采文集·查拉图斯特拉卷》，青海人民出版社1995年版，第368页。

是取决于他把人类总体生命带向何处，是带往上升、强健、兴旺呢，还是带往下降、衰弱、蜕化。如果他体现了人类总体生命的上升，他就是一个强力意志意义上的强者，他的强力意志就是强盛的；反之，他就是一个强力意志衰退的弱者。

> 如果他体现了上升路线，那么事实上他的价值是异乎寻常的，——而为了那个凭借他而继续迈进一步的总体生命的利益，可以极端地关心他的最佳条件的保持和创造。……如果他体现下降、衰落、慢性的蜕化、疾病（疾病大多已经是衰落的结果而非原因），那么他甚至无价值，而且最高公正要求他尽可能少向发育良好者挪用。他纯粹是后者的寄生虫。①

尼采正是在这个意义上责备苏格拉底、叔本华、瓦格纳、虚无主义者和基督徒的。他责备这些人出于衰退的强力意志而否定人生之时，是完全不考虑他们的私人状况的，他只是考虑他们的人生立场可能给人类总体生命的走向所造成的"下降"和"蜕化"的后果（这一点对我们理解尼采十分重要，尼采经常用一些政治性术语作为隐喻来阐述他的思想。他谴责犹太人并不是因为犹太人本身，而是因为犹太—基督教所体现的价值）。

就强力意志对意志的本质说明而言，尼采认为，强力是内在于意志的，它指的是意志的自律。因此，就强力的质在意志的表现而论，一个强力意志意义上的强者就是一个能够自我支配的人；反之，则为弱者。所谓自我支配，其根本的意义就是一个人能够创造自己的价值标准，发明自己的道德价值。正是在这个意义上，尼采称那能从自身估定出价值的贵族为"高尚的人"，为强者；而将那靠怨恨本能而获得道德价值的人称为"群畜"、"奴隶"和"贱众"。

通过对强力意志的质和量的分析，尼采将强力意志大体分为两类，即强盛的强力意志和衰退的强力意志。前者体现生命的上升路线，是能自律的，和价值量成正比的强力意志；后者则体现生命的下降路线，是不能自

---

① 尼采：《偶像的黄昏》，《尼采文集·查拉图斯特拉卷》，青海人民出版社1995年版，第368页。

律的且不能形成正价值的强力意志。当然，强力意志的强盛和衰退都有个程度问题，那处于衰退中的强力意志未必就完全丧失其力量，有时会以怨恨的形式发挥其剩余的强力向生命复仇。

依照强力意志的强盛和衰退及其程度，尼采认为，从强力意志出发的价值评价，一般地说有以下几个等级：虚无主义者由于其强力意志的衰弱，"不再拥有解释、创造虚构的能力"①，它撇开透视的评价，从而贯彻"一种敌视生命和造成崩溃的原则"②；形而上学家的强力意志虽然还没有衰弱到丧失解释能力的地步，但他没有勇气承认自己是在解释，而是把解释当作认识，把虚构的世界当作"真正的世界"，他不敢正视自己对世界的评价所具有的解释的多样性和相对性的性质，而是妄图一劳永逸地抓住"绝对真理"，因为他的衰退的强力意志害怕世界的无限可解释性。真正强力意志强盛、生命力充溢的哲学家，他不但有解释的能力，而且有正视评价的解释性质的勇气。在尼采看来，明知仅是解释，仍保持解释的兴致和努力，敢于正视世界的无限可解释性，并且勇于尝试多元的解释和进行自己的评价，这是"有力量的标志"③。因为，"凡不能把自己的意志置入事物的人，凡无意志和无力量的人，也绝不会让事物具有意义，因为他不相信事物中有什么意义"④。

尼采不仅以他对强力意志作为最高价值标准的质和量的区分来说明了上述三个价值等级，而且他对传统哲学家与新型哲学家、基督徒和"异教徒"的自由思想家、消极虚无主义和积极虚无主义、奴隶道德和主人道德、颓废艺术家和酒神艺术家等的区分和评价，都是依据他的强力意志之强盛与衰退这一原则的。所以我们说，尼采的自然道德的价值论，本质上是一种强力价值论。

第二节　自主的道德

当尼采把道德价值的标准置于"善恶之彼岸"，将强力作为道德价值

---

① 尼采：《权力意志》，张念东、凌素心译，商务印书馆 1991 年版，第 271 页。
② 同上书，第 634 页。
③ 同上书，第 202 页。
④ 同上书，第 271 页。

评价的主体和最高价值标准时，尼采的以自然生命为价值基础的自然的道德就成为一种自主的道德。这种自主的道德是与基督教道德价值下的"奴隶道德"完全对立的。

"自主的道德"在大多数尼采著作的翻译中都被翻译为"主人道德"，以和"奴隶道德"对称。其实，尼采所谓的道德价值的等级划分并不是一个社会地位和社会身份问题，而只是一个生命力的强弱问题。"主人"、"奴隶"这样的概念容易使人误解尼采的本来含义，我们更应在本质上把握尼采所使用概念的内涵。尼采经常是诗意地、模糊地使用一些范畴，他并不在意是否准确地界定某一个范畴或概念。

就尼采思想的原义论，"主人道德"和"奴隶道德"应该被理解为"主人性道德"和"奴隶性道德"。"主人性"和"奴隶性"表达的是一种生命或生活属性而不具有社会地位或阶级划分的嫌疑。"主人性"体现的就是一种生命力的强盛和自己创造道德价值，而"奴隶性"体现的则是生命力的衰退和靠怨恨形成反向价值。"主人性"在本质上就是自主性。因此，我们说，尼采所说的"主人道德"实质上就是自主的道德。这一点，我们从尼采对这两种对立的道德价值的明确区分中就可以看出来。

在为《瓦格纳事件》写的"跋"中，尼采写道：

> 每一个时代，在其力量的尺度中也都有这种尺度：它相信哪些道德，它禁止哪些道德。它或者具有上升生命的道德；那么，它就出于至深的本性反对衰落生命的道德。它或者自己就是衰落的生命——那么，它也需要衰落的道德，它憎恨仅以丰盈和力量的过剩证明自身合法的一切。……——在所谓道德价值这个更狭窄的领域里，找不到比主人道德和基督教价值观念的道德更为巨大的对立了：后者生长于完全病态的土壤（福音书向我们详尽地展现了它的生理典型，陀思妥耶夫斯基的小说描写了这种典型）；相反，主人道德（"罗马的"、"异教的"、"古典的"、"文艺复兴"的道德）则是发育良好的标志，上升生命的标志，作为生命原则的强力意志的标志。主人道德本能地从事肯定，基督教道德本能地从事否定（"上帝"、"彼岸"、"无我"是公开的否定）。前者将其丰满移交给事物——它神化世界，它美化世界，它合理化世界，后者将大千世界贫乏化、苍白化、丑化，它否

定世界。①

在这里，尼采将"主人道德"同基督教道德对立，而这种对立本质上是生命力的丰盈和生命力的衰弱的对立。

在《道德的谱系》中，尼采最早将这两种道德价值对立。在那里，它是用的"高贵的道德"和"基督教道德"或"奴隶道德"进行对照。不管是"主人道德"还是"高贵的道德"，它们都是说的源于生命力的强盛而自己给定道德价值的道德，即自主的道德。

> 高贵的道德，主人道德，扎根于对自己的胜利认可——它是生命的自我肯定、自我颂扬，它同样需要崇高的象征和实践，但仅仅因为它的心灵过于充实。……另一方面，在它们之中，不能忽略对于颓废的一种本能反感，对于颓废征兆的一种讥讽和厌恶，这类情感差不多是它们的证据。②

自主的道德是以强力意志为最高价值标准和评价主体的道德，它超越于善恶之外，并赋予"善"、"恶"以完全新的内涵。在它看来，"善"就是生命力量的强大和增强，"恶"就是生命力量的衰弱和弱化。尼采说："任何意义上的任何一种错误都是本能衰退和意志解体的结果：差不多可以用这来给恶下定义。一切善都是本能——因而都是容易的、必然的、自由的。"③

在《反基督徒》一书中，尼采更有明确的说明：

> 什么是善？凡是增强我们人类力量感的东西、力量意志、力量本身，都是善。
> 什么是恶？凡是来自柔弱的东西都是恶。
> 什么是幸福？幸福是力量增强、阻力被克服时的感觉。

① 尼采：《瓦格纳事件·跋》，《尼采文集·查拉图斯特拉卷》，青海人民出版社1995年版，第298—299页。
② 同上书，第300页。
③ 尼采：《偶像的黄昏》，《尼采文集·查拉图斯特拉卷》，青海人民出版社1995年版，第327—328页。

　　不是满足而是要求更多的力量；不是和平而是战斗；不是美德而是适应（文艺复兴时的美德，一种既不抽烟，又不饮咖啡的美德）。

　　柔弱者和失败者将会消灭，这是我们对人类之爱的第一原则。我们甚至要给予他们一切可能的助力以助其消灭。

　　什么东西比恶行更为有害呢？这就是对一切失败者和柔弱者的主动怜悯：基督教。①

　　尼采以其特有的方式将"善"和"恶"这一对传统基督道德价值观的基本概念进行了改造，在自己的语义条件下给予了新的使用。这也是尼采的惯常做法。在这里，我们不难看出，尼采所强调的是，道德价值应具有的根本特性是源于生命力之强盛的自主。

　　自主的道德由于其生命力自身的强大和丰盈，它表征着生命的上升路线，它强调个体生命自己创造道德价值，并以生命的丰盈性实施着向世界的给予行为。因此，自主的道德的两个基本特征是创造和给予。

一　自己创造美德

　　自主的道德超越善恶的评价而以强力为最高评价标准。但强力意志并不是自己进行直接的评价，而是通过它的表现形式——个体生命进行评价。个体生命在面对世界时，用自己生命之强力对世界进行"透视"，即为"事物"（现象）构造一个"关系网络"，设置意义，这就是评价。这种评价，本质上是个体生命依据自己的生命强力创造一个关系世界，创造一种意义和价值，因为世界及其现象本是无意义的。所以，强力的评价实质上是个体生命的创造行为。

　　在尼采看来，人和周围世界的关系本质上是一种价值关系，真理也只是一种价值判断，我们所有的认识都是评价。在生存实践过程中，个体生命仅仅从自己的生存需要出发去认识（评价）事物和现象。人根本没有必要去知道世界的"本来面目"，人的本性就是价值动物，他需要的只是一种生存信念。

　　尼采认为，人为了在生成流变的世界中生存下去，就必须有一种生存

---

① 尼采：《反基督徒》，《尼采文集·权力意志卷》，青海人民出版社1995年版，第292页。

的信念。而这就要对人与世界有所判断，要对那些与自己生存有重要相关性的价值持肯定态度，这是一切生物及其生存的前提。因此，根本的并不是什么东西是真的、是有价值的，而是什么东西被当作真的，被当作是有价值的。人正是将自己的生存条件投射出去而形成"存在的属性"，从而为自己创造一个价值世界。尼采说：

> 是我们，一直在处心积虑地想要制造一些以前并不存在的东西，整个不断在增长中的属于价值、色彩、评估、观察、肯定与否定的世界。我们立足其中的这个大组合，不断地在学习、实践，并接受新的诠释和意义。凡是经这个世界评价过的一切，未必有经过其自己本性的评价——本性永远是无价值的——然而我们赋予了它们价值，也就是说我们只是创造了一个一切以人类为主的世界。①

据此，尼采认为，人就是价值的创造者。人首先把价值置入事物之中以维护自己的生存，人为事物创造出意义，创造出一种人的意义。

世界本身是开放的。从生成变化角度看，世界和人都没有一个超验的目的，目的的安排只是一种幻觉。没有目的，也就意味着一切价值都只具有相对意义，因为一切价值所依据的目的都是人为的而不存在宇宙本体的根据，正因为这样，人作为评价者，才有按照任何目的来塑造自己，创造价值的充分自由。但尼采同时认为，任何评价和创造都是由生命的强力发出的，因此，作为强力的生命既是价值的标准也是创造的原动力。

但是，基督教道德却以虚无主义的解释遮蔽了生命的强力性质，从而也否定了价值的创造性和个体生命创造自己价值的可能性。

> 任何人，只要他的血管里有了神学家们的血液，他们一开始就会带着一种歪曲和不诚实的观点去看万事万物……这种对一切事物的错误观点被提升为道德、美德、神圣；良知与错误的看法连在一起；一个人自己的观点一旦被当作神圣不可侵犯而赋予"上帝"、"赎罪"和"永恒"这些名称以后，就不会承认任何其他观点更有另外一种

---

① 尼采：《快乐的科学》，余鸿荣译，中国和平出版社 1986 年版，第 203—204 页。

价值了。①

　　这样，个体生命本身所拥有的价值创造的可能性就被否定了，抹杀了。因为在根本上，它连生命本身也否定了。"只要神学家们的本能扩张的地方，价值判断就会颠倒过来，而'真实的'和'虚假的'这些概念也必然会反过来；凡是最有害于生命的东西都被称为'真实的'，那么，凡使生命高尚化，提高生命价值，肯定生命，证明生命之意义而使其壮丽的东西都会被称为'虚假的'。"② 当作为价值创造原动力的生命本身被宣布为"虚假的"时，生命所具有的创造功能也就只能表现为一种"接受"既有一切的"奴性"了，生命被弱化了，创造力本身也被弱化了。

　　事实上，只要我们承认生命的强力性质，承认强力是价值的最高标准和价值创造的原动力，那么，我们就必然承认，每一个个体生命有他创造自己的价值表的权利和力量。他按照自己的生存条件而投射形成作为自己生存信念的价值世界。尼采说，一种美德必定是我们自己创造出来的，是我们最需要的自我表现和自卫；任何其他种类的美德只是一种危险。因为一种美德之为美德，或者说一种价值之有价值，只是相对于我们个体生命的生存实践而言的，而且恰恰是个体生命基于自己的生存实践而赋予它以"价值"，赋予它以"美德"的称号。当然，这种赋予是以对我们生命之强力本身的有益性和提高为前提和标准的。只有对于我们的生命有益的才是真正的美德，而任何其他于生命提高无益的"教条式的"美德只是一种虚伪和虚无。"凡不是我们生命条件的东西，都有害生命：仅仅由于一种尊重美德概念的情感所促成的美德，像康德所具有的，那是有害的。"从生命为价值之源出发，我们只能得出这样的结论："每个人创造他自己的美德，他自己的范畴命令。"③

　　每个人创造自己的美德。这当然有否认具有普遍的道德价值的相对主义之嫌，而且尼采本人确实也说："当一个民族把它自己的义务和普遍义

　　① 尼采：《反基督徒》，《尼采文集·权力意志卷》，青海人民出版社 1995 年版，第 297—298 页。
　　② 同上书，第 298 页。
　　③ 尼采：《反基督徒·11》，《尼采文集·权力意志卷》，青海人民出版社 1995 年版，第 299 页。

务相混时，这个民族就会消灭。没有东西比'非个人的'（impersonal）义务以及为抽象概念而牺牲，更深刻地更内在地毁坏我们。"① 但是我们应该知道，尼采这样说，是针对基督教神学和康德的道德价值的，前者用"上帝的声音"作为普遍的道德戒律否定了个体生命创造价值的可能性，后者则用抽象的"绝对命令"而将普遍义务凌驾于个体生命的创造性之上，二者都在根本上否定了个体生命创造价值的可能性。另一方面，就生存条件而言，每一个个体生命的生存条件是不可能完全一样的，他在设置意义和价值世界时，只能以他个人的生存条件为出发点，将自己生存条件投射到存在中去，因此，每一个人的生存信念和与此相关的价值创造，换言之，他之美德是不可能完全相同的，而只能是他自己个人创造的产物。每个人创造他自己的美德，根本上是说美德的实质是个人生命强力决定的。

创造，就是"一切价值的重新估价"。"我们自己，我们这些自由的人，就是'一切价值的重新估价'，就是对古来一切'真'和'假'的概念的具体宣战和胜利。"② 尼采正是以此对传统价值的真、善、美等进行了全方位的重估。当然，这种重估是基于生命强力这一最高标准的。

在这种重估中，我们不再把人当作脱离生命世界本身的精神动物。

我们不再把人当作由"精神"或"神性"而来的；我们重新把他放回到动物之列。我们把他视为最强的动物，因为他最狡猾，他的精神性就是由此而产生的。在另一方面，我们也反对这里重将抬头的自负心——似乎人是动物进化中最重要的隐秘目标。人根本不是最高的创造品；任何生物都与它并驾齐驱。这甚至还抬高了人类；相对地说，人是一切动物中最拙劣的东西，最衰弱的东西，没有一种动物更比人危险地失去它的本能。③

在这种重估中，我们找回了以往被基督教价值否定了的属于生命本质的东西。

① 尼采：《尼采文集·权力意志卷》，青海人民出版社1995年版，第299页。
② 同上书，第301页。
③ 同上书，第302页。

　　以往，对于人之较高的起源，人之神性的证明，是在他的意识，他的"精神"中发现的，要成为完美的，人就要像乌龟一样地收回他的感官，停止与世间事务的一切接触，脱去他的人类性的外衣；然后他的本质就会是"纯粹精神"。这里我又重新思考了：意识的发展，"精神"对我们而言就是有机体对不完美的象征；它意味着尝试、摸索、盲进——一种耗尽不必消耗的精力之努力。①

　　在这种重估中，我们不再把"善"理解为"不自私"和"无我"而是理解为生命力的强大和强化；不再把"恶"理解为本能的施展、征服，而是理解为生命的衰退和弱化。

　　总之，创造就是要从我们个人生命的强力出发，对一切旧有的价值表进行重新估价，将一切已经被认定、被遵守的价值拿到生命的强力面前，为其存在的合理性进行辩护。人作为价值的创造者，正是要在这种重估中，重塑于生命之强力标准的美德。

　　创造，就是"为事物的名称立法"。康德就曾经说过"人为世界立法"，并以此确立了他重塑人的主体性这一启蒙意义上的历史地位。但康德的"人为世界立法"，是把人当作一团"纯粹精神"，当作绝对理性而实施的，是人的先天知性范畴这种逻辑性的东西使世界之为世界，使事物之为事物。

　　尼采虽也说人为"事物的名称立法"，其所说的"立法"的原始基础却不是理性化的逻辑图式，而是人的生命本能的原始情绪冲动形式，是强力意志的配置形式。人是在生存实践的过程中，出于生存的信念而把"是什么"给予世界及其现象的，这种给予是一种"透视"，也就是"评价"、认识，也就是创造，人是在生存实践中为自己创造出一个价值世界，也就是创造出那些事物之为那些事物的意义的，而这种创造的最直接表现方式就是命名，人把那个东西叫做（或当作）什么。通过这种命名，那个东西就进入了他的生存意义领域，就领有了他赋予了它的价值，并成为他所当作的那种东西。这实际上就是人创造了"那种东西"。

　　本质上讲，每一个个体生命都有这种权利和力量，但传统基督教道德

────────────────

　　①　尼采：《尼采文集·权力意志卷》，青海人民出版社1995年版，第303页。

价值是一种弱者道德，它否认了个体生命的这种权利也危害着这种力量。作为以生命的强力意志为本的自主的道德恰恰就是要让这种自然的权利和力量尽可能充分地展现出来。只有充分施展了这些权利和力量的人才能被称为强者，被称为"善"，否则，就是弱者，就是恶。所以，尼采说："强者是那些为事物名称立法的人。"①

创造，在根本上就是自定善恶。创造是无中生有。生成流变的世界和作为"命运之片断"的生存本是无目的、无意义、无善恶的，目的、意义、善恶都是人创造出来的。自主的道德充分承认这一点，并主张每个人从自己的生命强力出发建立意义、建立善恶。但"奴隶道德"却由于生命力之衰弱而不敢承认这一事实，并以放弃自己创造的权利为代价而接受一套否定生命本能的道德价值体系。尼采在阐述"道德的谱系"时就明确地指出，"所有高贵的道德都产生于一种凯旋式的自我肯定，而奴隶道德则起始于'外界'，对'他人'，对'非我'的否定"②。高贵的道德是立足于自己生命的丰盈的自我肯定而创造出"好"的概念，再由此引申出"坏"的概念，由此形成自己的价值判断系统。

在《查拉图斯特拉如是说》中，尼采用另一种语言充分说明了人自己设定善恶的价值创造性。尼采首先指出，"任何民族不判断价值，便不能生存；如果它要自存，它判断的标准，应当与邻族的不同"，这实际上是让每个民族自己依据其强力意志拟定价值。由此，"许多事物被此民族称为善的，彼民族却认为可耻而加以轻蔑"。这就表明："一个价值表高悬在每个民族的上面"，而这就是"它的强力意志的呼声"。这"呼声"如此警示：

> 真的，善与恶是人类自制的。真的，善恶不是取来的，也不是发现的，也不是如天上的声音一样降下来的。
>
> 人类为着自存，给万物以价值。——他们创造了万物之意义，一个人类的意义。所以他们自称为"人"，换言之，估价者。
>
> 估价便是创造，你们这些创造者，听吧！估价便是一切被估价之物中的珍宝。

---

① 尼采：《权力意志》，张念东、凌素心译，商务印书馆1991年版，第698页。
② 尼采：《道德的谱系》，周红译，三联书店1992年版，第21页。

估价，然后有价值，没有估价，生存之核桃只是一个空壳。你们这些创造者，听吧！

价值的变换，——那便是创造者的变换。创造者必常破坏。

创造者起初是民族，接着才是个人；真的，个人还只是最初的创造。

……

热爱者和创造者，——他们向来创造善恶。爱火与怒火在一切道德里燃烧着。①

创造者从自己的生命强力创造善与恶，创造价值表，从而为自己的生存在生成流变的大世界中找到了意义之根。

创造，由于是生命的强力意志的迸发，因此，创造者本身必是强者，必是"优秀的人"（"善人"）。只有这作为创造者的"优秀的人"，才可能给人生和大地以意义，而且把人们从旧的价值之梦中唤醒，要他们自立自己的善恶。查拉图斯特拉如是说：

当我到了人们那里，我看出他们高踞在古代的傲慢之上，他们都想着他们久已知道了的什么是人类的善与恶。

在他们看来一切关于道德的讨论好像是一种古老而陈腐的事情；愿意安睡的人，就寝之先讲谈着善恶。

我搅扰了这种昏睡，当我教人无人知道何为善恶：——除掉创造者！

但创造者是创造人类的目标并给大地的意义和未来的人：只有他能建立善和恶。

我吩咐他们推倒了他们的讲坛，一切古代的傲慢所踞坐的交椅；我吩咐他们嘲笑他们的伟大的道德家，他们的圣哲，他们的诗人，他们的救世主。②

创造者正是在这种创造和破坏的双程过程中，完成着自己生命强力的

---

① 尼采：《查拉图斯特拉如是说》，尹溟译，文化艺术出版社 1987 年版，第 66—68 页。
② 同上书，第 235—236 页。

释放，而且他也以此想让每个生命个体都能建立自己的价值，建立自己的善与恶：

> 哦，我的兄弟们哟，我圣化你们而指示你们一种新的高贵：你们当成为未来的创造者、滋生者和播种者：——
>
> 真的，你不能如同商人一样以金钱购买高贵；有着卖价的都无价值。①

当每一个个体生命都能从自己的生命强力本身而建立善与恶时，人类就将成为一个生命价值得以充分实现的"理想阶段"。当然，人之所以是要被超越的，是因为他还没有达到过这样的阶段。

但是，即使没有达到所有生命都能实现其强力价值的境界，创造者本人却标志着一种新的个人的产生。作为创造者的"强者，在强壮的健康本能中是强有力的，他玩味自己的行为就像消化三餐一样地自如；他甚至能对付得了难以消化的食物。但在大事上却受一种不可侵犯的、严重的本能的引导，他不做任何违心的事，同样也不去做他所不喜欢的事"。② 因为他之所以这样做，是出于他自己的生命本能，而生命本能就是最真实的他自己，他从他自己的生命强力出发的本能透视，就是创造。

"创造者的路"就是一条"走向自己之路"。所以，查拉图斯特拉要问，作为一个创造者，"你是一个新的力量与一个新的强力吗？一个原始的动作吗？一个自转的轮吗？你能强迫星球绕着你旋转吗？""你能自定你的善恶，而高悬你的意志和法律吗？你能做你的法律之法官和报复者吗？""你称你为自由的人吗？"如果你能对这些问题作出肯定的回答，那么你也就会体验到创造者的孤独，领悟到"一切都是假的"这一真理，从而，"你会成为你自己的异教徒，巫者与卜者、疯者与怀疑者、亵渎者与恶徒。你应当愿意自焚于你自己的火焰里：你如果不先被烧成灰，你何能更新你自己呢！""你遵循着热爱之路：你爱自己，所以你之轻蔑自己，如热爱者之轻蔑一样，热爱者因为轻蔑而想创造！"③

---

① 尼采：《查拉图斯特拉如是说》，尹溟译，文化艺术出版社 1987 年版，第 243 页。
② 尼采：《权力意志》，张念东、凌素心译，商务印书馆 1991 年版，第 693 页。
③ 尼采：《查拉图斯特拉如是说》，尹溟译，文化艺术出版社 1987 年版，第 71—74 页。

总之，作为以强力为最高价值标准的自主的道德，是一种创造者的道德，高贵的道德。他的这种创造本身就内含着对一切旧的价值的重估。在这样一种"自己创造美德"的道德价值下，创造者的"兴趣不再放在肯定上，而是放在怀疑上；感兴趣的不再是'原因和结果'，而是坚韧不拔的创造性；不再是自我保存的意志，而是强力意志；不再是'一切都只是主观的'这种恭顺的用语，而是'一切都是我们的事业！——让我们为之自豪吧！'"①

在尼采看来，以强力意志为最高标准的价值评价，必然是创造和破坏的统一，而且创造者首先是一个破坏者，通过破坏，粉碎一切旧的价值，才可能创造新的价值。但是，尼采也反对无创造性的纯粹破坏，只是为了创造的破坏才是有意义的。不管是破坏还是创造，都是立于个人之生命强力的、立于爱和对生存之信念的。因此，在尼采这里，爱者、破坏者和创造者是一个伟大的综合。

二　给予的道德

自主的道德作为创造的道德，同时也是给予的道德。因为创造在本质上就是一种给予，是立足于自己生命力的丰盈的一种给予。这种给予既体现在给事物命名的权利，也体现在对善恶的界定。

《查拉图斯特拉如是说》专门有一篇"给予的道德"。查拉图斯特拉要独行，他的弟子们送他一根金制的柄上刻着一条绕着太阳的蛇的手杖。查拉图斯特拉很喜欢这手杖，并借此而阐述了它对"给予的道德"的看法：

> 为什么金取得了最高价值呢？因为它稀少而无用，放射着柔和的光辉；同时它常常贡献自己。
>
> 金之取得最高价值，因为它只是最高价值的象征。给予者的目光也是金。金的光辉缔结了太阳与月亮的和平。
>
> 最高道德是稀少而无用的，它放射着柔和的光辉：给予的道德是最高的道德。②

① 尼采：《权力意志》，张念东、凌素心译，商务印书馆1991年版，第135页。
② 尼采：《查拉图斯特拉如是说》，尹溟译，文化艺术出版社1987年版，第87页。

尼采在这里把给予的道德称为最高的道德，并将它与金子之发光相比较，表明他对于道德价值的自主性的特别强调。当然，事实上，能真正做到道德的自主是不容易的，因而，"最高的道德"是稀少的。同时，"最高的道德"并不在于要达到实际的功利目的，它是在给予中体现出其生命强力的自身价值，因此，它也是"无用的"。

对于给予的道德来说，由于事物的价值是它创造的，它拥有"命名"的权利，也自定善与恶。因而，"一切善恶的名称"都只是一些象征而已，就像精神只不过是肉体的象征一样。"我们的精神飞向高处：所以它是肉体之象征，高举之象征。这些高举之象征便是各种道德的名字。"实际上，这些道德的名字，只不过是肉体（生命）的产物。"肉体穿过着历史，一个演变者，一个争斗者。而精神——它之于肉体是什么？它是肉体之斗争与胜利的先驱、伴侣和回响。"因此，被叫做"善"或"恶"的东西，在实质上只不过是表征着肉体（生命）力量的一种"记号"，一种"征候学"，因为它们是生命自己给命名的。"一切善恶之名称只是一些象征：它们不说明什么而只暗示疯人才向这些名称寻求知识。"①

给予的道德是生命力丰盈的产物。在这里，道德是生命自身强力外溢的结果，正是生命力量的强大、丰盈，才使道德价值得以生成。查拉图斯特拉如是说：

> 当你们的灵魂泛溢如一个宽而满的大河时，那是河边的人的幸福与危险：这便是你们的道德的起源。
>
> 当你们高举于毁誉之上，而你们的意志如热爱者的意志一样，想命令一切时：那便是你们的道德的起源。
>
> 当你们轻蔑安适和柔软的床，而你们休息时唯恐去这柔软之物不远的时候：那便是你们道德的起源。
>
> 当你们共有着一个意志，而一切困难之制服成为你们的必要时：那便是你们道德的起源。②

---

① 尼采：《查拉图斯特拉如是说》，尹溟译，文化艺术出版社 1987 年版，第 88 页。
② 同上书，第 89 页。

当然，这样的道德价值已经是一种全新的价值，"是一个新的善恶"，它是"一个来自深处的新潺源，一个新的泉水的声音"。因为它本身就是生命之强力的给予，"是一个主宰的思想"①。

给予的道德在基于丰盈的生命之外溢的同时，也要不断"获取"，但这获取不是为了生命本身，而是为了给予。因此，给予的道德必然是同"健康的自私"联结在一起的。为了给予，必然有"健康的自私"，而"健康的自私"本身就内含着纳容万物而当它们为"爱的赠品"的给予。查拉图斯特拉是明白这一点的，他说：

> 是的，弟子们，我猜透你们了；你们像我一样，追求着那给予的道德，你们与狼猫有何同点呢？
>
> 你们的渴望，是想把自己变成祭品与礼物：所以你们的渴望在灵魂里积聚一切财富。
>
> 你们的灵魂对于珍宝的希求，是不可满足的；因为你们的道德在它给予的意志里是不可满足的。
>
> 你们强迫一切走近你们，纳入于你们自己，使它们从你们的源泉射出来，作你们的爱的赠品。
>
> 真的，这种给予的爱不得不成为抢掠一切价值的强盗；但是我认为这种自利是健全而神圣的。②

正是出于爱，出于对生命的爱，对生成的爱，生命力强大的人才把价值赋予生成和生存，而这种赋予本身就包括着他把价值掠夺为"己有"这样一种"健康的自私"了。

创造者丰盈的生命力创造价值就是给予价值，他以创造为乐便是以给予为乐。他像永恒给予着的太阳，将光明投入黑暗。而且，他只有在给予中才体现出他的价值来，就像光只有对于黑暗才有光一样。创造者也许会因给予而变得"贫困"，但这"贫困"正是他的幸福与满足，因为他的天性就在于给予，因为他的生命力的强盛。"凡是没有给予的灵魂之岛，我

---

① 尼采：《查拉图斯特拉如是说》，尹溟译，文化艺术出版社 1987 年版，第 89 页。
② 同上书，第 87—88 页。

们的结论总是退化"①，但创造者不属于退化。因此，他必须给予，他甚至不得不给予。在黑夜来临之际，查拉图斯特拉唱道：

> 我身上有一件从未平静过，也不能平静的东西，它想高喊起来。我身上有一个爱的渴望，它正说着爱的言语。
>
> 我是光：唉，我真希望我是夜啊！我被光围绕着，这正是我的孤独啊！②

这是一种创造者的孤独，一种给予者的孤独，因为他生活在自己的光里，他生活在丰满自足甚至不能不外溢里。

但是，创造者的给予绝对不是怜悯，创造者是反对怜悯的，他宁愿在怜悯面前为恶。因此，创造者之光在孤独中前行而表现出对黑夜的冷酷："每一个太阳对于其他发光的一切，都是由衷地不公平；对于其他太阳是冷酷：——它如此地继续着它的前进。太阳们循着它们的轨道大风景似地飞进：那是它们的旅行。它们遵从着它们的不可阻挠的意志：那是它们的冷酷。"这"冷酷"是对生命力乏弱和衰退的"抗议"。不过，创造之光并不因有生命力衰退者就停止了自己的创造，它不断地创造，不断地给予，它享受着给予的快乐和兴奋。与此同时，"只有你们，黑暗的夜间之物啊，从光取得了你们的温热！啊，只有你们，在光之胸前吸饮安慰的乳汁！"创造者的丰盈则使他的手"接触着冰而发烧！"他也会有饥渴，但那是"满足中的极度的饥饿啊！""我渴，而我的渴是一种希求你们的渴之渴！"因为"你们的渴"恰成了创造者给予的对象。创造者甚至可能"贫困"，但"我的贫困便是我两手不停的给予"，为此，他甚至渴望着"贫困"，因为渴求着创造与给予：

> 夜已到来：唉，为什么我不得不是光呢！而渴求着黑暗呢！而孤独呢！
>
> 夜已到来：现在我的渴望泉似地喷射着，——它要高喊。
>
> 夜已到来：现在喷泉之声音响得愈高了。而我的灵魂也是一个

---

① 尼采：《查拉图斯特拉如是说》，尹溟译，文化艺术出版社 1987 年版，第 88 页。

② 同上书，第 125 页。

喷泉。

　　夜已到来：现在爱人之歌醒了。而我的灵魂也是一首爱人之歌。——

　　查拉图斯特拉如是歌唱。①

　　给予和创造，作为自主的道德的两个基本特征，是尼采道德哲学再三强调的。一部《查拉图斯特拉如是说》几乎就是一部创造者之歌，给予者之歌，是自主地给予道德的最好注脚。在那里，既有"创造者之路"同样也有"给予的道德"所带来的兴奋。查拉图斯特拉自己就是给予的道德的象征。

　　查拉图斯特拉三十岁时离开故乡而去住在山上。他在山上"保真养晦"地住了十年。但他的生命的丰盈不允许他继续在山上住下去，他必须"下山"，将他丰盈的生命强力付之创造，付之给予。因为十年的"保真养晦"使查拉图斯特拉"像积蜜太多的蜂儿一样"，此时，他需要的是"领受这智慧的手"。于是查拉图斯特拉带着智慧和光，带着鹰和蛇，带着爱和恨，带着喷薄流溢的生命下山了：

　　我愿意赠送与布散我的智慧，直到聪明的人们会再因为自己的疯狂而喜欢，穷困的人们会再因为自己的财富而欢喜。

　　因此，我们应当降到最深处去：好象夜间你走到海后边，把光明送到下面的世界去一样。啊，恩惠无边的星球啊！

　　我要像你一样地"下山"去，我将要去的人间是这样称呼这件事的。

　　祝福我罢，你这平静的眼睛能够不妒忌一个无量的幸福！

　　祝福这将溢的杯儿罢！使这水呈金色流泛出来，把你的祝福的回光送到任何地方去罢！看啊，这杯儿又会变成空的，查拉图斯特拉又会再做人了。②

　　于是，查拉图斯特拉开始了他的"说教"，开始了他的创造和给予。

<hr>

① 尼采：《查拉图斯特拉如是说》，尹溟译，文化艺术出版社1987年版，第126—127页。
② 尼采：《查拉图斯特拉如是说》序篇，尹溟译，文化艺术出版社1987年版，第3—4页。

他向世人宣布"上帝已死"的消息，给人们开办"道德的讲座"，以"快乐和热情"批驳那些"肉体的轻蔑者"；他驱逐着"市场之蝇"和"新偶像"，沿着"创造者之路"流溢出"给予的道德"；他"在幸福之岛上"轻蔑那些"慈善者"、"教士"、"有德者"和"贱众"，在"最沉默的时刻"唱出了"跳舞之歌"和"第二舞蹈之歌"；作为"旅行者"，他怀着"伟大的渴望"以"叛教者"的姿态将"侏儒的道德"践踏，并以"重力之精灵"写下道德价值的"旧榜和新榜"；到最后，查拉图斯特拉在和"术士"、"退职者"、"最丑陋的人"、"自愿的乞丐"等的"晚餐"中，使这些曾经沉睡的"高人们"又"醒觉"起来，在"驴子的典礼"上共同欢唱"酩酊之歌"，从而完成了他"下山"之创造和给予的使命①。

在查拉图斯特拉的道德"给予"之光明下，最丑的人也"第一次生活了我的全生命"，并且懂得了："人是值得活在大地上：一天的工夫，与查拉图斯特拉同在一种庆典，教我爱恋着大地。"② 查拉图斯特拉的"给予"教人以生命的欢歌，由此，"老预言家却快乐得跳舞；据史家说这时他醉饱于酒，但一定地他更醉饱于甘美的生命，并失去了他的一切的倦怠。甚至于连驴子也跳舞了"③。因为生命的丰盈，生命的强力意志在给予中感到了快乐。"它热望爱，它热望着恨，它丰富，它赠贻，它抛弃，它乞求人从它夺取，它感谢夺取者，它悦愉于被仇恨。"④ 因为他本就是那创造之光，是价值之源。

---

① 引号内所用词语皆为《查拉图斯特拉如是说》中的篇目。——引者
② 尼采：《查拉图斯特拉如是说》，尹溟译，文化艺术出版社 1987 年版，第 385 页。
③ 同上书，第 386 页。
④ 同上书，第 393 页。

第 九 章
人生悲剧的自我超越

新的生命道德所主张的强力价值论，将强力意志作为道德价值的主体和最高价值标准，一方面引发出的是个体生命创造自己的道德价值的自主性的欢乐；另一方面，由于强力意志的永恒轮回本身就内在地包含着人生痛苦的永恒性，因此，人又不得不直面人生的悲剧性现实。因此，如何看待人生的痛苦和悲剧就必然构成强力价值论的又一重要内容。

虚无主义者并不是不知道人生的痛苦和悲剧，只不过它以幻觉的方式麻醉了个体生命对痛苦和悲剧的体验，并且以许诺"天堂"的方式让人忍受现实人生的苦难。悲观主义者是看透了人生痛苦的，认为痛苦和悲剧具有生命的本原性，是生存意志自身的必然产物。但是悲观主义者却没有直面人生痛苦的勇气和力量，他想使人通过禁止生命之欲，即断绝痛苦之源的方式来克服人生的痛苦。虚无主义和悲观主义都是以否定生命的方式来对待人生的悲剧和痛苦的，这是生命力乏弱和衰退的结果。

尼采的新生命道德主张一种悲剧人生观。这种人生观以肯定生命连同其悲剧和痛苦为前提，并且强调以生命的强力本身来接受生命的悲剧性，以酒神精神的亢奋和审美的眼光来看待生命的悲剧，在生命悲剧的演唱中感受美的壮观和人生的升华。

第一节　人生悲剧与悲剧人生

尼采有一副病弱的身体却有一颗敏感的心，有着悲剧的童年生活却有一颗聪明的头颅，这就注定了他比一般的人对人生的悲剧性更加敏感，比一般的人对人生的悲剧性具有更大的挑战性。

一　人生悲剧性的体验
在尼采四岁时，他的父亲从自己家门的石阶顶上摔下来，头部猛烈地撞在石阶边上，在一年的心理失常和体力消耗之后去世了。在这段悲剧性的日子里发生的各种事变：深夜报警、家里的哭泣声、密室的恐怖、死一般的寂静、悲哀的尽情发泄、丧钟声、赞美诗、丧礼时的布道、深埋在教堂石板底下的灵柩，都在他心里留下了深刻的印象。他对这些事知道得太早了。因而完全被震慑了。尼采十四岁时感叹道："当一个人掠去一棵树的花冠时，整棵树都枯萎了，鸟儿也不再栖息于枝头。我们家的花冠已经被夺走了，欢乐离开了我们的心房，深深的悲哀却成了我们的所有物。"①父亲的死一直成为尼采心灵上抹不去的阴影，直到他写作《瞧！这个人》时，仍对此记忆犹新，并将自己的生命与父亲的生命相提并论。他写道："我父亲36岁就死了：他文弱可亲而多病，就像一个注定短命的人——与其说他是生命本身，倒不如说是对生命的亲切回忆。在我父亲生命衰老之年，我的生命也开始衰老了。在36岁那一年，我的生命力降到了最低点——我仍然活着，但看不清三步以外的东西。"

幼年丧父的经历使尼采对人生的悲剧有了过早的体验，而伴随尼采终生的病痛和他羸弱的体质则使他饱尝了人生的痛苦。尼采从小体质羸弱，而随着年龄的增大和思想创作日丰，剧烈的头痛、胃病、眼疾又经常侵袭着他。在他给朋友和亲人的信中，我们经常可看到他对自己身体状况的抱怨。在《瞧！这个人》中，尼采对自己的身体状况作了哲学化的说明：

我的血液流动缓慢。谁也没有在我身上找出发烧迹象的本事。有位医生把我当神经病治疗过很长的时间，他最后说："不！你的神经没有问题，倒是我本人神经质。"某种局部的蜕变当然无法指证；尽管重度的消化系统衰弱引起了全面的衰竭，可是查不出胃的器质性病变。我的眼疾也是如此，虽然几乎随时都有失明的危险，这也仅仅是后果，而非原因。以致哪怕生命力有稍许的增长，也会重新导致视力的增进。——漫长的岁月在我身上的消逝就意味着康复——很遗憾，它同时也意味着旧病复发、恶化，一种颓废的周期。②

① ［法］丹尼尔·哈列维：《尼采传》，百花洲文艺出版社1996年版，第2页。
② 尼采：《权力意志》，张念东、凌素心译，商务印书馆1991年版，第10页。

在这各种疾病的困扰下，尼采对健康有着一种本能的执着追求。他在给他的朋友欧文·罗德的一封信中写道："我时常受着一种沉重而抑郁的心情的折磨。……啊，我多么渴望健康啊！一个人只要想到某些东西必然会比自身更长久地存在下去——他会怎样地感谢每一个美好的夜晚，每一丝温柔的阳光，甚至每一次正常消化的良机呵！"①

尼采自己具有一种不时超越自身悲哀或欢乐的本领。他知道怎样去享受自身危机所展示的奇观，仿佛它们本身就是一支和谐交融的交响乐。对于肉体的疾病，他总是在同自然肉体的适当妥协中享受着生命的欢悦。在尼采看来，肉体的痛苦固然给人带来生活的不宁和对生命的担忧，但是，"在某种情况下，肉体上的痛苦几乎是一件可庆幸的事，因为它们能使一个人忘掉在别处所受的痛苦。更确切地说，一个人告诉自己，对灵魂也有对身体一样的疗药。那是我对疾病所抱的人生观，这种人生观给灵魂以希望。依然怀抱希望，难道这不是一件艺术性的作品吗？"②

正是这种幼年对人生悲剧的深刻体验和对疾病的"艺术性"态度，使尼采对人生痛苦和人生悲剧一直怀有一种敬畏和欣赏。也正是这种对人生悲剧性的敏感，使他在读到叔本华的著作时，顿有相知恨晚的感觉。

二　人生悲剧性的认识

1865年10月，21岁的尼采在一家旧书店买到叔本华的《作为意志和表象的世界》，立即被这位已逝六年的忧郁智者迷住了。他回到家后便开始全身心地投入阅读，整整两个星期，他一直深陷于叔本华哲学的思考而不准自己每天睡眠超过四小时。而对叔本华的哲学，尼采惊呼："我发现了一面镜子，在这里面，我看到世界、人生和自己的个性被描述得惊人的宏壮。""书里的每一行都发出了超脱、否定与超然的呼声。"③

叔本华哲学给予尼采心灵震撼的，正是叔本华对人生痛苦和人生悲剧性的深刻揭示。叔本华一反柏拉图主义的形而上学传统，把对人生问题的讨论作为哲学研究的核心内容，并且将人的本质规定为求生存的意志。由于意志总是试图以满足自身欲望为目的，可现实世界又不可能让欲望充分

① ［法］丹尼尔·哈列维：《尼采传》，百花洲文艺出版社1996年版，第79—80页。
② 《给弗罗林·梅森伯格的信》，《尼采传》，百花洲文艺出版社1996年版，第121页。
③ 陈鼓应：《悲剧哲学家尼采》，三联书店1987年版，第19、388页。

实现，因此，生命本质上是痛苦的，人生就是在痛苦和无聊之间摇动的钟摆。

在相当意义上，尼采是承认叔本华对人生悲剧命运的诊断的。但尼采是绝不满意叔本华开出的药方的。叔本华认为意志是痛苦之根源，要消灭痛苦就必然消灭意志本身，由此他让人禁欲、自杀，从而走向悲观主义。尼采对人生悲剧的思考在这里碰壁了。他不相信人无法超越人生的悲剧状况，根本的是人们对人生悲剧本身的认识有误。正是基于此，尼采转向了希腊悲剧的研究，而且将叔本华作为"教育家"而提出的消极的生存意志改造成为积极的强力意志，将消极虚无主义改造成为积极虚无主义，将没落悲观主义改造成为强力悲观主义。

尼采之所以要探讨希腊悲剧的诞生，根本的是要为战胜人生痛苦和人生悲剧找到一条出路。尼采自己对此有非常清楚的说明。尼采有两次谈到他写作《悲剧的诞生》的缘由。

在《自我批判的尝试》中，尼采写道："这本成问题的书①究竟缘何而写：这无疑是一个头等的、饶有趣味的问题，并且还是一个深刻的个人问题。""根本问题是希腊人对待痛苦的态度，他们的敏感程度，——这种态度是一成不变的，还是有所变化的？——是这个问题：他们愈来愈强烈的对于美的渴求，对于节庆、快乐、新的崇拜的渴求，实际上是否生自欠缺、匮乏、忧郁、痛苦？假如这是事实……那么，早些时候显示出来的相反渴求，对于丑的渴求，更早的希腊人求悲观主义的意志，求悲剧神话的意志，求生存基础之上一切可怕、邪恶、谜样、破坏、不祥事物的观念的意志，又从何而来呢？悲剧又从何而来呢？也许生自快乐、生自力量、生自满溢的健康，生自过度的充实？"②

在《瞧！这个人》中，尼采谈到《悲剧的诞生》时说，"'希腊精神和悲观主义'，这倒是个更明确的称谓。第一要义，即希腊人是怎样处理悲观主义的——他们用什么手段克服了悲观主义……悲剧正好证明，希腊人不是悲观主义者"。③ 很显然，尼采之研究希腊悲剧，根本的是出于对希腊人战胜人生悲剧性的兴趣，是为了找一副克服悲观主义的药剂。

---

① 指《悲剧的诞生》。——引者
② 尼采：《尼采文集·悲剧的诞生卷》，青海人民出版社1995年版，第187、191页。
③ 尼采：《权力意志》，张念东、凌素心译，商务印书馆1991年版，第50页。

那么，人生的悲剧性究竟意指什么呢？尼采虽然没有对此进行过明确的界定，但透过他的各种说法，我们还是可以体悟到，对于尼采来说，人生的悲剧性主要体现在：生命的易逝与人之不朽渴望的矛盾。世界和生命的生成流变，这是我们看到的最基本现实。每一件事都在诞生又死亡了，每一个个体生命也在诞生和死亡，世界在流变中，无物可以永存。既然如此，那么人活着究竟还有什么意义和目的呢？人的一切目的和伟业都将流逝，人还为什么要活着呢？很显然，人是不太情愿地被流逝着的世界带向流逝的。

为了克服和战胜这种流逝所带来的生命的无意义感，西方人从他们的文明诞生那天起就进行着不懈的努力，这种努力表现在把生成着的世界存在化，将流逝的世界凝固化。希腊哲学家对世界本原的追问就是这种努力的一种体现。及至巴门尼德、柏拉图，更在生成流变的世界"背后"设定了一个"存在"的"真实的世界"，由此，人可以在那里求得一种生命的归属。基督教将这种"存在化"的努力推向极端、推向彼岸，通过灵魂不朽和上帝之国的许诺来克服生成和流逝带给人生命的威胁。

但是，尼采认为，所有这些"理性"的努力都只不过是用一种虚无的东西来取代现实的生成流变，实质上既没有克服生成所带来的人生的无意义感，又在根本上否定了现实世界和人的生命本身。人的苦难依旧，而且还增加了生命力量衰退所导致的苦难。

生成流变是真实的现实，人要克服生成获得生存的意义也是真实的道理。这两者之间的对立和矛盾就是人生悲剧性之根本所在。无怪乎尼采要将"生成观"和"生存观"作为两个最伟大的哲学观点了。

当然，生成和生存之对立的人生悲剧性的表现是多方面的。弗洛伊德在论及人生的痛苦时就说："我们受到来自三个方面的痛苦的威胁：来自我们的肉体，它注定要衰老和死亡。而且，如果我们的肉体失去了疼痛、焦虑这些警告信号，它甚至就不可能存在；来自外部世界，它可以毫不留情地以摧枯拉朽的破坏势力与我们抗争；来自人际关系，人际关系方面的痛苦大概比前两个更厉害。我们时常把它看成是毫无道理的附加物，尽管它与其他的两个一样，都是命里注定的。"[①] 马尔库塞则把弗洛伊德所说的这三种痛苦威胁分为现实的和历史的："在这三个根源中，至少第一和

---

① 弗洛依伊德：《文明及其缺陷》，安徽文艺出版社1987年版，第16—17页。

第三个是严格的历史根源。在文明的发展过程中，自然的超然性和社会关系组织发生了根本的变化。因此，压抑的必然性及由此而来的受苦的必然性，与文明的成熟、与所获得的对自然和社会的理性支配的程度发生同步的变化。"① 不管将人生的痛苦归于多少个根源，人生的悲剧性都是所有真正关心人生的思想家们不得不承认的一个事实性前提。

三　悲剧人生的超越

尼采正是带着人生悲剧性如何被超越和克服这一根本的人生问题而去研究希腊悲剧的。换言之，尼采对人生悲剧性的探讨就是从悲剧开始的，他要通过悲剧所给予人的"形而上的慰藉"来肯定人生，来解决人生的悲剧性同"乐观"的人生态度不相调和的问题。

在尼采看来，古希腊人乐观向上的人生态度，并不是因为希腊人是人类的童年，经历的人生痛苦与恐惧尚太少，不足以感受到人生的悲剧性，也不是因为希腊人太幼稚，不像成熟的人类那样对人生的悲剧性有敏锐的感受性。希腊人之所以有乐观向上的人生态度，是因为他们从人生的悲剧性中得到了一种"形而上的慰藉"，这种"形而上的慰藉"最终在悲剧中得到完善的体现。悲剧的诞生标志着希腊人人生态度的成熟，希腊文化和希腊精神的一切可贵之处都在悲剧中体现出来。

尼采认为，悲剧诞生在希腊，这是必然的。希腊人是一个敏感的民族，对痛苦有最细腻、最深刻的感受。希腊人这种敏感性，通过西勒诺斯的神话深刻地反映出来，西勒诺斯对弥达斯国王所说的关于最好不要降生的那段话，表明希腊人在根本上看透了人生的悲剧性。人最好不要降生，对于已经降生的人来说，这最好的东西是得不到的，但是还有次好的东西，这就是立刻就死。但是，给尼采以深刻启示的在于，希腊人并没有像佛教徒那样，在看透了人生的悲剧性后，便以牺牲肉体为代价来求得精神的宁静而逃避人生的悲剧性。恰恰相反，希腊人没有逃避人生的悲剧性，他们兼顾了人的肉体性与精神性两个方面，他们创造了一个艺术世界，用这个中间世界对人生悲剧性给人造成的巨大压力形成一个缓冲，同时又给人提供了经历痛苦，战胜痛苦的可能性。

---

① 马尔库塞：《爱欲与文明》，上海译文出版社1987年版，第62页。

　　希腊人知道并且感觉到生存的恐怖和可怕，为了能够活下去，他们必须在它前面安排奥林匹斯众神的光辉梦境之诞生。对于泰坦诸神自然暴力的极大疑惧，冷酷凌驾于一切知识的命数，折磨着人类伟大朋友普罗米修斯的兀鹰，智慧的俄狄浦斯的可怕命运，驱使俄瑞斯忒斯弑母的阿特柔斯家族的历史灾难……①

　　这些神话中的巨大痛苦和灾难对于现实中的希腊人的意义在于：人生的痛苦与灾难因为在神身上显示而变得神圣化了。由此，希腊人对于人生的悲剧性，就不仅"用奥林匹斯艺术中间世界不断地重新加以克服，至少加以掩盖，从眼前移开了"②，而且他们还通过让神来过人的生活而为人的生活辩护，痛苦的人生从此而在神的灵光照耀下使人感到人生虽然痛苦，却是值得努力追求的。

　　希腊人的这种通过悲剧来升华和超越人生悲剧性的生存方式，在尼采看来，是日神精神和酒神精神结合的产物。

　　在希腊人身上，"意志"要通过创造力和艺术世界的神化作用直观自身。它的造物为了颂扬自己，就必须首先觉得自己配受颂扬。所以，他们要在一个更高境界中再度观照自己，这个完美的静观世界不是作为命令或责备发生作用。这就是美的境界，他们在其中看到了自己的镜中的映象——奥林匹斯众神。希腊人的"意志"用这种美的映照来对抗那种与痛苦和痛苦的智慧相关的艺术才能，而作为它获胜的纪念碑，我们面前巍然矗立着朴素艺术家荷马。③

　　尼采把这位日神艺术家比作一个做梦的人，他沉湎于梦境的幻觉，为了使这幻觉不受搅扰，便不断向自己喊道："这是一个梦，我要把它梦下去。"但是，日神梦幻世界的美绝不是因为对人生悲剧性的无知或无感，恰恰是在日神梦幻的美的世界中潜藏着它的深层基础，即西勒诺斯的可怕智慧。日神的梦幻的美同酒神的清醒的醉有着相互的依存关系。日神作为

　　①　尼采：《尼采美学文集》，周国平译，三联书店1986年版，第11页。
　　②　同上。
　　③　同上书，第13页。

个体化原理的神化要使个人产生有解脱作用的幻觉，便必然要借助于整个苦恼世界，甚至个人的整个生存及全部美和适度，都建立在某种隐蔽的痛苦和知识之根基上。而且，日神作为个体化的神化，只承认一个法则——个人，即对个人界限的遵守，希腊人所说的适度。这样一种"适度"便导致："普罗米修斯因为他对人的泰坦式的爱，必定遭到兀鹰的撕啄；俄狄浦斯因为他过分聪明，解开斯芬克斯之谜，必定陷进罪恶的混乱旋涡。"①

但是，日神的这种"适度"在酒神精神的"泰坦"式过度面前便全然无能为力了。实际上"日神不能离开酒神而生存！说到底，'泰坦'和'蛮夷'因素与日神因素同样必要！现在我们想象一下，酒神节的狂欢之声如何以愈益诱人的魔力飘进这建筑在外观和适度之上，受到人为限制的世界，在这器声里，自然的享乐，受苦和认知时的整个过度如何昭然若揭，迸发出势如破竹的呼啸；我们想象一下，与这着了魔似的全民歌唱相比，拨响幽灵似的竖琴，唱着赞美诗的日神艺术家能有什么意义！……在这里，个人带着他的全部界限和适度，进入酒神的陶然忘我之境，忘掉了日神的清规戒律"②。

尼采认为，正是酒神的这种"过度"和日神的"适度"之结合，才使希腊悲剧的诞生成为必然，也才使人们超越人生的悲剧性成为可能。

第二节 酒神精神与审美人生

在日神和酒神的结合形成悲剧的原始精神这一历程中，尼采更加强调酒神精神之于克服和超越人生悲剧的根本意义。正是在酒神冲动中，"过度显现为真理，矛盾、生于痛苦的欢乐从大自然的心灵中现身说法"。因此，"无论何处，只要酒神得以通行，日神就遭到扬弃和毁灭"③。正是基于此，尼采认为，"悲剧的本质只能被解释为酒神状态的显露和形象化，为音乐的象征表现，为酒神陶醉的梦境"。④ 而希腊悲剧的衰落，在尼采

---

① 尼采：《尼采美学文选》，周国平译，三联书店1986年版，第15页。
② 同上书，第15—16页。
③ 同上书，第16页。
④ 同上书，第61页。

看来，恰恰是苏格拉底的乐观理性主义导致酒神精神衰落的结果，因为"乐观主义辩证法扬起它的三段论鞭子，把音乐逐出了悲剧。也就是说，它破坏了悲剧的本质"①，而"苏格拉底倾向的直接效果无疑是酒神悲剧的瓦解"②。

一　酒神精神的人生态度

尼采对于他从希腊悲剧对待人生悲剧性的态度上找出了酒神精神这一点十分自得。他评价《悲剧的诞生》时说："这本书有两项带根本性的革新，一是对希腊人的酒神现象的认识——这是对这一现象的首次心理学分析，这本书把这一现象看成整个希腊艺术的根据之一；二是对苏格拉底主义的认识：首次认识到苏格拉底是希腊消亡的工具，是典型的颓废派。"③在另一处，尼采则说："只要我们没有回答'什么是酒神精神'这个问题，希腊人就始终全然是未被理解和不可想象的……"④

酒神狄俄尼索斯又名查格留斯，传说他起初是宙斯与珀耳塞福涅所生，后被泰坦肢解，宙斯吞下他的心脏，又与塞墨勒将他重新生出。因此，酒神本是一位痛苦之神，是一位"亲自经历个体化痛苦的神"。尼采认为，关于酒神的这一神话暗示：

> 这种肢解，本来意义上的酒神的受苦，即是转化为空气、水、土地和火。因此，我们必须把个体化状态看做一切痛苦的根源和始因，看做本应鄙弃的事情。从这位酒神的微笑产生了奥林匹斯众神，从他的眼泪产生了人。在这种存在中，作为被肢解的神，酒神具有一个残酷野蛮的恶魔和一个温和仁慈的君主的双重天性。⑤

酒神的前一种天性构成了人的原始痛苦，即人生的悲剧性，他的后一

---

① 尼采：《尼采美学文选》，周国平译，三联书店 1986 年版，第 61 页。

② 同上。

③ 尼采：《瞧！这个人》，《权力意志》，张念东、凌素心译，商务印书馆 1991 年版，第 51 页。

④ 尼采：《自我批判的尝试》，《尼采文集·悲剧的诞生卷》，青海人民出版社 1995 年版，第 190 页。

⑤ 尼采：《尼采美学文选》，周国平译，三联书店 1986 年版，第 41 页。

种天性则给人以艺术自救的机会。由此，我们可以得到一种悲剧的人生观的启示："认识到万物根本上浑然一体，个体化是灾祸的始因，艺术是可喜的希望，由个体化魅惑的破除而预感到统一将得以重建。"① 这种"重建"就是以艺术化的审美方式观照人生，悲剧就是其典型表现形式。悲剧主人公作为酒神精神借日神幻觉的最高显现，在悲剧中遭到毁灭，换来的是快感和美。

那么，究竟什么是尼采所说的"酒神精神"呢？

其实，"酒神精神"就是我们前面已经讨论过的以肯定生命本身为内涵的强力价值论。只不过此时，尼采还没有将他的强力理论自觉化，而只是有了作为强力意志的雏形的"酒神精神"。尼采自己对"酒神精神"有一个说明，他说他当时是怀着一种对道德否定生命这一现象的本能怀疑而提出"酒神精神"的：

　　当时在这本成问题的书里，我的本能，作为生命的一种防卫本能，起来反对道德，为自己创造了生命的一种根本和相反的学说和根本相反的评价，一种纯粹审美的、反基督教的学说和评价。何以名之？作为语言学家和精通词义的人……我名之为酒神精神。②

很显然，尼采自己是将酒神精神当作肯定生命，反对道德评价的一种"人生观"。

如果用比较简明的语言来概括"酒神精神"的实质，那就是：首先承认人生的悲剧性，然后战胜人生的悲剧性，但这战胜是通过肯定人生本身的悲剧性进而将它审美化而实现的。换言之，既然人生的悲剧性之根源在于生成流逝和人的生命之不朽渴望的矛盾，宇宙生命生生不息，个体生命稍纵即逝，那么，要肯定生命就必须超越个人的眼界，立足于宇宙生命，肯定生命的全体，包括肯定其中必定包含的个人的痛苦和毁灭。这就是酒神精神的实质。尼采说：

----

① 尼采：《尼采美学文选》，周国平译，三联书店1986年版，第42页。
② 尼采：《自我批判的尝试》，《尼采文集·悲剧的诞生卷》，青海人民出版社1995年版，第194页。

甚至在生命最异样最艰难的问题上肯定生命，生命意志在生命最高类型的牺牲中为自身的不可穷尽而欢欣鼓舞——我称之为酒神精神。①

"酒神精神"通过悲剧而被显示出来，而它本身又是对人生悲剧性的肯定和超越。因此，酒神精神所代表的就是一种悲剧人生观。尼采也以此将自己称为"第一个悲剧哲学家"，而这"悲剧哲学家"是"悲观主义哲学家的极端对立者和反对者"。在以酒神精神为内涵的悲剧人生观下，痛苦被看成生命不可缺少的部分，没有痛苦，人只能有卑微的幸福。伟大的幸福正是战胜巨大痛苦所产生的生命崇高感。人生的痛苦除了痛苦自身，别无解救途径，这就是正视痛苦，接受痛苦，靠痛苦增强生命力，又靠增强的生命力战胜痛苦。生命力取决于所承受的痛苦的分量，生命力强盛的人正是在大痛苦袭来之时格外振作和欢快。热爱人生的人纵然比别人感受到更多更强烈的痛苦，同时却也感受到更多更强的生命之欢乐。

要想体认一切存在之最大产生和最高享受的秘诀，就是去生活在危险之中！将你的城市建立在维苏威火山的山坡上！将你的船驶入浩瀚无涯的海域！要活在与你相匹敌的人物甚至与自己交战之状态中！②

这就是"酒神精神"，这就是酒神精神所体现的人生态度。

二　将人生当作审美现象

尼采的以肯定人生的悲剧性为前提的酒神精神，由于将人生的痛苦当作一种审美现象进行观照，同时也就意味着是一种从艺术的视野而不是从道德评价的视野来观察和感悟生命的审美的人生态度。

酒神精神的悲剧人生观以正视人生的悲剧性为前提，以战胜人生的悲剧性为目标，而这其中贯穿的则是对人生悲剧性的审美观照，有研究者认为："尼采的哲学道路是由把世界理解为一种痛苦的解释，由对这样一个

---

① 转自周国平《尼采：在世纪的转折点上》，上海人民出版社1986年版，第60页。

② 尼采：《快乐的科学》，余鸿荣译，中国和平出版社1986年版，第190页。

痛苦世界的正当性的探讨以及如何摆脱这个痛苦世界，即对'永恒化'和'世界美化'的探索所规定的。一再被强调而且当然强调得很有道理的基本思想——上帝死了，超人、末人、强力意志、永恒轮回——仅仅标志着上述探讨世界及其拯救的道路的各个阶段。"① 这种说法虽未免有些极端，但也确实点中了尼采哲学之要义。

尼采自身对人生悲剧性的敏感和他从叔本华那里所感悟到的人生痛苦之悲切性，使他不得不寻求人生拯救之药方。科学的冷漠和道德的说教都无法让人真正从痛苦中解脱，而唯一能使人从痛苦的世界中解救出来的只有幻想。艺术和宗教都起源于幻想，但是，宗教的历史证明，它不仅没有帮助人类从痛苦中解放出来，相反却比政治机器和道德观念更强有力地形成了对人的本能的束缚，造成了人之生命被弱化、被毒害的新的痛苦。于是，尼采便在审美领域寻求人生的出路，寻求摆脱痛苦，战胜人生悲剧性的途径。换言之，在尼采看来，只有审美的人生才是真正战胜人生悲剧性的人生。

审美的人生首先将人生及其悲剧看做一种审美现象。它强调，"只有作为一种审美现象，人生和世界才显得是有充足理由的。在这个意义上，悲剧神话恰好要使我们相信，甚至丑与不和谐也是意志在其永远洋溢的快乐中借以自娱的一种审美游戏"②。由于把世界和人生当作一种审美现象，我们就不至于在人生悲剧性面前被它吓倒，而是感到生存还是可以忍受的。由此，尼采把自然界和社会上的一切都看做艺术品，或者说是在"没有艺术家的情形下所出现的艺术品"，整个世界就犹如一件自我生育的艺术品供人们欣赏、观照。

与此同时，尼采要人首先以艺术家的方式看待世界和人生，然后才以科学家的方式看待它们。因为尼采是把解决人生态度问题看做第一位的，科学无法解决人生态度问题，无法使人类摆脱人生固有的痛苦，唯有将人生和世界看做一种审美现象，才能真正解决人生态度问题，才能使人敢于面对现实、直面人生。所以，尼采认为，人首先应该是一个艺术家，然后才成为科学家，"科学乃是艺术家的进一步发展"③。通过"艺术家"态

---

① 转自杨恒达《尼采美学思想》，中国人民大学出版社1992年版，第136页。
② 尼采：《尼采美学文选》，周国平译，三联书店1986年版，第105页。
③ 同上书，第211页。

度的熏陶，"人们可以放弃艺术，但不会因此而丧失从它学得的能力；正如同人们已经放弃了宗教，但并没有放弃因它而获得的崇高和升华的心境。正像造型艺术和音乐是借宗教而实际获得和增添的情感财富的尺度一样，在艺术一度消失之后，艺术所培养的生命欢乐的强度和多样性仍然不断要求满足"。①

尼采是把艺术和艺术家当作一种肯定人生的审美人生态度来看待的。在尼采看来，"艺术是生命的伟大兴奋剂……在悲剧面前，我们灵魂里的战士庆祝他的狂欢节；谁习惯于痛苦，谁寻求痛苦，英雄气概的人就以悲剧来褒扬他的生存"②。"一切艺术都有滋补强身之效，增强体力，激发快乐（也就是力感），激发一切更敏感的醉意记忆。"③ 因此，艺术是生命力强化的工具，而只有生命力强化才可能战胜人生的悲剧性，因此，艺术便是战胜人生悲剧性的强有力武器。正因为这样，尼采才把艺术家当作生命力强盛的种族。尼采说：

> 我们相对来说都是有病的……艺术家则属于极健壮的种族。那些在我们身上表现有害、病态的东西，在他们那里则是天性。④

可见，在尼采看来，艺术和艺术家是对人生的最好肯定，因为它把生命及其悲剧性审美化而拒绝了道德的偏见，从而"制造"了一个幻想性的"中间世界"，使人可以接受和超越人生的悲剧性。

但是，就像所有其他的认识形式都是一种价值判断一样，审美的人生在对世界和生命进行审美观照时，同样体现着一种价值观照。它把什么当着"美"，把什么当作"丑"，这本身就是一种价值估定。尼采强调，审美的人生之所以优于道德和宗教的人生，恰在于它内含着一种强力评价，把生命力的强盛作为了审美的标准。世界本身无所谓美丑，美实际上只不过是生命强力的一种透视结果，是人生的生命力的一种投射。

---

① 尼采：《尼采美学文选》，周国平译，三联书店1986年版，第211页。

② 尼采：《偶像的黄昏》，《尼采文集·查拉图斯特拉卷》，青海人民出版社1995年版，第363—364页。

③ 尼采：《权力意志》，张念东、凌素心译，商务印书馆1991年版，第507页。

④ 同上书，第509页。

　　如果试图离开人对人的愉悦去思考美，就会立刻失去根据和立足点。"自在之美"纯粹是一句空话，从来不是一个概念。在美之中，人把自身树为完美的尺度；在精选的场合，他在美之中崇拜自己。一个物种舍此便不能自我肯定。它的至深本能，自我保存和自我繁衍的本能，在这样的升华中依然发生作用。……归根到底，人把自己映照在事物里，他又把一切反映他的形象的事物认作美的。

　　……

　　没有什么是美的，只有人是美的：在这一简单的真理上建立了全部美学，它是美学的第一真理。我们立刻补上美学的第二真理：没有什么比衰退的人更丑了，——审美判断的领域就此被限定了。——从生理学上看，一切丑都使人衰弱悲苦。①

　　尼采在这里所说的"生理学"就像他在其他处所说的一样，是指在自然生命力的意义上。在尼采思想中，"生理"、"肉体"、"生命力"指称的是同一个东西。由于美是人的生命力的映照，因此美所标志的是生命力本身，而"丑被当作衰退的一个暗示和表征：哪怕极间接地令人想起衰退的东西，都会使我们作出'丑'这个判断。每种枯竭、笨重、衰老、疲惫的征兆，每种身不由己，不论痉挛或瘫痪，特别是解体的腐烂的气味、颜色、形状，哪怕最终弱化为一个记号——这一切都引起同样的反应，都引起'丑'这个价值判断"。因为在审美观照中，"他的强力感，他的求强力的意志，他的骄傲——这些都随丑的东西跌落，随美的东西高扬"②。正是因为美和丑的价值判断是以生命本能的强弱为前提的，所以，尼采才把艺术称作"应用生理学"。

　　与此同时，由于审美观照内含着由生命本能而进行的价值评价，所以尼采也反对"为艺术而艺术"的纯粹形式主义。虽然"为艺术而艺术"意在反对艺术中的道德化倾向，反对把艺术附属于道德，但是，一种拒绝任何目的价值的艺术仍然只是一种成见。人类所有的认识形式都是为人的生存这一目的服务的，都在于为人的生存寻求一种目的，一种意义，以消

---

　　① 尼采：《偶像的黄昏》，《尼采文集·查拉图斯特拉卷》，青海人民出版社1995年版，第359—360页。

　　② 同上书，第360—361页。

除生存本身的无目的性和无意义性，艺术同然。"如果把道德劝诫和人性改善的目的从艺术中排除出去，那么，不用多久就会产生一个后果：艺术完全是无目的、无目标、无意义的，简言之，为艺术而艺术——一条咬住自己尾巴的蛔虫。"可是，"艺术是生命的伟大兴奋剂：怎么能把它理解为无目的、无目标的，理解为为艺术而艺术呢？"①

不过，我们应把尼采这里所说的"道德劝诫"理解为善恶彼岸的道德而不是善恶道德，把"人性改善"理解为生命力的提高而不是基督教道德式的人性驯化。在尼采看来，艺术本身就是强盛生命力的象征，它正是通过审美观照这种方式来达到提高生命力，战胜人生悲剧性这一目的的。

三　笑的人生与醉的人生

尼采通过永恒轮回达到了对生命的最高肯定。由于永恒轮回，人不仅获得了永恒的欢悦，也不得不承担起永恒的人生痛苦和悲剧。但是，审美的观照正是在个体消解于整体生命，小我融会于大我的生命轮回中感悟到了生命的力量和美。尼采以宇宙生命赋予个人生存意义，要求个人站在宇宙生命的立场上来感受永恒生成的快乐，其中包括毁灭掉有限个体的快乐，无非是要人们用生命本身的力量来战胜生命的痛苦，而当你进行这种抗争时，你就是在痛苦中也会感觉到生命的欢乐，这种抗争痛苦而生的快乐乃生命本体的快乐。面对痛苦、险境和未知的东西，精神愈加欢欣鼓舞，这就是酒神精神，也就是审美的人生，因为他正是在用美的视野去估价痛苦、险境和未知事物，这种估价激发着他生命的活力。因此，具有审美的人生态度的人不拒绝一切人生悲剧，相反笑对一切悲剧。

> 最富精神性的人们，他们必首先是最勇敢的，也在广义上经历了最痛苦的悲剧。但他们正因此而尊敬生命，因为它用它最大的敌意同他们相对抗。②

---

① 尼采：《偶像的黄昏》，《尼采文集·查拉图斯特拉卷》，青海人民出版社 1995 年版，第363 页。

② 同上书，第 358 页。

　　我们在悲剧艺术中看到，悲剧英雄用他的毁灭使我们感受到生命本身的不可摧毁，精神为之欢欣。在人生悲剧中，我们自己就是悲剧英雄，我们也要从自身的痛苦乃至毁灭中体会生命的伟大和骄傲。人生是一出悲剧，那我们就全身心地投入去将这出悲剧演得威武雄壮、高洁豪迈。笑对一切悲剧，乃是人生肯定的顶峰。查拉图斯特拉如是说：

　　　　我愿意魔鬼围绕着我，因为我是勇敢的。勇敢驱逐了鬼魅而自制许多魔鬼，——勇敢需要笑。站在最高山上的人，笑看着戏台上生命里的一切真假悲剧。①

　　在笑对一切人生悲剧之时，审美的人生便跳舞于一切生命悲剧之中，跳舞于一切善恶之上。"舞蹈"是尼采使用的一个重要意象，在《查拉图斯特拉如是说》中有两篇"舞蹈之歌"。尼采用舞蹈象征一种内含着酒神精神的审美的人生态度。周国平先生很敏锐地指出，尼采的"舞蹈的象征意义是超越性"②。在尼采看来，生命具有自我超越的本性，而这种本性又集中体现在强者、优秀者身上。超越性是战胜人生的悲剧性的保证，因此，在同人生的痛苦战斗时，应当体现出这种生命的超越性。而舞蹈正象征了这种超越性。尼采笔下的查拉图斯特拉，就是一个酒神精神化身的跳舞者，他有着宁静的气质，轻捷的足，无往而不在的放肆和丰饶。

　　所以，在尼采看来，具有酒神精神的审美人生态度的人，往往是跳着舞越过人生大地上的沼泽和凝重的悲愁，由此，他跳舞于人生悲剧之中而超于善恶之外，用自由的舞蹈使迄今为止人类心目中的一切所谓伟大价值沉沦在下，而享受自己创造的欢悦。跳舞者正是在舞蹈之中否定着旧的道德价值而创造着肯定生命的"跳舞者的道德"："好像我的道德是一种跳舞者的道德，好像我常常用我的两足跳舞在金碧辉煌的销魂之中。"③ 跳舞正是对人生的审美肯定。查拉图斯特拉如是说：

---

①　尼采：《查拉图斯特拉如是说》，尹溟译，文化艺术出版社 1987 年版，第 40、41 页。
②　转引自周国平《尼采：在世纪的转折点上》，上海人民出版社 1986 年版，第 65 页。
③　尼采：《查拉图斯特拉如是说》，尹溟译，文化艺术出版社 1987 年版，第 279 页。

哦，生命哟，我最近凝视着你的眼睛：我在你的夜眼里看到了黄金的闪跃，——我的心为欢乐而停止了跳动了！

我看见一只金色小舟，在黑夜的水面上闪光，一只金色的、跳舞的、摇荡的、不断闪光的小舟。

你投一瞥视于我的跳舞之癫狂的脚，一种欢笑的，疑问的，醉心的，跳舞的瞥视：

你仅仅两次以你的纤手摇动着你的小鼓——于是我的脚便移动着准备着作疯狂的蹈舞。

我的脚踝高举，我的足趾凝听，——它们会认识你：跳舞者不是在足趾上也有着耳朵的吗！①

这是舞者之歌，也是生命之歌，是酒神精神式的审美的人生之歌。

以酒神精神克服人生悲剧性的审美人生还是一种醉的人生。醉本就是酒神精神的特征。

日神的，酒神的。有两种状态，艺术本身表现于其中，就像自然力表现于人之中一样……这两种状态也表现在正常生活中，只是弱些罢了；梦境和醉意……梦境释放的是想象力、联系力、诗之力，醉意释放出的是言谈举止之力、激情之力、歌舞之力。②

很显然，尼采是把"醉"同酒神精神联系在一起的。而醉实际上是力的增长和快乐所形成的陶醉感："人们称之为陶醉的快乐状态，恰恰就是高度的强力感……时空感变了，可以鸟瞰无限的远方，就像可以感知一样；视野开阔，超过更大数量的空间和时间；器官敏感化了，以致可以感知极微小和瞬间即逝的现象；预卜，领会哪怕最微小的帮助和一切暗示，'睿智性的'感性。"③正是在这种醉中，人对人生的悲剧性有了敏感的审美观照，而随着在醉中个体和整体的合一，人们又克服了那深刻的人生悲剧。尼采说：

---

① 尼采：《查拉图斯特拉如是说》，尹溟译，文化艺术出版社1987年版，第271页。

② 尼采：《权力意志》，张念东、凌素心译，商务印书馆1991年版，第548—549页。

③ 同上书，第510页。

酒神艺术也要使我们相信生存的永恒乐趣，不过我们不应在现象之中，而应在现象背后，寻找这种乐趣。我们应当认识到，存在的一切必须准备着异常痛苦的衰亡，我们被迫正视个体生存的恐怖——但是终究用不着吓瘫，一种形而上的慰藉使我们暂时逃脱世态变迁的纷扰。我们在短促的瞬间真的成为原始生灵本身，感觉到它的不可遏止的生存欲望和生存快乐。现在我们觉得，既然无数竞相生存的生命形态如此过剩，世界意志如此过分多产，斗争、痛苦、现象的毁灭就是不可避免的。正当我们仿佛与原始的生存狂喜合为一体，正当我们在酒神陶醉中期待这种喜悦长驻不衰，在同一瞬间，我们会被痛苦的利刺刺中。纵使有恐惧和怜悯之情，我们仍是幸运的生者，不是作为个体，而是众生一体，我们与它的生殖欢乐紧密相连。①

这就是酒神之醉的实质。

审美的人生是以艺术的醉为前提的。而醉则有多种表现形式。尼采把性冲动、醉和残酷当作审美的三种主要因素②，而实际上，性冲动和残酷都包含在醉的范畴之内。性冲动包含着求愉悦与再生自我的欲望，残酷则包括着痛苦和暴力。残酷带有化自身为对象，或化对象为自身的因素，伴随着这些因素，便必然有痛苦和暴力。而性冲动作为生殖本能的一个组成部分，在求愉悦的同时必然孕育着痛苦，要生殖，便必定有"产妇的阵痛"！

尼采自己对此有明确说明："——为了艺术得以存在，为了任何一种审美行为或审美直观得以存在，一种心理前提不可或缺：醉。首先必须有醉提高整个机体的敏感性，在此之前不会有艺术。醉的如此形形色色的具体种类都拥有这方面的力量：首先是性冲动的醉，醉的这最古老最原始的形式。同时还有一切巨大欲望、一切强烈情绪所造成的醉；酷虐的醉；破坏的醉；某种天气影响所造成的醉，例如春天的醉；或者因麻醉剂的作用而造成的醉；最后，意志的醉，一种积聚的、高涨的意志的醉。"而所有这些"醉的本质是力的提高和充溢之感。出自这种感觉，人施惠于万物，

---

① 尼采：《尼采美学文选》，周国平译，三联书店 1986 年版，第 71 页。
② 尼采：《权力意志》，张念东、凌素心译，商务印书馆 1991 年版，第 253 页。

强迫万物向己索取，强奸万物，——这个过程被称作理想化"。① 也就是将世界价值化、意义化，从而战胜无意义的人生悲剧。

总之，审美的人生将艺术作为提高生命力战胜人生悲剧性的最根本手段，强调在酒神艺术的醉中，通过生命力量的提高而直接面对永恒轮回之人生痛苦，从而达到生命自身的美化和欢悦。这是强力意志论下的悲剧人生观的根本所在。在这里，艺术是比道德更高的价值表。

> 艺术叫我们想起了兽性的生命力的状态；艺术一下子成了形象和意愿世界中旺盛的肉体，性的涌流和漫溢；另一方面，通过拔高了的生命形象和意愿，也刺激了兽性的功能——增强了生命感，成了兴奋感的兴奋剂。②

艺术的这种功能表明："艺术的根本仍然在于使生命变得完美，在于制造完美性和充实感；艺术本质上是对生命的肯定和祝福，使生命神性化。"③ 正是这种"神性化"使人能够直面人生的痛苦，克服人生的悲剧性。可见，在尼采这里，超越善恶的道德价值和艺术的审美价值是密不可分的，它们的共同立足点是现实的生命，共同的目的是高扬生命之力，克服生命的悲剧性。

第三节　自我肯定与人的解放

从悲剧人生到审美人生，酒神精神所体现的对人生悲剧性的超越，根本上是一种生命的自我肯定的精神，是人通过自我肯定，包括肯定生命的大悲剧，实现人的生命自我解放。

一　把人还给人自己
在一定意义上，每一个人都必然地是他自己，他甚至不可能不是他自

---

① 尼采：《偶像的黄昏》，《尼采文集·查拉斯图拉卷》，青海人民出版社1995年版，第352—353页。
② 尼采：《权力意志》，张念东、凌素心译，商务印书馆1991年版，第253—254页。
③ 同上书，第543页。

己。每个人都有伴其一生的天生的气质、神经类型、智力禀赋等。但是，并不是所有的人都能率直地对待自己的天性，有的人要矫饰、扭曲、怨恨自己，而宁愿不是自己而是他人或他者。尤其是在基督教道德价值下，由于价值的虚无主义本质，人们把真实的当虚假的给以否定，却把虚假的当作真实的加以肯定和接受。由此，人们或者通过劳作而"忘我"地"赎罪"，或者强行地禁欲而否定生命本身。人们不是肯定自己，而是怨恨自己、矫饰自己。正是基于这一状况，尼采才高喊：

> 成为你自己！你现在所做的一切，所想的一切，所追求的一切，都不是你自己。①

人们所做、所想、所追求的之所以不是他自己，是因为他根本上对自己的生命怀着仇恨心理，因此不愿忠实于自己，不愿对自己的生存负责。所以，尼采认为，要成为自己，首先必须自我肯定。自我肯定就是要每一个人明白他之为他的唯一性和不可替代性，因此，每一个人必须忠实于自己，为自己的生命负责，并真诚地立足于自己的生命去寻求人生的意义。

> 我们必须在自己面前对我们的生存负责；因此我们要做这生存的真正的舵手，不容许我们的存在类似一个盲目的偶然。对待生命不妨大胆冒险一些，特别是因为好歹总得失去它。何必死守这一片泥土，这一种行为，何必留意邻人的谎言？②

人生短促，我们没有理由去执着于生命本身，而应该执着于生命的意义。自我肯定意义上的"成为你自己"，"就是要居高临下于你的生命，做你的生命的主人，赋予你的生命以你自己的意义。除了你自己，谁还能赋予你的生命以意义呢？"③

要"成为你自己"，要自我肯定，人首先就得摆脱既有的非我价值的奴役，从那种生命的被否定状态解放出来。只有自我解放了，人才能看到

---

① 转引自周国平《尼采：在世纪的转折点上》，上海人民出版社 1986 年版，第 117 页。

② 同上书，第 118 页。

③ 同上。

一个真实的自我，才能做到自我肯定。

对于尼采来说，对人的存在意义的探索、对人的命运的关怀，始终是其哲学关注的中心。这一点同马克思很相似。作为敏锐的思想家，尼采对人生的悲剧性有深切的感受。对于个体生命的有限性如何同无限的绝对统一并获得生命的意义支撑，尼采和马克思一样给予了真切的关注。与此同时，"马克思和尼采所生活的十九世纪的德国和英、法不同，拖着一条封建的尾巴进入了资本主义。经济上德国封建地主庄园通过'普鲁士道路'，容克土地所有制逐步转化为容克资产阶级土地所有制；政治上国家政权完全被容克的大资产阶级所控制，成为一个半专制主义的君主制国家；意识形态上基督教作为一种生活方式、道德范式渗透到社会生活的各个领域"①。正如弗兰茨·梅林所说的，这个时期的德国人，"他们的双足还陷在封建制度的泥淖中，可是他们的身体已遭到资本主义竞争的风暴的猛烈袭击而支撑不住了"②。由于这种两面的侵蚀，人被压抑、扭曲、奴役的现象就显得特别严重。由此，人的解放问题就必然成为马克思和尼采这样敏锐的思想家关注的主题了。

马克思的人的解放理论，我们已经比较熟悉，他是从唯物史观出发，把人的解放当作"一种历史活动"，将宗教解放、政治解放、人类解放统一在人的解放这一历史活动中，以实现人的完整个性为最终目的，达到"人以一种全面的方式，也就是说，作为一个完整的人，只有自己的全面的本质"③。因为，在马克思看来，"任何一种解放都是把人的世界和人的关系还给人自己"④。

在"把人的世界和人的关系还给人自己"这一目标上，尼采和马克思是一致的。但是，对于尼采来说，"人的世界和人的关系"是基督教道德价值将其异化的，因此，人的解放最根本的便是从基督教道德价值下的解放，是将被基督教道德异化或歪曲了的"人的世界和人的关系"还给人自己。

尼采认为，人的解放首先是消除基督教赋予人的"神性"而还其生

---

① 陆永平：《马克思和尼采的人的解放理论比较》，《南通社会科学》1989年第4期，该文对马克思和尼采的人的解放理论作了有益的探讨。

② 弗兰茨·梅林：《中世纪末期以来的德国史》，三联书店1980年版，第143—144页。

③ 《马克思恩格斯全集》，人民出版社1979年版，第42卷，第123页。

④ 《马克思恩格斯全集》，人民出版社1974年版，第1卷，第443页。

命的动物性。基督教将上帝当作最高的统领世界的主人。由于人禀赋了上帝之神性，因此人先天地优越于万物，是当然的世界统治者。即使人的祖先因为偷吃"禁果"而被上帝逐至人间背上了"原罪"的十字架，但人并没有因此而丧失"神性"。因为人以此获得了只有人才有的"智慧"、精神性。人渴望再度回到天国，回到上帝的身边。这种"神性"的骄傲就使人对自己身上的动物性采取决然的否定态度。人之所以未能与上帝同在，就是因为这易腐的肉体，丑恶的生命本能。因此，人必须按基督教道德价值仇视肉体，仇视本能，通过禁欲、劳作来"赎罪"以获得上帝的恩召。其结果便是，人不再是他自己，或者每一个人都不愿成为自己，因为每一个人都有抛弃不掉的动物性。人的这种神性渴望和动物性的现实使人处于十分尴尬的境地，也使人备受折磨和奴役。

尼采则通过否定人的"神性"而让人直面动物性的真实，使人摆脱这种尴尬和奴役。在尼采看来，基督教把人看做"纯粹精神"的神性使者，实为虚无主义之表现，是对生命本身的巨大损害。"他把在他底下①的东西看做使'精神'跳不出完全孤立状态的那种有害而诱惑的势力似乎谦卑、贞洁、贫困或一言以蔽之，神圣，不比任何惨事或罪恶更无法估计地损害了生命。纯粹精神就是纯粹谎言。"② 基督教道德将有害于生命的东西称为"真实"，而将生命高尚化提高生命价值肯定生命的东西则称为"虚假"，是一种完全颠倒的价值判断，是对人的真正奴役。

尼采认为，"以往，对于人之较高的起源，人之神性的证明，是在他的意识，他的'精神'中发现的。要成为完美的，人就要像乌龟一样的收回他的感官，停止与世间事务的一切接触，脱去他的人类性的外衣；然后他的本质就会是'纯粹精神'"。人被"精神"所遮蔽、湮没了。但实际上，"意识的发展，'精神'对我们而言，就是有机体相对不完美的象征；它意味着尝试、摸索、盲进一种耗尽不必消耗的精力之努力"。"'纯粹精神'就是纯粹愚钝！"③ 因此，尼采强调，我们不再把人当作由"精神"或"神性"而来的；我们重新把他放回到动物之列。我们把他视为最强的动物，因为他最狡猾，他的精神性就是由此而产生的。另外，我们

---

① "他"指教士。——引者

② 尼采：《反基督徒》，《尼采文集·权力意志卷》，青海人民出版社1995年版，第297页。

③ 同上书，第303、302页。

也反对这里重将抬头的自负心似乎人是动物进化中最重要的隐秘目标。人根本不是最高的创造品；任何生物都与他并驾齐驱。这甚至还是抬高了人类；相对地说，人是一切动物中最拙劣的东西，最衰弱的东西，没有一种动物更比人危险地失去它的本能。但是也就是因为这个缘故，他当然是最令人发生兴趣的一种动物。

当人不是被当作"纯粹精神"的神性化的上帝产儿，而是承认自己就是一种动物时，他也就敢于直面自己身上的动物性而不必为它遮掩、歪曲、矫饰自身了，人也就摆脱了纯粹"神性"的奴役而获得了解放。由此，他不再把肉体当作丑、恶，而是当作美、善；不是要拒斥自己的生命本能，而是充分地享受生命本能；不是把"虚假"的东西当作"真实"，而是认生命本身的真实为真实。在尼采眼里，这就是生命的解放，就是人的解放。

尼采通过将人的"神性"还原为"动物性"而解放人的思路，很容易引起人的误解：为什么人从"神的使者"变成了"地上的爬虫"，人的地位从天上降到了地上，反而说人获得了解放呢？其实，只要我们拥有尼采那样的"真诚意识"，我们就得同样地承认，人的"神性"不过是由于自己生命的弱小而给自己设定的一套虚无的保护外衣，但这保护外衣却反而成了套在生命之上的虚无主义枷锁，使人对自己的本来面目感到陌生和厌恶了。因此，尼采是要还人以生命的真实，让人勇敢地承认自己的动物性并进而立足于这种动物性实现生命的价值。这是出于对人的真爱。尼采说：

> 在这里，我们要做个医生，我们要坚强，我们要拿起解剖刀这是我们的责任，这是我们对人类的爱，这是我们这些极北净土的人作为哲学家所应做的事。①

当人从宗教的"神性"下解放出来时，那躲在宗教神性下的道德枷锁，便也被人给扬弃了。在宗教统治下的人不仅受"神性"的奴役，而且受着以否定生命为能事的善恶道德的奴役。人为了"行善"，做一个"善人"而不断折磨自己、压抑自己，为了道德，人宁愿不是自己。尼采

---

① 尼采：《反基督徒》，《尼采文集·权力意志卷》，青海人民出版社 1995 年版，第 296 页。

将人"还原"为作为强力意志的生命，生命本身无善与恶，它超越于善恶之外。因此，人也便从善恶道德的奴役下解放出来了。所以尼采要人成为敢于生活在非道德化世界的人。

> 人们怎么会用平庸者的平庸性去扫自己的兴呢！人们会看到，我的行为恰恰相反：一步一步，步步远离平庸，迈入非道德我就这样教诲说。①
>
> 我们，少数人，或多数人，我们是那些敢于再次生活在非道德化世界的人。从信仰来说，我们是异教徒。因为，我们也许是第一批认识到异教信仰真谛的人必须把自己设想为比人还要高等的生物，不过是善与恶彼岸的人；应该把一切高等的存在评价为非道德的存在。我们信仰奥林匹斯山，不相信"受难的基督"。②

一个能够站在善恶之彼岸感悟生命的人，便是一个解放了的人。

二 "你应"、"我要"、"我是"

在尼采看来，人的自我解放是对生命本身的肯定，是对"你应"和"我要"的超越，是一种本真的"我是"。

在道德和神学的奴役下，人们按照道德原则行事，道德原则事先规定了每一个人的行为规则，这些规则强使每一个人以"你应"为出发点展开自己的生存行为。这种"你应"是对人的自由本能的约束和奴役，人没了自我肯定、自我决定的自由和能力。

"我要"当然是对"你应"的超越，但这种超越建立在一个人"自由意志"的信仰基础上，个人以为自己可以意愿地达到某种目标，这是英雄人物式的努力。但由于"我要"并没有对生存和生成世界的无目的、无意义状况有深刻的了悟，因此此阶段之人仍然受着"自由意志"的奴役。

只有人充分大智慧地领悟到了生成之流变，领悟到了个体生存悲剧性的必然性，把生存当作生成的一个片断，并勇敢地承认，个人只是命运的

---

① 尼采：《权力意志》，张念东、凌素心译，商务印书馆 1991 年版，第 556 页。
② 同上书，第 604—605 页。

一个片断，他敢于当着生成大声说：我就是这样！这时，他便成为真正摆脱了一切主观和客观奴役的解放了的人，他在"我是"中完成了最充分的自我肯定。在尼采看来，希腊诸神就是达到了这种"我是"解放的群体。

如果用黑格尔的术语说，"你应"是处于精神的客观性阶段，"我要"则是精神达到了它的对立面，进入了主观性阶段，"我是"则是对精神的客观性和主观性两个阶段的扬弃，达到了真正的主客观的统一。这种统一，当然是解放的最高标志。尼采说："'你应'无条件地服从，斯多葛主义那里，基督教和阿拉伯教团那里，康德哲学家那里都这么说（至于是服从上司，还是服从概念，那里无所谓的）。比'你应'更高一级的是'我要'（英雄人物）；比'我要'更高一级的是'我是'（古希腊诸神）。"① 在尼采关于精神三变，即由骆驼到狮子到小孩的转变中，我们也可以看到人的解放的这同样的三个环节。

人的解放同时也是从各种盲从和迷信中解放出来。尼采认为，基督教"你应"的善恶道德是培养服从的奴隶的道德，人们在服从和迷信中，甚至忘记了只有自己的生命才是最真实的。因此，在尼采看来，"一切弊病的根源：逆来顺受、贞洁、忘我和绝对服从。……因此，统治的天性被斥之为：1. 伪善；2. 昧良心创造性的天性自认为冒犯了上帝，惶惶然不可终日，被永恒的价值紧箍着"②。

尼采要求人们不要盲目服从、不要迷信。一方面不要盲从和迷信任何已有的价值体系，敢于自己确定自己的价值表；另一方面不要盲从和迷信任何所谓的英雄人物或价值估定者，要敢于正视自己，相信自己创造和评价的能力。尼采正是以此一方式对基督教道德价值进行了重估，并以生命为基础重构了善恶彼岸的道德，而与此同时，他又要人不要盲从自己、迷信自己，认为他自己并不是偶像也反对任何偶像。查拉图斯特拉对他的弟子们说：

> 弟子们，我独自前进了！你们也分路散了吧！我要你们如是。
> 真的，我忠告你们：离开我，而提防着查拉图斯特拉吧！最好的

---

① 尼采：《权力意志》，张念东、凌素心译，商务印书馆1991年版，第118页。
② 同上书，第119页。

是：你们因他害羞！也许他骗了你们呢。

求知者不应当只知道爱仇敌，还应知道恨朋友。

如果一个人永是徒弟，他对于老师，必只有很微小的感谢。为什么你们不愿意撕破我的桂冠呢？

你们敬重着我；如果你的敬重一天倒坍下来，便会怎样呢？别让一个石像压坏了你们吧！

你们说，你们信仰查拉图斯特拉，但是，这于查拉图斯特拉有什么关系！你们是我的信徒：但是这于一切信徒又有什么关系！

你们还不曾找寻自己：你们先找到了我。一切的信徒都是如此；所以一切信徒都不值什么。

现在我命令你们：忘了找我而找寻你们自己；我等到你们都背叛了我的时候，我再回到你们这里来。

真的，兄弟们，那时候我另眼找寻我的失去者，我会用另一种爱来爱你们。①

只有每一个人从这种对"他人"和"教条"的迷信和盲从中摆脱出来，他才成为一个解放了的人，成为了他自己。当然，不盲从还包括不盲从书本、盲从知识。在尼采看来，我们读书、学习，都是为了从中发现自己、感悟自己。

如果通过学习不是发现了自我，反而是失落了自我，就失去了学习的意义。学习不只是为了获得知识，更是为了获得智慧。知识是死的，智慧是活的，因为它就是活生生的自我的闪光。你读书只是猎取死的知识，你就是让你的头脑变成了一个跑马场，让别人的思想的马匹蹂躏一通。你不应该做跑马场，你的"自我"是你的骏马，载你驰骋于思想的疆场。独立思考不仅仅是知识的融会贯通，更是赋予知识以你的个性，是你"发现"了唯独属于你的真切新鲜的感受。这就是发现自我。②

① 尼采：《查拉图斯特拉如是说》，尹溟译，文化艺术出版社1987年版，第91—92页。
② 转自周国平《尼采：在世纪的转折点上》，上海人民出版社1986年版，第120页。

总之，人的解放是尼采善恶彼岸道德价值理想的基本目标，这种解放根本上是一种自我肯定，一种对自我生命的肯定。在《偶像的黄昏》"四种大谬误"中，尼采对人的这种解放有一段集中的精彩论述，很值得我们在这里全部引录：

　　我们的学说只能是什么呢？没有谁能把人的特性给予人，无论是上帝，社会，他的父母和祖先，还是他自己。没有谁可以对以下情形负责：他存在了，他是被造成如此这般的，他处在这样的情形和环境之中。他的天性的宿命不能从一切已然和将然之物的宿命中解脱出来。他不是一个特别意图、一个意志、一个目的的产物，不能用他去试验实现一种"人的理想"，或一种"幸福的理想"，或一种"道德的理想"，想要按照某一目的铸造他的天性是荒谬的。我们发明了"目的"概念，实际上目的阙如……某人是必然的，某人是命运的一个片断，某人属于全，某人在全之中，没有什么东西可以判决、衡量、比较、责难我们的存在，因为这意味着判决、衡量、比较、责难全……然而在全之外只有虚无！没有谁再要对存在的种类不可追溯到一个 causa prima（第一因）承担责任，对世界是一个既非作为知觉、又非作为"精神"的统一体承担责任，这才是伟大的解放生成的无罪借此才重新确立起来……①

很显然，尼采所理解的人的解放，在根本上是指人从基督教道德价值的奴役下解放出来，因为基督教道德将生成和生存都当作罪恶而加以否定，因此，人的解放在根本上也就是肯定生成和生存的无罪，肯定生命本身。人的解放就是生命的解放，就是作为生成之片断的生命之"我是"状态。

---

① 尼采：《偶像的黄昏》，《尼采文集·查拉图斯特拉卷》，青海人民出版社 1995 年版，第333—334 页。

第 十 章
个体人道主义的实现

尼采的人的解放是对生成的肯定，对生成的肯定也就是对作为生成之片断的生存（生命）的肯定，而肯定了生命，也就肯定了自我。因此，人的解放本质上是自我肯定。由此，尼采的善恶彼岸道德，作为自然的道德，作为自主的道德，又是自我的道德，因为自然是生命的本性，自主是生命的作用方式，而自我则是生命的表现形式，它们是三而一的东西。

第一节　自我的道德

在基督教道德价值下，由于其以否定生命为前提将道德建立于衰弱的生命本能基础上，以所谓的"上帝之声"的良心谴责所形成的善恶为价值标准，结果便导致了一种禁欲的"无我"的价值理想。由此，道德成了侏儒的道德，奴性的道德。每一个个体生命都以压抑、克制、否定自己的生命欲望为目标，其目的是想做个"善人"以满足上帝之"绝对命令"。这种"善人"是一种生命力乏弱的人，尼采称之为"虫人"、"末人"等。"善人"不敢或不想承认自己生命本能的真实性，并不断地否定生命本能。否定生命本能就是否定生命，就是否定他作为人之根本的"自己"。

所以说，基督教道德的价值理想，实际上是以否定自我、弃绝自我、扼杀自我为基本内容的。这种否定导致严重后果，那就是人不再是他自己而只是某种工具或器官，是到人世间来"赎罪"的工具，是不断探知各种小善而避生命之恶的器官。正因为此，才有了尼采在《查拉图斯特拉如是说》的"赎救"篇中所说的"有些人仅是一个大眼睛，一个大嘴巴，一个大肚子，或是别的大东西"，"我的眼睛由现在逃回过去里：而我发现的并无不同：断片，肢体与可怕的机缘，而没有人！"①

　　善恶彼岸的道德所寻求的是一种完全相反的价值理想，它把肯定生命连同其欢悦和痛苦作为前提，以追求生命力量的强大和旺盛为目标，为此，每一个个体生命只有当他成为真正的自己，成为拥有强大的生命力量的自我时，他才是真的、善的和美的。所以，尼采不断强调，"成为你自己！"这便是善恶彼岸道德的价值理想。

一　成为你自己

　　基督教道德是反自然的道德，尼采又称之为"侏儒的道德"，"奴隶道德"等。不管作何称呼，其要旨都在于，基督教道德是一种否定生命的道德，是一种不是从生命强力本身规定价值而是从生命之外的"虚无"规定价值的道德，换言之，它不是让自我作为价值的创造者，而是让自我之外的"他者"为自我规定价值，这"他者"可能是"精神"、"理念"、"上帝"，等等。因此，基督教道德从价值理想上看，本质上是一种"他者的道德"。当尼采称之为"奴隶道德"时，是因为奴隶不具有规定价值的自主性，他没有"自我"，他的价值理想是由"主人"给他规定的"你应"；当尼采称之为"群畜道德"时，是因为群畜已将自己的生存权利和价值估定权利都交给了"牧主"，他们从"牧主"那儿获得"你应"的价值理想规定；当尼采称之为"侏儒道德"，"弱者的道德"时，是因为弱者不能依据自己规定自己的价值，他们必须依赖于强者给他们指出的"你应"。"奴隶"、"群畜"、"弱者"都是不能自己规定价值理想的，都要靠他们的对立面，靠"他者"给以道德理想，因此它们实际上都是"他者的道德"。"他者的道德"是对自我的否定，也就是对生命的否定，也就是对生成的否定，当然也就是反自然的。与此同时，"他者的道德"由于是从对立面引出自己的价值理想，为了对"自我"有利，它便以是否能约束那价值规定者即"强者"、"主人"、"牧人"为善恶之价值标准，是以是否有利于自己的生存为价值的善恶的，因此，"他者的道德"就是善恶的道德。

　　"自我的道德"由于肯定了生命，也就肯定了自我评价、自我创造价值这一基本前提。而自我创造价值之时是依于自己丰盛充盈的生命强力，

---

　　①　尼采：《查拉图斯特拉如是说》，尹溟译，文化艺术出版社 1987 年版，第 166 页。

他就是价值的创造者，主人，他超越于一切善恶评价之上，或者说他自己制定善恶，因此，"自我的道德"，实际上就是"主人道德"、"牧人道德"、"强者道德"，是善恶彼岸的道德，是"我是"、"我愿"的道德。

自我的道德围绕"成为你自己"这一价值理想，从生命强力出发展示个体生命如何认识自我、实现自我，强大自我，最后成为自我。

尼采指出，每个人都有一个"自我"。他的生存实践和认识活动是以他的"自我"为界限的。"不管我对知识如何贪婪，除了原本就属于我的之外，我无法吞并其他任何东西，那些东西里面有别人的属性存在。一个人怎么可能成为小偷或强盗呢？"①"这里有许多希望，倘若你们不是在自己的心灵中亲自经历过光芒、火焰和朝霞，你们从这些希望中能看到听到什么呢？我只能使人记起，再多便无能为力了。"② 对于尼采这里所说的我们的知识和实践是以"自我"为界限，我们当然不能站在柏拉图意义上来理解。尼采并不是说有一个独立存在的原子式的"自我"，他负责着先天的"理念"，构成我们知识的界限；也不是康德意义上的，我们有一个拥有"先天范式"的自我，决定了我们知识的经验界限。尼采所说的"自我"就是个体生命，是作为强力意志表现形式的个体生命，它是各种情绪冲动的统一体。这样一种"自我"是不能用传统识识论的"主体"概念去等同的。

尼采认为，虽然我们每一个人的个体生命是独特的，有一个独特的"自我"，但并不是我们每一个人都充分认识到了自己的这个独特"自我"。人们往往自以为知道他本来想要什么或他曾经做过什么，其实，这是一种古老的"错觉"。人们往往是把别人的希望当作了自己的本性，把给予的"角色"当作了自己的"自我"。"自我"往往被迷失了。正因为此，希腊德尔菲神庙才有那句著名的"认识你自己"的神谕，苏格拉底才将此当作自己终身的哲学使命。尼采说："有多少人知道如何观察？而在少数知道如何观察的人当中，又有多少人知道该如何观察自己？'每个人和他自己之间的距离是最远的'，所有深入检讨者都极不安地发现了这一点。而神对人类所说的'认识你自己'这句格言，则近乎是一种

① 尼采：《快乐的科学》，余鸿荣译，中国和平出版社1986年版，第174页。
② 同上书，第192页。

嘲讽了"①。

自我之迷失和难于认识，往往是我们太过相信了意识，它遮蔽了那作为生命冲动之无意识的真实自我。尼采认为，真实自我作为无意识的生命冲动是情绪化的、非逻辑的，而我们的认识则往往是逻辑化的、认识化的、语言化的，由此，认识不仅不能达到"自我"，甚至反而可能歪曲"自我"，如把"自我"当作纯粹的认知主体。比如对于道德，人们总是以为，"一个人去做他认为正确而该做的事，则其行为的本质便是道德！"可是，"你如何判断你的决定呢？你如何知道自己所做的是正确的呢？"人们往往会说："因为我的意识如此告诉我，意识绝不会欺骗我，因此由它首先决定何者是道德的！"但是，"为何你一定要听从意识的话呢？这种信念是否无法被更深的意识所触及？你是否对智性的意识一无所知？一个隐藏在'意识'背后的意识？"一个人当然可以听从"意识"的话，但这种听话可能"就像一个勇敢的士兵接受长官的命令；或者像一个女人深爱对她施令的男人；或者像一个懦夫惧怕指挥的人；或者像一个傻子，他之所以跟从别人是因为他没有意见"。因此，听从"意识"的话并不能证明"意识"本身就是正确的。所以，尼采提醒道："你可以因不同的缘故而听从你的意识。不过，最后你会因之迷失你的本性。"②

认识和发现自我之难，还在于社会的舆论和评价往往使我们误解了自己。在社会生活中，社会舆论和评价往往左右着我们对自己的认识和评价。比如，社会以成败论英雄，成功往往给一个行为抹上善良的绚丽光彩，而失败则往往给可敬的举动投下内疚的阴影。于是，人们很少只是从清晰单纯的动机和意图去评判人的行为。这就导致了人们对自我的认识也只是从行为的结果"成功"与否去进行评价，而忽视了自我往往需要在大痛苦、大磨难中的锤炼。社会舆论和评价拥有无形的强大力量，它有时甚至可以决定一个人的命运。正是在舆论的迷雾中，人们把"自我"的幻影和真实的"自我"混为一谈而为"自我"的幻影劳碌一生。

习俗和传统也在相当意义上制约我们对自我的认识。我们"被抛"到世界上来，是一种历史的产物，传统和历史一开始就注入我们的生命之

① 尼采：《快乐的科学》，余鸿荣译，中国和平出版社1986年版，第224页。
② 同上书，第224—225页。

中。在我们来到世界以前，传统和习俗已经给我们创造了重要的文明基础，给我们制定了完善的行为规范，给我们组织了强大的社会机器，而我们就是被抛进这个世界中的一个"孤独个体"。传统和习俗左右着我们的思考和行为。于是，人们往往也开始习惯于从传统和习俗而不是从现实生命来评价自己。"自我"成了传统的奴隶，成了习俗的牺牲者。人不是为自我而生存，仿佛是为了传统和习俗而生存。

很显然，要从重重"雾障"中去认识和发现真实的自我不是一件容易的事，它需要我们每一个人有敢于面对真实自我的真诚意识，而这需要勇气和力量。软弱的人往往有意无意地欺骗自己，忘掉那些生存过程中的不愉快和痛苦的经验和体验。真实的"自我"之所以被压抑到深层的无意识之中，这种"自我欺骗"起了极大的作用。"人忘掉他经历过的某些事情，有意地把它们逐出头脑……我们不断地致力于这样的自我欺骗。"①在这种不断的自我欺骗中，人获得了一种虚假的自尊和自信。真正相信自己的人是很少的，因为这确实需要真诚和勇气。有些人的自信不过是一种"有益的盲目"，似乎下意识地知道自己内心的空虚，避免去看透自己，以维持自己虚假的充实。在尼采看来，真正敢于相信和正视自己的人是有勇气面对自己一切经验的人，这种人的自信也必定是和对自己的怀疑及不满内在联结着的。尼采说："一般说来，自信的人并不多见，而在这少数人之中，有些是不自觉地具备自信，有些则是对于知识的体悟有所偏差而导致的（假如他们能看穿自己的底细，不知会作何感想）。其余的人则必须先取得对自己的充分信任，无论他们做任何了不起的事，首先就是要和自己内在的'怀疑者'争论一番。"②

在尼采这里，真实的"自我"具有两层含义。"在较低的层次上，它是指隐藏在无意识之中的个人的生命本能，种种无意识的欲望、情绪、情感和体验。在较高的层次上，便是精神性的'自我'，它是个人自我创造的产物。"③这两者具有内在的统一性，因为在尼采看来，正是那原始的生命本能是创造的原动力。对于这样一种真实的"自我"，尼采认为，实现比发现和认识更加困难。因为实现自我是要将那作为生命本能的真

① 转引自周国平《尼采：在世纪的转折点上》，上海人民出版社 1986 年版，第 112 页。
② 尼采：《快乐的科学》，余鸿荣译，中国和平出版社 1986 年版，第 191 页。
③ 转自周国平《尼采：在世纪的转折点上》，上海人民出版社 1986 年版，第 115 页。

实"自我"转化为作为价值创造的精神的真实"自我"，它不仅要求正视自我，而且还要求充分发挥自我的生命强力以创造价值、创造自我。

一个人一旦认识了"自我"，就要对"自我"负起责任，也就是实现"自我"，而这必然要付出重大的代价。因为"自我"作为生命的表征，是命运的一个片断，也是命运的承载者。"人，作为命运的人，因为负载自身，所以也就承载命运。人是典型的、英雄式的搬运夫：啊！人多么希望有一天好好休息一下啊！人多么渴望有颗坚定的心脏和不屈的颈项，以便从重压之下获得瞬息的解脱啊！但渴望是徒劳的！……人等待着；他们坐视一切来去匆匆的过客：然而，连哪怕只有千分之一的容忍和激情的人都没有。他们得不到满足，谁也不知道他们还要等到何时……久而久之，他们必然学会头等重要的生活经验：不再等待；接着学会了第二条经验：友好相处、举止谦和，即刻开始息事宁人。简言之，他们要做到前无古人般的容忍。"① 正是在这种"容忍"中，人抛弃了自己承载的命运，抛弃了自己承载的责任，当然，也抛弃了自我。

人在这种"容忍"中逐步学会了懒惰和怯懦，而这两者进一步妨碍着"自我"的实现。"实际上，每个人都知道自己是一个奇妙的存在，在人世上的机会只有一回；而且不会有什么特别的机缘，把他像现在这个异常奇妙复杂的统一体那样重新凑合一次了。他知道这一点，然而总把它隐藏着，仿佛受着良心责备而要隐藏他的隐私一样。为什么呢？因为害怕邻人，他的邻人要他遵守习俗的道德，同时也把自己包藏在习俗的道德里。但是，究竟是什么东西强迫他害怕邻人，定要他与众人取一致的思想行为，而不去寻求他自己的快乐呢？"这就是人们在"容忍"中学会的怯懦和懒惰。"许多人的懒惰比怯懦更甚。他们的最大恐惧在于，如果他们采取毫不妥协的正直和言语行为的坦白，他们就要相当不便和重负。"② 而为了不担当这些"不便和重负"，人们也就宁愿怯懦和懒惰，换言之，宁愿不让"自我"说话和行事。

可见，尽管每个人都是一个独特的"自我"，可大多数人的"自我"却始终只是一种未实现的可能性，埋没在非本质的存在中了。每个人都有

---

① 尼采：《权力意志》，张念东、凌素心译，商务印书馆1991年版，第441页。

② 转引自周国平《尼采：在世纪的转折点上》，上海人民出版社1986年版，第113—114页。

他的良辰吉日，那时候他发现了他的真实自我，但有些人逃避他们的真实自我而无条件地服从外在意志，例如宗教、道德、国家，放弃自己的意志和责任。这是一种轻松的也是异己的生活方式。因为放弃个性总比发展个性容易。

但是，"不管怎样，我们务必要努力成为我们自己为自己制定律令，创造自己"①。因为没有"自我"的人生只不过仅具有人生之名而已。尼采认为，要实现"自我"，首先的是要忠实于自己，对自己的生命负责。"不忠实于自己而能伟大，我是绝不承认的。一旦发现这种情形，我立刻觉得一个人的成功绝对算不了什么。""世上没有一帆风顺的事！一个人只有始终忠实于自己，才能取得巨大的成就。"② 可是，忠实于自己是不容易的，时代的风尚，大众的舆论，传统的习俗往往会同化一个人、侏儒化一个人。"在众人中，我像众人那样生活，不像自己在思想；而且渐渐地总感到人家想把我从我自己中驱逐出来，将我的灵魂劫走"③。为此，尼采甚至呼吁人在隐退中生活："隐居起来吧，那样你才能够过真正属于自己的生活。不必去了解那些似乎对你很重要的东西！将世界的扰攘和战争的喧嚣均当作是在对你的喃喃低语！你也需要救助，同时也能完全了解那些人的痛苦，因为他们和你有着同样的不幸与希望。但是，我的朋友，真正的救助还是自助。"④

当然，尼采所说的"退隐"不是逃避，恰恰相反，退隐是为了投入，不是投入到社会中，而是投入到个人生命的实现之中。因为实现"自我"需要勇气和力量，而"退隐"恰可以积聚这种勇气和力量，强大自我。

强大自我，就是增强和提高个人的生命力，使自己成为一个敢于和能够承载命运的强者。强者是超越于善恶之外的固守自己生命的"伟大的人"。尼采在论述这种"伟大的人"时，说"他具有始终一贯的逻辑性……他有能力从自己生命的巨大平面出发去修炼自己的意志力的能力，他有一种蔑视和摒弃渺小的蹩脚货的能力，即使其中包含着世界上最美

① 尼采：《快乐的科学》，余鸿荣译，中国和平出版社 1986 年版，第 225 页。
② 转引自周国平《尼采：在世纪的转折点上》，上海人民出版社 1986 年版，第 118 页。
③ 同上书，第 119 页。
④ 尼采：《快乐的科学》，余鸿荣译，中国和平出版社 1986 年版，第 228 页。

的、‘最神性的’事物"。同时，"他更冷酷、更生硬、更不假思索和更不怕‘舆论'；他没有同‘尊敬'和被尊敬相联系的美德，也没有群畜道德一类的一切特性；假如他不能当引路人，就跟踪踽踽独行"。而且，"他不想有颗同情心，而想要奴仆、工具；在与人的交往中，他总是打他们的主意"①。强大的自我是以生命为行事原则而不是道德。

　　由于强者是超越善恶的价值创造者，他有强大的生命力量，所以他并不"趋乐避苦"，他甚至乐于接受痛苦、追求危险，他把痛苦和危险当作生命的附带产物，当作作为命运的真实"自我"的一个部分而全部领受下来。"痛苦并非快乐的对立面，假如把‘快乐'的本质恰如其分地描述为强力的充盈感（也就是以比较为前提的区别感），那就是还没有确定‘痛苦'的本质……甚至有这样的情况，快乐是由有节奏、有顺序的微小痛苦刺激决定的。……我们发现痛苦作为快乐的组成部分在活动。"② 因此，尼采认为，"人既不要寻欢作乐，也不要回避痛苦。……快乐和痛苦只是结果，伴随现象人希望什么，有生命的有机体的细微部分想干什么，它们想要的是强力之和。要追求强力，于是快乐和痛苦就会尾随而来；从强力意志出发，它们要寻求对手，它们需要某种与己相对立的东西……人无法回避痛苦，毋宁说人始终需要痛苦。因为，一切胜利，一切快感，都是以克服反抗为前提的"。"痛苦不一定会产生削弱我们强力感的结果；一般情况下，倒会起刺激强力感的作用障碍乃是强力意志的兴奋剂。"③由于痛苦可以刺激强力感，由此追求强大自我的人宁愿生活在危险之中，因为大树之为大树，不可能没有风飘雨摇的功能。尼采说："假如是个有个性的人，那么他会本能地选择危险的事物，譬如，哲学家会选择思辨的冒险；道德家会选择非道德性……我们本能地寻找一种本身连乘的生命，即处在危险中的生命。"④

　　人们如何才能变得更强大呢？除了坚守自己的生命外，尼采认为还应该从我们日常生活中的事情做起。《权力意志》第918节的一个札记对此有一个好的说明："人们怎样才会变得更健壮呢？下决心，要慢；坚持既

① 尼采：《权力意志》，张念东、凌素心译，商务印书馆1991年版，第613—614页。
② 同上书，第465页。
③ 同上书，第463—464页。
④ 同上书，第565页。

定的决心，要韧。结果就会有人跟着走。突如其来和变化无常，这是两种弱者的类型。可不要把自己同他们混淆了；随时要保持距离之感！谨防善良的人！少同他们打交道。任何交往，只要不忘练习人天生的攻防手段，就都是有益的。全部聪明才智都在于对自己意志力的考验……应在这方面见高低，而不在知识、机智、诙谐谈笑方面。要随时学习发号施令就像学习服从一样。应该学习谦逊的节奏，即在有人表现谦逊时，加以表扬并表示敬意；同样要抱信赖之心去表扬和表示敬意。"① 在这里，我们几乎可以看到一个"老于世故"的尼采形象。但我们不能仅停留于表面的琐事来理解尼采的议论。尼采在这里实际上是说：意志是生命的本质，因此我们应该磨炼的是意志力而不是其他，只有它才能强大我们的生命；为此，我们就要超越善恶的道德评价，而自己创造自己的价值表（即"发号施令"）。

当一个人的生命强大到能正视自己、实现自己时，他也就能成为真正的他的"自我"了。"成为自己"是尼采"自我的道德"的价值目标。

在尼采看来，对于我们每个人而言，生命便是"要做一个人，不要跟随我，就是你自己，你自己！"因此，我们承认生命本身的真实性和"正确性"，也就是承认自己的真实性和"正确性"。当然，承认自己也就包括承认自己生命的本能性及其"恶"，成为自己，就是将这种本能转化为创造价值的原动力。尼采说："那种情欲比禁欲主义或伪善好，那种率直，即使是邪恶的，也总比因试图遵守传统道德而失落了自己的好；那自由的人都会像成为恶一样的成为善，而不自由的人则是对本性的一种玷污，当然也就无法分享到那份喜悦。"而"凡是想要获得自由的人必须先成为完全的自己，并且那种自由是不会有如天赐之恩物般落在每个人的身上的"②。

成为自己的人是热爱生命，热爱自己的人，并因其爱而有了创造的热情和能力。查拉图斯特拉说："我如是教人：自己必须学习以卫生而健康的爱爱自己：自己才会动心忍性，而不会神不守舍。这里神不守舍自命为'自己的邻人之爱'。自古以来这样的话是最甚的谎言和欺诈，尤其在那些觉得世界是沉重的人们中间。真的，学习自爱，这不只是为今天和明天

① 尼采：《权力意志》，张念东、凌素心译，商务印书馆 1991 年版，第 563 页。
② 尼采：《快乐的科学》，余鸿荣译，中国和平出版社 1986 年版，第 114 页。

而有的戒律。这宁是一切技艺中最精最巧，最新，和最坚忍者。"①

成为自己的人靠着自己的双腿行走，靠着自己的感官感觉，靠着自己的生命创造。查拉图斯特拉告诫人们："假使你要到高处，用着你自己的两腿罢！别让你自己被人背着到高处；别让你自己骑在别人的背上和头上！"②"人们应当坚定不移，应当勇敢地站立在自己的双腿上。"③

成为自己的人是用自己轻捷的双足跳舞的人，是欢笑着面对生活的人。"他在自己的音乐中跳舞；大海在它的足下战栗而跳跃。"这一点，即使那些"高人们"也不一定能做到。所以查拉图斯特拉说："你们高人们哟，你们心中最坏的事乃是你们无一人学会跳舞如人之应当跳舞。跳舞超乎你们自己之外！失败于你们算什么呢！仍然存着多少的可能！所以学习超乎你们自己之外而大笑！高举起你们的心罢，你们优良的跳舞家，更高，更高呀！也别忘记了畅快地大笑！"④但创造者的舞蹈总是立足于自己坚实而轻捷的双足的，他在飞腾和跳舞之前已经"学会站立、行走、奔跑、攀登"⑤。查拉图斯特拉是要人把自己的生命、创造、舞蹈、欢笑共同组合成一组美妙的"自我实现"的乐曲。他唱道：

一个人的步履说明了他是否走在自己的路上。看着我如何走路！引近于自己鹄的的人跳舞着。

真的，我没有成为一尊石像，我也没有木拙地，愚蠢地，坚硬地在那里如同一根柱子；我爱飞快地奔跑。

虽然在大地上有沼泽和凝重的悲愁，但捷足的人甚至于跑过泥塘，并且跳舞，如同在平滑的冰场。

我的兄弟们哟，将你们的心更高更高举起来罢！但别忘记了你们的腿！也高举你们的腿，你们优良的跳舞家，假使你们能倒立在头上那更妙了！⑥

---

① 尼采：《查拉图斯特拉如是说》，尹溟译，文化艺术出版社1987年版，第231页。
② 同上书，第348页。
③ 尼采：《瞧！这个人》，《权力意志》，张念东、凌素心译，商务印书馆1991年版，第47页。
④ 尼采：《查拉图斯特拉如是说》，尹溟译，文化艺术出版社1987年版，第354—355页。
⑤ 同上书，第234页。
⑥ 同上书，第353页。

二　个体人道主义

尼采的"自我的道德"很显然是一种个人主义的，但这种个人主义是生存论意义上的而非一般功利意义上的，尼采甚至将后者称为"假个人主义"①。尼采通过自我的道德为"个人主义"正名。尼采写道："为'个人主义'的概念正名，人们认识到了为什么个人是个错误了吧，因为任何个别的人都同样是直线的全过程（不仅仅是'遗传'的，而且是他自身）。那么，这个个别人就有无比重大的意义。这里，本能说话完全正确。凡是本能发生懈怠的地方，凡是个人只有为了替他人效劳才能为自身找到价值的地方，人们肯定可以推断那里出现了疲沓和退化。信念的利他主义彻底而没有伪善，它起码是目的为自身创造的第二价值本能，它为别的利己主义效劳。不过，利他主义仅仅是表面的。因为它走曲线，借以达到保持自己的生命感、价值感。"② 在尼采看来，真正的个人主义不是唯利是图、沽名钓誉的个人主义，它所追求的既非财产也非浮名，而是真实的"自我"。而"假个人主义"恰恰是把"自我"迷失在财产和舆论之中。

尼采的"个人主义"是对作为命运之片断的个体生命的礼赞，是对真实"自我"的肯定。在尼采看来，生成的世界无目的、无意义，而个体生命恰承载着这一生成的命运。"个体性……表明，一分为二的分解过程持续不断，而个体同样持续不断的消逝是靠了使发展过程持续下去的少数个体的赢余。"③ 因此，"个人的孤立，这无须隐瞒，其实一切个体中都不停地有某种物体在流动，他们感到孤独这一事实，在确立他们最遥远的目标的过程中乃是最有力的刺激"④。既然，个体生命承载的只不过是生成世界的片断，因此，"没有什么主体'原子'。主体的范围始终忽大忽小；体系中心点不断偏移；一旦体系没有能力组织适合的群体，它就一分为二。另一方面，体系也不是要消灭软弱些的主体，而是把它改造成为自

---

① 尼采：《朝霞》，《尼采：在世纪的转折点上》，上海人民出版社 1986 年版，第 116 页。
② 尼采：《权力意志》，张念东、凌素心译，商务印书馆 1991 年版，第 281—282 页。
③ 同上书，第 676 页。
④ 同上书，第 137 页。

己服务的活动分子，并且直至某种程度上同后者一起构成一个新的统一体"。① 这样，个体生命不仅作为一个"孤独个体"而存在，而且也是作为强力的生命流程到此为止的整个生命线段。肯定生成就是肯定生命、肯定个体、肯定自我，而个体自我恰是生命的最具活力和最充分的表现形式。"个体是某种全新的东西和创新的东西，某种绝对的东西，他的一切行为都是固有的。个别人最后从自己身上知道了自己行为的价值。因为他必须完全从个体的角度出发来解释传说的词句。"②

尼采的个人主义是创造的个人主义。尼采之强调个人，是因为在他看来，只有个人才是真实的生命体，才拥有实际的创造原动力。因此，尼采要人信仰自己、信仰自己的生命。这也就是信仰创造。"先敢于信仰你们自己和你们的内脏罢！不自信者永是诳者。""太阳整个的爱是天真，是创造性的渴望"，而"我也如太阳一样，爱生命与一切深海③。正是这种对个人生命的挚爱包容着对新价值的创造。"热爱者因为轻蔑而想创造！如果他不正是轻蔑他所爱之物，他对于爱了解了什么呢！"所以，查拉图斯特拉说，"你爱自己，所以你之轻蔑自己，如热爱者之轻蔑一样"。"我的兄弟，带着你的热爱与创造力往孤独里去吧"④。

尼采的个人主义是哲学价值意义上的而不是经济学价值意义上的。尼采之强调个人价值，是因为在他看来，"现实人的价值远比过去一切理想的、'合意的'人的高得多……迄今为止，一切来源于此的、居统治地位的'合意性'，都贬低了人的价值、力和对未来的肯定……是把人引向虚无的巨大诱惑"⑤。只有现实的个人才是现实的价值的创造者。所以尼采说："个人主义是'强力意志'的一个过得去的、尚不自觉的形式。"⑥经济学价值意义上的个人主义是将个人利益置于个人生命价值之上，是尼采所说的"假个人主义"。正如王尔德所说的："承认私有财产就必然会把个人和他的所有混为一谈，这实际上是损害了、模糊了个人主义。它把个人主义完全导入歧途，使个人主义以获利而不是以成长为目的。这样一

① 尼采：《权力意志》，张念东、凌素心译，商务印书馆1991年版，第255页。
② 同上书，第696—697页。
③ 尼采：《查拉图斯特拉如是说》，尹溟译，文化艺术出版社1987年版，第147页。
④ 同上书，第73—74页。
⑤ 尼采：《权力意志》，张念东、凌素心译，商务印书馆1991年版，第420页。
⑥ 同上书，第338页。

来，人类就认为最重要的事情是发财，而不知道最重要的事情是生活。"①
王尔德的话可以看做尼采所理解的个人主义的注脚。周国平先生对此说得
更直接，他说："尼采式的个人主义，归结为一句话，就是他提出的这要
求：'成为你自己！'"②

尼采的"自我的道德"不仅是个人主义的，而且是人道主义的，不
过不是一般意义上的人道主义，而是特种的人道主义。"尼采之特种人道
主义是在非理性原则支配下的。由于生命即是非理性与反逻辑的，因此这
种非理性的人道主义最为切近生命之原意。而且，这种人道主义才是充分
看到了个人之存在价值的，才是真正重视个人的。一般人道主义按其本义
应当是侧重于个人而不是类群，但是它中理性主义之毒害时日既久，在体
系中神道与理性下的人道实在难以分家，因此它基本上是以人类之爱的名
义而远离个人的。"③

尼采的"人道主义"是一种罗蒂意义上的"种族中心主义"。种族中
心主义认为，既然不存在任何独立于我们的普遍适用的标准，不存在一个
可以评判一切的法官，我们就必须从我们自己出发，从我们自己的种族出
发，而不是从某个不可比的绝对命令和范畴体系出发。当然，说我们必须
从我们自己的信念出发，并不是说我们必须坚持我们自己现存的信念。
"说我们只好是种族中心的，只是说检验由其他文化建设的信念的办法只
是努力把它们与我们已有的信念编织在一起。"④ 在这里，我们可以看到
由尼采透视主义所引发的价值的人道主义性质。罗蒂自己非常欣赏尼采的
透视主义，并且认为现代哲学的转向是"与尼采的透视主义认识论非常
接近的"，而且俨然将尼采看做哲学转向的划时代人物并将 20 世纪大陆
哲学称为"后尼采的大陆哲学"和"后尼采主义"⑤。这样一种立足于个
体生命的强力透视的价值创造的人道主义，实际上是对人的价值的高扬，
是对生命价值的高扬。

由于尼采"自我的道德"具有"个人主义"和"人道主义"的双重
性，因此笔者更愿称之为"个体人道主义"。笔者曾在一篇讨论现代西方

① 转自周国平《尼采：在世纪的转折点上》，上海人民出版社 1986 年版，第 116 页。
② 同上。
③ 康健：《生命之约——重读尼采》，四川人民出版社 1996 年版，第 152 页。
④ 罗蒂：《后哲学文化》，译文出版社 2009 年版，第 52 页。
⑤ 罗蒂：《后哲学文化》，"作者序"，译文出版社 2009 年版，第 10—11 页。

哲学人学变革的文章中用此指称现代哲学的一个重要特点："由于现代人学哲学对纯粹理性的反动，人的价值因理性失落而重新陷入危机。为了重新为人的存在赋予意义，现代人学哲学扬起了'个体人道主义'的旗帜。早在尼采，就定下了现代人学哲学的'个体人道主义'基调。尼采希图以真正的人的姿态来揭露旧的真理与道德的虚妄。尼采崇尚人的自由，并把自由和个人联系在一起，宣称每一个自由的人都必须完全成为他自己。他想以此唤醒每个人的自由的超越的人格觉悟，以旺盛的生命力，不断向上创造的人生态度对待理性失落给人带来的不安，并敢于超越，成为强者。这就是尼采哲学人学思想的实质。"[①]

尼采不仅在道德价值上采取个体人道主义，而且将这种具有"人类中心论"特征的个体人道主义运用于其他一切认识和评价形成。在尼采看来，"全部自然科学仅是理解人和人类事务的一种尝试，更确切地说，是兜着大圈子向人复归的尝试。人膨胀为宇宙，为了最终可以说：'你终于是你之所是'"[②]。而"哲学是那一冲动的继续，我们始终带着这一冲动，借人神同形同质的幻想，与自然打交道"[③]。"道德观念乃是群体的直觉而深植于个人内心者。""我们在何处遇到一种道德，我们便在那里发现对人类冲动和行为的一种估价和排位。这种估价和排位始终是一个社团和人群的需要的表达。"[④] 而"'美'的判断是他的族类虚荣心……人把世界人化了，仅此而已"。"归根到底，人把自己映照在事物里，他又把一切反映他的形象的事物认作美的。"[⑤]

在尼采看来，人是最爱幻想的动物，正是这种幻想使他得以在生成世界中求得生存的意义。当然，把自己设立为物的意义和价值尺度，"这始终是人的夸张的幼稚病"。[⑥] 但是，如果我们不再把人的需要夸大为世界的本质，我们就必须学会自觉地从个体的生命需要出发去映照世界，并构成一个以个体生命为出发点和圆心的"外观世界"，这就是个体人道主义

① 何仁富：《试论现代西方哲学的人学变革》，《宜宾师专学报》1996 年第 3 期。

② 格布哈德：《尼采的整体主义》，载《周国平文集》卷三，陕西人民出版社 1996 年版，第 389 页。

③ 同上书，第 113 页。

④ 尼采：《快乐的科学》，余鸿荣译，中国和平出版社 1986 年版，第 133、132 页。

⑤ 尼采：《尼采美学文选》，周国平译，三联书店 1986 年版，第 322 页。

⑥ 尼采：《权力意志》，张念东、凌素心译，商务印书馆 1991 年版，第 427 页。

的实质所在。尼采说："倘若人们无须永远听取那一切夸张中的夸张，那个词：世界，世界，世界；那么，每个人应该诚实地仅仅谈论人，人，人！"①

第二节　自我的超越

实现了自我肯定意义上的"成为你自己"，还只是尼采善恶彼岸道德的价值理想的第一步。这一步只是让人认清了自己的本来面目，并要人敢于承认自己真实的"自我"，承认自己的生命本能，并努力去实现它。但是，尼采强调，自我之根本价值在于他是价值的创造者，而自我要成为真正的价值创造者，他就必须要把作为自己生命本质的本能转化、升华为创造的原动力，而不只是直接地将其"对象化"，这就需要自我超越。只有个体生命将自己的原始生命本能升华为了创造的动力，并以此创造出新的价值，给自己的生存赋予了独特的意义时，他才算完成了自我超越意义上的"成为你自己"，也才真正地成为了自己。

在尼采看来，正是在这"自我超越"的过程中，体现了人的不平等性和等级性。尼采称"平等之说教者"为"善于暗地报复的毒蛛"，并认为"人类必须从报复里被拯救出来！""这是达到最高希望的桥，这是长期大风暴后的彩虹"②。能够完成自我超越的，就可以成为价值的创造者、生活意义的赋予者，成为"主人"；而不能完成自我超越的人，他们就将只会沿用旧的道德说教支撑自己衰弱的生命，从而沦为"奴隶"。当然，这都只是价值意义上的。不过，尼采是要求每一个人都应尽可能去实现自我超越，因为每一个人实际上都有一个独特的自我，都有权利和能力去实现自我超越。查拉图斯特拉说：

　　善恶，富贫，高低，和一切道德的名称：它们都应当是武器，都是指示生命应当常常超越自己的信号！
　　生命想用大柱和阶梯把自己建筑在高处：它渴想望见辽远的水平

---

① 尼采：《历史对于生命的利弊》，载《周国平文集》卷三，陕西人民出版社1996年版，第390页。

② 尼采：《查拉图斯特拉如是说》，尹溟译，文化艺术出版社1987年版，第117页。

线和幸福的美，所以它需要高度！

因为它需要高度，所以它也需要阶梯，需要阶梯与登梯者之冲突！生命要升高，而升高时，它要超越自己。①

尼采的《查拉图斯特拉如是说》有一篇"自我超越"，正是在这一篇中，尼采说明了生命的强力意志本质。由于生命的本质是强力意志，因此生命必须不断超越自身，求得更强大的生命实现。"生命自己曾向我说出这秘密。'看罢'，它说，'我是必得常常超越自己的'"。价值作为强力的产物，不灭的长存的善与恶是不存在的，"依着它们的本性，善与恶必得常常超越自己"。所以，尼采认为，每一个人都应该在自己的估价里，"长出一个较强的强力，一个新的自我超越：它啄破蛋与蛋壳"②。

一　人是一个试验

尼采认为，个体生命的自我超越之所以必要和可能，是因为人本身只是"一个试验"，"一座桥梁"，人的本性是"尚未定型的"。

从宇宙角度看人，我们会发现，人作为"一小滴生命"对于生灭不已的汪洋大海的全部性质而言，是毫无意义的。地球上的生命是稍纵即逝的、偶然的，是"无结果的例外"。人只不过是渺小的昙花一现的物种。但当我们从地球角度，从人与其他动物之比较角度看，我们就又会得出一些新的结论。早在古希腊，智者普罗泰戈拉就以神话的方式说明人是一种本性未被规定的动物。而文艺复兴时期的皮科在论到"人的尊严"时更明确地指出"上帝认定人是本性不定的生物，并赐他一个位居世界中央的位置，又对他说：'亚当，我们既不曾给你固定的居处，亦不曾给你自己独有的形式或特有的功能，为的让你可以按照自己的愿望、按自己的判断取得你所渴望的住所、形式和功能。其他一切生灵的本性，都被限制和约束在我们规定的法则的范围之内。'"③ 这些思想在现代哲学人类学中则有了更明确和系统的表达。

---

① 尼采：《查拉图斯特拉如是说》，尹溟译，文化艺术出版社 1987 年版，第 119 页。

② 同上书，第 137、138 页。

③ 周辅成主编：《从文艺复兴到十九世纪资产阶级哲学家政治思想家有关人道主义人性论言论选辑》，商务印书馆 1966 年版，第 33 页。

尼采在这个角度上虽然给人以多种说法，诸如"最残酷的动物"、"最勇敢的动物"、"作着判断的动物"、"有病的动物"等，但具有本质意义的，则是他所说的人是"尚未定型的动物"①。正由于人是尚未定型的动物，他没有一成不变的既定本质，所以，他可以自己改变自己、塑造自己、超越自己、创造自己。对于人的这种尚未定型的特性，尼采有着很多论述。他说："我们人类是唯一的这样的创造物，当其有错误时，能将自己删改，如同删掉一句错误的句子。"。"人应当看到自己的力量是可大可小的，他的能力如在良好环境下也许可以发展到最高。""人可以治理自己的情欲，如园丁一样……但多少人知道这是随我们自由的呢？多数人岂非把自己看做完成了的既定事实吗？"②

既然人是未定型的动物，面临着向各种方向发展的无限可能性，那么，究竟何种可能性得到实现，就取决于人自己的价值定向。尼采认为，评价在这里具有决定性意义。这也是尼采把价值问题作为自己哲学思考的核心的重要原因。当然，评价便意味着价值重估，意味着"纠错"，所以尼采说："人是通过他的错误教育成的：第一，他总认为自己不够完美。第二，他赋予自身丰富的想象力。第三，他觉得在动物和在自然之间，自己是处在一种虚假的境地。第四，他不断建立并接受新的价值标准，俾使任何时候的人类之动机和行为均能显得十足的高尚与尊贵。若是我们忽略了这四种错误所促成的影响，就表示我们也忽略了人性，人情和'人的尊严'。"③

人通过评价为自己的生存确立意义。因为人必须为自己的生活确立一个目的，赋予自己的生存以超生物学意义，他才能像人那样地生活。当他的生存缺少一个目的、一种意义之时，他就感到自己只是动物。人类的全部文化价值体系，人性区别于动物性的全部高贵品质，实际上都建立在人的生命所具有的高于生命本身的目的、意义这样一个"谎言"的基础上。"这里，真实的世界与表面的世界的对立消失了，因为世上只有一个世界，它是虚假的、残酷的、矛盾的、诱惑的、无意义的……具有如此特性

---

① 转引自周国平《尼采：在世纪的转折点上》，上海人民出版社1986年版，第85页。

② 尼采：《朝霞》，载周国平《尼采：在世纪的转折点上》，上海人民出版社1986年版，第86页。

③ 尼采：《快乐的科学》，余鸿荣译，中国和平出版社1986年版，第132页。

的世界乃是真实的世界。要想通过这种现实性的'真理'达到胜利之目的，我们就离不开谎言，因为这是出于求生存的目的。"① 而在尼采看来，艺术则是最好的"谎言"，在艺术中，个体生命实现着充分的自我肯定和自我超越。"艺术，无非就是艺术！它乃是使生命成为可能的壮举，是生命的诱惑者，是生命的伟大兴奋剂。"② 正因为此，尼采才大力倡导酒神精神的悲剧人生观。

人的未定型性给了人自我超越、自我创造的可能，而人寻求意义的执拗性则使这种超越和创造成为了现实。尼采认为，正是这一点，体现了人的伟大之处。人把自己当作一个试验，不断进行各种评价和创造，以实现自我超越。由于人的评价具有无限的可能性，选择一种可能性便意味着排斥了其他的可能性，而且，每一次试验，每一次评价，无论成败，都会化为自己的血肉，成为人性的组成部分，所以，价值选择和自我超越是一件十分严肃的事情，人们往往是在错误和失败中完成着这种超越。尼采说："直到现在，精神与道德已尝试过迷路过无数次了。是的，人是一个试验。唉，多少愚昧和错误已经成了我们的血肉呵！"③ 但即使这样，人不可能不评价、不创造、不超越，就像他不能不是生命，不能不是他自己一样。

作为一个试验的人，表明他永远只是通向更高境界的桥梁。当国王、自愿的乞丐、丑陋的人等自以为已经领悟了查拉图斯特拉学说而来到查拉图斯特拉的洞府前时，查拉图斯特拉对他们说："虽然你们是高人，是高人的族类，但在你们的心中仍有着许多歪曲和变形。世界上还没有一个铁匠能为我将你们锤正和锤直。你们只不过是桥梁；更高的人从你们上面渡到彼岸，你们站着，如梯子一样：别怨怒那登在你们之上面达到了他自己的高度的人！……我期待更高强的人们，更优胜的人们，更快乐的人们；期待身心严整健全的人们，欢笑的狮子们必会来到！"④

在尼采看来，"创造一个比我们自己更高的本质就是我们的本质。超越我们自身！这是生育的冲动，这是行动和创造的冲动。正像一切意愿都

---

① 尼采：《权力意志》，张念东、凌素心译，商务印书馆1991年版，第442页。

② 同上书，第443页。

③ 尼采：《查拉图斯特拉如是说》，尹溟译，文化艺术出版社1987年版，第90页。

④ 同上书，第338页。

以一个目的为前提一样，人也以一个本质为前提，这本质不是现成的，但是为人和生存提供了目的"①。这个本质就是人的自我超越性。查拉图斯特拉说："你们的光荣不是你们从何处来，而是你们向何处去；让这是你们的新的光荣吧，你们的意志和你们脚的意愿超越了你们！""你们的高贵不当向后流盼，乃是向前凝视！你们当是从一切父母之邦，和祖先之国土被放逐！"② 人之为人就在于超越自己。人要为自己的生命提供一种意义，这意义超过生命本身的意义；人的自我创造需要一个目标，这个目标高于人自身。这就是人的自我超越。尼采强调的是人必须进行自我超越，至于自我超越的目标，在尼采那里是阙如的，他只是给定了一些隐喻，一些意象，如登山者攀登绝顶、欲飞向头顶清澄幽深的苍天③。尼采也不可能给出这种超越的目标，因为每一个个体生命都是独特的，每一个人作为试验都有他自己的超越，如果尼采给定一个超越目标，那便违背了他自己所说的个体生命的独特性和自我性了。

二　超人和自我的提升

尼采的自我超越性学说集中地体现在他的"超人"这一个隐喻之中。尼采的超人学说是最受人误解的学说之一，或者把"超人"理解为英雄人物，说尼采的超人学说是英雄崇拜；或者把"超人"说成是生物进化的结果，说尼采的超人学说是社会达尔文主义的。其实，只要我们不带过多的"理解前结构"去理解尼采的"超人"，我们就会发现，"超人"不过是一个隐喻而已，它并不在乎要说明一种具体类型的人，就像"酒神精神"也只不过是一个隐喻一样。尼采自己就把语言的本质理解为隐喻，并在自己的写作和思想中实践着这种语言是隐喻的思想④。

"超人"这一思想最早萌芽于《作为教育家的叔本华》，尼采在那里写道："在动植物界中，凡进步都只靠着更高级的个别的范型来实现的，这种东西为数稀少，却很坚强，复杂而又有生产力。"将此道德"应用到社会及其目的上来"即是："人类应该不断地辛劳地产生出特立独行的伟

---

① 转自周国平《尼采：在世纪的转折点上》，上海人民出版社 1986 年版，第 91 页。
② 尼采：《查拉图斯特拉如是说》，尹溟译，文化艺术出版社 1987 年版，第 243、244 页。
③ 同上书，第 195 页。
④ 尼采关于语言的隐喻性质的详细论述见《哲学与真理》之"真理和谎言之非道德论"，第 100—125 页；另参笔者《尼采的解释学思想》一文的论述。

大人物，除此以外，就无别的工作可言了。"① 在《查拉图斯特拉如是说》中，尼采明确地提出了"超人"概念。尼采宣布："上帝已死：现在我们热望着超人生存！"② 尼采把"超人"比喻为云中的"闪电"、淹没一切大侮辱的"海洋"、熟眠在"人类石头里的影像等等"。但是，尽管一部《查拉图斯特拉如是说》就是一部"超人"的颂歌，却找不到一处稍许明白的关于"超人"的理论界定。在以后的著作中，尼采便很少用"超人"这一隐喻了，有时他用"更高的人"、"强者"来指称他所说的那类人格形象。到了晚年，尼采在《瞧！这个人》这部奇特的自传中对"超人"作了一个较为明确的说明："'超人'这个字是富有很深刻的意义的，它是指某一类型的人，这种人的出现将是一件最大的幸事，这种人与'现代'人、'善良'人、'基督徒'和其他虚无主义者相反，这个字在查拉图斯特拉口中，是指道德的破坏者。"③

应该说，尼采的"超人"概念是具有比较丰富的内容的。作为一个隐喻，"超人"将酒神精神、强力意志的内涵包融于一身，表征着尼采的价值理想追求。

"超人"不是英雄崇拜而是个人和人类的自我超越。尼采是反对一切崇拜的。即使当他赞扬拿破仑表征着新的价值时，他欣赏的也只是拿破仑如何在艰难困苦中百折不挠而为自己开出一条生命之路的顽强精神和旺盛的生命力，而不是欣赏他的人性品质，也不是把他当作"超人"。尼采对有人将他的"超人"说成是英雄崇拜很是不满。他写道："现在人们所了解的，几乎到处都是与查拉图斯特拉所断然抛弃的那些价值相当的东西，这种人被视为一个理想类型的人，被视为更高一类的人，被视为半为'圣者'半为'天才'的人……另外一些受过教育的畜生，由于这个字的缘故，竟怀疑我是一个达尔文主义者；甚至有人认为我的学说是那个不自觉的大骗子卡莱尔的'英雄崇拜'思想。这种'崇拜'是我所厌弃的。"④

尼采提出超人理想的直接目的是要否定上帝，他是在宣布上帝之死的

---

① 转自徐崇温《存在主义哲学》，第105页。

② 尼采：《查拉图斯特拉如是说》，尹溟译，文化艺术出版社1987年版，第343页。

③ 尼采：《瞧！这个人》，《权力意志》，张念东、凌素心译，商务印书馆1991年版，第42—43页。

④ 同上书，第43页。

同时提出超人理想的。"尼采之否定上帝，根本原因在于关于上帝的说教颠倒了人类与其超越理想的关系：上帝作为人类的超越理想本是人类的作品，是属人的理想存在，但关于上帝的说教却把上帝当作绝对不可超越的超越性，人作为上帝这一理想存在的作者被当作上帝的作品；上帝作为人类的超越理想本是人类超越性的标志，却被关于上帝的说教当作人类失败和无能的表征。"① 尼采提出"超人"就是要使人类的超越理想从天上回到大地，恢复人类超越理性的属人性。"从前，查拉图斯特拉如同遁世者一样，把他的幻想掷到人类之外去。那时候他觉得世界是一个受苦受难的上帝的作品。"可是他后来发现，"我创造的这个上帝，如其他神们一样，是人类的作品和人造的疯狂"②。既然一切都属于肉体和大地，那么就应该恢复人类超越理想的属人性，创造出肉体和大地的理想存在，以使人类现实地向之自我超越，这就是"超人"。尼采说："超人就是大地的意义。让你们的意志说：超人必是大地之意义罢！"③

作为"大地的意义"的超人将超越性还给人自己，其实就是要让自己完成自我超越。"我教你们什么是超人，人类是应当被超越的。你们曾作怎样的努力去超越他呢？直到现在，一切生物都创造了高出于自己的种类，难道你们愿意做这大潮流的回浪，难道你们愿意返于兽类，不肯超越人类吗？"④ 人类的这种自我超越实际上是通过个人的自我超越完成的。

尼采认为，生命的本质便是不断"超越自身"。因为每个存在体内部都有巨大的"强力意志"，创造的潜能在人体内奔涌，冲撞，渴望着有朝一日的喷发。这种意志的发挥便可以使人们重塑自我，超越旧我。当然，这种超越并不是一蹴而就的，而是一个永无止境的过程。因为人生就是一个不断前进、不断超升的活动过程。"人之所以伟大乃是他是一个桥梁，而不是一个目标。"尽管这座"桥梁"如"横过深渊的一根绳子"，"渡过是危险的，在路上是危险的，回顾是危险的，在中途战栗和踌躇是危险的"，但人却必须越过它。⑤ 为此，人就必须以坚强的毅力勇敢地走过去，不断地超越过去奔向未来，如此才能使自己不断获得新生。

---

① 王晓华：《生存的超越性与尼采的超人学说》，《浙江大学学报》1993 年第 2 期。
② 尼采：《查拉图斯特拉如是说》，尹溟译，文化艺术出版社 1987 年版，第 27 页。
③ 尼采：《查拉图斯特拉如是说》，"序"，尹溟译，文化艺术出版社 1987 年版，第 7 页。
④ 同上书，第 6 页。
⑤ 同上书，第 9 页。

"超人"不是理想的典型，而是上升的生命类型。尼采一向对理想主义持轻蔑态度。他说："以前的哲学家们都畏惧人的感官或许我们健忘地已将这种畏惧抛诸脑后了？……以前的哲学家认为，感官会诱使他们走出属于自己'理想'的冷静领域，而步入危险的南方岛屿上，故而害怕他们的哲学家德行会像见了阳光的雪一般地融化了。"① 然而，"那披着冷静苍白外衣的'理想'其实乃是比感官更加厉害的诱惑，它们一向以哲学家的'血液'为生，而将自己的感觉甚至心灵（如果你相信）消耗殆尽"。尼采称这些哲学家是"没有心肝的"哲学家。② 尼采自己是一个现实主义者、感官主义者，他极力主张人应当实实在在地生活而不是去为一个虚无缥缈的幻想空耗一生。因此，尼采的"超人"并不是用来取代上帝的另一幻想，它是植根于现实土壤中的每一个个体生命的自我超越，是表征着生命的上升的隐喻。

在尼采看来，生命的本质是强力意志，而强力意志是有等级之分的，由此生命也就有旺盛与衰弱之别。而"超人"就是要个体生命成为那生命强力旺盛的人，"超人"肯定生命、追求此岸、升华本能、自我驾驭，能够返本（生命）归真（自然）。当然，这里需要注意的是，虽然强力意志有强弱之分，由此生命类型也有强弱之分，但这种区分并不是先天的，否则，自我超越就没有什么意义了。因此，"超人"不仅是让生命力强大的人追求更强，而且也是要生命力弱的人变得强大。如何变得强大呢？尼采认为，就是去不断地体验生命的痛苦，在痛苦中强大生命。"一个卓绝的人会使我们产生赏心悦目之感。因为他是由一块既坚硬光润，又香气袭人的奇木雕琢成的。他只享受对他身心有益的东西；一旦超过这个尺度，他的欢愉，他的欲望也就戛然而止了。他发现了抗御损伤的良药，他善于化偶然之害为有益；凡是不把他置于死地的东西，都使他变得更坚强有力。他本能地汇集所见、所闻、所经验的一切，他就是总和。"③ "一个健壮的人消化他的经历（包括他的行为和错误行为）就像消化他的食物一样，有时他需要将坚硬难嚼的硬物整个吞下去。"④

---

① 尼采：《快乐的科学》，余鸿荣译，中国和平出版社1986年版，第283页。

② 同上。

③ 尼采：《瞧！这个人》，《权力意志》，张念东、凌素心译，商务印书馆1991年版，第11页。

④ 尼采：《道德的谱系》，周红译，三联书店1992年版，第105页。

　　因此，"超人"作为一种上升的生命类型，并不存在于现实的生命之彼岸，它就存在于我们每一个个体生命之中。"我的意志执着于人类，我用锁链使我与人类连系着，因为我是被吸引向超人去的：所以我的另一意志要往那里去。"在现实人的生命的不断超升中，"超人"的理想得以实现。因此，只要我们真正做到生命的不断超升，我们每一个人都可为"超人"，换言之，"超人"就在人群之中。但他不是泯灭于作为"群畜"的人群，而是在人群中也得保持着特立独行的人格。"谁不愿在人群中渴死，便得学用一切杯儿饮水；谁想在人群里保持清洁，便得学会污水自洗。"但是，你必须"勇敢些！鼓舞起来罢！老而益壮的心！你在一个厄运里失败了：享受它如你的幸福罢！"① 正是在这个意义上，尼采说："我教你们什么是超人：他便是这大海；你们的大轻蔑可以沉没在它的怀里。"因为"人是一条不洁的河。我们要大海，才能接受一条不洁的河而不致自污"②。

　　"超人"是价值的化身，是传统价值的破坏者和新价值的创造者。尼采对支配欧洲社会文明的基督教道德价值深恶痛绝，认为它束缚了人的思想，颠倒了是非善恶，损害了人的生命，把人类引向了虚无主义和颓废。"超人"则如同这沉寂世界里飞出的一支响箭，强烈的创造欲望和冲动，使他无法忍受这令人窒息的道德空气。于是他要破坏旧的价值表，对旧存的一切价值进行重估，他把旧的价值当作虚无而加以否定。"有一天，你将喊着：'一切都是假的！'"③ 尼采借疯子之口宣布"上帝死了"而表达了"超人"重估一切价值的必然性。从前，在上帝面前，人人都平等，都是受上帝支配的贱氓。现在，上帝死了，"一切必定随之倒塌，因为它们建筑在这信仰之上，依靠于它，生长在它里面：例如我们的整个欧洲道德。广浩连锁的崩溃、毁坏、没落、倾覆现在呈现在面前了"④。"真理的闪电击中了过去的至尊。凡是悟出什么在那里遭到毁灭的人，也许会留神自己手里是不是还掌握什么东西。过去称之为'真理'的东西，如今成了最丢脸、最下流，最见不得人的谎言形式。'改良'人类这种神圣借

① 尼采：《查拉图斯特拉如是说》，尹溟译，文化艺术出版社1987年版，第171、172页。
② 尼采：《查拉图斯特拉如是说》，"序"，尹溟译，文化艺术出版社1987年版，第7页。
③ 尼采：《查拉图斯特拉如是说》，尹溟译，文化艺术出版社1987年版，第72页。
④ 尼采：《瞧！这个人》，《权力意志》，张念东、凌素心译，商务印书馆1991年版，第105—106页。

口，乃是榨干生命的诡计、吸血的骗术。道德就是吸血鬼……揭示道德假面的人，同时也就揭示了一切人们过去和现在信仰的价值的无价值。"①

但是，"超人"之对旧价值的破坏并不只是为了破坏，而是为了创造，破坏是为创造腾出地盘。上帝死了，"一切皆虚无"，于是便也"一切皆可能"。人失去了支撑和依靠，虽然没了意义支撑，但反而可以自己亲自赋予生命以意义，亲手绘出生命的蓝图。"价值的变换，那便是创造者的变换。创造者必常破坏。"② 所以，查拉图斯特拉说："你是一个新的力量与一个新的强力吗？一个原始的动作吗？一个自转的轮吗？你能强迫星球环绕着你旋转吗？""你能自定你的善恶，而高悬你的意志是法律吗？你能做你的法律之法官和报复者吗？"③ 而"超人"便会满怀信心地回答："真的，善与恶是人类自制的。真的，善恶不是取来的，也不是发现的，也不是如天上的声音一样降下来的。人类为着自存，给万物以价值。他们创造了万物之意义，一个人类的意义。所以他们自称为'人'，换言之，估价者。估价便是创造：你们这些创造者，听吧！估价便是一切被估价之物中的珍宝。估价，然后有价值！"人类正是在这种估价中完成着新价值的创造，个人亦然。"创造者起初是民族，接着才是一个人。"④

当然，"超人"还有更丰富的内容，但就尼采思想的整体来说，"超人"如上三个方面的内容是最主要的。"超人"是人又不是人，不是人又是人，他存在于人之中又超越于人之上。"超人"具有强健的生命力，不断地进行创造，不断地超越自己；"超人"是旧价值的批判者和新价值的创造者，并不断地进行着价值的重估；"超人"是行动者，喜欢冒险，既能行善又能行恶，他超越善恶，他本身就是善恶的立法者和评估者；"超人"是"上等人"、"高贵的人"、"未来人"；"超人"自由奔放，独立不羁，孤独、自傲，不崇拜任何偶像，也不把自己视为偶像。总之，"超人"并不是某一类型的人，也不是人类"进化"的终极目标，甚至"超人"就是超越"超人"自己的"超人"。

---

① 尼采：《快乐的科学》，余鸿荣译，中国和平出版社1986年版，第235页。
② 尼采：《查拉图斯特拉如是说》，尹溟译，文化艺术出版社1987年版，第67页。
③ 同上书，第71、72页。
④ 同上书，第67页。

尼采之提倡"超人",主要的是要人在自我超越的层面上成为自己,因此,如说尼采"超人"的最本质意义的话,那就是自我的提升。

自我的提升在尼采有两重含义,一是通过对生命之经历的体验增强生命的力量,使作为生命体的自我由弱小提升为强大,由较强提升为更强,以应付生存中的一切挑战,战胜人生的悲剧性;二是通过对旧的价值的重估和破坏,将自己内在的生命强力提升为创造力,并创造出新的价值表,为无意义的生存赋予自己独特的意义,为自己的人生确定自己独特的轨道。对于尼采来说,自我的提升的这两方面是合二为一的。生命本身就是创造之源,因此生命力量的提升也就意味着自我精神境界的提升。

尼采将这种自我提升比喻为登山之临绝顶。在《查拉图斯特拉如是说》"旅行者"篇对这种提升有一段很精彩的描述。查拉图斯特拉在登山的途中,回忆着他自青春时候到现在的许多孤独的旅行与许多爬登过的山脊和峰顶:

> "我是一个旅行者和登山者",他向他的心说,"我不爱平原,我似乎不能作长时间的静坐。"
>
> 无论我将遭遇什么命运与经验,旅行与登山总会是不可少的成分:因为到头来,一个人所经验的只是自己。
>
> 我隶属于机缘的时候已经过去了;什么事情能发生在我的命运里,而不曾属于我过呢!
>
> 我的"我"它只是回向我来,它和它的四处飘泊的散在万物与机缘的各部分,终于到家了。
>
> 我现在已经知道了更多的一些事。我现在面对着我最后的绝巅,面对着最后为我保留着的。唉,我必须登上我的最艰难的山道!唉,我已经开始了我的最孤独的途程!
>
> 但是凡我的同类都不规避这样的时刻。这时刻对他说:现在你别无选择地走上了达到你的伟大的路!绝巅和巨壑现在交混在一起了。
>
> 你走上达到你的伟大的路!自来你的最危险的,现在成为你的最后的庇护所。你走上达到你的伟大的路,现在临于绝地便是你的最高的勇敢!
>
> 你走上达到你的最伟大的路!这是不会有一个人悄悄地追随你!

你自己的脚，抹去你后面路上铭记着的"不可能"。

假使一切的梯子使你失败，你必须在你的头上学习升登，否则你怎能向上呢？在你的头和你的心上学习升登！现在你心中的最温柔必须成为最坚强。①

谁走上了这"伟大的路"、"孤独的路"，谁爬到了山的"绝巅"，谁就实现了自我提升，就在自我超越的意义上成为了自己，谁就成为了"超人"。

三　自由人生

一个实现了自我提升，在自我超越意义上成为了自己的"超人"，也就是一个自由的人。自由是尼采道德价值理想的最高境界。

尼采所说的自由并不是传统哲学所说的"意志自由"。实际上，尼采是否认自由意志的，这一点我们在尼采对基督教道德的批判中已经可以看得清楚。尼采认为，自由意志"是神学家们所拥有的最臭名昭著的手腕，其目的是使人类按照他们的意思来承担责任，也就是使人类依赖于他们……意志学说实质上是为了惩罚，即为了寻找罪恶的愿望，而被发明的。……人被认为是'自由'的，以便可以加以判决和惩罚，以便可以成为有罪的。结果，每件行为必须被看做自愿的，每件行为的根源必须被看做有意识的"。②尼采还据此将自由意志学说归为"四大谬误"之一③。

尼采所说的自由乃是人的生存实践所达到的能够自我肯定，自我超越的，给自己的生存赋予特定意义的人生境界。尼采在专门讨论"我的自由观"的名目下写道："什么是自由？就是一个人有自己承担责任的意志。就是一个人坚守分离我们的距离。就是一个人变得对艰难、劳苦、匮乏乃至对生命更加不在意。就是一个人准备着为他的事业牺牲人们包括他自己。自由意味着男性本能、好战喜胜本能支配其他本能，例如支配

① 尼采：《查拉图斯特拉如是说》，尹溟译，文化艺术出版社1987年版，第181—182页。

② 尼采：《偶像的黄昏》，《尼采文集·查拉图斯特拉卷》，青海人民出版社1995年版，第332—333页。

③ 另三为"混淆因果的谬误"、"虚假因果的谬误"、"幻想原因的谬误"，参见《偶像的黄昏》"四种大谬误"。

'幸福'本能。"① 这样一种自由是生存的自由，生命的自由。在这种自由状态，人把生命的意义看得比生命本身更为重要，为了给生命赋予意义，他敢于承担起生命之作为命运的重负；为了给生命赋予意义，他甚至可以牺牲生命本身。

尼采认为，这样一种自由是在对阻力的克服中获得的，或者说是在克服阻力的时候显现出来的。在尼采看来，"一件事物的价值有时候并不在于靠它所获得的，而在于它所付出的，它使我们所花费的"。人的生命就是如此，生命的价值并不在于它获得了什么，而在于它"花费"了什么，而这"花费"就是克服阻力。尼采说："自由人是战士。在个人抑或在民族，自由依据什么来衡量呢？依据必须克服的阻力，依据保持在上所付出的努力。自由人的最高类型必须到最大阻力恒久地被克服的地方去寻找。""巨大的危险把它们造就成令人敬畏的东西，危险教导我们开始认识我们的救助手段，我们的德行，我们的盾和矛，我们的精神，危险迫使我们坚强……第一原理：一个人必须有必要坚强，否则决不会坚强。"② 正是因为在"阻力"面前有必要坚强，同时人又坚强了，因此在坚强的同时克服了阻力，而这种克服就是一种爬山之临绝顶的自由。

自由并不是某种人可以长期占有的东西，它体现为人不断征服生命的悲剧性为生命赋予意义的生存过程本身。由于生命本身的存在是无意义可言的，它也面对着各种生存的阻力，因此获得自由（换言之，也就是给生命赋予意义）并不是一下子完成的和一劳永逸的。"为了保持统治地位，应该经常克服反抗的程度，这就是自由的标准，不论对个人来说，还是对社会来说。因为，自由就是肯定的强力，就是强力意志。""有人认为，人们通过历史的长河会走向那个时代，即'个体'达到充分完美的时代，个体变得自由的时代，那个形成了古典类型的独立的人的时代：啊，不！那从来都不是人性的时代！"③ 自由是要人不断争取的，自由就是去争取自由的过程本身。所以尼采说："自由：它是一个人所具有而又不具有的东西，一个人所想望的东西，一个人所

---

① 尼采：《偶像的黄昏》，《尼采文集·查拉图斯特拉卷》，青海人民出版社1995年版，第375页。

② 同上书，第374、375页。

③ 尼采：《权力意志》，张念东、凌素心译，商务印书馆1991年版，第560页。

赢得的东西……"①作为克服阻力的状态的自由是个人所"赢得的"和"所具有的",而作为克服阻力的过程的自由则是个人所"想望的"和"不具有的"。

自由意味着对"目的"的超越、对善恶的超越,意味着自创价值、自拟善恶。尼采说:"我们新的'自由'。就像我们得到了解放的精神一样,我们感到不再受'目的'体系的约束了,这是一种怎样的自由之感啊!同样,生命的本质里没有了'赏'与'罚'这些概念的位置了!同样,不盲目地称谓善行和恶行了,而仅仅是在顾及保存某种人的群体倾向的透视的情况下,以善和恶来称谓善行和恶行!"②换言之,自由是人作为生命体所实现的对生成世界的透视(即评价、创造、置入意义)。

尼采的自由是一种生存论意义上的自由而不是认识论意义上的自由。在尼采这里,自由是以强力意志为基础统一起来的"自由精神"、"自由境界"、"自由行为"的有机体。"自由精神"就是用铁锤探向偶像底细的精神,是"重估一切价值"的精神,实质上就是在文化、宗教、艺术、哲学等领域展开的理论前提批判的批判精神。这种自由精神总是对那些不证自明的真理质疑,总是试图炸毁那些人们坚信不疑的不自觉的理论前提,因此它又是一种破坏的精神。"自由境界"是酒神狂欢的境界,是克服阻力的欢乐,是午夜的洪钟,是查拉图斯特拉的圆舞曲。"自由行为"是大创造与大毁灭,是大肯定与大轻蔑,是创造意义的行为,是不断地自我超越的行为,是不断地超越人生之痛苦、虚无和泥泞的行为,因此,"自由的行为"是一种艺术化的生存本体论的行为。

"自由精神"、"自由境界"、"自由行为"的统一就构成尼采自由理论的核心。这种统一在横向表现为清醒、孤独、梦幻、沉醉四个环节,而在纵向上则体现为骆驼、狮子、小孩三个阶段。

"清醒"是一种自由,因为它代表了意志不受拘束、意识毫无成见、做事不随流俗、做人不合时宜的人生状态。尼采称自己为"极北净土的居主",便取意于北方之清冷。清醒最能领悟人生之真实,又是一种批判的眼光,同时意味着自觉地去"生活在险境中"。"孤独"是清醒者的必

---

① 尼采:《偶像的黄昏》,《尼采文集·查拉图斯特拉卷》,青海人民出版社1995年版,第375页。

② 尼采:《权力意志》,张念东、凌素心译,商务印书馆1991年版,第180页。

然。孤独是一种对事物的远景透视，是一种自由审美境界，是独自与清明的天和自由的海相处的空灵神悦。孤独是人生的家。"啊，孤独！你是我的家，孤独啊，你的声音何等甜美而温柔地和我交谈。"① 在孤独中，你在你的家中、你能自由说话，自由主张；这里一切都开朗而光明、万物都抚爱地与你交谈，甚至时间也以更轻快的步履奔跑。在这种境界中，一切的界限都被打破了，你可以倾诉一切，一切都是那么真诚敞亮。清醒意味着对人生的痛苦的敏锐感受，孤独则是清醒者"生活在险境"中的慰藉。人生苦痛还要清醒者在孤独中消解，这种消解有日神的梦幻和酒神的沉醉两种方式。"梦幻"是日神的世界，是对美的内心观照，对规范、节制、和谐的沉思。梦幻使外观成为消解人生痛苦的手段，由此，由于有了梦幻的艺术，生命变得可以接受。清醒地去做梦表现了人们在一种精神创造中超越人生痛苦的自由想象力。"沉醉"是与生命整体的结合，是一种神圣的肯定，是一种向存在整体的回归。在沉醉中，"狄俄尼索斯的呼声，突破个体化的力量，展开了一条返回'存在母体'的途径"。"狄俄尼索斯的激奋，辛苦地贯穿整个自然，犹如春天活力的来临。在这种激奋的情怀中，个人臻于忘我的境界。"② 日神的梦幻和酒神的沉醉结合在一起就构成了一个统一的悲剧的人生，而正是在悲剧的人生中，生命达到了自由的极点。

清醒、孤独、梦幻和沉醉构成了尼采的自由四重奏。"清醒意味着怀疑与批判，孤独意味着审美与超越，梦幻意味着在审美中对外观世界的体验，沉醉意味着在艺术化中对世界本体的投入"③，将这四重奏合奏的人便是"自由人"。"自由人"不是一个结果而是一个过程，他总是在途中：在自我超越的途中。

"自由人"在演奏自由的四重奏的途中，尼采认为要经过骆驼、狮子、小孩三个阶段。"骆驼"是负重动物，它向自己要求困难的东西。"许多重负是给精神，给强壮忍耐而中心崇敬的精神担载的：精神之大力要求重的和最重的负担。"④ 但是，骆驼不能批判和创造，只能承载。于

---

① 尼采：《查拉图斯特拉如是说》，尹溟译，文化艺术出版社1987年版，第74页。
② 尼采：《尼采美学文选》，周国平译，三联书店1986年版，第70、5页。
③ 邹铁军主编：《自由的历史建构》，人民出版社1994年版，第331页。
④ 尼采：《查拉图斯特拉如是说》，尹溟译，文化艺术出版社1987年版，第21页。

是，在最寂寞的沙漠中，精神变形为"狮子"，"他想征服自由而主宰他自己的沙漠"①。狮子是否定精神，是狂怒和毁灭。"狮子"虽不能创造新价值，"但替自己为新价值的创造自由这却是狮子所能及的。为自己创造自由并且甚至对职责说出神圣的'不'。为这，我的兄弟们，狮子是需要的"②。能创造新价值获得真正自由的是"小孩"。"婴儿天真无邪、健忘，是一个新的开始，一个游戏，一个自转的轮，一个原始的动作，一个神圣的肯定。"③"为了创造之游戏：我的弟兄们，一个神圣的肯定是需要的：精神现在意欲它自己的意志，即被丢给世界的人现在占有了他自己的世界。"④ 小孩是纯真的新生，是对生命的再度肯定，是大自然至美至善的表现；小孩也是一种境界，一种"自由境界"。尼采通过"小孩"这一隐喻将"超人"和"自由"的至境融为一体而达到了善恶彼岸道德的最高价值理想，即在自我肯定和自我超越的双重定义上成为了自己！

上帝死了，人获得了新生。这新生是"超人"，是"自由"，是生命的喷发，是自我的肯定和超越。新生的人是什么？自然给我们最实在的回答：小孩！小孩是人的生命的真正创造与回归。

最后，让我们以尼采的一首小诗结束我们对尼采的讨论吧：

> 我厌恶跟从，
> 也不喜领头。
> 服从？不！
> 统治？不！绝不！
> 在别人的眼中是否会有所恐惧？
> 甚至你自己也会有所惊惶：
> 除了恐惧者，人们都战战兢兢，
> 我厌恶支配自己，厌恶冲突，
> 就像野兽一样，

---

① 尼采：《查拉图斯特拉如是说》，尹溟译，文化艺术出版社 1987 年版，第 22 页。
② 同上。
③ 同上书，第 23 页。
④ 同上。

我游荡在无边的原野之外。
当陷入诱惑的圈套，
我会咆哮，
然后，诱引我自己回家
回到能吸引我的地方。①

---

① 尼采：《快乐的科学》，"序曲33"，余鸿荣译，中国和平出版社1986年版，第12—13页。

结 束 语
尼采和他的道德追问

一

道德观念的起源和道德价值的问题，是伴随尼采终身的哲学思考的核心问题。这一点，我们可以在尼采对自己的著作的评价中轻易地找到答案。

道德价值问题很早就成了尼采思考的对象。尼采说："我有一个连我自己也不愿意承认的奇特的顾虑，这个顾虑是和道德有关的，是和迄今为止地球上所有被誉为道德的东西有关的。这个顾虑从我的孩提时代起就自发地、连续不断地和我的环境、年龄、教养、出身发生着矛盾，所以我几乎可以称这顾虑为我的'先天'了。由此，我的好奇心和我的疑问就总是停留在一个问题上，即究竟什么是我们关于善和恶的观念的起源？事实上，我十三岁那年，善与恶的观念的问题就开始追踪我；当我还在人称一半儿戏，一半敬神的年纪时，我已经就这个问题写了我的第一篇文字儿戏；我的第一篇哲学习作。"① 虽然我们无法读到这篇"文字儿戏"，但凭尼采所特有的真诚意识，我们相信尼采此处所说是真的。

1871 年，27 岁的尼采写成了他的第一部著作《悲剧的诞生》，并于次年出版。这部以希腊悲剧为研究对象的著作，实际上关心的却是："用艺术家的眼光考察科学，又用人生的眼光考察艺术"、"用人生的眼光来看，道德意味着什么？""根本的问题是希腊人对待痛苦的态度。"② 在这本书中，尼采提出了影响他日后哲学思考的一个重要范畴"酒神精神"。在尼采写自传反省这部处女作时，他还自信地写道："过去，人们只听信瓦格纳关于艺术、意图和使命的这种新公式——因此，隐含在这本书里的

---

① 尼采：《道德的谱系》，周红译，三联书店 1992 年版，第 3 页。

② 尼采：《尼采文集·悲剧的诞生卷》，青海人民出版社 1995 年版，第 189、192、191 页。

瑰宝被忽略了。'希腊精神和悲观主义'，这倒是个更明确的称谓。第一要义，即希腊人是怎样处理悲观主义的——他们用什么手段克服了悲观主义……悲剧正好证明，希腊人不是悲观主义者。"尼采还说，"我是首次认识到酒神这一神奇现象的人。同时，由于我认为苏格拉底是颓废派，这就充分证明了，我对心理的把握是可靠的，不会受任何道德特质方面的侵害——因为我认为道德本身就是颓废的象征，这是认识史上的独创"。①

1873—1876 年，尼采以《不合时宜的思考》为总题目，发表了《忏悔者和作家大卫·斯特劳斯》、《历史对人生的利与弊》、《作为教育家的叔本华》、《瓦格纳在拜路依特》四篇论文。这四篇文章所攻击的对象不同，但攻击的内容却是相同的，那就是传统价值导致的人的生命的颓废性。而且在这里，尼采表现出了"重估一切价值"的极大勇气："我所理解的哲学家就是一堆可怕的炸药，它危及一切。"②

1876—1880 年，尼采写成了《人性的，太人性的》。尼采认为，"这本书是危机的里程碑。它被认为是给自由精神写的书……这本书的题目的意思是说，'在你们看到理想事物的地方，我见到的却是——人性的，啊，太人性的'！""《人性的，太人性的》，它也是无情自我驯化的纪念碑，借助它，我断然割弃了自身的一切'高级骗术'、'理想主义'、'美好的情操'以及别的女性化的东西。"③尼采通过同"理性主义"的割裂，事实上是将传统道德价值划入"理想主义"并加以拒绝。

1881 年，尼采出版《朝霞》（又译为"曙光"）。尼采说："我以该书开始了我反对道德的进军"，在自传中，尼采还为该书列了一个副标题就是："论道德即是偏见"。尼采强调，"对我来说，道德价值起源乃是根本性的问题，因为它决定着人类的未来"。而"迄今为止，人类一直处在最坏的境遇中，即他们受制于那些败类，那些狡黠的报复者，那些所谓的'圣徒'"。"那全新的整个白昼的世界！要到重估一切价值中寻找，到摆脱一切道德的价值中去寻找……这本肯定之书，对纯粹的坏事放出光芒，发散它的爱抚，它的温存；它赋予坏事以'灵魂'，让良知、高尚的权

---

① 尼采：《瞧！这个人》，《权力意志》，张念东、凌素心译，商务印书馆 1991 年版，第50、51 页。

② 同上书，第 60 页。

③ 同上书，第 61、65 页。

利、特权重归于生命。"尼采说："我以《朝霞》为发端，开始了对非我化道德的战斗。"①

1882 年，尼采出版《快乐的科学》。尼采说到该书时，说"快乐的科学"这个概念令人"忆起歌手、骑士和自由精神三者的统一体"，它所表达的是"道德任人踩在脚下"。② 应该说，是道德让生命踩在脚下。尼采所想的，正是要用生命价值取代道德价值。

1883—1884 年，尼采写成《查拉图斯特拉如是说》这部奇书。尼采称这是"一本写给所有人的书，也是无人能读的书"。"这部著作的宗旨是永恒轮回思想，也就是人所能达到的最高肯定公式。"这个时候，可以说尼采的思想已经成熟，他的哲学的主要概念都已提出。因为从 1882 年开始，他已构思《重估一切价值的尝试》这部他死后以《强力意志》为书名出版的重要著作。在《查拉图斯特拉如是说》这部书中，尼采提出了"超人"、"永恒轮回"等重要思想，对基督教道德价值进行了猛烈攻击，对新的价值的创造赋予了极大热情，"这里，无论什么时候，人都是被超越的；这里，'超人'的概念变成了现实"。尼采甚至说："在查拉图斯特拉以前，没有智慧、没有对心灵的研究、没有说话艺术可言。"③

1885 年到 1886 年，尼采写出《善恶的彼岸》，尼采称此书为"未来哲学的序曲"。《善恶的彼岸》本是拟定中的《重估一切价值的尝试》的导言，足见其意义。书名就表明了尼采要把新的价值置于善恶的彼岸，也就是置于生命，置于强力意志。这是尼采重构道德价值的努力尝试的重要一步。尼采说："该书从根本上讲是对现代的批判，包括现代科学、现代艺术，甚至现代政治，同时提出与它们对立的类型"④，是站在生命立场上对善恶道德的扬弃。

1887 年，尼采出版《道德的谱系》，这是一部道德哲学的专著。在这部著作中，尼采运用他独创的"谱系学"方法，也就是历史心理学方法，对传统基督教道德的价值基础、价值标准、价值理想进行了彻底的清理。该书相对独立的三篇论文，分别被尼采称为"基督教的心理学"、"良知

---

① 尼采：《瞧！这个人》，《权力意志》，张念东、凌素心译，商务印书馆 1991 年版，第67—69 页。

② 同上书，第 71 页。

③ 同上书，第 72、80 页。

④ 同上书，第 86 页。

的心理学"、"禁欲主义心理学",以锐利的思考揭露了基督教道德价值否定生命的本质。

从 1882 年开始构思的《重估一切价值的尝试》,在尼采死后以《强力意志》为书名出版。这部著作从其书名就可以看出,尼采是要用强力意志来重新估定一切价值。这是一部内容涉及形而上学、认识论、美学、道德哲学等各方面的书,其目的是要批判这些认识(也就是价值)领域的虚无主义的颓废病,并试图以强力意志为基础,构建相应的新的价值表。在为该书写的序言中,尼采写道:"《强力意志——重估一切价值的尝试》——我用这个公式来表示一种反运动,意在提出原则和任务;这种运动会在未来某个时刻取代彻底的虚无主义……因为我们必须首先经历虚无主义,然后才会弄清这些所谓'价值'的价值敁到底是怎么一回事……某个时刻,我们将需要新的价值敁。"①

1888 年,尼采在濒临精神崩溃的最后一年,一气写下了《瓦格纳事件》、《酒神赞歌》、《偶像的黄昏》、《反基督徒》、《尼采反对瓦格纳》和自传《瞧!这个人》等著作。在这些著作中,尼采进一步发挥和阐发了他的关于生命价值的思想。

尼采的一生就是价值反省和价值批判的一生。尼采在讨论"为什么我是命运"时说:"我是真理的呼声。——但我的真理是可怕的,因为过去人们称谎言为真理。——重估一切价值:这就是我给人类最高自我觉悟活动的公式,这一活动在我身上已成为血肉和精神了。"尼采称:"我是第一位非道德论者,因此,我是地道的破坏者",而"从根本上说,我说的非道德论者这个词有两个否定。一方面,我否定以往称之为最高尚的人,即好人、善人、慈悲人;另一方面,我否定那种作为自在的、流行的、普遍认可的道德——颓废的道德,更确切些说,基督教道德"。因为基督教道德是"对生命的犯罪","它使人类堕落"。②

二

但是,尼采的道德哲学在中国恰恰是最缺乏系统的和理论的研究的。

---

① 尼采:《权力意志》,"序 4",张念东、凌素心译,商务印书馆 1991 年版,第 374 页。

② 尼采:《瞧!这个人》,《权力意志》,张念东、凌素心译,商务印书馆 1991 年版,第 99、100、101、104 页。

尼采的名字第一次在中国被提及是 1902 年，梁启超在一篇题为《进化论革命者颉德之学说》中写道："今之德国有最占势力之两大思想，一曰麦喀士之社会主义，一曰尼至埃之个人主义。麦喀士谓今日社会之弊在多数之弱者为少数之强者所压伏；尼至埃谓今日社会之弊在少数之优者为多数之劣者所钳制。"① 这里的麦喀士即马克思，尼至埃即尼采。在此之后，中国形成了三次尼采热潮。

第一次"尼采热"兴起于五四运动时期，此时，尼采著作初步被翻译。尼采的学说和思想也影响了大批这一阶段中国的文人，如鲁迅、茅盾、陈独秀、郭沫若、李石岑等。其中茅盾和李石岑还对尼采作了较为系统的研究。

第二次"尼采热"形成于抗日战争时期，当时以"战国策派"为核心，提倡和研究尼采哲学。

第三次"尼采热"形成于 20 世纪 80 年代改革开放以后，此阶段人们以更加冷静的态度研究尼采，取得了一些重要成果。②

在中国的这三次"尼采热"，几乎有一个相似的社会大背景，那就是社会处于某种转型，人们的价值观念受到大的冲击，需要对旧的价值进行重估。五四面临反对封建思潮及其价值体系的任务，抗日战争时期面临如何改造国民性以团结抗战的任务，80 年代面临改革开放、解放思想、形成新的市场经济道德价值的任务。在这样一些特殊的历史时期形成"尼采热"，是绝非偶然的，恰恰是因为尼采哲学所包含着的"重估一切价值"的精神为该阶段的价值重估提供了"兴奋剂"。

但是，由于各阶段人们面临着"价值重估"的重任，往往便只是从尼采哲学找寻可用者用之，而来不及对尼采自己的道德价值学说作系统的研究。因此，尼采的"超人"、"强力意志"是被使用频率最高的两个概念。

80 年代以来，这种情况略有好转，这得益于周国平先生的智慧和努力。周先生以他的研究，在相当意义上扭转了人们对尼采的偏见，并掀起了中国的第三次"尼采热"。《尼采：在世纪的转折点上》一书，可谓影响极大，其内容也主要是涉及尼采的道德价值学说的。周先生的博士论文

① 《新民丛报》第十八导，1902 年 10 月 16 日。转自成芳《尼采在中国》，第 10 页。
② 关于三次"尼采热"，请参阅成芳《尼采在中国》，南京出版社 1993 年版。

《尼采与形而上学》可谓目前中国尼采研究的最高成果，但作者"原计划"的"宗教和道德批判：形而上学的心理分析之二"，"审美的辩护：艺术对形而上学的补偿"两章却付诸阙如了，而且作者称"恐怕要永远付诸阙如了"。① 这不能不说是十分的遗憾。

与此同时，还有几部关于尼采的著作出版。如陈鼓应先生的《悲剧哲学家尼采》、康健先生的《生命之约——重读尼采》、杨桓达先生的《尼采美学思想》。不过，总的说来，对尼采的道德价值学说，还缺乏深入系统的研究，这方面的著作，国内目前还未见到。

三

道德价值是尼采哲学的核心问题，道德哲学是尼采哲学的根本内容，可中国的尼采研究恰恰缺乏对尼采道德哲学的系统研究，这不能不说是国人的一种悲哀。缘何如此，本人未细究其原因，但粗略想来，可能有二：一是尼采的道德哲学太过敏感，尼采自认是"非道德论者"，而且多有对道德的猛烈攻击，这对于我们这样一个有五千年文明传统的道德至上的国土上的国民来说，无疑是"离经叛道"的。何止是我们，就是对西人，也是如此。二是尼采本来就不是一位体系哲学家，对其学说，他并没有系统的理论阐述，而是多用隐喻间断性而非连续性地表达自己的思想，因此，系统地研究尼采的道德哲学并不容易，而且也遭到一些人的反对。但是，尼采并不是没有自己的"哲学体系"，只不过像罗蒂所说的："像尼采、海德格尔和德里达这类独创性的和重要的哲学家们在形成着新的说话方式，而非为老的说话方式做出惊人的哲学发现。结果，他们多半不长于论证而已。"②

周国平先生《尼采与形而上学》在系统地、理论地研究尼采方面，可谓一部力作。笔者本书只是试图对尼采的道德哲学作一系统的、理论的研究。

四

道德哲学含义有二，一是对"道德"的哲学思考，即"关于道德的

---

① 周国平：《尼采与形而上学》后记，《周国平文集》第三卷，陕西人民出版社1996年版，第501页。

② 罗蒂：《哲学与自然之镜》，商务印书馆2003年版，第386页。

哲学"，它要回答"道德"是什么这样的"元道德哲学"问题；二是
"道德的哲学"，即从"德"达"道"的智慧之路。本书所研究的尼采的
道德哲学，是第二层含义上的"道德的哲学"。不过，在导言中，我也将
说明尼采"关于道德的哲学"的基本思想。

　　道德哲学不同于伦理学。将"道德"和"伦理"区分开，是黑格尔
的一大理论贡献。黑格尔认为，"道德"和"伦理"是客观精神发展的两
个不同环节。"道德"是自由意志对抽象法的扬弃的结果。自由意志体现
在人的主观内在心里就是道德，在道德中，动机与目的，个人意志与普遍
意志是统一的。"人的价值应该按他的内部行为予以评估，所以道德的观
点就是自为地存在的自由"①，"伦理"则是自由意志的具体实现。在黑格
尔看来，抽象法权是客观的，道德是主观的，伦理则是主观和客观的统
一，是"客观精神"的最高体现。而"伦理"本身又经过"原始的伦
理"即家庭到市民社会到"国家"的辩证发展。

　　黑格尔是从"绝对精神"的历史发展角度而把"伦理"置于比"道
德"更高的阶段的。如果从现实生活的精神境界看，则道德是比伦理更
高的境界。

　　包利民先生在《生命与逻各斯——希腊伦理思想史》中建构了一个
"四级道德体系"，对于我们理解道德与伦理颇有裨益。包先生认为，可
以从"内容"、"意义"、"要素"、"情感"等指标体系，将广义的道德区
分为四个层面。最基本的层面是"公正"，"其基本含义是'不得伤害别
的主体'"。"它的意义是保卫社会的基础"。社会在维护这一层道德时，
往往（但并不总是）动用暴力的、机构化的方式（国家政权）或是宗教。
第二层面是"伦理"，指家庭、家族、亲友等的"亲密关系"中的道德要
求，这是一种"前道德"阶段。第三层面是"道德"。这一层指的是主体
经过自觉的思考之后，自我决定去积极主动地实施某种责任或"义务"。
最高层次的道德维度是"普爱"，这是个人自觉自愿地牺牲自己的生命，
献身于全人类的拯救事业。达到这一层，必然相信人的生命——甚至一切
生命——自身有无限价值和尊严。②

　　实际上，我们如果对汉字"道"和"德"进行一些释义，也就能看

---

　　①　黑格尔：《法哲学原理》，商务印书馆 1961 年版，第 111 页。

　　②　参见包利民《生命与逻各斯》，东方出版社 1996 年版，第 14—22 页。

出一些端倪。"德"也写作"悳",其造字本义,许慎《说文解字》卷十说:"悳",外得于人,内得于己也。所谓"内得于己也",即端正心性,反省自我。这正符合德字从心从直的造文初旨。《说文解字》卷十二曰:"直,正见也。"关于"道",《说文解字》卷二说:"道,所行道也,从辵从首。一达谓之道。"道字本义从行从止从首,引道而行也,引申出导引之义。到春秋时期,"道"和"德"字并用,道与德,互为表里,道的实现,乃由个人德性之修养,以德达到道,道是最高的原则。而"道"又有"天道"和"人道"之分,这种区分导致了儒家和道家"道德观"的区分与对立。①

如此,我们看尼采的道德哲学便会发现,尼采是在"道德"和"普爱"层面言说道德的,或者说,他更注重的是"道"而不是"德"。"道"是什么?就是自然、生命。"德"呢?就是实现生命的意义和价值的个人"修养",在尼采那里,就是增强生命强力的行为和训练。如此,我们才能真正理解尼采所说的道德哲学,才能理解他所说的"善就是生命力的强大","恶就是衰弱"。

当然,在尼采的著作中,作为使用频率极高的"道德"概念,在不同的语境下,意义是不同的。如果我们按"两阶价值结构"将价值区分为"生活"和"道德"两个层面的话②,而且肯定生活(生命)价值大(高)于道德价值的话,那我们就会发现,尼采在否定意义上用"道德"一词时,多是指的道德价值层面,而在肯定意义上用"道德"一词时则基于生活价值层面。尼采看重的是生命价值,道德价值只应是实现生命价值的工具。但在基督教道德统治下,工具本身变成了目的,而目的则成了被否定的对象,所以尼采要反道德,即反基督教道德,即反将道德价值凌驾于生命价值之上。在这种意义背景下,我们将尼采的论述还原为具体的语境,我们在解读尼采的诸如此类的说法:"道德的定义是:道德——颓废后的特征,其本意是报复生命。"③ "让你们的道德是'你们的'我,

---

① 参见刘翔《中国传统价值观诠释学》第二章第一节、第三章第五节,上海三联书店1996年版。

② 参见包利民《生命与逻各斯》,本书5.11,第6—15页。

③ 尼采:《瞧!这个人》,《权力意志》,张念东、凌素心译,商务印书馆1991年版,第105页。

而不是一个外物，一张皮，或一件大衣罢"①，领会其本来含义时，就不会感到困惑或陷入矛盾。

道德价值和生命价值是既对立又统一的，前者以善恶衡量生命，后者以生命衡量善恶。尼采并不是要抛弃道德价值，抛弃善恶标准，而是要将道德价值植根于生命价值，让生命价值成为更根本的原价值，由生命价值来衡量善恶价值。所以，尼采反对的是将道德价值超越于生命之上的"善恶的道德"，他肯定的是将生命价值超越于道德价值之上的"善恶彼岸的道德"。

五

尼采之所以坚持以"善恶彼岸的道德"取代"善恶道德"，是同他对世界、人生及道德的本质的看法分不开的。

在尼采看来，世界是强力意志的永恒轮回所构成的生成流变过程，它本无目的、无意义、无价值可言。人的生命作为生成世界的一个片断也是如此。但是人没有目的和意义是不可能生存下去的。于是，为了生存，人开始了"撒谎"，即由强力中心开始透视世界，以自己的透视为基础对世界作出某种解释，这种解释就是评价，就是置入意义。通过这种解释和评价，人为自己形成一个"外观世界"，为没有意义的世界和人生找寻到某种意义。正是在这个意义上，尼采把一切认识形式都当作价值形式，把形而上学都当作价值体系。

道德也是一样，它只不过是人为了使无意义的生成世界和生命具有意义而形成的一种解释，一种"外观"，并不意味着世上或人生就有实在的道德这样的东西。尼采说："道德现象是不存在的，只存在对这种现象的道德解释。"②"根本不存在道德事实……道德仅是对一定现象的解释，确切地说是一种误解。""道德只是记号，只是征候学。"③也就是说，道德只不过是人对世界和人生所作的诸多"解释"（即透视）之一，它所形成的只是一种"外观世界"，因此只是"一种误解"，或者说

---

① 尼采：《查拉图斯特拉如是说》，尹溟译，文化艺术出版社 1987 年版，第 111 页。

② 尼采：《权力意志》，张念东、凌素心译，商务印书馆 1991 年版，第 181 页。

③ 尼采：《偶像的黄昏》，《尼采文集·查拉图斯特拉卷》，青海人民出版社 1995 年版，第 335 页。

一种谎言。但是，人必须撒谎，没有这些置入意义的谎言，人是不可能生活下去的。

由于道德是由生命强力所发射出的一种透视和评价，因此，生命强力是比道德价值更根本的价值。尼采说："道德价值乃是表面价值，同生理学价值比较来说。"① 尼采所说的"生理学"就是生命的意义。正因为如此，尼采反对基督教善恶道德观将道德价值凌驾于生命价值之上，说它否定了生命，危害了生命。尼采要通过"善恶彼岸的道德"来肯定生命的价值，高扬生命的价值。

那么，为什么道德价值会凌驾于生命价值之上呢？尼采认为，这是由于生命力衰弱而不愿或不能正视道德价值的"解释"性质，不愿正视它所具有的"外观"和"谎言"性质，把"外观"当成了真实，把"谎言"当作了真理。但是，这种"当作"并不意味着它本身就是了。尼采说："真理是我们已经忘掉其为幻想的幻想，是用旧了的耗尽了感觉力量的隐喻，是磨光了压花现在不再被当作硬币而只被当作金属的硬币。"② 尼采是要用"积极的虚无主义"让人正视道德价值绝对化后的虚无主义性质，正视道德本身的"谎言"性质，"外观"性质，并勇敢地把它当"谎言"，当"外观"接受。因为人生是需要"谎言"的（当然不是道德意义上的谎言，而是生命意义上的谎言）。

尼采将价值问题置于文化和哲学思考的核心，认为一切形而上学都是价值体系。在西方文化中，上帝则是最高的价值载体。但这一最高价值本身由于是一种非自然的虚拟，所以隐伏着死亡和虚无主义的祸根。随着上帝之死，欧洲文化的最高价值丧失了价值，这就是虚无主义。虚无主义是这种文化本身的必然产物。面对价值的虚无主义场景，尼采主张以积极的虚无主义态度，正视价值虚无的事实，并重估一切价值。由于道德价值是基督教文化和传统形而上学最坚强的堡垒，因此重估价值的核心是重估道德价值。

基督教道德价值是以将自然的东西"非自然化"，将现实的东西"理想化"，将此岸的东西"彼岸化"，将生命"非生命化"为特征的"反自然的道德"；基督教道德是将虚无视为最高价值，以生命的弱化所导致的

① 尼采：《权力意志》，张念东、凌素心译，商务印书馆1991年版，第517页。
② 尼采：《哲学与真理》，田立年译，上海社会科学院出版社1993年版，第106页。

颓废为特征的"群畜道德"；基督教道德是以禁欲主义为理想，以善恶为标准，以良心谴责为依据，以驯化善良人为目标的"奴隶道德"。一言以蔽之，基督教道德是非生命的、无我的道德。正因为此，尼采主张对它进行彻底的重估，宣布其为"一切皆虚妄"。正是在这个意义上，尼采说："我是第一个非道德论者，因此，我是地道的破坏者。"①

但我们不能把尼采对基督教道德的批判理解为普遍的反道德或非道德。尼采自己说得非常清楚："从根本上说，我说的非道德论者这个词有两个否定。一方面，我否定以往称之为最高尚的人，即好人、善人、慈悲人；另一方面，我否定那种作为自在的、流行的、普遍认可的道德——颓废的道德，更确切地说，基督教道德。可以认为上述第二点更具有决定性的意义。"② 很显然，尼采反对的、批判的道德是有特指的对象，那就是基督教道德。因此，我们在阅读尼采那些过激的批判言词时，一定要分清它的文本和语境，而不能一味地笼统地简单地说尼采反对道德。

尼采对基督教道德价值进行重估，目的是要建立一套新的道德价值表。用他的话说："我们必须摆脱道德，以便能够道德地生活。"③ 基督教道德价值本身的价值是反生命的，是"不道德"的。为了道德地生活，必须有新的道德价值。这新的道德价值就是查拉图斯特拉式的"超人"所代表的道德价值，它和传统基督教道德是完全对立的：它是自然的道德，以生命的强大本能为其基础；它是自主的道德，以生命力的强大为价值的标准；它是自我的道德，以每个人依于自己的生命力"成为你自己"为价值目标。

由此，我们也可以把尼采的道德哲学本身也只是理解为一种"外观"，一种"谎言"。尼采不需要偶像，也不需要绝对化。既然没有道德事实而只有道德解释，我们姑且把尼采的道德哲学只看做基于他的个体生命强力的一种解释学"先见"。尼采自己也承认："在很大程度上我们的认识，不足以测度我们行为的价值……我们缺乏客观地面对价值的可能

---

① 尼采：《瞧！这个人》，《权力意志》，张念东、凌素心译，商务印书馆1991年版，第100页。

② 同上书，第101页。

③ 转自周国平《尼采：在世纪的转折点上》，上海人民出版社1986年版，第179页。

性，即使我们谴责一种行为，也不是作为法官，而只是作为党派。"① 换言之，那只是一种具有解释学先见的个人意见。

六

我们可以对尼采的生命道德哲学进行一下简略的概括，这种概括可以使我们抓到"纲"、"目"。

1. 尼采认为，道德如同其他认识形式一样，只是我们立足于自己的生命本能对世界和人生作出的一种透视，一种解释，其目的是为人的生存形成一种"外观世界"作为意义支撑。它具有"谎言"性质。但它是人所必需的。

2. 基督教道德却把这种只具有解释性质的道德价值当作了实在的东西，并进而将它绝对化、彼岸化，以此否定此岸世界的生命本身。基督教道德是将"上帝"作为最高价值支撑反自然的善恶道德。

3. 基督教道德实际上是生命本能衰弱的产物，是怨恨本能的产物，是否定生命，否定强力的"奴隶道德"、"侏儒道德"、"群畜道德"。

4. "上帝死了"，因此以"上帝"为价值基础和标准的基督教道德价值应该"重估"，"积极的虚无主义"所进行的就是这种重估。

5. 生命价值是比道德价值更本原、更根本的价值，生命是道德价值的基础，道德只是为生命寻求意义。

6. 生命的本质是强力意志，因此，以生命为基础的道德价值实际上是以强力意志为基础，是以强力意志为最高价值标准。道德价值的目的就是让生命强大。

7. 让生命强大就是让自我强大，因为自我是生命存在的具体形式。所以道德价值的理想是每个个体生命"成为你自己"。当然，这包括自我肯定和自我超越两个层次，生命力强大和创造精神增强两个方面。

8. 当一个人能自觉面对人生的悲剧性，承认道德价值只是基于生命价值的"谎言"，他也就在"成为自己"意义上成为了"超人"，获得了生命的自由。

对于这样一种道德哲学，我们是不能简单地用"唯心主义"、"唯意志主义"、"个人主义"等帽子来进行评价的。

---

① 尼采：《权力意志》，张念东、凌素心译，商务印书馆 1991 年版，第 564 页。

雅斯贝尔斯认为，尼采"带给西方以颤栗，而此项颤栗的最后意义现在还未估定出来"①。斯宾格勒则称："在尼采首先写出'重估一切价值'这句话以后，我们生活其中的这个世界的精神运动才最后找到了自己的公式。"② 加缪则说："由于有了尼采，虚无主义似乎变得有预见性。……他自称是欧洲第一位彻底的虚无主义者，但这并不是出自对虚无主义的偏爱，而是现状决定的。因为他太伟大了，他不能拒绝时代给他的遗产。"③ 美国哲学史家杜兰特则明确地说："他预言'未来'要把'过去'划分成'尼采纪元前'和'尼采纪元后'两个时期，他的确成功了……令欧洲哲学的空气更明净更新鲜的是，因为尼采曾动了笔。"④ 艾里克逊则说："尼采可以说是后现代性之父。"⑤

尼采的影响是深远的。因此，我们对于尼采道德哲学的评价应该更具有历史的眼光和哲学的智慧。

首先，尼采的道德哲学是一种生命意义哲学。尼采整个道德哲学的出发点和目的，便是为生命赋予意义，他是站在生命立场上否定旧的道德价值，而又站在生命立场上呼唤新的道德价值的。这样一种以生命的意义为道德哲学的核心剥离了道德价值对生命价值的"遮蔽"，生命价值获得了"澄明"和"敞亮"，确定了生命价值的一阶地位。这一思路对现代哲学，尤其是存在主义哲学以极大的启发。海德格尔的以生存状态为基础的"原始伦理学"，萨特对人的生存意义的行动阐释等无不有尼采的影响，而且存在主义大师们如海德格尔、加缪、雅斯贝尔斯等都自觉地研究尼采，吸取其思想精华。

其次，尼采的道德哲学是一种生存实践哲学。由于生命的现实表现就是生存，生命的意义只有在生存的实践中才能获得，因此，生命意义哲学便直接内含着生存实践哲学。尼采正是要人在自己的生存实践中为自己的生命赋予意义。有研究者指出，尼采是现代"生存实践哲学的创始人"⑥，虽有绝对之嫌疑，但无疑看到了尼采哲学之本质特征。尼采的这一哲学化

---

① 考夫曼：《存在主义》，商务印书馆 1987 年版，第 167 页。
② 斯宾格勒：《西方的没落》，商务印书馆 1963 年版，第 6 页。
③ 加缪：《尼采和虚无主义》，载《文艺理论译丛》第三辑，中国文联出版社 1985 年版。
④ 杜兰特：《西方哲学史话》，书目文献出版社 1989 年版，第 25 页。
⑤ 美国《今日哲学》1990 年夏季号。
⑥ 王晓华：《尼采：生存实践哲学的创始人》，《争鸣与探索》1991 年第 4 期。

身对 20 世纪哲学影响很大。对生存实践，对生活世界的关注，几乎越来越成为各哲学流派的共识。

最后，尼采的道德哲学是一种"治疗型"的"教化哲学"。尼采把哲学家称为"文化医生"①。强调哲学家要站在善恶之彼岸对文化的病症作出诊断和医治。他本人正是这样做的。他站在生命的立场上发现欧洲的文化之病在于基督教道德，因为它否定生命，危害生命，并进而主张用基于生命的"善恶彼岸的道德"来进行医治。② 尼采的这一思路影响到 20 世纪许多哲学家，其中尤以罗蒂的"教化哲学"与尼采的"治疗哲学"接近。"教化哲学"是一种元哲学意义上的"治疗哲学"，其实质就在于，要人们在生活世界中通过"对话"获得生存的智慧，用尼采的语言便是，"赋予生命以意义"③。

当然，尼采道德哲学中也有需要我们辩证的地方。如他的价值中心主义，道德价值的相对主义倾向，以及对道德价值缺乏社会历史的思考，都是其不足之处。但是，毕竟瑕不掩瑜。我们可以认真研究，批判地吸收其"合理内核"为我们的道德建设所用。何况，尼采强调每个人以坚强的生命力对待人生，这对于我们的国民性来说无疑具有刺激和"拿来"的意义。

有形的尼采死了，无形的尼采仍然活着。他时而作为幽灵缠着人们的手足，时而作为惊雷响在思想的天空。不管我们是否喜欢他，我们都不能不正视他。

尼采说："人们知道我对哲学家的要求，即站在善恶的彼岸——超越道德判断的幻想……根本不存在道德事实……道德仅仅是对一定现象的阐释"④；又说："在很大程度上我们的认识不足以测度我们行为的价值……我们缺乏客观地面对价值的可能性，即使我们谴责一种行为，也不是作为法官。而是作为党派……"⑤ 既然没有道德事实而只有对现象的道德阐

① 尼采：《哲学与真理》，田立年译，上海社会科学院出版社 1993 年版，第 89 页。
② 关于"治疗哲学"参阅包利民《西方哲学中的治疗型智慧》，《中国社会科学》1997 年第 2 期。
③ 参见罗蒂《哲学与自然之镜》第八章"无镜的哲学"，上海译文出版社 1992 年版。
④ 尼采：《偶像的黄昏》，《尼采文集·查拉图斯特拉卷》，青海人民出版社 1995 年版，第 335 页。
⑤ 尼采：《权力意志》，张念东、凌素心译，商务印书馆 1991 年版，第 564 页。

释，那么我们就必须承认，任何阐释都是带有先见的"视界融合"。本书对尼采道德哲学的解读。作为对阐释的阐释，必然"不是作为法官"，甚而也"不是作为党派"，而只是作为一个具有"阐释学先见"的个人对尼采道德哲学的理解。

附　录
关于本书的思想发生学

写在前面的话

任何思想都有自己的谱系。对谱系的梳理也就是一种发生学的陈述。本书尽管不敢妄言"思想"，但毕竟是对一位伟大的思想家的阅读和思考。这一过程，就如任何一篇文章、一本著作的产生一样，同样也具有它的发生学。只是，非常非常幸运的是，这本书的发生学得以完整地保留了下来，并且今天得以与这本书一起呈现出来。对此，我得特别感谢、感恩能让它存在、实现的人，我的"好朋友"！

在我的生命中，有一位对我的思想学术充满浓厚兴趣，并对我的哲学人生充满十分期待而且不断"催生"着我的学术人生的挚友、红颜、知己，我把她称为"好朋友"，现在是我的爱人。在本书艰苦的写作过程中，每当我激情阅读或写作以后，总会按捺不住内心的激动，将我阅读的体验和写作的真实过程，即兴的思考、零星的思想火花等，写给我的"好朋友"。在我准备、思考和写作本书期间，我给"好朋友"写了不少的信件，其中有相当一部分内容，就是记载我阅读尼采著作的感受、体验、思考的，也就是这里所说的"本书的思想发生学"。

在我此次修改、整理本书准备出版时，我的"好朋友"也着手整理我在写作本书时写给她的这些信件。"好朋友"提议将信件中有关内容，以"关于本书的思想发生学"为名作为附录贡献于读者。当我阅读这些经过"好朋友"整理成电子文本的信件时，我与她一样，被这些信件的内容所吸引、感动了，因为它们是那么真实地呈现了本书的"思想发生学"！我接受和采纳了"好朋友"的建议，将这些书信的相关内容呈现于此。

好朋友：

从某种意义上讲，时间在不留痕迹地从我身边流过。当然，从环形的宇宙时间和线性的历史时间看，我们谁也无法挽留住它。可从点状的生命时间而言，我们完全可以在一种感受中将时间永远浓缩在那么一个瞬间，一个创造意义的瞬间，它才具有生命的真实性。

这是一个充满奴役的世界。但是在让物质奴役还是让观念奴役好的选择上，我始终选择后者。当然，世间绝非简单的非此即彼，更多时候是克尔凯郭尔所说的"或此或彼"。

日子走了，既紧张又松弛，完全看自己的感觉。有时我想，强迫自己等于是对大自然犯罪，人不外同其他自然物一样，"顺其自然"。何谓？苏格拉底和尼采是我最喜欢的两个哲学家，可尼采是坚决反对苏格拉底的，怎么办？他们都伟大，思想和生活同样是"标本"、"哲学家标本"。能否从克氏的"或此或彼"进到"亦此亦彼"？！

我对尼采的兴趣绝非趋流。当我第一次接触他时我就喜欢上他了，就像喜欢他的伟大的"敌人"苏格拉底。关于苏格拉底，我在1989年"受难"后的一段时间作了较系统的研究，而且有近20万字的《希腊启蒙运动》作基础。我希望能在硕士阶段对尼采有较自觉的认识。这样，对于我统一"认识自己"和"成为自己"即苏格拉底和尼采的企图，无疑会有启发。

哲学这东西不好"玩"！前有一段日子，我几乎有一种完完全全的"空虚"，想家的感觉十分强烈。在这条路上，不仅有刺，更多的也许是蒂利希说的"存在性焦虑"。那是一种无法逃脱的犹如死亡一样的本真可能性。可是，我的固执的本性，注定了我将在上面行走，尽管那路既无目标也无终点。我是否会成功，并不是我考虑的根本问题。我并不希求有多大成功，而且何为成功，我也不太明了。我现在想的，那就是兴之所至，便是生活。能够充分让自己的兴趣获得满足就是乐事一桩。其实我以为，我们都不要过多地以世俗的"成功"来虐待自己。如果可能，可以读读马斯洛的书，自我实现者是那些能够按自己的理解进行生活的人。因此，一个忘我而得道的家庭主妇，同一个哲学家相比，在自我实现这一点上是等价的，只要他们各自认准了自己选择的道路是自己"兴之所至"。

生活之路，多歧也。海德格尔对人的在世性的揭示可谓入木三分。在一定程度上，我们可以把生活中的人分为四类：无有之人，得技之人，得巧之人，得道之人。"得道"乃最高境界，是一种什么境界？"庖丁解牛"的庖丁就已达"道"之境也。当然，我们都是"常人"，谁都是凡胎而非圣子。"得道"者和"常人"的区别仅在于，前者能意识到自己的处境之自然，并自然下去。尼采要人做"超人"，可"超人"也只是一种能自我超越、自我估价的人！换言之，超人是自己评定自己生活的价值而且据此评定世界的价值。

我们不能跳出世界之网和日常生活，但我们可以给日常生活注入自己所理解的意义。所有一切只有对于你的生活理解，它才派生出它的意义，否则它就是毫无生气的"固体"。但是，生活绝不是用"乐观"和"悲观"所能概括的，更多的时候，生活是尼采所说的"悲剧性"的。对于这一"悲剧性"的在世，我们有"梦幻"和"迷醉"两种方式来实现它。因此梦幻并不是坏事，也许没了梦幻，人将被生命的悲剧性过早地从"在世"的处境而抛入"去世"境地。但同时，"迷醉"则给生命以力量。其实，不管是我们玩哲学还是玩文学、艺术，都是试图以"梦幻"或"迷醉"来塑造生活。

这样，至少我认为，对于生活的过去，没有什么可后悔的。我把我的每一生活经历都当作是对我生命的塑造，否则，我将不我。但每一生活经历也绝不把我固定为我，否则我仍将不我。我，只有用我所有的生活才能注解，每一个人都如此。还记得萨特那句名言吗？人"是其所不是其所是"。

下午读丹尼尔·贝尔的《资本主义文化矛盾》，其中对现代主义和后现代主义的艺术和生活方式作了深刻的阐述和分析。在我们这个世界上，人人都想拥有神的智慧，人人都梦想如上帝，并试图以此来拒绝人之大限。由此"争做超人"，"摆脱人的命运"便成为口号。可是，不争强事事强。我始终只相信尼采说的那句我以为是划时代的话："成为你自己。"

也许我将一事无成，但我还是我，难道我只是具有一颗天生应该献给哲学的头颅？当然不是，我有心、有生命。有时，我也不知道我究竟应该干什么。

无疑，我们这个时代是个特殊的时代。在"转型"期，似乎一切权威都被摧毁了。没有一个人还能找到什么权威，有的只是一片瓦砾。哲学亦然。人们，至少玩哲学的人，亦然不知道该研究什么才叫哲学了。旧的权威在被连根拔起后，需要的是什么？新的时代精神。因此，这个时代是真正的孕育思想家、哲学家的时代。一定意义上，这是我们这一代人的幸运。当然，也是一种不幸。当一个人没有了一个可靠的支柱，难道还幸吗？犹如地球脱离了太阳的引力将会如何？

似乎扯得太远了些。的确我也很久未曾细心思维过了。我也希望我不会丧失斗志，不管为了什么。

你知道，当有新的信息刺激大脑时，总会自然地流出那些以前被"悬置"了的东西。我曾经说过，是话要我说，绝非我要说话。

R

1995. 11. 22

好朋友：

虽然我80年代中就开始接触、阅读并喜欢上了尼采，但以前从来没有打算真正言说他，因为他太高远、太复杂，也太难言说了。虽然我在师专曾办过一个《酒神》刊，宣扬尼采哲学，但真正领悟作为一个形而上学家的尼采，还是现在。现在我要言说，我要把我所理解的尼采言说出来，也许，这也是在通过言说尼采而言说自己。

一个人创造的快乐是需要有人分享的，犹如痛苦需要人分担一样。而对于像我这样经常有"妄想"而又爱"妄谈"的人，更是如此。思考需耐得住寂寞，可思考的产物却始终有一种向外的冲动。我不得不发出一个著名的基督徒神学家写的一本书的名字之叹息，有谁能做"圣言的倾听者"呢？

R

1995. 11. 23

好朋友：

快四点了，刚读完尼采的一个小册子《瓦格纳事件》。我不能不说，读尼采的任何一本书都给我愉快的感觉，同时也多少有些让我"良心"发麻。

"一个哲学家对自己的起码要求和最高要求是什么？在自己身上克服他的时代，成为无时代的人，那么，他凭什么去进行他最艰难的斗争？就凭那使他成为他的时代的产儿的东西。好吧！和瓦格纳一样，我是这个时代的产儿，也就是说，是颓废者。不同的是，我承认这一点，并且与之斗争。我身上的哲学家与之斗争。"啊，我们有几个"哲学家"敢这样做呢？将自己时代的颓废性先承担到自己身上，然后承认自己的颓废并与之抗战，这就是哲学家。我们有吗？这就像苏格拉底之于雅典，谁敢承认"自己无知"？苏格拉底就知道：我之智慧在于我自知无知。而我们的"哲学家"全是些自大狂，还不够格称为疯子，只能叫神经衰弱症患者，他们是不敢用镜子照自己的。可是，我敢吗？面对此，我的良心不会发麻吗？

"艺术家和天才（他们就是永世漂泊的犹太人）的危险就在于女人，女崇拜者是他们的克星。在感到自己被当作神对待时，没有一个人性格坚强得足以不被毁灭——不被'拯救'他立刻就屈尊俯就女人了——男人在一切永恒的女性面前是怯懦的，小女子们知道这一点——女人的爱情，在许多场合，也许特别是在最负盛名的事例中，只是一种比较精致的寄生性，是在一个异己的灵魂里，有时甚至在一个异己的肉体里为自己筑巢——哎！'屋主人'的花费总是多么昂贵！"在《道德的谱系》中谈到哲学家时，尼采是这样说的："哲学家憎恶婚姻及其说教，他把婚姻看成是他通向最佳状态路上的障碍和灾难。哪位伟大哲学家曾经婚娶？赫拉克利特、柏拉图、笛卡尔、斯宾诺莎、莱布尼兹、康德、叔本华（还有尼采自己），他们都未曾婚娶，甚至我们都不能想象他们会婚娶。用我的话说，结过婚的哲学家是喜剧人物，苏格拉底是个例外，阴险的苏格拉底玩世不恭地结了婚，好像正是为了证明我的那句话。"又说："识别一个哲学家的方法就是看他是否回避三种东西：名望、君主、女人。但这并不是说这些东西不主动来找哲学家。"

这两段是尼采在研究"禁欲主义理想"时说的，其态度是批评性的，因为他认为哲学是禁欲主义理想的伪装形式。但他确实又说出了十分严重的事实，好在他对苏格拉底的态度让我接受，这是我看到的他对苏格拉底的第一句"赞语"。有时，我不能不怀疑尼采和弗洛伊德的正确性。当尼采把生命归为强力意志时，其结论当然是人应该享受生命。人的内在动力（弗洛伊德称为"力比多"）的强大以一种移情的方式创造了文化，而人在享受生命和创造文化时使用的是同一种力，于是这就逻辑地导出一个结论：为了创造文化必须压抑对生命的享受。换言之，享受生命的力的耗损就会降低文化创造的激情。于是才有了哲学的禁欲主义理想的伪装。但是，我倒认为，生命力本身是源源不断的，正是在享受和创造中才诱发出更强大的生命力，换言之，情欲和创造冲动是成正比的。如果你将情欲本身压到最低点，也就意味着扼杀创造、扼杀生命本身。冷血动物是不可能有惊人之举的。我想，这也是尼采反对禁欲主义理想的一个方面吧。有时我甚至怀疑，哲学家们拒绝女人只不过是一种伪装。拒绝婚姻并不等于拒绝女人，婚姻只是一种契约而已，哲学家之拒绝这种契约是为了减少它带给自己的约束以便自己在享受生命和创造文化两方面进入最佳状态。尼采说苏格拉底玩世不恭地结了婚，当我读了苏格拉底传以后，明白了这一点。

　　在读了一些尼采的著作后，我发现，我们甚至可以用尼采自己的书名（这些奇特的书名特别地标示出尼采之为尼采！）而让他自己言说出这一解读：

　　《查拉图斯特拉如是说》：《瞧！这个人》，他所做的这些《不合时宜的考察》，只在于在《悲剧的诞生》之后，以《强力意志——重估一切价值的尝试》去揭露那一切《人性的，太人性的》东西，宣布《偶像的黄昏》，并迎接新世纪的《曙光》，即以《快乐的科学》存在于《善恶之彼岸》的《道德的谱系》。

　　一句话，用了尼采的十一部著作书名，几乎是他全部最重要的哲学著作。这是我领悟尼采的气魄！

R

1995.11.25.

好朋友：

　　我强迫自己坐下来，先在笔记本上写了一段"沉思"（这是很久没有的举动了）。然后开始读尼采的《权力意志》，做了5张卡片，读到第808段（P506），震惊，再读，深刻，还读，我决定把它全文抄给你：

　　"你想要知道陶醉的变形力达到何种令人惊奇的程度的证据吗？——

爱就是证据。哎，就是世界上一切语言和哑谜中称之为爱的东西。陶醉对付现实性的办法就是，让原因消失在爱者的意识中，他物则取而代之——女妖万面魔镜的抖动和闪光……这里，人和动物没有区别，更不要说精神、善、正直等了。假如一个人是机敏的，他就被机敏地愚弄了，假如一个人是粗陋的，他就被粗陋地愚弄了。但是，爱，乃至对上帝之爱，被拯救的灵魂的神圣之爱，其根源相同，都是发热，因而有理由变形；是一种醉意，善于自饮……无论如何，假如人在爱，那么他就是彻底的自欺欺人者。因为，人们自身似乎会变形，变得更健壮、更富有、更完美，因而他就是更完美的人了……在这里，我们发现了作为器官功能的艺术，因为，我们把艺术搬进了最天使般的本能——之爱里去了。我们认为，爱乃是生命的最大兴奋剂——因此，艺术，即使它在撒谎，也不咎为崇高的功利主义……假如我们对艺术的说谎权利无动于衷，那是不对的。因为，艺术的功能超过了单纯的想象，甚至颠倒了价值，而不仅是价值感。爱之人更有价值，更强大。在动物那里，爱的状态会诱发它产生新的武器、色素、颜色和形式。首先是新的运动、节奏、求偶之声和诱惑。人的情形也是一样，爱之人的全部家当要比不爱之人更富有，更排场、更全面。爱之人会成为挥霍者。因为，他富有的程度足够挥霍。现在他敢说敢为，他会成为冒险家，会因阔绰和纯洁而变成一头驴；他再次信奉上帝、美德、爱；另一方面，这个幸运的白痴又生出了羽翼和新的技能，乃至创造了通向艺术之门。假如我们在声调和词句上清除了抒情诗的肠内热式的灵感，那么抒情诗和音乐就所剩无几了！……也许是为艺术而艺术吧。沼泽地里陷于绝望的青蛙，发出了内行的咯咯声……爱创造了其他一切……"

所有符号均遵原文。本想作作解释，现在我都觉得多余了。凭我的才气和灵性，只会损害尼采原文的风格。

但它的确让我震惊、感动！！

爱源于发热，于是就有可能变形。

爱是一种醉意，便有可能自欺。

爱是一种器官功能的艺术，使生命在撒谎中兴奋。

爱是力的表现，使人本身强大。

爱是一种给予，因为富有。

爱使人聪明也愚蠢。

爱使人纯洁而又虚伪。

最后

爱创造了其他一切

——真诚、神圣、强力感、幻觉

R

1996.10.24 晚 9：10

好朋友：

这两日一直在室内看书。萨特、海德格尔、尼采是主要阅读对象。下午萦绕在头脑中的一个问题"道德和生命"，促使我在本子上开了个头，我准备对尼采的一个道德哲学提纲进行解读，也算是笔试一下毕业论文的主题。

在读尼采《快乐的科学》的那些文笔优美、感觉敏锐、思想深刻的段落时，常使我灵魂激动不已。

R

1996.11.14 下午 4：25

好朋友：

此刻，我的头极度晕眩，我被那震人心魄的言辞强行拖曳着，心与脑的绞杀，是在结束了《道德的谱系》第二章时才结束的。时针已指向深夜 10：13。

我根本无法克制给你抄录两段尼采的精彩论述的冲动，哪怕是转述，我也认为是一种损伤。这一章讨论的是"良心谴责"的起源。

"我把良心谴责看做一种痼疾，人们罹患了这种痼疾是由于那个史无前例的深刻变迁给他们造成了压力，这种变迁将人永远地锁入了社会和太平的图圉。……那个被国家组织用来保护自己免受古老的自由本能侵害的可怕的屏障（惩罚是这个屏障中最主要的部分），使得野蛮的、自由的、漫游着的人的所有那些本能都转而反对人自由。这就是良心谴责的起源。由于缺少外在的敌人和对抗，由于被禁锢在一种压抑的狭窄天地和道德规范中，人开始不耐烦地蹂躏自己，迫害自己，啃咬自己，吓唬自己，虐待自己，就像一只被人驯服的野兽，在它的牢笼里用它的身体猛撞栏杆。……良心谴责引发了最严重、最可怕的疾病，人类至今尚未摆脱这种疾病：人为了人而受苦，为了自身而受苦。"

我是一个语言中的人，我始终希望有人同我共享语言的欢乐。这就是我为什么如此急切地不断地写信，并让你同我共享读书快乐的理由。也许，你并不喜欢尼采，但，当我们剥夺掉他的贵族主义的外衣后，我们发现的是一个活脱脱的、真实的生命。

R

1996. 11. 20 晚 10：40

好朋友：

今天上午我坐下来开始写作。这一个主题是"道德与生命"——对尼采一个道德哲学提纲的解读，计划分四部分，今天上下午各完成第一、二部分关于道德的起源和道德本质的讨论。我的桌子上摆满了卡片，左手边摆着那个"提纲"，右手也是些必备的参考书。

写作是痛苦的又是快乐的，当思路不顺时，有时会久坐而不能下笔。而当思维敞开后，又会下笔而不能罢。这就跟生孩子一样。如今，经过十多天（也许更长时间）的怀胎，这个胎儿的头已走进语言世界了。但愿他能是一个健康的生命。

"道德会危害生命"。道德会危害对生命的美化与崇敬，危害对生命的认识，危害生命的发展，道德在本质上是否定生命的。这就是尼采对道德（流行的道德）的最基本看法。而真正的道德应该是什么呢？首先，它是肯定生命的。相应地，它肯定肉体相对于灵魂的美丽，本能相对于理性的真实，大地相对于天堂的意义。其次，它以强力为原则，力是生命的根本原则，是善的标准，相应地，它要求以悲剧性的态度和艺术的态度对待人生。再次，它强调个人原则，强调个体相应于群畜的优先性，相应地，个人以超越精神对待一切，而以创造者姿态将自由化为己有，即进入"婴孩"境界而成为自己。

真的，我们多么需要尼采的这一套东西啊！尤其对于聪明的中国人而言。中国人太雅典化，我们需要更多的斯巴达。中国人太日神化，总是以理想和梦幻来充实自己空虚的灵魂而不愿也不敢直面悲剧人生的惨淡。我们需要更多的酒神，中国人太弱小，太病态，我们需要强力、需要健康！真的，我们每一个人都如此，你，我，他，都如此。难道我们不是病人?!

不过，虽然我们病了，但还得进行治疗。一切都得靠自我医治，医治那由于善良的心而自己造成的伤害。一切都得靠自己一点点修补，把那坍塌的残骸拾捡而起，重新去构筑一个生命的清新。自己去担当承诺起一切痛苦，在日日夜夜的养憩中让创伤愈合。然而，你将永远信仰爱，只有真实的爱，那才是生命真正的澄明。只有找到爱，这生命的澄明，才能抵住那些无助、烦扰、苦闷及绝望等的袭击，它使人从不堪忍受的沉沦状态中升逸到一个高空。爱是一道温柔的屏障，阻遏着当下对人的损耗。

我们迷失了吗？没有。

R

1996.11.21 晚 10：46

好朋友：

我根本无法说出我此刻的兴奋与激动！真的。此刻我只想舞之蹈之，歌之唱之。经过一段时间的"怀胎"，经过两个整天的"分娩"，一个婴儿，一个绝对健壮有力的婴儿终于完全进入语言世界了。这是一种创造的兴奋。

这两天，我的思路很顺，尽管中途也会有短时的"停电"，但整个来说，我像一台加足马力的思想生产机器。两天的紧张的确消解了我的疏懒，也解决了以前思想中的一些迷茫，我更加清楚地看见了尼采，我也更亲近尼采。当然，我绝对不崇拜尼采，他也不需要崇拜者。我的研究风格是"同情地了解"。

摆在桌上长达 30 页的草稿，表明我的婴儿走入了语言世界。可是接下来的事情是我最畏惧的了，那就是给婴儿理发、穿衣、化妆，让他以社会所能接受的形式走入社会世界。我最不愿做的就是机械性地抄写文字的工作。我准备让他先安睡几天，花 1—2 周的时间再催生出 2—3 个婴儿。

创造的兴奋和对机械劳动的惧怕构成一种独特而复杂的心境。

R

1996.11.22 晚 10：20

好朋友：

刚刚读完尼采的伟大著作《权力意志》。掩卷抚书，确实心潮澎湃。尼采，是一个天才、强者。这本书本来早就该读完的。

按我的计划，这学期要把所有尼采的书和研究尼采的书和论文（当然是我能找到的）读完，并做好主题卡片，以供下学期研究写作用。10月中旬以来，耽误了两周多的读书时间。今天早晨，终于读完了，并有了600张左右的主题卡片。

到目前为止，除收集阅读了近几年的有关尼采的研究论文外，已买了哈列维的《尼采传》、弗伦策尔《尼采传》、勃兰兑斯《尼采》、成芳《尼采在中国》、宾克来《理想的冲突》、陈鼓应《悲剧哲学家尼采》、周国平《在世纪转折点上》、康健《重读尼采》、杨恒达《尼采美学思想研究》，尼采的《悲剧的诞生》、《瞧，这个人》、《快乐的科学》、《权力意志》、《希腊悲剧时代的哲学》等。《查拉图斯特拉》和《道德的谱系》、《偶像的黄昏》是以前读过，我还准备重读。另有三本英文版的尼采研究著作，也将一读。现在手头还差两本重要著作，一是尼采《善恶的彼岸》（此书无中文本，英文本应在川大找不到），另一是周国平的博士论文《尼采与形而上学》，只有等到北京去了。

此时，我不知是否还该给你说些"多余的话"，我又不得不抄录一段伟大的尼采的"书写"给你（符号为原文所有）：

市民意义上的婚姻，显然都是本来意义上高贵的婚姻，它指的根本不是爱情，也不是金钱——爱情不会形成任何制度——：它说的是社会颁发给两个人达到性欲相互满足的那张证书，条件当然是他们要顾及社会利益。显然，当事人在某些满足和十分善良的意志——忍耐、迁就、互相体贴的意志——乃是这种契约的前提条件；不过，请不要因而误解了爱——这个字眼！对于爱恋者来说，就恋人全面的、健壮的意义来说，满足性欲绝非本质，这本不过是一种象征。（权力意志第 732 节 P704）

　　艺术家，就其类型来说乃是感性的人，敏感十足的人，无论您怎么说，都欢迎原来的慈悲和灵感。尽管如此，一般说来，在自身使命感的压力下，在自身要出众的意志制约下，他们其实都是有节制的人，通常是守贞洁的人。因为，本能不允许他们以某种方式消耗自身……（权力意志第 815 节 P706）

　　抄录并不是一种好的表达。但我自己认为尼采比我说的好，说得透，说得深。我很喜欢那些睿智的表达。

R
1996. 11. 23 上午 9：45

好朋友：

　　最近的阅读、经历和思考，使我对道德和生命发生了浓厚的兴趣，也有了莫名的彷徨。生命乎？道德乎？如果依了生命，那我的道德理想主义之梦在哪儿去寻？如果依了道德，那我的生命之泉如何流淌？道德和生命的二律背反在相当意义上折磨着我。我突然发现，我为什么要喜欢苏格拉底和尼采这对冤家？前者是道德的化身，后者是生命的体现。我无意识地将他们融于一体，是强行的叠加，还是有机的融合？我能做一个"折衷主义者"吗？（本性上，我就是一个典型的折衷主义者！）苏格拉底让我感动，尼采同样让我感动。生命让我兴奋，道德同样让我激动！啊，我的同路人：苏格拉底、柏拉图、奥古斯丁、帕斯卡尔、卢梭、康德、尼采！

　　不过，我仍然坚信，生命是大于道德的，先于道德的，生命具有相对于道德的本体论的优先性。因此，我将像尼采一样，首先以生命向道德射出一枪，"道德与生命"就是在磨砺这支枪，也许下一步，我就将把这锋利的枪刺向儒家道德文化的胸腔！这是我乐意的，虽然并不是我乐意看的！

R
1996. 12. 1. 晚 9：30

好朋友：

老实说，我很疲惫，也很兴奋！刚完成了整篇文章及注释的抄写工作，手还很疼。此文可算我迄今为止单篇最长的论文了，真个是"小题大做"了。"小题"是因为解读的只是尼采的一个提纲，说"大作"是在这一解读中说出了我对尼采道德哲学的整体理解，且全文内容包括提要和注释50页，15000字，注释就有54处！此文可算工夫尽矣。

R

1996.12.2. 晚9：50

好朋友：

我有一种时间的压迫感。真的。早上八点过就起来了，在寝室里借助微弱的太阳光看完了《查拉图斯特拉如是说》第一部（共四部，每部九十多页），并做了些卡片。午睡时读完了《生命与逻各斯》（是一部较好的书，特别是对希腊化时期伦理学发展的学理思考，有新意。但作者的语言表达不够清晰）。

《查拉图斯特拉如是说》一书是我1987年12月在成都买的。大概1988年初读了三分之一还多。当时读得很认真，每一篇都进行了"反思"，后来不知为何未读完，再后来将第三、四部粗读过一遍。今天读到其中一篇名"朋友"的，以及我当时所写的"眉批"，倒觉得有点意思。

"你不愿意在你的朋友之前系上衣服吗？你向你的朋友显露你的真相，算是对于他的崇敬吗？……"

"朋友应当是善于忖度而善于沉默的专家：你不必希望看见一切。你的梦应当把你的朋友醒着的行事告诉你。"

"你的同情应当也是一个忖度：你才知道你的朋友愿否接受你的同情。也许他喜欢你的不动情的眼睛和板着面孔的漠视呢。"

"对于朋友的同情应当被藏在一个可以折断牙齿的硬壳里；这样，它才充满着体贴与甜蜜。"

"你能提供朋友以孤独与新鲜空气、面包与药品吗？许多人不能自除链条，确实朋友之救主。"

"你是一个奴隶吗？那么，你不能做朋友。你是一个暴君吗？那么，你不能有朋友。"

后面还有一些关于女人的"不美"的论述。

在这一篇的题目旁，我写了这么一段"反思"（具体时间不详）：一个人交友便是他自己个性的对象化。在朋友身上，他将自己的弱点以爱的方式表现出来。因而，真正的朋友是互相体贴、相互理解、真诚相待的。这绝不是真理似的相待，朋友并不是要他人解开其伤疤，而是需要在伤疤上多涂点麻醉药。

我不知道当时写下这些话究竟是源于何种感受，但它们却成为"在者"了。

有时，我们的确不得不享受"人间智慧"。尼采说："谁不愿意在人群中渴死，便得学用一切杯儿饮水；谁想在人群里显得保持清洁，便得学用一污水自洗。作为凡人（相对于神而言），我们都有凡胎肉体，有凡世生活，但是我们又都有向上超升的意志。所以我们就如身处半坡，手攀岩石向上求超升，眼却盯着身后的悬崖看是否会摔下去。上帝是神，居于至高处，不可怕。动物居于山底，也不可怕。人居于半坡，是最可怕的。于是我们就始终在'沉沦'与'超升'之间游弋。既要学会'用一切杯儿饮水'，又要想找到适合自己饮水的杯儿；既要学会在污水中游泳，又要想办法'保持清洁'。人活得多难啊，活得多累啊！"

想想第欧根尼，以桶为"家"而居于闹市，以菜根为食而出入于人群，还大白天打着大灯笼满世地找"人"。那"人"到哪儿去了呢？"人"被物欲吞没了，被彻底"世界化"了。真正的"在"到世界中去了。

我们今天大多数人不是如此么？在一个堕落的时代必然会产生走极端的思想家。在一个堕落的时代，价值论必然上升为哲学的最重要的部分。实际上，当我们有一种"宇宙大时间"的眼光时，我们确实就会看到一切都是"瞬时"的，生命亦如是。既如此，为什么我们还非要用非生命的物欲来侵蚀我们这"瞬间"的生命呢？我们所需要的是容易满足的，而不容易满足的就不是我们所需要的。好像伊壁鸠鲁这样说过，而他，可是被人们误解为彻底的"享乐主义者"的呵！

R

1996. 12. 8. 晚 8：54

好朋友：

　　读《查拉图斯特拉如是说》一书。"哦，我的兄弟们哟，自来关于命数和未来仅有着迷妄而不是真知；因此关于善恶也只是迷妄而不是真知！"我的意识突然从"反思前的我思"进到了"反思的我思"。……

　　"善人所谓的一切恶必须汇拢来产生出一种真理。哦！我的兄弟们哟，你们的恶足以产生出这种真理了吗？"

　　"勇敢的冒险，长久的怀疑，残酷的否定、厌恶，当机立断，一切这些都没有汇拢来！但真理是从这样的种子产生的！"

　　要生出真理，是多么的艰难！

R

1996.12.9 下午 4：25

好朋友：

　　兴奋、满意。我决定今晚放松自己了。

　　今天上午 8 点就起床了，在"大化时间"的催压下，我不得不提高我生活的紧张度。一个上午，终于读完了《查拉图斯特拉如是说》的第四部。它的确是一部奇书！小说？散文？诗？哲学论著？简而言之，是一部言说哲学真理的寓言。在这部书里，生命和逻各斯是如此完满地统一于一体，真理和言说是如此美妙地结合于一文，让人赏心又悦目，醒智又明慧！

　　至此，我的阅读和做卡片的初级阶段的工作已基本告一段落。兴奋之情溢于言表，以至于手舞足蹈。

　　下午，我开始对这一大堆近千张卡片进行"先验"分类。这可不是一件轻松工作。每张卡片都得再读一遍，并在读时下意识地将它归于某一大类或小类。到下午 5 点吃晚饭时，我刚进行了第一轮大范围分类。晚饭后又坐在了桌前处理。当分类、整理完毕，写好目录时，已是晚上 7 点。这可是这一学期来的"成果"啊！尤其是近一个月来，在阅读了大量书籍的"精华"啊。目录已拟，也就意味着一本著作的大纲已出。这难道不是一个阶段性胜利？

接下来的工作，一是读周国平的《尼采与形而上学》，二是读一本英文版的尼采研究著作（既了解研究现状，又学英语）。但在放假以前，将集中精力完成几篇文章初稿，以如期实现本学期目标。

生命本身并没有什么目的性，是一瞬间流逝的"现象"。你说"生命是为了什么？"生命什么都不为，它就是生命。但是，生命的实现形式——生活却是有"目的"的，或者说就是由无数的小目的构成的。生活的目的就是享受生命，这是大的、总的目的。但这享受生命并不是轻而易举的，达到它并不比获得柏拉图的善理念容易，也并不比让骆驼穿过针眼容易。享乐主义者、群氓，都以为自己在享受生命了，可他们"享受"的无外乎物欲、道德欲，遵从欲而已，是完全非生命的东西，更不是本己的生命。享受生命首先是感受生命，这感受要培养自己的各种器官的敏锐，然后要吸纳生命，连同它的欢乐与苦难，最根本的是要爱生命。爱生命并不就是珍惜自己的"生命"，有时为了爱生命还得牺牲生命。爱是融合，是个体生命与宇宙生命的融合、舞蹈。一个爱生命的人，会为一片枯叶的凋落而长叹，会为一粒露珠而兴奋不已，会为几声蛙鸣而长歌，也会为落日的余晖而伤感。他将全部情感注入对生命的体验之中，并在这种体验之中享受着生命。

这种对生命的享受并不意味着"此在"非要去"叹气"、"无病呻吟"，它就具体地落实在你生活中的每一个细节、每一件事、每一个行动。你做事时是否有倦怠感？倦怠本身就是对生命的恐惧。你的行动是否有激情、主动？没有激情的生活是生命的萎缩。你的生活是否有一种紧张感？懒散是对生命的慢性扼杀。你是否在生活中哭过、笑过？没有情绪流露的生活是生命枯萎的象征。你是否逃避困难、挫折？阻力是生命不可缺少的内容……总之，生活的一切，看书读报、写诗作文、吃饭睡觉、谈情说爱、打情骂俏，无一不表征着你的生活态度，体现着你的生命状态。

生命本身是无意义的，这就是生命的悲剧所在。但在这生命的悲剧面前，生活本身却不一定是悲剧。生活恰以自己活得紧凑和质量克服了生命自身的悲剧。所以，生命的价值是以生活的质量来衡量的。而生活的质量的关键在于，自己把握自己生活的程度，即"成为你自己的程度"，自我实现和自我超越的程度。

当一个人能成为自己的立法者，超于善恶之外，以极大的清醒看穿生命和世界的虚幻，以绝妙的孤独享受生命的甘露，在梦幻和陶醉中体验生活的一切时，他便是一个充分的自我实现者。

但这绝不意味着一个人要远离俗世，独上高山，隔绝人群。恰恰相反，他是在"入世"中保持着"清醒"的认知，在"觉醒"中保持着"出世"的心态，在"合众"中保持着"孤独"的心境，在"混世"中保持着"梦幻"的体验，在"沉沦"中保持着"陶醉"的自由。他恰恰应该全身心地爱世界、爱人类、爱生命、爱他人、爱自己。但绝不是怜悯与同情，也绝不是慈悲，而是爱。

爱，意识之流，由生命而达于"爱"。我究竟言说了些什么呢？

R

1996. 12. 11 晚 8：56

好朋友：

今天下午我花了一下午的时间来重新为尼采的《权力意志》一书编目，可工作还未做到一半。这本书一共有一千多节，达七百页。由于是未出版的遗稿，尼采死后由其妹妹和出版家按专题安排编辑出版，后来人们认为其中多有误，于是就有人按尼采原来的笔记重新调整出版。但由于第一版影响较大，所以还是沿用原书节次。这一来节次就全给打乱了，也无所谓"主题"了。每一节在那儿都是孤零零的，也不好查找。为了同标准版对照，我决定自己按节次编一个目录，可这得首先将每一节次的页码抄下，然后再重新按顺序编排，所以工作量还是比较大的。但这有利于进一步研究的需要。

R

1996. 12. 12 晚 11 时

好朋友：

花了整整一天时间（昨日下午，今日上午），我终于将《权力意志》共 1067 节全部重新按节次顺序编了目。这个工作量可真大，仅写数字从

1 到 1067，节码从 1 到 707，都要写两遍，还不说去寻找秩序。我一人坐在教室内，口中念念有词，读了节次又读页码，然后用手机械地把它们写下来。这是一项培养耐性的工作。

R

1996. 12. 13 晚 10：47

好朋友：

如期完成了尼采"世界观"部分的讨论。

我这篇文章是把尼采当作一个严格意义上的哲学家讨论的。以我对哲学构成的理解为前提，考察尼采在"本然"、"实然"、"应然"三方面的思想及其内在关系，基本结论是，尼采哲学：生成世界观（以强力意志的永恒轮回为内容）、"透视"认识论（以重估一切价值为内容）、"生存"价值论（以成为你自己为内容）。当然，最后还得简单地总结一下尼采形而上学的基本特点。

R

1996. 12. 15 晚 11：05

好朋友：

中午在床上并未睡好。刚入睡，梦中的我还在桌上写作，在讨论尼采的"永恒轮回"。

晚上并无写作冲动，便拿起一本由美国人杜兰特写的《探索的故事》看，其中一章介绍评述了尼采，达近 60 页。

虽然尼采对女人不乏刻毒之词，但也有他"日神"的一面。

比如说："爱情是灵魂对肉体的拥抱"这句话就绝对的纯贞、质朴。只因为他太过孤独，太缺乏理解、温情、关照，他不能不以一种独特的极端的方式发泄他自己的情感，阐述自己的"真理"。

比如，关于男女平等，他就是个坚决的反对者，这犹如他坚决反对任何平等和民主本身一样。而且这也是由他的"强力意志"的生活价值观的必然结论。但当他以极端的语言说:"女人的一切都是一个谜,而这一切只有一个答案:那就是生儿育女。男人对于女人是一种手段,目的总是儿女。女人对于男人来说是一个危险的玩物。教育男人是为了打仗,教育女人是为了让她们造就勇士。"

这样一些半生半熟的"真理"肯定会让一些人觉得不舒服。但是我们又不能不承认这其中饱含着生活的真理。难道我们真的应该使男女平等、让男人变成女人、女人变成男人么?难道男人不应该在女人身上挽救女人所固有的东西,女人不应该在男人身上激发男人固有的东西么?完美的女人是比完美的男人更高贵的一种人。但是,那样的女人凤毛麟角。应该承认,男人和女人是不能也不应该平等的。可是,婚姻却在"削平"。尤其对于一个充满创造冲动的男人来说,婚姻是他的坟墓。男人追求女人时说,为了得到她愿意舍弃世上一切。一旦她嫁给了他,一切都将兑现。随着儿女呱呱坠地,男人就得置外界于脑后。爱情的利他主义变成了家庭的利己主义。

所以,尼采以高贵者和独身者的身份说道:"以最崇高的哲学思辨而论,所有已婚男人们的哲学思辨都是可怀疑的。一个已经选择了评价整个人类生存作为己任的人竟甘心为家庭拖累,为妻子儿女去挣取面包、安全和地位,这在我看来似乎太荒唐了。一旦子女出世,自己便随之死去的哲学家,不乏其人。一阵清风从我屋门的钥匙孔里吹进来,召唤我说:'出来吧!'房门也狡黠地随之而开说:'去吧!'而我却为子女之爱所羁绊,欲动不得。"这是真理,但又是半生半熟的真理。

问题的关键在于,如果我们要使我们生活的现实"好一点",我们就将同现实妥协一点。当然,这妥协是以牺牲自己的特殊性为代价的。尼采不愿意妥协,他对什么都不妥协,所以他走向孤独的高山,那也是深渊。他走向伟大,走向疯狂。人啊!一个标准的两难选择!

R
1996.12.21 晚 11 时

好朋友:

到下午三点,我完成了关于尼采的非理性转向的讨论。这样,关于尼采的第三篇文章出笼了。这篇讨论尼采的哲学变革及其对二十世纪哲学的影响的论文又太长了，草稿就有32页。整理好草稿，写下了一篇文章的标题："认识即解释——尼采的解释学思想"。

R

1996. 12. 22 晚 10：55

好朋友：

昨天下午，我将原来拟定的一个较详细的提纲拿出来，不断地琢磨。就这样坐着，脑子不断地运转着，后来提笔写下了标题："尼采：善恶彼岸的道德哲学"，写下"上篇：价值的重估"和"一、悲剧的诞生"。又开始犯愁了。如何开一个头？我又翻看几本尼采的书和写尼采的书，找一个合乎我的主题的开篇。大概一直到下午四点，我终于运笔写道："1871年3月26日，病魔缠身的年轻的巴塞尔大学古典语言学教授尼采，将他的第一部书稿'悲剧的诞生'交给了出版商。从此，作为一种隐喻，他个人的生活'悲剧'也诞生了……"紧接着我分析了"悲剧的诞生"在尼采身上的社会、文化和个人的三种意象，并强调其社会意象以作为尼采文本的语境而过渡到了第一个正式题目："上帝死了"。

昨天晚上，我开始写"上帝死了"这一部分。对于我的思路来说，要真正理解"上帝死了"这一尼采著名口号的意义，必须先弄清楚上帝之生和在的价值。于是，这一部分，我又分为三小节即"上帝之生"、"上帝之在"、"上帝之死"。昨天晚上和今天上午已完成了"上帝之生"的一大半，今天下午将完成其最后一小部分。

"上帝之生"从柏拉图的"理念"、亚里士多德的"纯形式"和《圣经》中上帝观念的演变到最后说明"上帝"，作为一种文化意象，作为哲学理性、宗教崇拜、道德实践之"三位一体"的诞生。了解了这一点，我们就可明白尼采"上帝死了"之真正意义了，即哲学、宗教和道德"死了"。换言之，即"理性逻辑"、"人格宗教"、"怜悯道德"、"死了"。

《旧约》记载，摩西曾问上帝耶和华的名字，耶和华神秘而智慧地答道："我是我所是。"这里一个多么标准的哲学命题啊！是的，神"是其所是"，这"是其所是"者是问了他自己，所以神说："我是我所是。"注意，他用的是"我"。万物也"是其所是"，但万物之"是"是因了神，是因了一个"他者"。所以，说万物，我们就说"它是其所是"。"是其所是"是说本质上这种存在是自由的。因为神将万物"第一推动"后就隐蔽了。

可是，唯独人，萨特给下了一个定义："是其所不是，不是其所是。"我不知道萨特在说这句话时，是否想到了耶和华的那句话。但萨特的说法和耶和华的说法形成了多么鲜明的对比。人只能说："我是我所不是"、"我不是我所是"。换言之，人永远是不自满的，他有一种期望，有一种欲求，他不是被规定好了的。用黑格尔的话说：人的本质是"精神"，而"精神"之根本特性是"自由"（我最近的床头书是黑格尔的巨著《历史哲学》）。正因为人领有"精神"之自由，所以人才意识到他不能"是其所是"，他"不是其所是"，而应该"是其所不是"。可是，他"所不是"者多矣。这就给了人充分的绝对的选择自由，他可以是他"所不是"的任何一种"是"。这去"是"的过程，就是他的生活。他"是"起来，即他"在"起来，即他"生活"起来。既然这"是"，这"在"，是他个人去"是"，去"在"，他就必须为此承担相应的责任，他应该"在"成唯他所能成为的他，即是为唯他所能是之他。这就是尼采的有一句名言之内容："成为你自己！"

我的毕业论文以"上帝死了"为开端，以"成为你自己"为结尾，这就是正文的基本结构，外加一个导论和一个结语。按目前的写作方式和写作势头，恐怕要写出 15 万字以上，加上拟定的附篇，是要超过 20 万字的了。

R

1997. 3. 12 下午 3：15

上帝死了
——致好朋友

上帝死了。尼采借一个疯子之口说的。
上帝死了。是因为过度怜悯而死的。

上帝是该死了。智慧从愚昧中醒过来时。
上帝是该死了。生命从囚室里奔泻出来时。

我们曾经需要上帝。因为我们年轻。
我们曾经拥有上帝。因为我们沉沦。

上帝是死了。在哥白尼宣布地球围绕太阳转时。
上帝是死了。在达尔文说明人从动物变来时。
上帝是死了。在康德划定理性的界限时。
上帝是死了。在尼采估定一切价值时。

上帝死了。便什么都允许。
多么荒谬绝伦。
弑君？弑父？抑或杀子？

上帝死了。便一切皆可能。
多么豪气冲天。
上天？下海？入土？
上帝死了，西西弗斯还用推那巨石吗？
上帝死了，普罗米修斯还用受那酷刑吗？

当海德格尔要人直面死亡时，
他看见了上帝的尸体吗？
当萨特要人自由选择时，
他是否还能听见上帝的呼吸？

上帝死了。多么可怕的事实。
地球还需要绕着太阳转吗？
上帝死了，多么惨烈的消息。
江水还必须流进海洋吗？

柏拉图让善之光明普照灵魂时，

是没有想到上帝会死的。
亚里士多德划分月下月上之天界时，
也没有想到上帝会被从天堂中驱逐。

上帝死了。他不顾奥古斯丁给予他的光照之名。
上帝死了。他不念托马斯呕心沥血的逻辑证明。

上帝是死了。但没有呻吟。
上帝是死了。但没有血迹。
没了上帝的世界，依然光明。
没了上帝的世界，仍然运行。

上帝是死了。
上帝是真的死了。
倒在科学的利剑下。
倒在哲学的血泊中。
倒在生命之树下。

谁杀死了上帝？
哥白尼让上帝跪下。
康德让上帝躺着。
尼采则给了致命的一剑之击。

上帝是死了。没有必要悲哀。
上帝真的死了。没有必要哭泣。

如今没了上帝，怎么办？
成为你自己！

R

1997. 3. 14 晚 10：50

好朋友：

笔已走到了"虚无主义"。我是强迫自己在运动。

身体状况不好，但也不能放下手头的事。昨晚我在熄灯前几分钟终于将第一节"上帝死了"完成，计70页约二万五千字。按初步计划，我拟写四章共九节，如这般写下去，看样子是篇幅过大，且时间也得拖长。但既然已开了个头，我就准备写下去，写到什么程度就算什么程度。但往后的章节，我准备适当压缩篇幅。今天早上期望着第二节的写作，到此时只完成了四分之一，即只讨论了"虚无主义的产生"。

虽然我在尽力克服自己的惰性，但"休息"一下的念头随时都会产生。可是，我又不知道有什么更好的休息方式，除了"静坐"或躺卧在床上以外。

我不知道为什么我现在的身体状况和精神状况会不太好。这种"不好"，有时会带来一种情绪的颓废，这是极不利于我眼下的工作的。因为我有时甚至怀疑我工作本身的意义，这是一种颓废式的虚无主义的征兆。

现在，我甚至不敢有任何"私心"、"杂念"。但是，那纯洁的上帝之光何时普照我的灵魂啊?!

R

1997. 3. 19 晚 10：20

好朋友：

我走进尼采的虚无主义世界，在那里，人类所追求的终极意义，所寻求的绝对统一，所信仰的"真实的世界"，统统都不过是一种虚构。当人们明白这一点时，价值幻灭感便油然而生。可以说，在尼采以前，人们都在做梦。至尼采，梦醒了。

我并没有完全遵守尼采先哲的训导。尼采痛骂道德家建了一个"美好世界"，哲学家建立一个"理性世界"，宗教家建立一个"神的世界"，以作为最高价值，其本质都在于对现实世界和生命的否定。是梦对醒的否定。我给自己树了一个什么世界？一个所谓的哲学世界？这也是用梦来排遣醒时的价值幻灭。有一天，我放弃哲学了，也就意味着，梦醒了。

我陶醉过吗？我一直在期待。期待是一种将现实的无奈置于远景的一种自我安慰术，是一种梦。什么时候我不是期待，而是享受，就意味着，梦醒了。

梦醒了。可梦醒时分又如何？

梦醒时分，我踏着云彩，沿着彩虹之路，追随没了太阳牵挂的月亮，享受宇宙的浩瀚。

梦醒时分，我依着相对论的时空，踏着时间隧道，看海伦被劫，观炎黄大战，同苏格拉底和黑格尔辩生存之道，享受历史的久远。

梦醒时分，我涂上原始的麻醉剂，跟着酒神的唱诗班，与巫觋合舞于森林，享受生命的欢悦。

可是，梦还是那个梦，醒而无期。

梦还得继续做下去。期待是不能没有的，希望是不能没有的。哪怕只是失望。

梦还得继续做下去。甜蜜是不能没有的，美丽是不能没有的。哪怕只是幻影。

我愿意拥抱那梦，就像轻飘的肥皂泡，就像横越的彩虹桥。梦会醒吗？

R

1997.3.20 晚 10：46

好朋友：

上午比较顺利地写作尼采关于"消极虚无主义"对"时代病"的批评。停笔时，我突然产生一个想法，即对现有写作提纲进行一些修改。在吃午饭时，我一直在想这个问题。午饭后，我终于决定修改。之所以要进行修改，原因有二，一是按目前的写作情况，依原提纲写下去，篇幅太长，将超过二十万字，花的时间太多。二是原提纲中有些内容虽和尼采道德哲学有关，但不太直接。如果花相当篇幅写那一部分，可能会冲淡主题。两个提纲如下：

原提纲：

一、悲剧的诞生

1. 上帝死了

2. 虚无主义

二、偶像的黄昏

3. 理性的迷妄

4. 道德的颓废

5. 道德的谱系

三、快乐的科学

6. 生命

7. 肉体与本质

四、善恶的彼岸

8. 善与恶、好与坏

9. 强力

10. 成为你自己

现提纲：

上篇　道德的重估

1. 上帝死了

2. 虚无主义

3. 道德的颓废

下篇　道德的谱系

4. 生命的意味

5. 强力价值

6. 成为你自己

　　修改后的提纲比原提纲从章节上减少了四章，但更加紧凑，主题也更加突出。上篇突出在"破"，下篇突出在"立"。立的三章正好体现了我概括出的尼采道德哲学的三个原则：生命、强力、个人。这样一改，我自感写作压力要小一些了。

　　从想出这个提纲，这已是第六次修改提纲了。

　　按照修改后的提纲写下去，篇幅应该在 12 万—15 万字。加上我原准备作为"附篇"的我另外 6—8 篇关于尼采的文章，也就可以构成一部 20

万字的较完整的书稿了。我希望我能在6月以前完成我手上的工作。

R

1997.3.22 午 12：07

好朋友：

终于完成了第二章"虚无主义"的写作，时间是3月24日晚9：35。从3月11日正式动笔写作以来，两周之内，我完成了两章计150页的写作任务，基本上是如期完成了。不过，攻坚阶段才开始。我刚才拟了一下第三章"道德偶像的黄昏"的详细写作提纲，任务还很艰巨。不过，我越来越感觉到我这篇论文的价值了。随着我对结构和篇章的调整，我可以肯定地说，这将是目前国内对尼采道德哲学最完备、最系统而又最具新意的研究成果了。我希望我能认真完成它。

R

1997.3.24 晚 10：23

好朋友：

早上8：30起床后就开始动笔写作第三章，一个上午写了该章的"前言"和第一节的前言，计九页。下午2：30继续作业，写第一节的第一个问题，完成之时看表，刚好下午五点。如果说前两章是扫清尼采道德哲学的外围障碍的话，本章就将进入本质。该章名为"道德偶像的黄昏"，讨论尼采对传统基督教道德的"铁锤思考"。这是一个比较敏感的问题，而且也比较困难。我们如何透过尼采那激烈而文学性的言辞去把握他的深层的真实意义？应该说，目前国内学者在解读尼采的道德哲学方面都是十分谨慎的。

我之解读，首要目标是要弄清楚尼采究竟说了些什么，然后还要把他说了的用我们现代哲人的思路理出。比如，本章"道德偶像的黄昏"，我拟分三节，即：1. 道德的历史心理学；2. 道德的社会价值学；3. 善良人。分别从道德的基础、道德价值的标准和后果三个层次讨论尼采对传统道德的批判（而在下篇也将以这三个层次展开他对新道德的建构）。在第一节"道德的历史心理学"里，我将尼采自称为"道德史家"和"心理学家"的研究方法融为一体而名之为"历史心理学"。应该说，首先采用这种方法的是尼采，而我则将这种方法作了自觉的提炼。尼采的《道德的谱系》一书就是该方法运用的典范，该节就是对《道德的谱系》三篇论文的解读。通过解读，我把三篇的主题分别定为："善恶的历史心理学"、"良心的历史心理学"、"禁欲理想的历史心理学"，这样既突出了主题又有了方法论的新颖。有谁在像我这样解读尼采?!

我承认，在根本上我不是尼采信徒（尼采也不需要信徒），但尼采始终是我们理解西方哲学和现实生活的一座桥梁。尼采是哲学由观念世界走向生活世界的关键人物。凡是不只沉溺于纯粹的抽象观念领域而希望对生活世界本身有所理解的人，都会受尼采感染的。但是否能从尼采那零散的"哲学诗"中解读出其思之灵魂，这就需要认真的态度和哲思的灵气了。

R
1997. 3. 26 晚 8：02

好朋友：

望着我桌上堆着的三本稿子，我真的有些激动！

刚才，我终于完成了第三章的写作。这样，整个上篇"价值的重估"就成为一部完整的稿子了。三章分别为 70、80、90 页，外加 4 页的总结性讨论，一共 244 页！这可不是一篇小小的"论文"了！

说实在的，前几天我还有些底气不足，生怕自己无力驾驭这么些零散的材料和如此大的题目。但今天的顺利完成上篇给了我极大鼓舞和自信。我相信，下篇的写作也能顺利完成。

当然，写作是艰苦的。对于我目前来说，并不具备写作的最佳条件。但我几乎是在尽最大努力排除一切干扰，抓住哪怕只是半个小时的时间在进行运思和写作。很多时候是在写前面的，构思后面的，连做梦也在想着某个问题。除了写作，恐怕就没干什么了。

我 3 月 3 日到校，今天 4 月 2 日，刚好满一个月，如果 4 月无大的耽误，我将尽力在4月底完成整个书稿。现在还有下篇三章。这三章讨论尼采对道德价值的重构，虽有大概脉络，但还无具体线索，还需一边写作一边运思。三章分别讨论尼采新道德价值的基础、标准和目标，即生命、强力、个人。另外还有一个导论和一个结束语。这两部分我这几日头脑里已有了基本轮廓，但将留在正文完成后再来处理。导论重点解决两个问题，即道德哲学之于尼采的地位和尼采所说的道德是什么。结束语重点解决一个问题，即对尼采道德哲学的评价问题，初步拟标题分别为"作为一种意义设置的道德"与"主流的与反主流的"。

我有些累，真想睡一觉。但万里长征才走了第一步，我必须坚持住。等我完成了全部工作，我将蒙头睡上两天！

我的手指头很痛，右手中指已是茧疤重生。

R

1997.4.2 晚 8：45

好朋友：

刚完成关于尼采"道德自然主义"的讨论。也算基本完成了今天的任务吧。

应该说，毕业论文的进展还是比较顺利的。虽然中途有些耽误或"卡壳"，但整个来说，运行还可以，到4月底，最迟5月初，我应该能拿出初稿。这初稿很可能达20万字。很显然，作毕业论文是不会需要这么长的。因此，一边写，我也一边在考虑处理办法，待初稿完成后，我就将暂时搁置而"转向"，在作一些添补和修改的基础上，我将对初稿进行大强度浓缩，形成3万—5万字的毕业论文清稿，初步拟为三章，即将原来的第一、二章合为"上帝之死与虚无主义"，第三章保留"道德偶像的黄昏"，第四、五、六章将合为"善恶彼岸的道德"一章。当然，这工作可能是在下学期末放寒假左右来做了。

顺手翻开《查拉图斯特拉如是说》，就翻到了第90页，其中一段读来令人精神清爽：

"在我们身上暴烈的，不仅是千年的理智——也有它们的疯狂。做继承者是很危险的。

　　我们现在还是和机缘这巨人一步一步地争斗着，直到现在，妄谬与无意义还统治着整个的人类。

　　兄弟们，让我们的道德为大地的意义服务吧：让一切价值因你们而重新估定吧！所以你们要是争斗者！你们要是创造者！

　　肉体以知识净化着自己，它尝试用知识使自己高举；求职者神圣化他的一切本能；崇尚者的灵魂必快乐。

　　……

　　真的，世界有一天会变成一个百病皆愈的地方！一种新的香气正包围着它，一种救命的香气——与一个新鲜的希望。"

　　读这一段，此时给人一种舒服的感觉。翻阅前面，该章标题为"给予的道德"，此段是该章第二小节。在这一小节的标题空白处，有我原来阅读的批注一段："人类因为理智的高傲而受弱者道德驾驭了一代又一代，人类不是把自己托付给自然瑰丽就是托付给上帝；不是托付给无聊的空无的社会，就是托付给毫无生气的他人。人就是这样在一步步地堕落。但是，现在必须让理智及其疯狂暴烈！不做继承者，而做否定者吧！这样重估一切，把道德托付给大地，托付给人自身的身体和意志、才能。那才是真实的。人正是靠这些发光的。理性一旦失去了本能的支撑便是暗淡的、空无的！相反，知识必高举起自己的本能，让它发光！这样，人类便可以保救。"

　　此一时也，彼一时也，不同的时候读书，总会有不同的感受。我想，当初我如果一口气读完《查拉图斯特拉如是说》一书并详细写下一段段札记的话，也许现在可以认真回味。遗憾的是当时只读了一半。

R

1997.4.7 晚 10 时

好朋友：

　　虽然我刚刚十分艰难地写完了第四章第一节的最后一个问题即"生命之爱"，但在写的同时我就有好几次要毁掉我目前几乎三百页手稿的冲动，我怀疑我目前所做的一切的价值！

　　这几天睡觉老是做噩梦。

　　我戴着耳塞听着迪斯科音乐，音量开到了最大。我只有了我自己，没有了世界。我必须反省我自己。

无力自我拯救者，自当毁灭。可我又不甘于毁灭，于是我还需自救。什么叫自救？！

R

1997.4.7 晚 10：40

好朋友：

刚刚强迫自己完成了第四章的写作。我有一种无名的兴奋。真的！不可不说，这是一个庞大的工程，是一项艰巨的工作。随着我对一大盒上千张卡片的重新阅读、组合、发挥，我已接近完成工作的三分之二了。这难道不令人兴奋么？所以，在我结束刚才的写作时，我猛喘了一口气，猛伸了几下腰。人似乎轻松多了。但是，我还不能真正轻松！工作还未完，我就不能放松自己。接下来的两章将讨论其价值基础。如果不过多地耽搁，我想我会如期完成，我是一个守信用的人，即使我对我自己也是如此。

R

1997.4.9 晚 10：45

好朋友：

尼采说，每个人创造他自己的美德，他自己的范畴命令。但是，他并不是一个自为的原子，他是人类总体生命发展到他身上的一条线段。因此，他创造的美德必须为人类总体生命承担起责任。就像萨特说的，个人不仅要为自己的选择负责，而且还要因他的选择而向人类负责，因为他之作这种选择表明他给他人作出了一个"榜样"：这样选择是最好的。人啊！承担着多么重的担子，尤其是对于一个有强烈自觉意识的人。

我选择了什么？可是，我是否就认为这就是最好的选择呢？

R

1997.4.11

好朋友：

刚刚完成第五章"强力价值论"的写作，兴奋之情溢于言表。这一章应该是所有六章中最重要的一章。在开始写之前，我还在担心能不能写下去。虽然这一周多经常被打扰，但我现在终于可以告慰自己了，我不仅完成了，而且写得相当不错。这一章长达 92 页，是文字最多的一章了。完成了这一章，我也顿感轻松了许多。最后一章相对来说问题不是很大，而"导言"和"结束语"我早已打好腹稿。看来，我是能够如期完成任务的。

看着一大堆手稿，我有一种莫名的激动和后怕。如果让我现在从头开始，我是绝对没有这个信心的！我感谢我自己，因为我没有懒惰而且有一颗智慧的心。

今天中午刚读完四百多页的近段时间的"床头书"：《时代之波——战国策派文化论著辑要》。战国策派是 40 年代初以林同济、雷海宗、陈铨等人为核心形成的一个文化流派，活跃于重庆、昆明，他们大力宣传尼采哲学，从尼采的强力意志出发鼓励中国人强大自己的生命力以抗战。同时，他们接受了斯宾格勒和汤因比的"历史形态学"观点，对中外历史进行了宏观的研究，提出了很多很有见地的观点。这是一本不可多得的好书！有些篇目读来令人振奋，令人欢悦，有读尼采著作之感。

R

1997. 4. 17. 下午 4：45

好朋友：

午饭后想认真睡一觉，下午好写作。可并没怎么睡好。但即使这样也不能再无所作为了。两点过起床便开始重新集中精神写尼采的"人的解放"理论。这不，刚完成这一小节，写了近十页。写上下一个小标题"自我的道德"。

这最后一章我已是几易其提纲了。目前基本分为"自我肯定"和"自我超越"两节，第一节包括三个小节即："人的解放"、"自我的道德"、"个体人道主义";第二节包括三个小节即:"人是一个试验"、"超人和自我的提升"、"自由"。在写作中,拟定提纲是非常重要的环节,提纲就相当于简略的中心思想,提纲的标题既要能体现原作者的基本思想,又要能表达出理解者对理解对象的理解和解释;既要做到表达思想的准确性,又要做到清楚明了,新颖通俗,让读者读到标题就能对内容有个梗概。因此,我是比较在乎"标题"的。有时我们在读书时也是如此。我读书首先就是多读几次"目录",然后读"前言"和"后记",由此决定这本书是详读还是略读,是挨着读还是跳着读。不过,好在这已是最后一章的"标题"问题了。我相信,当我完成论文而将详细目录寄给你时,你会明白我在这上面的心血的。真的,有时为了一个好的标题甚至不得不搁笔好些时间(不过还不至于以日、周计算,因为凭我的"明敏"之性,我总能尽快解决难题的)。

随着论文接近尾声,我也感到了尼采离我愈来愈近,也愈来愈远离我了。离我近,是因为我更真实、真切、真诚地感悟到了尼采,不仅是他的思想、智慧、语言,而且是他的生命。离我远,是因为随着对他的这种切近感受,我也更真切、真实地感悟到了自己,包括自己的智慧、思想和生命。尼采说,他是不需要偶像的。我也没有偶像,我将在新的历程上去展开我的生命,昭示我的智慧。我会把尼采"搁置"的(还有几篇相关的论文完成以后)。但这种"搁置"只是因为尼采的生命和我的生命达到了一种解释学定义上的"视界融合",它不再构成我的一个特定理解对象了。查拉图斯特拉对他的弟子们说:"你们还不曾找寻自己,你们先找到了我。现在我命令你们:忘了找我而找寻你们自己;我等到你们都背叛了我的时候,我再回到你们这里来。真的,兄弟们,那时候我另眼找寻我的失去者,我会用另一种爱来爱你们。"通过对一个对象的观照而观照到自己,然后再实施自己的观照,这便是哲学之路。

R
1997.4.20 下午 4:55

好朋友:
　　昨天,从上午到下午,我几乎是一口气地写完了长达 22 页的"导言"和6页的"结束语"。这样，我的读研工程就告一段落了。然后，我编写了长达4页的参考书目，长达5页的目录，并给所有内容编上了页码。论文正文482页，加上前头后尾，共计510页，以每页350—400字计，也近20万字。

从1986年到单位工作，读第一本关于尼采的书，勃兰兑斯的《尼采》，我就被尼采迷上了。那是一本小册子，也是世界上第一本关于尼采的书。勃兰兑斯是丹麦文学评论家，是他第一个于1888年在尼采接近精神崩溃边缘时，在丹麦讲授尼采哲学。这本小册子中收有很多尼采写给勃氏的信，所以能够感受尼采本人的生命影响。在之后，我又陆续购买和阅读了尼采的《瞧！这个人》这部世界上最奇特的自传，接下来读了《快乐的科学》、《悲剧的诞生》以及《查拉图斯特拉如是说》这部世界上最奇特的哲学诗！而且读了《权力意志》的一部分。当时被尼采的精神和生命震动了！正由于此，在我1987年接手当一个班的班主任工作时，我组建了一个奇特的学术社团"酒神社"，发行了一份奇特的社刊《酒神》，共出五期。我在每期刊首中介绍尼采思想，并写了一些具有尼采精神的小文章，并写就去年被《东方丛刊》发表的那篇"试论楚文化的'酒神精神'"。1989年后，我的重点转移到了希腊，移到了苏格拉底，没能再顾及尼采。所以，当我重进川大读研后，我便有心认真研读尼采。而欧阳老师的第一次课恰是讲尼采的，先生对尼采亦评价很高，这更增强了我研究的信心。所以，从第一学期起，我就开始收集阅读80年代以来的国内所有研究尼采的论文。上学期则系统阅读尼采的著作。如今，我终于可以"功德圆满"地告诉自己，也告诉尼采：我可以告别尼采了，因为我已有了我眼中的尼采。

论文是太长，应该说这是一部书，一部国内目前研究尼采道德哲学最系统、最理论化的书。作为毕业论文，还需要进行一些加工，这加工有两方面，一是调整结构进行浓缩，二是尽可能降低调门以应付答辩！而作为书，它也还需要些加工。这加工在于一些材料的添加和对第一章的修整。后面的工作大概要几年后才能做了，我希望能将全书录入计算机，在机上进行修改，这样会省力、方便得多。可谁打印呢？尤其我这是手写初稿，即使拿钱也不一定有人能全认识而愿打。至于前一步工作，将在下期末进行。

对于尼采，我究竟说了些什么呢？在结束语，我对尼采的道德哲学进行了概括，实际上是我理解的尼采的道德哲学，一共八点。

1. 尼采认为，道德如同其他认识形式一样，只是我们立足于自己的生命本能对世界和人生作出的一种透视，一种解释，其目的是为人的生存形成一种"外观世界"作为意义支撑。它具有"荒谬"性质，但是人所必需的。

2. 基督教道德却把这种只具有解释性质的道德价值当作了实在的东西，并进而将它绝对化、彼岸化，以此否定此岸世界的生命本身。基督教道德是将上帝作为最高价值支撑的反自然的善恶道德。

3. 基督教道德实际上是生命本能衰弱的产物，是怨恨本能的产物，是否定生命，否定强力的"奴隶道德"、"侏儒道德"、"群畜道德"。

4. "上帝死了"，因此以"上帝"为价值基础和标准的基督教道德价值应该"重估"。"积极的虚无主义"所进行的就是这种重估。

5. 生命价值是比道德价值更本原、更根本的价值，生命是道德的基础，道德只是为生命寻求意义。

6. 生命的本质是强力意志，因此，以生命为基础的道德价值实际上是以强力意志为基础，以强力为最高价值标准。道德价值的目的就是让生命强大。

7. 让生命强大就是让自我强大，因为自我是生命存在的具体形式。所以，道德价值的理想是每个个体生命"成为你自己"。当然，这包括自我肯定和自我超越两个层面，生命力强大和创造精神增强两个方面。

8. 当一个人能自觉面对人生的悲剧性，承认道德价值只是基于生命价值的"谎言"，他也就在"成为自己"意义上成为了"超人"，获得了生命的"自由"。

这是一种和传统道德完全不同的道德哲学。尼采自己就称他是第一个"非道德论者"。但尼采不是在反道德，而是反道德的异化，反道德凌驾于生命之上的危害生命。在书写过程中，我在不同的地方用了下面一些概念指称尼采所说的新的道德："自然的道德"、"自主的道德"、"自我的道德"。第一个概念侧重于其价值基础：自然生命；第二个概念侧重于价值标准：强力价值；第三个概念侧重于其价值理想：成为自己。至于评价，我只概括性地说它是一种"生命意义哲学"、"生存实践哲学"、"治疗型的教化哲学"。因为我的脑子里已完全没有了老的"教条"。

随着论文的初步完成，我一下子就像放下了千斤重担，生命轻松了许多。

　　由于写作的缘故，我的生活习惯有了些改变。如今，我基本上养成了喝茶的习惯。每天上午我都必须泡一杯浓淡适宜的茶。

　　5 月 13 日（四月初七日）是父亲周年祭日。我终于可以告慰他老人家，我的计划已经完成。那几天，我可能要回家一趟。

　　时不待兮我无奈，
　　机不失兮我涌才。
　　水流东兮梦成真，
　　天将缺兮枉人在。
　　生有命兮德有道，
　　物有灵兮自缠绕。
　　人有情兮朋需友，
　　精有神兮君知晓。

R

1997. 4. 24 晚 8：45

后　记

　　本书的基本内容是我读硕士研究生时候写成的。此次，在浙江省社科联的大力支持下，再次认真捧读尼采著作，尽管已经少了一些年轻时候的兴奋，但那份感动和敬畏仍然不减。在新的阅读和理解的基础上，我对多年前的书稿主体内容作了大幅度的修改、调整、补充、完善，才有了目前呈现给读者的这部关于尼采的书稿。

　　尽管我现在的主要学术方向不再在尼采研究，可是，在我最近几年从事生命学与生命教育的理论思考和教学实践过程中，尼采却始终是我的生命激情和思想智慧的重要来源。尼采和另外一位我研读的东方大儒唐君毅先生一起，塑造着我的生命样态。如果说唐君毅给我们展示的是东方儒家智慧所呈现的生命的宽度、厚度和亮度的话，尼采则将西方生命智慧中生命的高度、力度和亮度展示的淋漓尽致。正因为这两个伟大的生命，我才可以让自己渺小的生命有一点点理想的提升。

　　为了支持和鼓励本书的出版，爱人汪丽华将多年前我写给她的与本书思考和写作相关的一些信件专门整理出来，以展现本书初稿完成时作者的精神与生命状态。在此，我要特别感谢我的爱人汪丽华女士！她用她的生命与爱，促进了本书的诞生！

2012 年 9 月 1 日于杭州